农业院校大学生
职业生涯规划与就业指导

主　编	梁梦玫	陈建红	古　典	
副主编	梁业胜	李远丽	蓝小梅	韦　媛
	原容莲	莫鹏巧	欧　莹	李熠庆
	路晓华	陈莉萍	马瑞宁	谢兰萍
	居融程	梁晶晶	李　琪	黄　亮
	马　敏			
主　审	许文林			

华中科技大学出版社
中国·武汉

内 容 简 介

本书由教育部学生服务与素质发展中心组织编写。在编写的过程中,本书紧紧围绕国家和广西的乡村振兴战略需求,结合国家职业教育的特点以及农业院校的办学定位,将社会主义核心价值观和服务"三农"情怀融入教材中,从而培养学生的劳动精神和职业精神,增强学生在"希望的田野"上干事创业的能力,培育学生的"大国三农"情怀。

本书详细介绍了职业生涯规划与就业指导的基本理念和技能,让学生通过对专业、自我、职业的认知,充分认识职业生涯规划的重要性,并了解国家的就业政策,激发理想的源泉,培育正确的职业价值观。

本书可作为农业院校学生职业生涯规划与就业指导的教材,也可供大学生自由阅读。书中案例丰富,且包含很多实践小练习,可引导和帮助学生培养良好的自主学习习惯,为其职业生涯发展提供参考。

图书在版编目(CIP)数据

农业院校大学生职业生涯规划与就业指导/梁梦玫,陈建红,古典主编. —武汉:华中科技大学出版社,
2022.9(2024.2重印)
 ISBN 978-7-5680-8562-5

Ⅰ. ①农… Ⅱ. ①梁… ②陈… ③古… Ⅲ. ①大学生-职业选择-农业院校-教学参考资料
Ⅳ. ①G647.38

中国版本图书馆 CIP 数据核字(2022)第 159949 号

农业院校大学生职业生涯规划与就业指导   梁梦玫   陈建红   古   典   主编

Nongye Yuanxiao Daxuesheng Zhiye Shengya Guihua yu Jiuye Zhidao

策划编辑:王 勇
责任编辑:戢凤平
封面设计:廖亚萍
责任监印:周治超

出版发行:华中科技大学出版社(中国·武汉)   电话:(027)81321913
     武汉市东湖新技术开发区华工科技园   邮编:430223

录   排:武汉市洪山区佳年华文印部
印   刷:武汉开心印印刷有限公司
开   本:787mm×1092mm   1/16
印   张:19.5
字   数:472 千字
版   次:2024 年 2 月第 1 版第 2 次印刷
定   价:39.80 元

本书若有印装质量问题,请向出版社营销中心调换
全国免费服务热线:400-6679-118   竭诚为您服务
版权所有   侵权必究

前　言

当我们应邀编写这样一本教材的时候,我们意识到,这本书应该建立在坚实的学术基础以及温暖的人性之上。我们不仅要谈论毕业后的职业乃至人生,也要让读到这本书的人在合上书之后即可着手应用书中的内容。这本书应具有系统性和可操作性,更重要的是应能鼓励每一个使用者在自己的生活中探索和尝试,从而获得自己的思考和启发。基于以上考虑,我们在教材中收集了大量关于职业生涯方面的技术、工具、方法以及课堂内外的工具与练习。

本书紧紧围绕国家乡村振兴发展需求,把乡村振兴发展战略、社会主义核心价值观、工匠精神、劳动精神、劳模精神、职业精神、职业理想等要素融入其中,将"懂农业"的能力、"爱农村"的情感、"爱农民"的意识融入内容中,从而提升课程思政教学的亲和力和针对性,涵养学生勤俭、奋斗、创新和奉献的劳动精神,增强学生在"希望的田野"上干事创业的能力,培育学生的爱国情怀。

职业生涯规划与就业指导是一门进化迅速、行业差距较大的学问。尤其是在今天的中国,爆炸式增长的信息传播速度、互联网发展使得职业方式、职业世界的改变迅速而多样。针对农业院校学生,我们在本书选材上融入学生所学的专业知识、专业文化、职业道德规范、职业发展前景、行业政策等内容,以加强学生的专业认知、职业认知以及"三农"情怀等的培育。开展"懂农业"教育,让乡村振兴战略走进课堂,把"一懂两爱"思想贯穿于"职业生涯发展与就业指导"全过程,从而达到使学生认知职业、转变观念、化解矛盾、激发理想的目的,培育学生正确的职业价值观。本书选用了一些本土的、行业相关的最新教学案例,尽可能贴近农业院校及行业的特性,以给学生最直观和切合实际的指导。

本书主要内容如下:

绪论部分探讨人生规划、职业与生涯以及生涯规划的基本理念,这些理念将会在后续各章做更加详细的论述。各章内容按照大学生生涯的时间发展阶段展开,分为两个部分。

前半部分包括第1~4章,由陈建红、莫鹏巧、欧莹、路晓华、李熠庆、李琪、原容莲、陈莉萍、李远丽、黄亮、古典编写,主要侧重于大学学业规划。

第1章:认识自己的专业——探讨了"我的这个专业是干什么的?""大学要干什么?"的问题,讨论如何正确地了解和理解自己的专业,以及通览大学生活。

第2章:自我探索——系统地讨论了"我是谁""我想要什么"的问题,帮助学生科学地了解自己的兴趣、能力、性格和价值观。

第3章:自我发展与个人成长——讲述发展自己的兴趣、爱好以及优势的方法与工具。

第4章:职业素养——"我们该为未来做什么准备?"讨论如何在大学培养能在未来职业

中胜出的能力素质。

后半部分包括第5~8章,由梁梦玫、梁业胜、蓝小梅、马瑞宁、李远丽、谢兰萍、居融程、梁晶晶、韦媛、马敏、古典编写,主要侧重于职业规划与就业指导。

第5章:深度理解职业——对于职业世界有一个系统的理解,介绍职业中不同的行业、企业、职位的分类和特色,以及职业发展的基本规则。

第6章:就业指导——详细介绍了从就业档案准备、简历书写到面试指导等一系列的求职技巧。

第7章:就业政策——详细介绍了国家、学校针对大学生就业出台的相关政策,以及有可能遇到的就业陷阱。可以帮助同学们掌握就业政策,发现更多的机会。

第8章:幸福人生——在讨论完职业发展之后,不要忘记让自己幸福才是人生的终极目的,成功往往是幸福的副产品。本章讨论了大量关于幸福的研究,以及让自己变得更加幸福的方法。

为了方便教师讲课,我们将各章的每小节设计为生涯指引、生涯知识、生涯感悟等几个部分,生涯指引可以让学生对每小节内容有一个感性认识,从而产生学习的兴趣。生涯知识主要讲解小节的主要概念、定义、知识点以及主要观点,中间会适时穿插一些让学生互动、参与以及实践的课堂练习(如生涯实践,用于有针对性地测查学生学习的成效)。生涯感悟则是对课堂知识与实践活动的一个回顾性的总结。此外书中还加入了一些拓展阅读内容,这些拓展阅读内容可以作为学生自由阅读或者教师上课用的素材。

本书可以作为农业院校学生职业生涯规划与就业指导的教材,也可以供大学生自由阅读。书中案例丰富,且包含很多实践小练习,可以引导和帮助学生培养良好的自主学习生活习惯,为将来的职业生涯发展提供参考和打下基础。

在本书的撰写过程中,我们参考了大量书籍和网络资料,也引用了部分杂志和报纸上公开发表的文章,在此对相关作者表示深切的谢意。由于作者水平有限,书中难免会有疏漏和不妥之处,敬请广大读者和同仁批评指正。

编　者
2022年6月

目 录

- 绪论 成为最好的自己 ...... (1)
  - 第1节 我的大学如何过 ...... (2)
  - 第2节 职业、生涯与人生 ...... (10)
  - 第3节 生涯规划 ...... (20)
- 第1章 首先,从专业出发 ...... (30)
  - 第1节 理解和认识我的专业 ...... (30)
  - 第2节 专业连接未来 ...... (34)
  - 第3节 三种学业发展地图 ...... (38)
  - 第4节 如何选择就业、升学与其他方向 ...... (46)
  - 第5节 不喜欢本专业该怎么办 ...... (50)
- 第2章 职业生涯与自我 ...... (54)
  - 第1节 价值和需求 ...... (54)
  - 第2节 能力 ...... (64)
  - 第3节 兴趣 ...... (75)
  - 第4节 什么是适合自己的工作 ...... (87)
- 第3章 活出最好的自己 ...... (97)
  - 第1节 如何培养自己的兴趣 ...... (97)
  - 第2节 如何培养自己的能力 ...... (102)
  - 第3节 如何养成一个好习惯 ...... (108)
  - 第4节 养成面对人生的积极心态 ...... (114)
  - 第5节 平衡充实的学生生涯 ...... (123)
- 第4章 职业素养提升——成为优秀的职业人 ...... (128)
  - 第1节 情绪管理 ...... (129)
  - 第2节 时间管理 ...... (137)
  - 第3节 人际沟通协作 ...... (147)
  - 第4节 休闲理财 ...... (157)
- 第5章 深度理解职业 ...... (170)
  - 第1节 了解职业的本质 ...... (170)
  - 第2节 职业世界地图 ...... (178)
  - 第3节 职业的发展 ...... (189)

第 4 节　职业道德与社会责任……………………………………………(201)
第 6 章　为进入工作而准备………………………………………………(209)
　　第 1 节　求职前的准备……………………………………………………(209)
　　第 2 节　简历书写…………………………………………………………(217)
　　第 3 节　面试技术…………………………………………………………(223)
　　第 4 节　职业决策…………………………………………………………(232)
第 7 章　就业政策…………………………………………………………(240)
　　第 1 节　就业形势与宏观政策……………………………………………(240)
　　第 2 节　就业去向及相关政策……………………………………………(251)
　　第 3 节　就业权益保护……………………………………………………(264)
第 8 章　做幸福的自己……………………………………………………(273)
　　第 1 节　做个幸福的自己…………………………………………………(273)
　　第 2 节　做个人生的多面手………………………………………………(293)

绪论　成为最好的自己

　　同学们带着未知和憧憬进入了大学，开启了自己新的人生起点。我为什么要上大学？大学生活和高中有什么不同，我要如何度过大学会更好？我的专业究竟学什么？我将来可以从事怎样的工作？毕业离开校园时，我的思想、我的学识会有什么变化？我可以在大学成就一个怎样的我？大学阶段和我的未来职业有怎样的联系？每个同学对于这些问题的答案或许不一样，但我想告诉大家，每个人的大学生活都可以通过努力成就一个更好的自己。习总书记说：青年兴则国家兴，青年强则国家强，青年一代有理想、有本领、有担当，国家就有前途，民族就有希望。我们当代青年所处的新时代，既是近代以来中华民族发展的最好时代，也是实现中华民族伟大复兴的最关键时代，广大青年既拥有广阔发展空间，也承载着伟大时代使命。青年是国家的希望、民族的未来，是社会主义建设者和接班人，对广大青年来说，这是最大的人生际遇，也是最大的人生考验。当代青年是与新时代共同前进的一代，习总书记对广大青年提出了四点希望：一是要爱国，忠于祖国，忠于人民；二是要励志，立鸿鹄志，做奋斗者；三是要求真，求真学问，练真本领；四是要力行，知行合一，做实干家。我们要牢记习近平总书记的嘱托：敢于有梦、勇于追梦、勤于圆梦，要志存高远，增长知识，锤炼意志，让青春在时代进步中焕发出绚丽的光彩。

大学可以这么过

　　刘媛萍，女，广西农业职业技术学院信息与机电工程系2016级学生，2016年建档立卡贫困户子女，在生源地贷款的扶持下，她顺利完成了学业。刚入校时，该生并不是非常自信，但该生肯吃苦，善于借助外力咨询，经常和老师、学长、学姐交流。在学长、学姐和老师的鼓励下，该生主动参加勤工俭学，参加系学生会，在活动中提升了个人各项能力。2017年顺利加入了中国共产党，并担任系学生会主席。2019年毕业后，该生积极响应国家号召，顺利通过选拔，成为西部计划志愿者，服务于武宣县通挽镇大昌小学，从事小学教学工作，2021年作为西部计划志愿者代表被邀请回学校向学弟、学妹宣传西部计划政策，谈体会感受。会上她说："作为建档立卡贫困户子女，在校期间曾担任系学生会主席，荣获国家励志奖学金，在生源地贷款的扶持下，我顺利完成了学业，并光荣地加入了中国共产党。毕业时，我积极响应国家号召毅然选择了做西部计划志愿者，到武宣县通挽镇大昌小学任教。在刚去的半年里，因学校老师紧缺，我一个人承担了3个教学班的数学和部分副科课程授课，每天满满的24节课，我身心疲惫，但却不能放弃，我感受到了当地教育师资的缺乏，孩子们对知识的渴望。我在锤炼中慢慢适应、成长，现服务期两年已满，我选择继续留下，将自己的青春奉献在基层最需要的地方，我无悔我的选择，我为自己是西部计划志愿者而自豪。"

刘媛萍同学通过大学的努力,从不自信到自信,在国家的良好政策扶持下完成学业,并通过优秀的表现成了一名中共党员,毕业后响应国家号召,到基层和人民中去建功立业,让青春之花绽放在祖国最需要的地方,在实现中国梦的伟大实践中书写别样精彩的人生。(来源:广西农业职业技术大学团委官方微信公众号"广西农职大青年")

本教材基于职业生涯规划理论和广西大学生就业实践,旨在带领并辅导同学们了解社会、了解自我、做好规划,明确发展目标,在未来的职业生涯中大有作为,实现人生的价值,书写青春华彩篇章。

第1节　我的大学如何过

生涯指引

俞敏洪在线支招:大学生活到底应该怎样度过?

俞敏洪曾在《大学生活到底应该怎样度过?》中说道:大学是人生中最重要的时期之一,为将来的事业方向和人生方向奠定了重要的基础。对于大学生活,有一点大家一定要搞清楚,那就是怎样过才能给自己提供超级营养。4年大学时间,如果你都没有热爱学习和追求智慧,那你的人生不会有很大的飞跃。另外在大学里,你要学会独立思考和精神自由,否则你可能会变成生活和物质的奴隶。纵然青春难免苦闷,我们还要努力追寻。

我们总有不如意、失落的时候,比如失恋、与同学关系处不好,但我们还是要弄清楚自己为什么奋斗。面对人生的苦难、苦闷,我们有没有去寻求?有没有去思考?有没有独自坐在校园的湖边,一坐五六个小时去思索?独处的时候,有没有半夜在校园的小径上散步,迟迟不愿意回到宿舍?这样的经历,表面上看起来没什么,却是一个人自我沉淀的过程。通过这样一个过程,我们会慢慢变得成熟。

在大学,一定要基本明确自己愿意奋斗终身的兴趣和方向。培养自己的情商,锻炼自己的语言表达能力。制订毕业后的规划,比如是工作、升学,还是出国。另外,了解未来工作所需的一些基本技能和需要达到的门槛,并为之努力。

"得其大者可以兼其小。"广大青年要把个人理想融入时代主题、汇入复兴伟业。一代人有一代人的使命担当,我们要在自己所处的时代条件下谋划人生、创造历史。"好儿女志在四方,有志者奋斗无悔。"坚持与祖国同行、为人民奉献,以青春梦想、用实际行动为实现乡村振兴作出新贡献,这是青年肩负的使命,也是属于青年的荣光。

大学阶段是我们人生中最为关键的阶段之一,从入学的第一天起,就应该对大学生活有认识和规划,青年不是某个年龄段,而是一种状态。这种状态,是青春,是理想,是奋斗,是磨砺,更是成长。是不是青年,不能光看岁数,更要看走过的路,做过的事。李开复曾收到青年大学生的来信,信中说:"就要毕业了,回头看自己所谓的大学生生活,我想哭,不是因为离别,而是因为什么都没有学到。我不知道简历该如何写,若是以往我会让它空白。最大的收获也许是——对什么都没有的忍耐和适应……"这封信道出了不少大三大四学生的心声。大学期间,有许多学生放任自己,虚度光阴,还有许多同学始终也找不到正确的学习方向。希望我们的大学生都能够从懵懂中清醒过来,毕业时的简历,实际上不是用文字编写出来的,而是靠从大一到毕业的一点一滴的行动书写出来的。

生涯知识

一、自我实现的张力

彼得·圣吉在他的管理学著作《第五项修炼》中提到了著名的"橡皮筋效应",生动地描述了自己的愿景(梦想)和现实之间的关系(见图0.1)。假设在你的愿景和现实之间有一条橡皮筋,拉伸橡皮筋就会产生张力,这代表现实和愿景之间的张力。"当我们把愿景和现况景象同时在脑海里并存的时候,心中便会产生一种创造性张力(creative tension),一种想要把两者合二为一的力量。"要减小张力,只有两种方式:让现实向愿景靠近,成为自己期待的人;或者让愿景向现实靠近,逐渐接受自己的现状和现实。简单来说,这就是自我实现的过程。

图 0.1

这种张力带给人们前进的动力。当你清晰地知道未来的愿景和目标,越是能够清晰地界定和固定它们,越是可以产生强大的张力,让你自己像箭一样射向未来的目标。这就是自我超越——梦想实现的过程。

三农达人电商带货助力乡村振兴

在广西的三农自媒体中,小六是做得比较成功的一个。小六本名黎洪华,出生在广西北流市六麻镇一个农村家庭,他是一个侏儒症患者,身材矮小,所以他要想成功,就要比普通人多付出几倍的努力。虽然身材矮小,但是小六能量强大,性格开朗大方,有正能量,他没有做自媒体的时候就学写毛笔字,现在他能写一手漂亮的毛笔字。2017年,在短视频创作热潮初期,同村好友黄宗林带着黎洪华组建了一个团队,开始进行三农系列视频创作。刚开始做这个短视频的时候,并没有那么容易,因为什么都不懂。确实是万事开头难,当时设备简陋,他们没有专业拍摄技术,一切从零开始。

但黎洪华一直坚持通过视频给网友带来欢乐,他认为不管是作为一个视频博主,还是一个好网民,都要宣传积极阳光的一面,用自身的正能量感染身边的每一位人。从一开始拍摄捉鱼摸虾、上山采摘野果等乡村生活场景,到通过拍摄家乡农产品的采收过程,再发展到借助电商直播带动农产品推广销售,根植三农沃土的黎洪华,慢慢获得"粉丝"关注,并有了收入。他的生活也随之发生变化,原是低保户的他成功脱贫,搬进了新家,有了自己的公司。黎洪华说:"短视频改变了我的生活,也带动我身边的人改变了他们的生活。"他利用自身的传播力,积极投身电商助农事业,帮助家乡农民出售滞销农产品,并和其他三农领域合伙人一起,到全国各地贫困地区,推广当地的农产品。2021年以来,黎洪华奔波于全国各地的农产品基地,把直播间搬到田间地头,通过电商直播带货,共计销售沃柑、滑皮金橘、茂谷柑、柠果、脆柿、石榴、百香果、芭乐、红薯干等农产品及农副产品160万斤,产值860万元,给本地提供了12个直接就业岗位,间接带动了100多人就业,800多人因此受益。

黎洪华积极助力乡村振兴,得到短视频平台和政府的支持和认可。"小六视野"(黎洪华)被授予"2020—2021年度广西农业产品推广达人"的称号。现在,"小六视野"不仅在国内广受关注,通过"小五科技"等平台的助推,这股网络正能量还传播到了海外。(来源:澎湃新闻客户端)

中国现代化离不开农业农村现代化,农业农村现代化关键在科技、在人才。乡村振兴需要更多的有知识、有技术的青年学生加入,新时代,农村是充满希望的田野,是干事创业的广阔舞台。黎洪华克服身体的缺陷,面对困难不畏惧,积极地自学自媒体技术,直播带货,助力乡村振兴,带动农民增收,打开了干事创业的新天地。作为接受高等教育的农业类院校学子更是义不容辞,更应该响应国家号召,学好本领,做到"学农、知农、爱农、信农",将来投身在希望的田野上干事创业,书写奋进答卷。

二、后马拉松效应

随着你和梦想之间越来越近,"橡皮筋"的张力会变小。很多人会觉得梦想"越靠近越没有意思",从而逐渐止步不前。以上大学为唯一目标的人,此刻会认为"大学也就这样";高中的时候天天幻想进大学后一定要"自由自在地躺床上,爱看什么书就看什么书"的人,等到今天真的有自己的时间,却又没有真正翻几本书。这种状况被称为"后马拉松效应"——马拉松选手在挑战完自己的极限后,如果不尽快设立一个新的目标,就会一直陷在高峰之后做什么都没劲的无意义感之中。在2008年的奥运会转播中,中央电视台从全国抽调电视人才,提前一年准备,倾尽全力。为了防止奥运会期间产生"后马拉松效应",中央电视台在转播之前就给他们安排了其他一些项目,让这些电视界精英们能在稍事休息以后有进一步发展的劲头。

大学之初的我们刚跑完一场长程的"高考马拉松",我们的确需要好好放松和休息一段时间。但如果不尽快设定让自己心动的新愿景,而是想着"先玩几天再说",很快你的"橡皮筋"就会松弛,自我成长也就停止了。

<h3 style="text-align:center">赵九梅与她的生态园</h3>

2017年,24岁的赵九梅从安徽农业大学毕业,和三位同学组成创业团队,来到安徽省巢湖市。巢湖岸边的4000多亩荒地,成了他们探索现代农业的"试验田"。

她讲述着自己的农业梦。"高中时我们老师提到国外农场主运用现代农业技术,一人就能管理几万亩土地,收入很高,而我的父母日夜在田里劳作,却难以摆脱贫困。我暗下决心,将来要做新型农民,让我们这一代人改变中国的农业。"因为这个梦想,高考填志愿时,赵九梅不到5分钟就完成了填报,都是和农业相关的专业。

"传统农民就是纯粹的种和养,各干各的,很少考虑品牌和产业链。而我们是整体规划、规模化经营。"对于现代农业,赵九梅有自己的理解。这几年,她带领团队不断尝试,发展稻虾深加工产业,打造品牌,并利用互联网拓展农产品销售渠道,实现扭亏为盈。创业之初,公司就与安徽农业大学、安徽省农委、共青团安徽省委合作,将农业园作为大学生创业孵化基地,探索"公司+基地+合作社+农户"的经营管理模式,先后承接了15位在校大学生创业孵化,带动周边100多位农民脱贫致富。(来源:《中国记者》2021-01-28)

如今越来越多敢闯敢拼、有理想的创业新农人,都在为乡村振兴而努力奋斗,广大学农青年更要树立扎根农村、深耕农业的理想信念,持续践行为乡村振兴建设的行动,不断奉献自己的微薄力量。

三、目标损耗

自我实现的张力带来自我成长,同时也会带来情绪上的紧张和焦虑。很多人选择另一种方式消除这种张力,就是逐渐降低自己的目标,一直到完全没有张力。你会对自己说"其实我也不那么想拿个奖学金,考的差不多就挺好";或者"其实我那个梦想只是年少轻狂的想法,人还是要现实一点"。每一次你都隐秘地将自己的愿景调低一点,慢慢地,你活在自己的舒适区,过着自己伸手可及的人生,生活也像松弛的橡皮筋,失去了年轻人应有的活力。

是让现实靠近愿景,还是让愿景靠近现实?是成为我们希望的人,还是接受无奈的现状?这取决于我们对于愿景的坚持和规划能力。自我实现不是把计划写在纸上然后结束,自我实现是一个持续终身的修炼过程。

别样青春

黄振兴,男,广西农业职业技术学院动物科学技术系动物医学专业2017级学生,荣获2018年度中国自强大学生荣誉称号。出身农村,从小父母离异,家境贫寒,刚进大学时,曾经一度和我们很多同学一样有点迷茫,甚至对所选的专业不上心,但他很快调整过来,内心告诫自己:学习始终是学生最大的天职。每天都做好自己的学习和工作规划,白天认真听课学习,空余时间分给其他事务,处理事务时讲究工作效率,保质保量地做到学习工作两不误。他不仅用严谨的学习态度进行专业学习,还积极担任易班工作站站长进行锻炼,跟随老师开展创新课题,参加"挑战杯"广西大学生课外学术科技作品活动荣获调研报告二等奖,同时代表学院易班工作站参加区高校易班达人秀比赛荣获三等奖。2019年加入中国共产党,在校期间考取了动物检疫检验员和动物疫病防治员资格证,荣获国家奖学金并通过全国英语B级考试,2020年毕业时,以优异成绩进入本科继续深造学习。

邬合卫,男,广西农业职业技术大学食品工程系食品加工技术专业2019级学生,荣获2020年中国自强大学生荣誉称号。2017年他考上了广西农业职业技术学院,因父亲身患重症需要常年治疗,母亲又失业在家务农,家里的一亩三分地成了这个家的唯一经济来源。家里无力供给他上大学的昂贵费用,但他又不想放弃他的大学梦,于是他毅然选择报名参军,在缓解家庭压力的同时又能圆了大学梦。在两年的兵役旅行中他吃苦耐劳、自强不息,诠释了军人"流血流汗不流泪,掉皮掉肉不掉队"的精神,期间表现优异获得了"优秀义务兵""万米蛙王"等荣誉。2019年9月,他告别军旅生涯,带着对大学的憧憬,来到了原广西农业职业技术学院(现广西农业职业技术大学)。入学后,他没有因为自己是退伍军人的身份而骄傲,仍认真学习,努力工作,勤勤恳恳,任劳任怨。大一,他经过努力成功担任了班级的宣传委员并且加入系学生会,成功担任系学生会执行主席。

"在部队的时候,他就对自己说回到大学后一定要好好学习,不能浑浑噩噩度过大学生活。"对待学习严肃认真,不逃课,不迟到,不早退,认真做好课前预习和课后笔记整理工作,学习目的明确,态度端正。他始终相信,只要努力一切都会有可能。所以除了学生会工作之外,他把所有时间都用在学习上,认真学习专业知识,在多次考试中取得优异的成绩。此外,他还积极参加学校及班级组织的各类活动,在2021年第七届中国国际"互联网+"大学生创新创业大赛中,他与几个志同道合的退伍军人组建了一支退伍军人战队——"荳者为王"创业团队并担任该项目负责人。该项目在他的带领下一路披荆斩棘冲出校区踏进广西区,并斩获广西区第七届中国国际"互联网+"大学生创新创业大赛金奖与第五届中华职业教育创新创业大赛广西区银奖。工作上,他秉承着"全心全意为全院师生服务"的宗旨,积极配合学校领导开展工作,在校内、校外多次开展义务活动,为师生及社区提供力所能及的帮助。不论是疫情期间组织公益理发,还是中秋节带领同学们一起到社区去给老人做月饼送温暖,元旦组织同学们举办元旦晚会等许许多多大小活动,只要有活动的地方就会有他的身影。身边的人时常问他:"不累吗?"他说:"在我最苦难的时候是国家、老师、同学们帮了我,现在我要尽我最大能力去回报他们。"他担当起了一个系学生会执行主席该承担的义务和责任。

他骨子里透着军人的坚毅,内心凝聚着责任,从部队到大学,这份坚毅与责任从未改变,他用行动完美地诠释了什么叫做"流血流汗不流泪,掉皮掉肉不掉队",这就是退伍军人的退伍不褪色。他始终相信:坚持初心、保持热情,去奔赴每一个期许的山海与热爱,做好身边的每一件事都会成为未来人生道路上的独特名片。(来源:广西农业职业技术大学团委官方微信公众号"广西农职大青年")

新时代中国青年处在中华民族发展的最好时期,既面临着难得的建功立业的人生际遇,也面临着"天将降大任于斯人"的时代使命。大学是人生的关键阶段,第一次开始自由追逐自己的理想、兴趣,大学生活有很多的可能,如何通过努力编织生活梦想?我们需要志存高远、脚踏实地,不畏艰难险阻,勇担时代使命。两位同学的大学生活有不同经历但都是积极向上的,展现了青春最亮丽的底色。在大学做到不懂就学,不会就练,没有条件就努力创造条件;对自己的大学生活有明确的规划,对想做爱做的事敢试敢为,努力从无到有、从小到大,把理想变为现实;敢于做先锋,而不做过客、当看客,让青春年华在为国家、为人民的奉献中焕发出绚丽光彩。

四、理解和适应大学生活

就像去一个陌生又新奇的城市旅行一样,你需要先上网找些攻略,有一个大概的了解,然后坐车到达,真实地适应当地的环境。大学就是这样陌生又神奇的人生一站。相对中学来说,它更加开放、多元、自由;课前课后的时间不再由学校和父母安排,而是完全交给你;财务的权利不再是零花钱,你还可以自由使用生活费;你可以自由决定课余时间读什么书,什么时候开始学习,以及学习什么新的知识;你可以自己决定参加什么社团,与不同系不同年级,甚至社会不同群体的人交往。

而同时,大学也提出了更多的发展路径,更多元化的标准,以及更高的要求。除了把书读好,大学提供了更多的自我实现路径:学术研究,培养综合能力,培养技术优势等。除了学习能力,大学也需要我们提高自我管理的能力以实现目标,社会交往的能力以找到支持,独立理财的能力以保证生存,以及独立思考的能力以便我们选择适合自己的目标。

大学不仅仅需要我们完成学业,也需要我们在此期间完成进入社会的准备,这里不仅是我们学生生涯的一片乐土,也是人生成就的预备役。大学是收获更多,同时挑战也更多的地方。我们将在第1章的学业发展地图中,看到大学生活的全貌,开始思考自己想要什么,并描绘出愿景与目标。

在了解和适应大学生活之后,你会发现,你绝不可能在大学尝试和完成所有的可能;你应该从你最想完成的梦想和最有优势的领域着手。

"我的大学要做什么?"你可以从以下四个方面思考。

(一)做好必做的事

大学有大学的规则,只有遵守一个组织的基本规则才能使用这里的资源。所以大学有很多你不一定想做,但是却必须要做的事——正如你也许并不一定喜欢高考的每一科,但是为了你想过的生活,你愿意做这些必做之事。比如通过考试,遵守基本的规则,完成必要的社会实践。

给自己制定学业计划,不要让这些"必做之事"成为你的障碍。

(二)评估大家都在做的事

流行的,不一定是好的。潮流会流行,感冒也会。

大家都在做的事有两种可能,一种是每个人都看到了好处,另一种是每个人都"害怕被拉下"不得不做,如考研、考证。区分的最好方式是,先不着急加入,了解清楚事情背后对于自己的益处,然后评估是否是自己必做或想做的事。

(三)发现和践行想做的事

做真正想做的、让自己怦然心动的事。

你也许在下面的愿景练习中发现了很多能让你"心动"的事情,但如何才能知道这件事情是自己"真心"想要做的？一种方法是更加清晰全面地体验这件事情：多了解，多体验，多参与，多和做成了的人沟通；另外一个方向则是更深地探索自己内心的价值观。

我们将在第 2 章自我探索部分更详细地谈到了解自己的价值观；在第 5 章深度理解职业中谈到如何更多地了解自己的职业方向。但要强调的是，你不可能在课堂或者在书本上找到"真心"想要做的事，你只能从实践中找到它们。

（四）尝试有可能的事

如果我们只做必须的、想到的、别人也做的事，我们虽然会按照自己设定的轨迹稳定前进，但我们永远无法做那些虽不在我们的视野范围内，但是却有无限可能的事情。所以每年保持做一两件以前没有接触过的事情，是一个很好的策略。

以上四个方面可表达为以下形式：

	自己	他人
想去做	可能性 积极尝试	潮流 谨慎评估
必须做	愿景 努力践行	规定 认真完成

 生涯实践

梦 想 清 单

如果大学毕业的那一天，你回顾过去四年，觉得青春无悔，那是因为你做到了些什么？

在表 0.1 所示的愿景清单中写下当你看到问题时，脑子里面第一时间浮现的想法，并且尽可能清晰地描绘它们。

全部完成后，对这些愿景按照"心动程度"和"信心程度"打分，0～5 分，5 分为最高分。

挑出心动程度和信心程度都相对高的，优先行动。

表 0.1

愿景清单	心动程度	信心程度
我成了一个＿＿＿＿＿＿＿＿＿＿样的人 （填入三个你最希望自己实现的形容词）		
在学业方面，我会……		
在社团方面，我会……		
我交到了……样的朋友		
我去过了……地方		

续表

愿景清单	心动程度	信心程度
我获得了一份……样的工作		
我开始了一段……的恋爱		
父母会以……的眼光看待我		
我学会了……,拥有了……的技能/才干/性格		
我培养出了……的习惯		
我对于……有了全新的思考和认识		
我成了……高手!		
(任何你想填写的)		

五、把愿景细分为目标

理解了"目标损耗",你就知道为什么清晰地描绘愿景,把它变为目标多么重要——当你把未来的愿景具体化成目标的时候,比如不是"学好英语"而是"以××分通过六级",不是"成绩考好点"而是"每一科都不低于80分","橡皮筋"的另一头就被牢牢钉在了未来。目标越清晰,也就越难损耗。

清晰的目标至少能在五个方面推动自我成长:

(1) 刺激高水平的努力。

(2) 给高水平的努力固定方向。

(3) 提高毅力。

(4) 有助于形成具体策略。

(5) 可以衡量行为的有效性,有助于及时评估调整。

别让目标过于"远大"!

小时候别人问:"你将来想当什么啊?"你应景地回答:"大科学家!"其实,也许你一直到今天也没有认真对待过这个愿望。这就是一个过于"远大"的目标的害处——它让你完全没有动力,却还总以为自己有梦想。

过于远大的目标是让你最终放弃梦想的重要原因——因为未来一下子"钉得太远",你的"橡皮筋"被拉扯得太长,张力绷得太紧而让你不堪重负,最终你会选择彻底放手。回想你每个暑假的那些"从今天开始,每天……",但是最后都无疾而终的计划,失败的原因大多都是目标过于远大,超过了自己能够承受的张力。你应该把大目标分割成若干小目标,让小目标产生的张力变成你可以接受的程度。然后控制目标的数目,一段时间内的目标数量最好不要超过三个。

在这个过程中,你的"梦想橡皮筋"也逐渐变强,直到可以承受更大的目标张力。第3章个人成长部分对此有更加详细的论述。

六、持续的行动

一旦愿景明确、目标清晰,接下来就是持续地行动,以及阶段性地在每一个重要节点停下来重新聚焦一下方向。

你,狂野又宝贵的一生,想用来做什么?

每次我看到这句话,我都把自己吓一跳。

你,激情又宝贵的大学时光,你想用来做什么?

生涯感悟

每个人都希望成为更好的自己,每个人都有自我成长的张力。但是由于"后马拉松效应"和"目标损耗",很多大学生并没有抓住大学时代的自我超越机会。

过一个好的大学生活有四步:了解和适应大学生活,思考和描绘愿景,把愿景变成目标,行动再行动。

大学是人一生中极为关键的阶段。从入学的第一天起,你就应当对大学时光有一个正确的认识和规划。为了在学习中享受到最大的快乐,为了在毕业时找到自己最喜爱的工作,每一个刚进入大学校园的人都应当学习以下七项内容:自修之道、基础知识、实践贯通、兴趣培养、积极主动、掌控时间、为人处事。只要做好了这七点,大学生临到毕业时的最大收获就绝不会是"对什么都没有的忍耐和适应",而应当是"对什么都可以有的自信和渴望"。只要做好了这七点,你就能成为一个有潜力、有思想、有价值、有前途的快乐的毕业生。

第2节 职业、生涯与人生

生涯指引

屠呦呦的职业、生涯与人生

屠呦呦,女,1930年12月30日出生于浙江宁波,汉族,中共党员,药学家,现为中国中医科学院首席科学家,终身研究员兼首席研究员,青蒿素研究开发中心主任,博士生导师,共和国勋章获得者。多年从事中药和中西药结合研究,突出贡献是创制新型抗疟药青蒿素和双氢青蒿素。1972年成功提取分子式为$C_{15}H_{22}O_5$的无色结晶体,命名为青蒿素。2011年9月,因发现青蒿素——一种用于治疗疟疾的药物,挽救了全球特别是发展中国家数百万人的生命,有效降低了疟疾患者的死亡率,获得拉斯克奖和葛兰素史克中国研发中心"生命科学杰出成就奖",2015年10月获得诺贝尔生理学或医学奖。2019年5月入选福布斯中国科技女性50榜单,2020年3月入选《时代周刊》100位最具影响力女性人物榜。

1969年,美国与越南之间的战争正上演得如火如荼。在炎热的东南亚战场上肆虐的疟疾对原先仅起到抑制作用的奎宁产生了抗药性,因疟疾而死亡的士兵是战争的5倍。饱受疟疾之苦的越南,向中国发来了求助信。中国政府当机立断,下达了研制药物的命令。就是在这样的情况下,屠呦呦临危受命,成为"抗疟中草药研究组"的组长。医者的初心与国家的命令,有了某种交叠,连西方国家这么多年都没开发出新药,更不用提当时技术落后、设备残缺、理论不完善的中国,屠呦呦唯有奋力一搏。

整整三个月,从翻阅医学典籍开始,屠呦呦带着团队四处走访名医,埋头于那些变黄、发脆的故纸堆中,寻找抗疟药物的线索。他们从2000多个药方中筛选出了640个,又进一步锁定到100多个样本,最终确定了"青蒿"可抗疟的宝贵价值,并通过无数次的尝试实验来提取青蒿素。全然不顾乙醚本身是具有毒性的有害物,她尝试乙醚低温提取青蒿素的可能性,最终提取青蒿素成功。因为这个尝试屠呦呦患上了中毒性肝炎,不得不住院疗养。但她知道,这场战斗还远没有结束。1972年,在成功获得青蒿乙醚提取物之后,屠呦呦自请以身试药,以验证有效提取的青蒿素在人体上的效果。身为药物研制者,在关系到无数人性命的问题上,屠呦呦展现出了果敢与勇气。

在发现青蒿素直至拿奖拿到手软的若干年中,除非必要,她绝不接受任何媒体的采访。2016年的国家最高科技奖颁奖典礼,屠呦呦是全场27位获奖者中唯一一个谢绝采访的;同年,连中科院国家天文台用她的名字命名小行星的重要场合,她本人都未曾出席。获得诺贝尔奖后领取的300万元人民币奖金,也被她"精打细算"地分成了三部分:一百万元捐给了母校——北京大学,设立了创新基金;一百万元捐给了工作单位——中国中医科学院,奖励积极创新的年轻人,让更多的年轻人投入到中医药的科研事业中来;剩下的一百万元则作为科研团队日常开销的支出。本该安度晚年、享受荣光的她仍在默默努力着,身边或许萦绕着家人的不解、外界的猜疑、自己的无奈,但对于她来说,看到越来越多的研究成果化作救死扶伤的良药,可能才是一个科学家最大的满足。(来源:百度百科、学习强国)

习总书记在科学家座谈会上的讲话指出:广大科技工作者大力弘扬胸怀祖国、服务人民的爱国精神,勇攀高峰、敢为人先的创新精神,追求真理、严谨治学的求实精神,淡泊名利、潜心研究的奉献精神,集智攻关、团结协作的协同精神,甘为人梯、奖掖后学的育人精神,科学无国界,科学家有祖国,科学家应主动肩负起历史重任,把自己的科学追求融入建设社会主义现代化国家的伟大事业中去。屠呦呦不忘初心、牢记使命,秉持国家利益和人民利益至上,继承和发扬老一辈科学家胸怀祖国、服务人民的优秀品质,敢于大胆质疑,认真实证,不断试验,凭借信心、意志、能力登上科学高峰,为实现中华民族伟大复兴、为推动构建人类命运共同体作出了应有贡献!

 生涯知识

一、职业

每天早上,你都能看到城市流动起来。人们坐着各式各样的交通工具,进入不同建筑中的办公室,开始自己一天的工作。你知道他们都有自己的"职业",正在"上班"的路上,因为要"挣钱"。但是你有没有仔细思考一下:

什么是职业?

(一)职业的含义

职业的概念与时代、社会经济水平有关。职业是指个人为了获取主要生活来源而从事的相对稳定、有合法收入的社会性工作类别,它是某种精细的、专门具体的社会分工,能反映一个人的社会身份、社会地位与自身的知识、能力、素质水平等。从社会角度看职业是劳动者获得的社会角色,劳动者为社会承担一定的义务和责任,并获得相应的报酬;从国民经济活动所需要的人力资源角度来看,职业是指不同性质、不同内容、不同形式、不同操作的专门劳动岗位。

在特定的组织内职业表现为职位(即岗位),我们在谈某一具体的工作(职业)时,其实也就是在谈某一类职位。每一个职位都会对应着一组任务,作为任职者的岗位职责。而要完成这些任务就需要这个岗位上的人,即从事这个工作的人,具备相应的知识、技能、态度等。中国职业规划师协会对职业的定义:职业 = 职能 × 行业。例如公务员、医生、教师、工程师、CEO等都是职业。

(二)职业的特征

1. 职业的社会属性

职业是社会分工的结果,是人类社会发展到一定阶段的产物,社会分工赋予职业特定的社会性工作类别。职业的社会性还体现在职业的存在必须符合社会需要,为社会提供价值和服务。

2. 职业的规范性

职业的规范性包含两层含义:一是指职业内部的规范操作要求性,二是指职业道德的规范性。不同的职业在其劳动过程中都有一定的操作规范性,这是保证职业活动的专业性要求。

3. 职业的经济性

职业的经济性,体现在职业是个人为了不断获得经济收入而从事的特定活动,这一收入是个人主要生活来源,是一种相对固定的合法性收入。只有把职业的个人利益与社会利益相结合起来,职业活动及其职业生涯才具有生命力和意义。

4. 职业的技术性和时代性

职业的技术性指不同的职业具有不同的技术要求,每一种职业往往都表现出一定的技术要求。职业的时代性指职业由于科学技术的变化,人们生活方式、习惯等因素的变化而打上了那个时代的"烙印",如随着社会分工的发展,其专业性也在不断提高。如教师,之前教师都是黑板板书,现在要求教师具备媒体技术运用能力,会制作课件,拥有使用新媒体的技能。社会发展也衍生出了新的职业,2019年人力资源和社会保障部发布了人工智能工程技术人员、云计算工程技术人员、建筑信息模型技术员、电子竞技运营师、数字化管理师、无人机驾驶员、电子竞技员、物联网工程技术人员、大数据工程技术人员、农业经理人、物联网安装调试员、工业机器人系统操作员、工业机器人系统运维员等13个新兴职业。新兴职业的兴起,为我们职业教育的发展带来了机遇和挑战,作为职业院校学生,我们应该加强职业技能,练就过硬本领,把自己培养成德才兼备的高素质技能型人才。

好"焊"征服世界
——第45届世界技能大赛焊接项目金牌得主赵脯菠

赵脯菠,中共党员,16岁那年出于对焊花的好奇和憧憬,选择了焊接这个专业。从做一名焊接技术工人开始,他每天都坚持高强度的学习训练,不断提升自己的技能水平。2019年8月,在第45届世界技能大赛上,赵脯菠完成了4个模块的焊接,斩获第45届世界技能大赛焊接项目金牌,蝉联世界冠军,实现了中国在参加世界技能大赛以来焊接项目的"三连冠"。

1997年,赵脯菠出生在会理这片红色土地,或许正如他所说:"我的血液里流淌着红色基因。"地处大山深处,家里的条件并不好,村里的发电机只够点灯,没有电话,没有电脑,没有电视,他看过的第一部动画片还是12岁那年的《喜洋洋与灰太狼》。早熟的赵脯菠一边拼命学习,一边还担心父母过于操劳,为了减轻家庭负担,闲暇时去建筑工地砌墙,每天能有一百块钱收入。每逢端午前的周末,他会回家上山挖药材,然后去集市兜售。中考结束后那个暑假,原本成绩不错的他想着读高中考大学,但捉襟见肘的家庭条件,让他有些犹豫,最终2013年他选择报考攀枝花技师学院学习焊接,开始了与焊枪日夜为伴的日子。那一年,他16岁。看着两块钢板被焊接在一起,赵脯菠觉得有意思极了,但等他真正提起那把沉重的焊枪时才发现,这项技能远不是"手拿焊枪、焊花四溅"那般潇洒。为了快速掌握焊接技能,赵脯菠查找有关焊接专业的书籍,花费了比别的同学更多的时间,持续练习,遇到技术难点就向老师或者师兄请教。入学当年,他经过选拔,进入了四川省人社厅和中国十九冶集团支持下成立的"焊接精英班"。"在班里,我年龄小、力量弱,也不是技能水平最高的,但从小艰苦的环境让我比同龄人更能吃苦。"赵脯菠说,"为了练腕力,我睡前用手托着灌满水的大可乐瓶,一托就是个把小时;为了练蹲功,我看书、洗衣服时都蹲着,有时蹲久了,站起来眼前发黑,为的就是让自己手中的焊枪更稳。"炎热的夏天,闷热的焊接场地温度高达40℃,穿着厚厚的工作服,汗水浸透了一层又一层衣背,但赵脯菠从未抱怨过。仰焊是四种基本焊接位置中最困难的一种,焊接时熔池处于工件正下方,受重力影响焊缝成型控制难度较大。初学仰焊,赵脯菠对引弧位置、电弧长度、摆动幅度及各项焊接参数的匹配经验不足,导致前期焊缝成型状况不佳,并存在诸多缺陷,为此,有些苦恼。最终,在老师悉心指导下,他苦练和琢磨,很快就掌握了技术要领。技术持续进步,但焊接工作留给他的"痕迹"也越来越多。虽然安全防护已经十分到位,但弧光照射和高温炙烤仍无法避免,电弧灼伤了他的脸,熔融的铁水与焊渣烫破了他的皮肤，特别是持焊枪的右手，留下多处焊接人特有的抹不去的印记。赵脯菠说："既为焊接人，怎无焊接痕？手臂上的疤痕见证了我的成长，成功没有捷径，只有踏踏实实一步步往前走。很多人说工匠精神就是一个人一辈子干一件事情，把这件事情干到极致、干到最好，我当时就想把焊接做好，能做的只有坚持。"

  第一次参加世界技能竞赛选拔集训的时候，早上6点半跑步锻炼体能，8点钟开始集训，一直持续到中午12点，下午1点半继续训练，晚上6点吃饭，一个钟头后还是训练，甚至要练到午夜。赵脯菠一直在坚持，训练到5个月的时候，技术遇到瓶颈，怎么都突破不了，冲击省队以失败告终。赵脯菠说自己那时候是绝望的，一直哭，哭到快一点钟，擦干眼泪，因为到了训练的时间，他又不由自主地走向训练场。训练的日子里，赵脯菠记不住挨了多少次骂，被骂后眼泪不由自主就流下来，边哭边干，干着干着眼泪就干了，挨骂多了也长记性，技术倒是越来越好了。2016年6月，赵脯菠在第44届世界技能大赛四川省选拔赛中排名第三，取得参加全国选拔赛，与来自全国各地青年高手切磋技艺的机会，并以第八名成绩成功进入"十进五"选拔。夏天的攀枝花酷暑难耐，为了取得好成绩，赵脯菠主动延长训练时间，提高训练强度，每天训练时长达到十小时以上，最终挺进前五。而在"五进二"突围赛中，他还是位列第三，止步第44届世界技能大赛选拔之路。那年，他作为参赛队员宁显海的陪练，到西土城路33号北京焊接集训基地进行陪练，这半年，他的技术水平也在飞速提高。2017年10月20日，宁显海夺得第44届世界技能大赛焊接项目冠军，学校很多同学都欢呼雀跃，赵脯菠又流泪了，只有他知道师兄这金牌背后付出了多少努力，承担了多大压力，师兄太难了！2018年，中国五矿集团旗下企业中国十九冶集团与赵脯菠正式签署入职协议。为锻炼他的心理素质，积累参赛经验，公司让他参加第十三届全国工程建设系统职业技能竞赛。凭借练就的扎实基本功，赵脯菠战胜来自电力、石油等行业的80名高手，成为这项赛事有史以来最年轻的金奖获得者。为了不辜负老师和家人期望，赵脯菠对自己更加苛刻，每天进行不少于15小时的强化锻炼，累计有2万多次焊接实训。这样高强度的训练，他将正确的焊接操作手法化为无形的肌肉记忆，通过日复一日的魔鬼训练，把遇到的技术难点逐个击破。2018年3月，第45届世界技能大赛焊接项目四川省选拔赛，赵脯菠以第一名成绩进入四川省集训队，备战全国选拔赛。当年12月，他以94.05分的成绩进入第45届世界技能大赛中国集训队。"试题从难、评判从严、模拟实战"，这是强化冲刺阶段的考核要求。近乎苛刻要求的背后，是焊接时几千度高温让金属瞬间产生的金属蒸气，是天气再热也得穿着厚厚的防护服，是火红的焊渣掉到身上，双手被灼烧的伤痕。教练周树春说："只有平时练到，才能赛场做到。焊接比赛是微米之争，只有练到一个极致的精准度才能制胜。"赵脯菠知道，只有决不服输，才能突破自己，走出困境。为此，他常常训练到凌晨一两点。那时候他的心态特别好，没有认为自己会是最后的胜利者，在他看来，谁去喀山都一样，只要能为国家争得荣誉。

  第45届世界技能大赛，共有38名选手参加焊接项目比赛，是参与国家和地区最多的项目之一，竞争之激烈，比赛之艰难，可想而知。俄罗斯作为东道主对于比赛场地更为熟悉，韩国选手曾在这个项目拿过"五连冠"，实力不容小觑。他一遍遍告诉自己："只要朝着一个方向努力，心中的目标就会近在咫尺。"赵脯菠聚精会神，一丝不苟，每一个动作如行云流水，每一个模块都完成得恰到好处。"比赛的变化很大,当年焊接项目的难度提高了。"那一次,焊接项目就由第三方专家现场出试题,比赛的不锈钢试题跟最初公布的试题完全不一样。意外题加上东道主迟迟不公布竞赛设备、材料信息等,增加了比赛难度,赵脯菠遇到了自己完全没有训练过的模块。但他没时间慌乱,"我知道只要按照教练的备战要求和自己的技术实力去实现就行"。每一个模块完成,赵脯菠从不去关心别人的结果,而是专心地投入思考:怎么突破下一个难点。总时长18小时的比赛,赵脯菠凭借丰富的实战经验、熟练的手法技巧以及稳定的心态节奏,完成了4个模块的焊接,最终以总分93.53分获得第一名,实现中国焊接项目"三连冠",新中国成立70周年之际,他受邀在天安门参加观礼;今年他光荣地加入中国共产党。

在谈及如何理解工匠精神时,赵脯菠说:"在学习焊接的六年时间里,我经历了很多挫折和失败,最后一步步走向世界舞台,归纳总结就是两个字:坚持。记得有一次我在训练的时候,因为我做的试件高于我头部,所以焊的时候铁水很容易往下掉。当时有一滴铁水顺着衣服掉到了鞋子里面,铁水的温度可能有将近1000 ℃,把我的脚烫了一个很大的洞。为了不耽误训练进度,我本着发扬'一天也不耽误,一天也不懈怠'的企业精神,最后咬牙坚持了下来。我认为的工匠精神就是一个人一辈子干一件事情,把这件事情干到极致、干到最好。"

(来源:《工人日报》)

作为一名95后,赵脯菠从小山村走向世界舞台,并且实现了中国在参加世界技能大赛以来焊接项目的"三连冠"。他不怕苦不怕累,苦练本领,一丝不苟,精益求精,最终获得了喝彩,改变了人生和命运。我们当代的青年,出生在一个伟大的时代,在党和国家对技能人才高度重视和大力培养下,要勇于实现个人梦想。无论哪个行业都有出彩的可能和机会,我们要以精益求精的精神苦练技术和本领,弘扬工匠精神,用技能报国,不负时代不负人民,不负自己的青春。

二、职业生涯

(一)职业生涯的含义

生涯是生活中各种事件的演进方向和历程,它统合了人一生中的各种职业和生活角色,由此表现出个人独特的自我发展形态。它不是一个静态的点,而是动态的历程,除了职业外,还包括任何与工作有关的角色。

职业生涯是指个体职业发展的历程,一般指一个人终生经历的所有职业发展的整个历程。职业生涯是一个人一生中所有与职业相联系的行为与活动,以及相关的态度、价值观、愿望等的连续性经历的过程,也是一个人一生中职业、职位的变迁及工作理想的实现过程。简单说,职业生涯就是一个人终生的工作经历。

中文中第一次出现"生涯"是《庄子》中的"吾生也有涯,而知也无涯",原指"生命的尽头"。从南北朝时期开始,江南的风俗中就有让孩子满周岁"抓周"的习俗,也是在看这个孩子今后可能会选择什么样的生涯轨道。

一般可以认为,我们的职业生涯开始于任职前的职业学习和培训,终止于退休。我们选择什么职业作为我们的工作,这对于每个人的重要性都是不言而喻的。

当一个人在职业生涯中不断扎根、进取,将自己的职业确定为人生目标和理想,并不惜一切个人资源和努力为之奋斗,包括自己的人生,将最终成就一生的事业。

瑶山教育的"化缘"校长莫振高

莫振高,生前是广西河池市都安高中校长,他被称为甘做瑶山教育的"化缘"校长,也是学生的"校长爸爸"。

都安高中是广西河池市都安瑶族自治县一所最好的中学,在广西非常有名,因为教学质量高,连续23年有学生考上清华、北大。老百姓都拼命地把孩子往这里送,希望自己的孩子能走出大山,但是,都安县自然条件恶劣,莫振高挑起了改变贫困孩子命运的重担。他走遍了每个村屯,走进每一个贫困家庭里。学校每年拿出一部分经费来帮助贫困学生,还常组织全校师生给贫困生捐款捐物,发动学校领导、团委干部和班主任向各届校友寻求资助。都安高中每年招收的1000余名新生中,有近三成是贫困生,很多学生报到时的行李只有一床破被子。一些家境贫寒的孩子因为没勇气报到,就在校门口徘徊。这时,莫振高就把"校长办公室"搬到校门口,招呼为学费发愁的贫困生"先入学,其他费用慢慢想办法"。每逢开学必"摆摊",专做贫困生的"生意",这一幕,在都安县家喻户晓。在家人、群众和贫困山区孩子眼中,他是一个"总是惦记着山里贫困孩子"的校长爸爸,一个被瑶山的孩子称作"莫爷爷"的好心人。学校缺乏教具,莫振高自己动手绘制挂图。周末,他徒步10多公里的山路到老家,扛木板为学生修理桌椅。学校没有钱,他一点一点地向社会筹资。学校新建的教学楼就是这样左一个5万元、右一个10万元"化缘"而得。

为了帮助更多的贫困学生,莫振高用自己微薄的工资资助了近300名贫困生,帮助他们圆了大学梦。他先后筹集到3000多万元善款,资助1.8万名贫困生完成学业,最终实现了"一个都不能少"的美好愿望,实现了让所有贫困生"进得来,学得好,考得上,出得去,成得才"的目标。多年来,由于教学成绩突出,莫振高多次被推荐到行政部门任职,被外地学校高薪聘请,但都被他拒绝了。他说:"我爱我的学生。我要用毕生的奋斗,给瑶山的孩子们一片自由放飞的天空,踏上大学路……"爱是一种心贴着心的情感,莫振高对贫困生的爱,就是这样一种心贴着心的情感。他感受着他们的痛苦,体会着他们的快乐。他说:"有困难,就找我莫振高。"

2015年3月9日莫振高不幸因病逝世,享年58岁。"没有惊天动地的伟业,没有豪气干云的话语,但莫振高以毕生的心血,用爱与责任铸就的丰碑,长留天地之间,耸立万千学子心中"。这位被称为"化缘"校长、"总是惦记着山里贫困孩子"的校长爸爸,被评为了全国先进工作者、全国教书育人楷模、2015年感动中国年度人物、广西壮族自治区劳动模范、感动广西十大新闻人物——他的事迹诠释了他的人品和他为教育事业毕生鞠躬尽瘁死而后已的精神,他所作出的努力和奉献精神激励和感召着各行各业的人们,为人们所仰视和折服,同

时也为社会传递着满满的正能量。(来源:腾讯视频官方网站)

莫振高把自己一生献给了贫困山区的教育和孩子们,诠释了一名教育工作者淡泊名利、志存高远的精神品质,对学生的爱是心贴着心的情感,在他心中,思的是教育这方神圣的净土,念的是关乎国家百年大计的基础工程。十年树木,百年树人。贫困县每走出一名大学生,就意味着多一份改变家乡面貌,建设繁荣昌盛祖国的力量。他用实际行动、用爱与责任诠释了一名教师的神圣使命,铸就了人生的丰碑。

(二)职业生涯的分类

职业生涯分为外职业生涯和内职业生涯两个方面。

1. 内职业生涯

内职业生涯(对外在职场而言)是指从事一种职业时的知识、观念、经验、能力、心理素质、内心感受等因素的组合及其变化过程。它是别人无法替代和窃取的人生财富。

2. 外职业生涯

外职业生涯是指从事职业时的工作单位、工作时间、工作地点、工作内容、工作职务与职称、工作环境、工资待遇等因素的组合及其变化过程。它是依赖于内职业生涯的发展而增长的。

3. 二者的关系

(1)内职业生涯发展是外职业生涯发展的前提,内职业生涯带动外职业生涯的发展。

(2)外职业生涯的因素通常由别人决定、给予,也容易被别人否定、剥夺;内职业生涯的因素由自己探索、获得,并且不随外职业生涯因素的改变而丧失。

(3)外职业生涯略超前时有动力,超前较多时有压力,超前太多时有毁灭力;内职业生涯略超前时舒心,超前较多时烦心,超前太多时要变心。

三、学业生涯对职业生涯的影响

大学期间,学业已经够繁重,为什么我们还需要谈职业生涯?我们的大学阶段学业生涯对我们职业生涯有什么影响?

学业生涯其实是一个人的成长过程,我们每一个人如果接受学校教育的话,许多时间就要在学校度过,在学校度过,就会有小学、初中、高中、大学等教育历程。这是我们的成长经历,也是我们增长知识的一个途径。我们大多数人生下来就已经有了既定的人生道路,而且几乎所有的人都是一样的步骤。但是同步不同标,也就是说我们很多人虽然走的路是一样的,但是最后实现的目标却不一样,有的成功了,有的失败了。这就看一个人的方向是否自己把握住了。

1. 学业生涯是职业生涯开启的重要敲门砖

大学对绝大部分人而言都只有一次,学业是大学生获取职业发展的准备。为了在学习中享受到最大的快乐,为了在毕业时找到自己最喜爱的工作,每一个刚进入大学校园的人都应当学习七项内容:自修之道、基础知识、实践贯通、兴趣培养、积极主动、掌控时间、为人处事。学业以就业为导向,尽早确立就业方向,有利于大学生制定学业规划、调整职业目标、改变学习状态、拓展学习外延、提高综合素质。大学生只有通过有效的学业修学,具备扎实的专业知识、过硬的心理素质、良好的沟通协调能力、强烈的事业心、健康的体魄以及创新精神,才能为今后的就业做准备。大学生临到毕业时的最大收获就绝不会是"对什么都没有的忍耐和适应",而应当是"对什么都可以有的自信和渴望"。只要做好了这七点,你就能成为一个有潜力、有思想、有价值、有前途的快乐的大学生,到毕业时就可以拿着简历去谋求属于我们的一份职业。

2. 职业生涯是自我实现的平台

职业能够满足我们对生存、社会关系以及自我实现的需求,是人类除了家庭之外最重要的社会关系之一。一个人对职业是否满意,也决定着其人生整体的幸福度。

经过大学的学习,你将走向社会,开始一份自己的职业。你会用自己的钱养活自己,拥有全新的社会身份,以及重新定义自我实现方向,这一切都将在一份职业上展开。

就业是衡量学业成就的重要标志。简而言之,学业属于人才培养阶段,就业属于人才作用发挥阶段。

每一个大学生都值得在大学期间花足够多的时间,学好生涯规划这门课,在大学阶段做好进入职场的准备。

人生有无限可能
——北大毕业后去杀猪卖肉的陆步轩,如今已打造自己的品牌

陆步轩,1966年出生于西安市长安县,1985年以长安县文科状元的成绩考入北京大学中文系,他曾相信进入北大之后的人生也会一片坦途,全家也能因他过上好日子,当陆步轩进入北大后,他的父母连同街坊邻里都为他感到骄傲。经过北京大学四年的学习,陆步轩从一个农村青年变成了一个有见识、思想不凡的上进青年。

1989年大学毕业后,他遭遇了一盆冷水。受当时大环境的影响,他重新回到了自己成长的那个小县城,被分配到了快要倒闭的长安县柴油机配件厂。但是他在那里一天都没干,就被退回了西安市人事局。在多次辗转安排下,陆步轩以临时工的身份,终于在计经委落脚,成了一名编外人员。这份工作与他的专业不对口,他做了收入不高自己也不喜欢的工作,曾经一度家庭事业都亮了红灯。

陆步轩辞掉工作,下海到街上摆了家卖猪肉的铺子。天下没有轻轻松松的工作,即使是个体工商户也有自己的不容易之处。在开肉铺起初陆步轩也遭遇了很多坎坷,但陆步轩始终坚持诚信经营和品质至上的经商原则。最终陆步轩凭借创新意识、聪明才智和良好的经商理念,开起了自己的店铺。陆步轩脑子灵活,在他的带领下周围开起了很多家卖肉的铺子,大家一同致富。

陆步轩作为北大毕业学子,在当时大学生还稀缺的情况下一直卖猪肉的事情被媒体报道,陆步轩出名后,当地的政府部门便向陆步轩伸出橄榄枝,让卖猪肉的他去做公务员。公

务员对于陆步轩来说是最初的理想工作,所以他不想放弃这个机会,又去做公务员了。他原本以为公务员工作是自己的理想工作,然而进入"围城"后,发现并非如此。在做公务员期间,陆步轩认识了经商的校友学长陈生,在与学长的交流中,陆步轩意识到自己真正喜欢的工作并不是做公务员。2016 年,陆步轩离开体制,重新拿起了杀猪刀,作为"壹号土猪"合伙人,专心卖猪肉。之后的几年里,陆步轩陆续向北大捐款 9 亿。那个曾经被社会大众嘲笑 20 年的"北大屠夫",用自己的行动事实告诉人们,他实现了人生的翻盘,打破了那些曾经嘲笑他、宣扬"读书无用论"的流言蜚语。(来源:网易新闻网)

事实也证明,读书有用,但有用的不是书本知识。就如陆步轩一样,他所从事的工作,与他所学的专业没任何关系,他成功是因为他的敢想敢干,在北大高才生的光环下,不畏舆论非议,只坚定履行自己的目标。如今很多人都认为拼命学习,考大学考研究生就是为了找到一份好工作,然而陆步轩的人生经历告诉我们,其实人生本身就有多种可能。我们读书的目的并不只是为了找工作,而是培养一种发现自己可能性的能力,用有限的人生创造属于自己的意义。去从事一份真正热爱的工作便是一种意义。

生涯实践

你喜欢哪一种生涯形态?

1. 你曾想做哪一行的工作?＿＿＿＿＿＿＿＿＿＿＿＿＿＿＿
你喜欢做这一行的人的生活方式吗?是/否
这是一种＿＿＿＿＿＿＿＿＿＿＿＿＿＿＿＿＿＿＿的生活方式。
2. 现在,你还想做哪一行的工作?＿＿＿＿＿＿＿＿＿＿＿＿＿
你喜欢做这一行的人的生活方式吗?是/否
这是一种＿＿＿＿＿＿＿＿＿＿＿＿＿＿＿＿＿＿＿的生活方式。
3. 整体而言,下面哪些生活形态的项目对于你很重要?
(1) 居住在文化水准较高的地方。
(2) 住在都市地区。
(3) 和父母住在一起,享受天伦之乐。
(4) 工作之余可以参加很多社团活动。
(5) 拥有宽阔、舒适的生活空间。
(6) 和家人共享假期。
(7) 生活富有挑战性、创造性。
(8) 每天有固定的时间与家人相处。
(9) 有宽裕的时间,做自己闲暇的事情。
(10) 每天能够运动,活跃身心。
(11) 经常能够外出旅行看世界。

(12) 经常能够学习,吸收新知。
(13) 有密切配合的工作伙伴。
(14) 贡献自己所能,参与社会服务。
(15) 有崇高的社会声望。
(16) 每个月有稳定的收入。
(17) 可自由支配自己的时间。
(18) 可自由支配自己的金钱。
(19) 和配偶与子女住在一起。
(20) 有丰富的经济收入。
(21) 居住在小孩上学方便的地方。
(22) 担任管理者的职位。
(23) 和朋友们保持密切的交往。
(24) 居住在固定的地方。
(25) 工作稳定有保障。

选出你最喜欢的三种生活形态,填写到下面。

我就是要_____的生活方式!

——修改自黄天中的《生涯规划概论——生涯与生活篇》

生涯感悟

职业是通过专业技能,满足社会需求,获得恰当的物质与精神回报的社会交换形式,是人生重要的构成部分,是满足我们的物质需求、社交以及自我实现愿意的重要手段。职业人不仅需要有专业技能,也需要理解社会和自我的需求。

职业生涯的范畴不仅仅关注一份职业,还包括了这个职业带来的生活方式、未来及过去的延续以及带给我们的内在感受。职业生涯是大学毕业后人生幸福的重要手段,值得从现在开始做好规划与储备。

第3节 生涯规划

生涯指引

服务人民,让青春种子驻基层

复旦大学药学院2020届硕士毕业生贺彦婷收到了一份特别的毕业礼物——学院吉祥物"法莫西"系列文创作品钥匙扣。学院以此勉励毕业生们不负母院期望,传承复旦基因,将青春和希望的种子播撒在祖国大地,扎根基层以奋斗的汗水浇灌青春之花。

贺彦婷初入大学校园、选择专业时,就认识到医药方向的重要性,即"以自身所学帮助普通民众解决切身的健康问题",这份在她看来充满"成就感"的事逐渐成了一种"使命感"。尤其是受今年疫情的影响,更让她在求职过程中看重工作岗位和专业的匹配度,她希望学以致用,服务人群健康。

求职前期,贺彦婷也没少受挫。面对投递简历广撒网却回复甚少的迷茫状态和焦虑情绪,贺彦婷从导师等师长的关怀中获得心态的调适,从学校和学院搭建的各类平台、提供的各类资源中获得了能量的补给。

"那段时间我投出去的简历就像石沉大海,又没有拿到自己心仪的offer,整个人都很焦虑。我在想是不是自己不够优秀,为什么没有人回复我呢?"说起这段经历,如今的贺彦婷已经不再纠结,但当时的焦虑和沮丧却是实实在在的。

于是,她参加了学生职业发展教育服务中心的简历门诊活动,提升了简历的质量,调整了投简历的策略。在上医学工部指导下的"法莫西"医药类学生生涯发展工作室的系列推送中,她从选调生校友的故事中看到了一种坚守。在她看来,自己从学校和学院举办的就业分享会中受益尤多,学长学姐们分享的求职经验和工作体验都很有参考价值和借鉴意义……"可以说,我们能想到的有需要的地方,学校学院都为我们考虑到了。"

之后的一切就变得顺利了许多,贺彦婷陆续收到了几个不错的offer,曾经实习的药企也给出了留用机会,但此时,贺彦婷并没有立即做出选择。

参加公务员考试,卫生健康管理方向,她最终选择了基层的岗位,去往虹口区卫健委。"因为这能更好地为人群服务,也让我更有使命感。"

她坚信,在岗位上尽心工作,在国家和人民需要的地方发光发热,就是给对自己给予帮助、寄寓厚望的师长们最好的回馈。(来源:复旦大学学生职业发展教育服务中心、融媒体中心 2020-08-24)

"志不求易者成,事不避难者进。"在多次实习中贺彦婷逐渐摸索出了自己的工作目标。在学校的关心和支持下,她逐渐坚定目标,迎难而上,怀揣朴素而真诚的为人群服务情怀,奔赴基层磨砺青春。

 生涯知识

当第一次听到"生涯规划"这个词,你是不是希望老师能够发一张规划图,清晰记录一生该干什么,而你们只要干就好了?

我们已经在第1节谈到了大学中自我实现的四步,第2节谈到了职业生涯的概念,以及大学为未来生涯做准备的重要性。这一节中,我们将结合前面的知识,讨论如何在职业生涯的领域自我实现。职业生涯设计与规划(以下简称生涯规划)是一门教你如何进入和创造自己喜欢的职业生涯的技术。

生涯规划不是做做测评、听听职业人士讲座,在一张纸上写出自己的职业目标,然后开始按照模板求职;而是每一个即将进入或正在职业中的人的必备技能,也是贯穿职业生涯的自我修炼。

一、职业生涯规划的内涵

职业生涯规划是一个人自青春期至退休,对一生在理念、工作、生活、家庭以及社会等方面的目标所做的妥善安排与计划,是一种用来追求理想人生的方法。孔子在两千年前提出的"吾十有五而志于学,三十而立,四十不惑,五十而知天命,六十顺耳,七十从心所欲,不逾矩"是我国关于职业生涯的最早描述。通俗地说,职业生涯规划就是要解决个人职业发展中"干什么""何处干""怎么干""以怎样的心态干"这四个基本问题。

二、职业生涯规划的步骤

小练习

下面的六个问题,也许你思考过,也许并没有。请按照你看到问题后对于答案的清晰度打分。

分数设定为0～5:0代表"完全没有想过";3代表"我想过,但是不确定";5代表"我知道而且很确定"。

你只需要对回答的清晰度打分,暂时不用管其正确与否。

在目前这个人生阶段,我想要什么?

哪些职业、生活方式能够满足我?

当前的环境与资源支持我做什么?

在这个方向上,我有什么优势?

我今年的目标是什么?

下一步,我该如何开始行动?

一个清晰的生涯规划,应该能让你回答上述问题。

你当然无须马上回答,因为整本书的目标就是让你能够回答这些问题,以及掌握这套生涯规划的技术,让你在整个职业生涯中都有进入自己想要的生活的能力。

为了回答这些问题,我们需要从自我、职业、外部环境、选择与执行四个方面着手探索与行动。

(一)自我探索

自我探索是职业生涯规划的第一步,是职业生涯的基础,也是职业生涯规划能够成功的关键。所谓自我探索就是你希望从生涯中获得什么?相对竞争对手而言你有哪些优势?对你的兴趣、个性、能力、特长、学识水平、思维方式、价值观、情商、潜能等进行全面的认识和评价。

1. 自我探索的内容

(1)职业技能的认知——我能从事什么职业。

对于即将步入职场的同学首先要了解自己具备了哪些技能,对自己的专业技能、可迁移技能和自我管理技能做全面的评估。一方面可以明确自己是否有能力胜任某种工作,另一方面也有利于更好地表达能力的优势,扬长避短,找到与自己职业能力匹配的工作。

(2) 职业性格的认知——我适合从事什么职业。

除了了解自己的知识技能还要了解自己的性格。人的性格千差万别,或热情外向,或羞涩内向,或沉着内敛,由于性格不同,适合从事的职业也不同。例如,一个性格内向少言少语的人去从事销售方面的工作,可能会因为无法应对销售过程中人与人之间的复杂情绪交流,而产生很多心理冲突和困扰。所以,在进行职业生涯规划前,要全面充分地认识自己的性格,找到与性格匹配的专业和职业,进而提高自己的性格修养,使自己更加适应岗位需求。

(3) 职业兴趣的认知——我喜欢从事什么职业。

职业兴趣是一个人积极探索某种事物的倾向,是引起和维持主义的一个重要的内部因素,表现为有从事相关工作的愿望和兴趣。如果说职业技能决定一个人是否可以胜任某项工作,那么职业兴趣就可以增加一个人工作的自觉性和积极性。大学生应分析自己的兴趣所在,懂得兴趣可以培养,理解志向能引导人的兴趣,并清楚兴趣不代表能力。

(4) 职业价值观的认知——我倾向于从事什么职业。

不同的人对职业特征有不同的评价和取向,这就是所谓的职业价值观。职业价值观决定了人们的职业期望,影响着人们对职业方向和职业目标的选择,决定了人们的工作态度、工作效率和职业发展情况。职业专家从人们的理想信念和世界观角度把职业价值观分为自由型、小康型、支配型、自我实现型、志愿型和技术型六大类,并将个人合适的职业类型与之相对。

2. 自我探索的方法

(1) 自我分析。

按照自己的想法、自己的认识、自己的习惯,通过自己回答的有关问题来认识自己、了解自己,对过去的自己进行反思。根据自己日常的生活与工作经历,分析自己适合做什么、喜欢做什么、能够做什么、最看重什么,反思自己的性格、兴趣、特长等特质。

(2) 他人分析。

采取360评估法,通过家人、朋友、同学、老师、学长、学姐等与自己接触较多的人对自己的评价来了解自我或者反思自己在他们心目中的印象。这种评价较为客观,是自我评价的重要参考。

(3) 利用测评工具分析。

可以使用霍兰德职业兴趣倾向量表(VPI)、卡特尔十六种人格因素测验(16PF)来帮助自己进行分析。

(二) 职业探索

职业探索是指人们对自己喜欢或将要从事的职业的认识和了解,是一种对自己职业个性、职业偏好等职业信息产生的感觉、知觉、记忆、想象、思维和语言等综合心理活动的过程,目的是对目标职业有充分的了解,并在明确与职业的差距中制订求职策略,从而有效地规划职业生涯。

职业探索的常用方法有间接接触法和直接接触法。

1. 间接接触法

(1) 查阅资料、网络、书籍等,找几个好的网站如广西人才网、应届生求职网、学校的就业信息网等。

(2) 观看相关的一些电影电视节目,如《求职高手》《杜拉拉升职记》《初入职场的我们》等。

(3) 讨论。与家人、朋友等交流各类信息。

(4) 咨询。咨询老师或者专业的职业生涯规划师等。

2. 直接接触法

(1) 生涯人物访谈法。同一定数量的职业人士面谈,明确相关行业、单位以及职业内部信息,这是获取职业信息最有效的途径。

(2) 工作跟随。和一名在职人士到相关职业现场短时间观察接触。

(3) 学习实践。用较长一段时间的实习或者学习经历,深入真实地了解职业环境。

职业信息探索的方法有很多,依据一定的规律可以提高效率,例如从近至远的探索,所谓近和远,是指信息与探索者的距离。通常近的信息比较丰富,远的信息更为深入,近的信息较易获得,远的信息则需要更多的投入和与环境互动才能了解,所以从近至远的探索是一个范围逐渐缩小、了解逐渐加深的过程。

(三) 外部环境

每个人都是社会的一个个体,任何人都无法避免外部环境对自己的影响,个人职业生涯发展同样受到外部环境的巨大影响。只有充分了解环境的特点、环境的变化才能顺应环境发展,最大限度地发挥自身优势,实现个人职业发展。

1. 社会政治环境

政治环境对个人的职业选择和职业发展有着明显的影响。国家人事制度、社会保障制度、就业政策的调整变化直接影响着个人对职业的选择。中央农村工作会议提出乡村振兴战略的实施将分三步走。乡村振兴的最大受益者是村民,农村工作者和村民应积极参与到乡村振兴的建设中来,成为乡村振兴的主力军。尤其是要呼唤和吸收更多从农村走出去的大学生,要让他们在乡村振兴中发挥大作用。无论是发展原始种植型农业,还是发展创新型农业,农村人才严重缺失都是值得关注的重点。从农村走出去的大学生,知道农村发展的真正问题在哪里,也知道村民心中想些什么、最需要什么,在与村民沟通时也更有亲近感,更容易扬长避短。天时地利人和让大学生在农村大有可为、大有作为。

为吸引人才、留住人才为农村发展建功立业,各地结合实际创造条件为他们的未来发展提供良好的平台,对其落户农村、在农村发展给予政策支持、资金扶持。为了吸引大学生回农村发展,鼓励引导职业院校毕业生积极投身乡村振兴事业,出台了职业院校毕业生与普通高校毕业生同等享受艰苦边远地区基层事业单位公开招聘倾斜政策。乡村振兴重点帮扶县基层事业单位工勤技能岗位补充急需紧缺技能人才的,可面向职业院校毕业生专项招聘。如广西壮族自治区人社厅部署安排2020年全区高校毕业生"三支一扶"工作,扩大招募规模,积极引导和鼓励高校毕业生到基层就业创业,招募名额提高到1200人,同比去年的861人增长约40%。聚焦脱贫攻坚,招募岗位重点保障基层打赢脱贫攻坚战、疫情防控对青年人才的需求。改革招募方式,选拔出更加符合基层需要的高校毕业生,适时扩大设区市招募"三支一扶"人员的选人用人自主权,由原来的自治区统一组织调整为分级组织,录用成绩由原来的笔试进门槛、只按面试成绩排名,调整为笔试、面试分数的权重分别占总成绩的40%和60%。广西2022年度公务员(选调生)计划考试录用4368人、489名选调生,在招录名额上,今年继续加大力度向基层一线和重点人群倾斜,县乡机关招录计划占招录总数的81%,应届大学毕业生可报考的计划占86%。艰苦边远地区基层公务员招录,继续采取降低开考比例、单独划定合格分数线等政策倾斜措施,这些政策都为我们青年学生就业提供了广阔的空间和舞台。

习总书记的七年知青岁月

1968年年底的一天,正值知识青年上山下乡如火如荼,习近平也站在这个队伍里。他在校表现优秀,因为上学早,其实还不到插队的年龄,明年是有可能留北京工作的,这显然要比去八竿子打不着的西北农村好得多。然而,无论怎么劝说,习近平却依然坚决地在申请表里填上了志愿地:陕西延川。16岁的孩子,就这样背着一个行李箱和姐姐给带的一袋子水果,离开了对他而言看似繁华却动荡不安的北京,踏上了通往未知世界的火车。

1969年1月13日,习近平等15名知青被分配到了梁家河大队。到梁家河的第一个冬天,苦闷孤独的习近平按捺不住,跑回了北京,又被送到父辈曾经参加革命的太行山根据地。姨和姨夫给习近平讲当年如何做根据地的群众工作时说:"我们那个时候都找机会往群众里钻,你现在不靠群众靠谁?"听了长辈的话,习近平回到梁家河,开始变得踏实,劳动上也更加积极主动,从不习惯、不适应到与老百姓打成一片,在这里习近平学会了很多"第一次"。到梁家河两三年后,习近平已经能够说一口流利的延川话,掏地、挑粪、耕种、锄地、收割、担粮,别人怎么做,习近平就跟着学,遇到不懂的问题,他就向村里人请教,渐渐地所有农活都熟悉了,成了种地的好能手。对农村里的各种活计,习近平已经干得很娴熟了,他还学会了自己捻毛线、补衣服、缝被子,带来的针线包派上了用场,尽管针脚不那么齐整,但也有模有样。那些年,他接受艰苦生活的磨炼,过了"跳蚤关、饮食关、生活关、劳动关、思想关"。习总书记曾说,"作为一个人民公仆,陕北高原是我的根,因为这里培养出了我不变的信念:要为人民做实事!我到农村插队后,给自己定了一个座右铭,先从修身开始。一物不知,深以为耻,便求知若渴。上山放羊,我揣着书,把羊圈在山坡上,就开始看书。锄地到田头,开始休息一会儿时,我就拿出《新华字典》记一个字的多种含义,一点一滴积累"。此时的习近平无论从思想上还是行动上,已经决心把自己交给陕北的黄土地了。

习近平总书记曾说:"16岁来到黄土地时,我迷惘、彷徨;23岁离开黄土地时,我已经有着坚定的人生目标,充满自信。""现在,青春是用来奋斗的;将来,青春是用来回忆的。"这不仅是习总书记对广大青年提出的殷切希冀,更是自己年轻时在农村插队所引发的对青春的深沉哲思。(来源:《习近平的七年知青岁月》一书)

习总书记顺应当时的时代要求,在梁家河度过他青年最宝贵的时期,他扎根农村,七年艰苦的上山下乡生活见证着习总书记意志的磨炼和信念、人生目标的树立。当代青年生逢强国时代,国家乡村振兴需要大量的学农知农爱农人才,广大农村为青年施展聪明才智、建功立业提供了广阔的舞台。广大青年要积极响应国家号召,坚定理想信念,志存高远,脚踏实地,勇做时代的弄潮儿,在实现中国梦的生动实践中放飞青春梦想,在为人民利益的不懈奋斗中书写人生华章!

2. 社会经济环境

由于保护主义、单边主义持续蔓延,贸易和投资争端加剧,全球产业格局和金融稳定受到冲击,世界经济运行风险和不确定性显著上升。一些劳动密集型企业受阻,就业岗位需求下降,导致就业形势更加严峻。而近几年疫情的反复,导致经济受到不同程度影响,国家做出了宏观经济发展战略调整,这些都直接影响着社会对人才的需求变化,特别是地区性的产业政策调整变化等。青年学生要加强对实事政治的学习,了解国家战略变化以及地区发展政策变化,紧跟政策导向走,以及时为自己的职业发展探明方向。

如果信念有颜色那一定是中国红

华为是一个世界一流信息与通信技术公司,也是最大的通信设备商。在2016年11月17日,华为的极化码方案在会议上被通过成为5G的最终方案,5G时代拉开帷幕,华为也成了5G标准的主导者之一。5G,即几何级的传输速率,将推动大数据、云计算、人工智能、区域链等颠覆性技术的发展。而在当下这个由计算机网络控制着最强有力武器的时代,任何主导5G技术的国家,将在5G时代拥有经济、情报和军事上的优势。华为不得不在激烈的国际竞争中寻求5G设备商的领导地位,而美国联合其他国家展开了对华为的强力的打压和制裁,阻止华为抢先在5G领域站稳脚抢下5G市场。从2019年5月15日开始,美国就宣布将把华为及其子公司列入出口管制的"实体名单",为了阻止华为的发展,美国一再修改其对华为的禁令,进行技术封锁:从2020年5月15日禁止华为使用美国芯片设计软件,到2020年8月17日禁止含有美国技术的代工企业生产芯片给华为,再到2020年9月15日禁止拥有美国技术成分的芯片出口给华为。自此美国对华为的芯片管制令正式生效,台积电、高通、三星、中芯国际等多家公司将不再供应芯片给华为。华为在5G领域的领先地位使得美国的危机感尤为强烈。美国要掌控技术和品牌,不希望华为成为新兴产业领导者。华为正是新兴产业代表者。美不甘心接受华为在5G领域的优势,为了维护科技霸权选择对华为进行打压,华为在西方的制裁和围剿5G技术险境下,在被剥离了荣耀手机业务后,在消费者业务遭遇重创。很多人都以为华为这回死定了,但是,华为2021年还能斩获6340亿元的营收业绩,并且,达到了预期。尽管相较于2020年的营收,绝对值下降了28.9%,但是,2021年净利润达到646亿元,同比增长3.2%,净利润反而升了。

实际上美国政府对华为的打压由来已久,大概在20年前美国政府及FBI就密切关注着华为。对华为的打压是逐步升级的过程:限制华为的收购购买、禁止华为进入美国市场、以安全为理由游说和威胁他国,再到列入实体清单及对麒麟芯片的技术封锁,鸿蒙操作系统、MHS服务、华为软件商店也遭到了美国的全方位围追堵截。更加不可思议的是,2018年华为总裁任正非之女孟晚舟女士在温哥华转机以莫须之名被加拿大警方扣押。这一行为折射出来的是政治上的博弈。在近3年的拘禁时间里,孟晚舟女士一直保持乐观的心态,相信国家、相信法律、相信公平和正义。从一次与任正非的电话通话里可以得知,孟晚舟一直在学习其他的课程,生活还是比较充实。

2021年9月25日晚,在党和人民亲切关怀和坚定支持下,孟晚舟在结束被加拿大方面近3年的非法拘押后,乘坐中国政府包机抵达深圳宝安国际机场,顺利回到祖国。这是中国的一次重大国家行动。(来源:学习强国)

华为事件揭露了美国单边主义和保护主义的本质和丑恶行径,孟晚舟受到无端拘留,并在国家的努力和交涉下,顺利回国了,说明个人利益、企业命运和国家的命运是十指相连的。祖国是我们最坚强的后盾,只有祖国的繁荣昌盛,企业才能稳健发展,人民才能幸福安康。

3. 社会文化环境

随着市场竞争加剧,许多大学生进入企业后经济效益不稳定,因此,公务员等"铁饭碗"工作备受大学生青睐。随着"大众创业、万众创新"号角的吹响,越来越多的大学生投入到创业浪潮,近年来创新、协调、绿色、开放、共享的新发展理念又为大学生指出了求职新方向、新领域。

4. 职业环境

现代职业具有自身的区域性、行业性、岗位性特点。职业区域可能在城市,也有可能在农村,有可能是西部欠发达地区,也有可能是珠三角等经济发达城市;在行业认识方面,有些行业属于曙光行业,有些行业属于朝阳行业,有些行业属于黄昏行业,做职业生涯规划时同学们要根据自己的情况充分考虑职业的区域和行业发展前景做出切实可行、有利于发展的决策。

(四)选择与执行

当你对"自我"这个领域进行了探索,你就能回答"在这个人生阶段,我想要什么"和"在这个方向上,我有什么优势"这两个问题;当你对"职业"这个领域进行了探索,你就会对"哪些职业和生活方式能够满足我"这个问题越清晰;当你在"环境和资源"方面了解越多,你越能把握"当前环境与资源支持我做什么";当你在"选择与执行"方面学习越多,你越能够解决"我的目标是什么"和"我如何开始行动"的问题。接下来我们需要针对职业生涯规划的目标,制定出相应的职业生涯规划方案,并付诸行动加以落实。

三、关于职业生涯规划的几种错误认识

1. 最好有一个标准的规划，我只要照着做就好

在一开始，别人（尤其是已经走通你职业目标的过来人）的经验的确具有很大的借鉴意义。模仿成功者的规划在前期会让你少走很多弯路。不过随着你自己的生涯规划的执行，由于每一个人的需求、优势、环境和资源都有很大的差异，借鉴意义会越来越小，你的独立思考会越来越多。而"标准"的规划也会逐渐演变成你自己的独特版本。

2. 规划应该非常远大，宏伟才是好规划

你也许听过周恩来总理从小立下"为中华崛起而读书"的故事，你也可能已经注意到他并没有给自己设定一个"我要 30 岁领导南昌起义成为政治局委员"的目标。很少有人能够清晰制定跨度为 10 年、20 年的职业生涯规划，因为迅速变化的社会环境，很难清晰预知太长的时间跨度；也因为过于远大的规划会导致"橡皮筋"脱落，失去前进的张力。

大学生处在人生观、价值观、世界观剧烈变化的阶段，规划的周期应该相对短一些，并且应该持续地回顾和迭代更新。合理的规划周期应该是 1 年内很清晰（生涯计划），3 年内较明确（短期规划），5~10 年有大目标（中期规划），10~30 年有大方向（长期规划）。越是近，越是清晰，越能指导行动；越是远，越是宏伟，越能激发斗志。而坏的规划恰恰相反，30 年后想得非常清楚，明天起来却不知道要做什么，那只能是白日梦罢了。

下面是一个学生的长、中、短期规划和计划：

10 年定方向："我要成为这个行业最优秀的技术工程师，并发明改变行业的技术。"

5 年找大目标："成为某一流团队的技术骨干，有独特的研发经历和思维。"

3 年设明确的目标："加入××公司的××技术团队，进入某开发项目并获得大家认同。"

1 年订清晰计划："获得××证书，在实验室里完成××项目，写报告，并发表论文。"

对于大学生来说，一个比较合理的规划周期是：

大一上学期完成对于前三年的学业规划；

在大三开学前对该规划做回顾和调整，制定出大三大四的学业规划；

在大四下学期制定毕业 2 年内的职业生涯规划；

在入职 1 年后做回顾和调整，做跨度为 3 年左右的职业生涯规划；

在第一个 3 年规划后酌情设计 3~5 年跨度的生涯规划。

3. 我希望一切都确定好了才开始行动

前面提到过，无论是自我探索、职业探索、选择和执行，还是对于环境和资源的评估，没有一个是能够在课堂上仅凭思考完成的。希望一切都确定好才行动的人会陷入"没确定—不行动—更加无法确定—继续不行动"的死循环。

人们通常担心的"会不会这样就白费劲了"的事情也不会出现。也许你收集到的信息并不指向最终的职业选择，但能"排除选项"也是非常有价值的步骤；你在行动期间培养出来的

对于自我的理解,对于探索、决策、自我管理能力的提升会保留下来,对于日后职业发展有重大促进作用。不管你当下做"有效"还是"无效"的行动,自我耗竭的不行动才是最坏的行动。

 生涯实践

试着就从现在开始,给自己做一个1年的大学生涯规划!请在每一个问题下面写出你的答案。

1. 在大学第一年,我想要什么?

(写下你这一年最希望获得的东西,可以是很具体的"认识3个朋友",也可以是比较抽象的"智慧"。按照你认为的重要程度排出顺序。)

_____

2. 哪些学习、学校活动、生活方式能够满足我?

(你希望获得的东西,在学校和社会的什么地方能够获得?哪些社团、哪些活动可以满足我的需求?哪些生活方式是可以了解一下的?)

_____

3. 我的环境和资源支持我做什么?

(学校有哪些机会和平台做这些事?我的同学、老师、朋友有哪些资源支持我做这些事?按照环境资源支持程度排出顺序来。)

_____

4. 在这个方向上,我有什么优势?或者准备培养什么优势?

(假如你准备掌握一门演讲技能,并且准备加入学校的演讲社团:你在演讲方面具有什么优势?如果没有,你希望在哪一方面培养出优势?)

_____

5. 今年我的目标是什么?

(综合上面的思考,你能得出自己希望最终能达成的目标吗?)

_____

6. 你会何时、何地开始什么样的行动?

(给自己手机设置一个提醒,一个月以后,回顾一下——你做得怎么样?)

_____

 生涯感悟

这一小节中,我们详细探讨了生涯规划要解决的6大问题与4个核心元素,以及各个元素的探索方法,让大家对于职业生涯规划有了一个概括的认识。我们还列出了大众对于生涯规划的常见看法,提出了更加系统全面的观点。

生涯规划是一个动态的自我实现过程,并无标准答案,需要每个人在自己的生活中具体践行。

第1章 首先,从专业出发

第1节 理解和认识我的专业

生涯指引

"你学什么专业?"在大学认识新朋友时,这是经常被问到的问题。在拿到大学录取通知书的那一天,你已经知道它的答案,但你真的知道它的内涵吗?

华明高中毕业后来到大学的动物科学技术系,去参加社团活动时经常有人问起他的专业,在得知他的专业是动物医学后,好奇的同学就会多问一句:"动物医学是干嘛的?"开始华明说自己也搞不清就过去了。后来被问得多了,华明就开始思考这个问题。

在被问到专业时,你会怎么回答呢?你是否好奇过跟自己一个学院的其他专业的同学每天在学什么,跟自己的专业有什么区别?经过本节的学习,你将更了解自己所学的专业。

生涯知识

"闻道有先后,术业有专攻。"专业,也就是一个人所专攻的术业。上大学时应该专注地把自己的专业学好,但同时也应该了解其他的相关专业。因为其实所有的专业之间本来就是相互联系的,只钻在自己熟悉的专业领域内久而久之会视野受限,只见树木不见森林。下面将首先总体介绍专业的历史和分类,随后再依据学校专业设置的情况分别介绍专业类别之间的关系。

一、专业分科产生的历史背景

专业并不是固定不变的,而是不断分化和整合的结果。在古代,几乎没有专业的分别,所有的知识都是哲学的一个分支(见图1.1)。古希腊哲学家亚里士多德同时是物理学家、心理学家、经济学家、教育学家和政治学家。后来随着知识的积累,数学、力学和天文学等学科逐渐从哲学中分化出来。到了15世纪以后,人类对世界的认识逐渐深入,近代科学逐渐产生,物理、化学、生物、生理等基础科学相继建立。随后社会学、心理学等也从哲学中分离出来,成了独立的学科。在分化的同时,专业的演变过程也包含着整合,如牛顿力学就是天体力学和地面力学的统一;电磁学是在麦克斯韦理论的基础上,整合电学和磁学而产生的。随着解剖学、生理学、病理学、生物化学和遗传学等学科原理应用于畜牧生产,家畜的遗传育

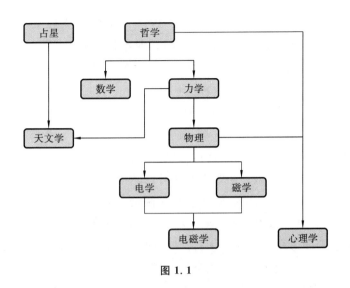

图 1.1

种学和兽医学等迅速发展起来。

通过分化和整合，不断有旧的学科消失，也有新的学科产生。比如过去的占星术、炼金术等学科就被天文学和化学替代，基本消失了。而我们现在所学习的专业有些是几百年前就存在的，例如天文学、物理学；有些是近一两百年产生的，比如经济学、心理学、现代农业科学；有些学科的出现甚至只有几十年的历史，比如互联网技术。每个专业出现的社会历史背景都是不同的，你是否了解自己所学专业的发展历史呢？如果不了解的话可以通过查阅相关书籍或者向本专业的老师请教。

二、专业的分类和关系

专业与专业之间的关系，像是一个家族由最初的几个人变成了成百上千个人，但是如果仔细分析的话，还是可以把这成百上千个专业根据"血缘"关系划分为 4 个学科领域和 13 个专业类别（见表 1.1）。

表 1.1

学科领域	专业类别
人文学科	哲学类、文学类、历史学类、艺术学类
社会科学	经济学类、法学类、教育学类、管理学类、军事学类
自然科学	理学类
工程技术	工学类、农学类、医学类

这 4 个学科领域是：人文学科、社会科学、自然科学、工程技术。其中人文学科包括哲学类、文学类、历史学类和艺术学类；社会科学包括经济学类、法学类、教育学类、管理学类和军事学类；自然科学包括理学类；工程技术包括工学类、农学类和医学类。虽然有些学科属于边缘学科，介于几大学科的交界处，但大多数学科都是可以被归纳到这些类别中的。

了解这些分类可以帮助建立学科关系的地图,有了地图,就更容易走上前进的路线,减少迷茫。例如,一个学习数学的同学,以后想做IT,是不是可以呢?当然是可以的。但是一个学法律的同学想转去做医生呢?可以说概率是很小的。为什么会有这样的情况,因为学科之间的转换是有规律的,就好像在学科地图上的道路一样,某些学科之间道路很宽,另一些则比较窄。

首先,基础科学(人文学科和自然科学)向应用科学(社会科学和工程技术)的转换的道路比较宽,也就是基础科学向应用科学转换比较容易;而反过来的路则比较窄,这意味着应用科学向基础科学转换比较困难。如中文专业可以转到教育类或者商业管理类的专业,但是商业管理类向中文专业或者哲学类转换就相对困难。同样,有很多学习数学或者物理的同学转到软件工程方向学习或者工作,但是学习软件工程的同学很难转到数学系。

其次,由于社会科学大多属于交叉学科,其中包含理科(自然科学和工程技术)的内容,也包含人文学科的内容,因此从其余三大类专业转到社会科学的路径都是相对开放的。如社会科学中有很多需要用到统计学的知识,因此学习理科的人转到社会科学领域进行深入研究和工作也是可行的。同样人文学科转换到需要统计的社会科学专业,需要补充数学和统计学的知识。

图1.2展示了学科地图中存在的专业转换路径。其中箭头较粗的表示学科间的"路"比较宽,也就是说学科间的转换相对容易。例如,从自然科学到工程技术的转换最容易也最为常见,如物理转到工程机械、化学转到环境工程等。其他的几条转换路径没有这个宽,不过也是存在的:人文学科转到社会科学,如历史转到教育学;自然科学转到社会科学,如统计学转到经济学;还有工程技术转换到社会科学,如工程技术转到管理学;等等。

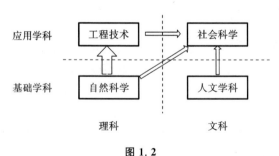

图 1.2

最后,有些学科间转换的路径虽然没有标出,但并不代表完全没有机会在这些学科间转换。比如有些同学从小喜欢文学或者美术,但是上大学时由于各种各样的原因报考了工科专业,但只要他有能力和意愿,并且学校也有相关的政策,就可以尝试这种转换。

 生涯实践

绘制专业"家谱图"

图1.3是《哈利·波特》中布莱克家族的家谱图。其实我们所学的专业也像一个家族一

样,每个专业都有它的父辈专业,也有从它所分化出来的子专业,同时还有跟它属于一类的"兄弟"专业。回答以下问题,并绘制一幅专业家谱图。

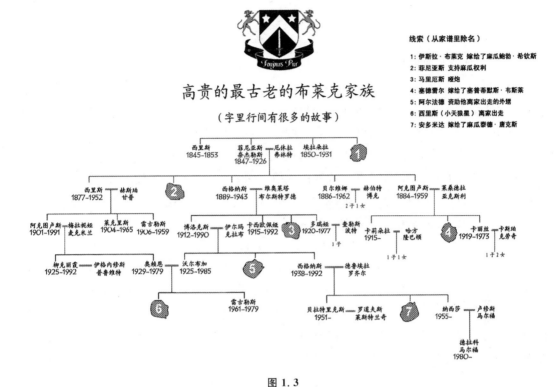

图1.3

(1) 你的专业是什么,何时产生的?
(2) 它是由什么学科分化而来,或者由哪些学科整合而来?(父辈专业)
(3) 找出你所学习的专业所属的学科领域或专业类别,找出至少 2 个同领域或类别的"兄弟"专业。
(4) 你的专业有什么细分的方向,找出所学专业的子专业。
(5) 参考心理学专业家谱图(见图 1.4),绘制自己的专业家谱图。

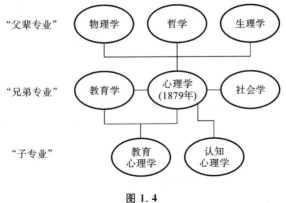

图1.4

生涯感悟

  人的一生可能会转换几次工作领域,但大学四年是绝大多数人第一次花这么长时间,完整和系统地专注于一个领域。虽然并不是每个人在毕业后都会继续从事直接与自己专业有关的工作,但如此长时间地专注于某个领域的学习,会在一个人心中打下深深的烙印,潜移默化地影响一个人未来的思维方式和行为风格。自己所学的专业并不是唯一的真理,而是专业大家族中的一员,是看待世界多个视角中的一个。每个人思考问题都有他的优势和盲区,因此在学习专业时要保持开放的心态,倾听不同专业不同人的声音。

  工作需要多元化的思维,也需要专注深耕某一专业领域。人只有不忘初心,坚持长久在一个领域奋斗才有所积累,才能获得优异的成绩。例如20世纪50年代,爱因斯坦曾被邀请担任以色列总统,但是他拒绝了。他说,我的整个一生都在同客观物质世界打交道,因而既缺乏天生的才智,也缺乏经验来处理行政事务以及公正地对待别人的能力,本人不适合这样的"高官重任"。他坚持着自己的岗位从没放弃过,最后成为20世纪最伟大的物理学家。

  专业没有贵贱之分,只是研究领域不一样。很多同学在得知自己主修农类专业后,怕被同学或其他人看不起。习近平总书记曾指出:"现代农村是一片大有可为的土地、希望的田野。"农村兼具生产、生活、生态、文化等多重功能,农业、农村、农民问题关乎国计民生,乡村建设在社会主义现代化建设中具有重要地位。民族要复兴,乡村必振兴。同学们主修农类专业,投身三农,建设家乡,值得骄傲与自豪。

第 2 节 专业连接未来

 生涯指引

乡村振兴急需更多优秀"新农人"

  "农学变了,变得更'年轻'了!"西南大学农学与生物科技学院2020级硕士研究生万媛媛感慨地说。

  从本科到硕士,谈起5年来与农学的相遇相知,万媛媛眼里洒满阳光:"农学可不像大家想的那样,只是教会我们扛着锄头去挖地。现在的农学,特别注重培养创新思维,鼓励我们积极观察作物性状、正确评估环境因素、大胆尝试改良新品种。很有趣!奥妙无穷。"

  2019年9月5日,习近平总书记给全国涉农高校的书记、校长和专家代表回信,为农业人才培养教育指明了方向。两年过去,我国涉农人才培养日益展现新气象,一批有知识、有活力的青年怀着新时代的"三农梦",扎根在广袤乡村。日前,中央人才工作会议的召开,"深入实施新时代人才强国战略"的重要部署,更为涉农院校广大师生注入了信心与力量。而在他们看来,为了让更多人才学以致用,在"希望的田野"上大展身手,农学教育还有许多道"坎"需要迈。

涉农高校招生就业趋于"两旺"

进入华中农业大学高级临床兽医创新班一年多来,该校动物科学技术学院、动物医学院兽医专业研究生赵月桥最大的感受就是"新"——"教育理念新,培养方案新,课程设置新,甚至任课教师的组成也让人耳目一新"。这让她对未来之路充满了期待。

安徽农业大学2017届毕业生赵九梅则已经找到了实现梦想的一片天地。4年前,她来到巢湖市黄麓镇芦溪村巽风湖生态农业园进行为期一年的创业孵化。一年后,表现优异的她正式担任公司总经理,带领团队探索"公司+基地+合作社+农户"的经营管理模式。种水稻、养龙虾、卖大米、采摘果蔬……一座占地4000多亩的农业综合体在她和大家的努力下日益壮大,带动了周边100多个农户脱贫致富。

赵九梅说,是学校实行的"三三二"培养模式让自己早早打下了基础:"我们前三个学期在学院学习通识课程,第四到六学期进入试验班进行针对性学习,第七学期组成3到5人的团队进行创业孵化,毕业后进农场。这种感觉就像坐上了直通车,又快又准。"

让农学学生尽早接触农村,砥砺农志、激发农趣

2021年4月,山西农业大学与神农科技集团共建了全国第一个食用菌学院——山西农业大学食用菌学院,并建设山西省食用菌研究院、神农食用菌产业学院,实现了产学研深度融合。

"我们经常和学生分享食用菌团队在山西85个县开展科技服务、在40多个贫困县科技扶贫的故事,并带着他们适度参与。学生们对农业的兴趣、对职业的自豪感在增强。"山西农业大学食用菌学院院长常明昌说。

让中国农业大学种子科学与技术专业2019级博士研究生杨勇琴印象深刻的是:"学院开设了种业精英班和乡村振兴精英班,请来企业技术骨干、新型职业农民给我们讲课。我们也到山西灵丘、湖南湘西、北京平谷等地进行过农业生产实践,收获非常大!"

在青海藏族同胞家中感受民族地区脱贫后发展新面貌,在广西农村了解专业合作社的作用……中国农业大学人文与发展学院2018级博士生张一珂参与各种农村调研后深受触动:"我重新认识了中国农村。我愿意用双脚丈量土地,把人生的种子撒在这里。"

"让农学学生尽早接触农村很重要。"山东财经大学乡村振兴研究院院长董长瑞认为,要将理想信念教育与强农兴农担当结合起来,砥砺农志、激发农趣。

陈弘建议,要深化产教融合,为学生创造实习、工作的有利条件。

在北京师范大学政府管理学院院长、农村治理研究中心主任章文光看来,农业人才培养需多方共同努力,"综合型人才、问题导向型人才是目前急需的,农林院校与社科类院校应开展联合培养,克服传统涉农人才不接地气的问题"。

张昌山建议,要加强面向农学人才的耕读教育,还应把塞罕坝精神、杨善洲精神等融入人才培养全过程,强化服务乡村振兴的使命意识。"习近平总书记在中央人才工作会议上指出,广大人才要继承和发扬老一辈科学家胸怀祖国、服务人民的优秀品质,心怀'国之大者',

为国分忧、为国解难、为国尽责。这是涉农高校人才培养的重要使命。"

"学农真的有前途吗？"万媛媛还记得大一时的困惑。而今她早已有了答案——"新农科走进新时代，涉农人才迎来新机遇。我们会秉承袁隆平院士'心在最高处，根在最深处'的精神，把知识化成热爱，铺在广袤田野上！"（来源：《光明日报》2021-09-30）

乡村振兴急需农技人才和管理人才，也需要大批能兴办产业、带领农民致富的创业型人才。党和政府有很多对到西部地区、到基层就业的鼓励性政策，应更好地运用这些政策，对投身"三农"的毕业生提供持续性、系统性支持，促进更多农林高校毕业生在专业对口的领域就业。

生涯知识

虽然同一个班的同学毕业之后会进入不同的工作岗位，但是每个专业还是会有若干个常见的去向。大学毕业以后的去向一般可以分为就业和升学两大类，每类又会分为一些更细分的领域。例如，畜牧兽医专业的就业有教育、党政机关、企业等几大方向，而升学则分为现代畜牧、行政管理、农林经济管理、生物技术等研究方向。表1.2列出了某院校畜牧兽医专业学生的毕业去向。

表 1.2

发展方向	领域名称	说明	修课建议
升学	现代畜牧	大中专院校、与畜牧养殖相关的党政机关、事企业单位	现代猪生产、现代禽生产、现代牛生产、现代羊生产、动物繁殖、配合饲料生产、现代牧场规划与环境控制、现代牧场设施设备使用与维护、废弃物无害化处理及资源化利用、现代牧场生物安全防控、现代牧场经营与管理
	行政管理	党政机关、事企业单位、社会团体	公共事务、社会事务
	农林经济管理	农林类企业、金融类企业、食品类企业从事农产品贸易、市场营销、经营管理、政策研究、流通贸易、产品营销、农林投资评估、农林经济分析	经济学、农（林）业经济学、管理学原理、农（林）业企业经营管理学、农（林）业技术经济学、农（林）业政策学、农（林）业概论
	生物技术	生物研究所、生化类企业、检测类机构、生物制品厂、医药类企业	细胞工程、基因工程、现代遗传学、发酵工程、普通微生物学、生化工程、药物合成、生物技术制药、生物信息学
就业	研究助理	助理	高等统计学、office（word、excel、ppt）、专业知识
	专业教师	大中专院校、中小学生物教师	教育心理学

续表

发展方向	领域名称	说明	修课建议
就业	教育领域	中等职业技术学校、职业技能培训机构	教育心理学
	行政人员	党政机关、事企业单位行政从业人员	行政学、管理学、应用写作、政治学、法学
	业务人员	事企业单位	市场营销学、市场调查与预测、市场营销策划、商务谈判、电子商务、物流管理、客户关系管理
	技术人员	水产畜牧局、兽医站、防疫站、动物园、兽医研究所、畜禽养殖场、动物医院、宠物诊所	动物药理病理、畜禽生产技术、动物营养与饲料加工、畜禽繁殖与改良、动物微生物与免疫、畜牧业经营与管理、宠物养护与疾病诊治

是什么把我们的专业跟未来连接起来的呢？是我们在大学期间所学习的知识和技能，这其中有一大部分是在学习专业的过程中获得的，也有一部分是通过课外活动积累的。积累知识和技能的方法将在后续的章节中介绍。了解学生毕业后主要的就业方向和升学方向，以及个别方向所需知识和能力，有助于在大学学习期间有重点地学习相应的知识和培养相应的能力。这些信息可以通过调查专业去向获得，我们可以在负责就业工作的辅导员老师那里查询相关信息。

生涯感悟

大学所学的专业是我们与未来连接的桥梁。通过本节，我们看到了农类专业未来的发展前景，了解了继续深造和直接就业的情况。不管未来准备做什么，会走上怎样不同的人生道路，专业都是我们的出发点，踏踏实实走好第一步，未来才会有更多的可能。

脚踏实地，将专业学好学透，是我们大学里最主要的任务。例如四川农业大学水产养殖专业毕业的胥学恒同学，2010年毕业后放弃了在大城市的工作机会，返乡创业。2011年3月，胥学恒在家人的帮助下承包了本村260亩土地开始修建鱼塘，同时，他发起的竹源水产专业合作社也正式成立。到现在，胥学恒的水产养殖基地已经小有规模，14个鱼塘一字排开，利用大学专业知识，非常顺利地养殖了草鱼、团鱼等10余个品种，鱼苗远销重庆、陕西、甘肃等6省市，本地及周边上百家水产养殖户到基地购买鱼苗。因此学好专业知识是我们创业或就业的基础。

第3节 三种学业发展地图

生涯指引

小李、小张和小武是同专业、同寝室的好朋友。在大学时,他们学的都是计算机科学与技术专业。毕业后小李保送本校继续读研究生,小张则申请出国,小武毕业后去了一家软件公司做销售。6年后,他们相识10周年的时候,三个人再次相聚,发现彼此都有了很大的变化。小李硕士毕业后,进入一家互联网公司做开发工程师,现在是公司的技术骨干。小张则在美国的一所高校中做博士后,研究语音识别方面的前沿技术。小武中间换过一次工作,现在在一家大型软件公司做销售主管,管理着10几个人的团队。同样是一个专业一个宿舍的三个朋友,怎么会在日后有这么大的区别呢?

你最喜欢他们中的哪种生活呢?

生涯知识

小张、小李和小武代表着三种常见的学业发展方向,本书中分别将其称之为学术型、技术型和综合型的发展路线。这三种路线之间很难兼顾,在你准备选择其中一个路线作为自己的发展方向之前,请务必了解每个方向的发展地图。以下将分别介绍不同的发展地图。之所以称为发展地图,是因为大学不仅仅是在课堂上学习知识,还包括在日常的生活中通过各种活动发展自己的能力。因此,发展地图不仅涉及课堂学习,也包括了除课堂以外的其他在大学里可以参加的活动,如学生会、社团、学科竞赛、听讲座、实习等。

一、学术型发展地图——踏入更高的知识殿堂

许多同学在毕业时希望继续读研读博,继续深造,将来希望进入到大学或者研究所工作,希望在某个领域内深入研究,成为专家,这种情况我们称之为学术型发展路线。学术型发展地图(见表1.3)的重点是重视学术研究方面能力的积累,不过同时也应该在不同领域有一些广泛的兴趣,这样可以拓宽视野。现代的学术创新往往产生于交叉领域。

1. 大一:打好基础、探索兴趣

大一刚开始,每个同学对大学生活都会感到新鲜和好奇。这个时期刚刚离开了高中被人约束的生活,开始自由支配自己的时间,所以首先必须养成良好的自我管理习惯。这部分内容在后边的章节会详细叙述,在此不赘述。除此之外,对于希望向学术型方向发展的同学,应该首先保证所有的课程都取得一个不错的成绩,并且开始探索研究兴趣。

对于学习来说,大一的学习主要有通用基础课和专业课两大部分。通用基础课是所有专业都要学习的基础课程,可以用来培养通用的逻辑思维和批判思维。专业课也可以培养

表 1.3

阶段	阶段目标	需要做的事	重点培养的能力	成果和证明
大一	适应大学生活，培养良好的生活习惯；在专业知识方面打好基础；广泛涉猎并发现研究兴趣	学会自我管理、时间管理等方法，形成良好的生活习惯；认真学习英语、数学、计算机等通用基础课程；认真学习专业基本理论、研究方法等专业基础课程；阅读前人的研究成果，或留心观察生活中的问题，发现3个以上的研究兴趣；尝试与3个以上不同的老师沟通，了解他们的研究方向，发现研究兴趣；广泛听取各种学术讲座，发现研究兴趣	自我管理的能力；逻辑思维和批判思维能力；文献阅读和搜集信息能力；发现问题和提出问题的能力	GPA 80分以上；获得奖学金
大二	初步确定研究兴趣；锻炼研究能力	选择自己想深入研究的领域的课程并认真学习；尝试申请1项小型的研究项目，或者参加学科竞赛；向2个以上不同的老师请教自己研究设计的优缺点	提出研究问题和研究假设的能力；研究设计的能力；团队合作的能力	研究项目申请成功；学科竞赛晋级
大三	继续深入学习本专业的理论和实践知识；在初步确定的研究领域内深入研究	继续学习专业的课程；选择1名导师做研究助理；完成1项研究，并将研究成果写成报告或者论文；完成1个学科竞赛	数据分析的能力；整合资料并撰写论文的能力；项目管理的能力	研究项目获奖；学科竞赛获奖
大四	保研；出国读研；考研	联系感兴趣研究方向的导师；准备研究设计、自我陈述和推荐信；准备保研或研究生入学考试	跟导师沟通的能力；展现自己的能力；快速学习的能力	论文发表；研究专利；获得录取通知书

这些思维能力，不过更重要的是可以全面了解自己所学的专业，找到自己的兴趣方向，深入阅读有关的前人研究，发现研究主题。同时，对于应用性较强的学科，也需要通过留心观察日常生活中的点滴发现研究方向。

最后，在大一结束时应尽量取得较好的成绩，平均分至少要在80以上，越高越好，尽量争取奖学金。这样可以为以后的保研和出国申请打下良好的基础。

2. 大二：选择方向、锻炼能力

经过大一的打基础，大二是初步确定研究方向和锻炼研究能力的时间。经过大一的探索，大二应该已经有了几个比较感兴趣的研究方向，这时候应该选择其中的一个进行深入探索。

大二已经有了选修课,可以根据自己希望研究的主题选择合适的课程。如果有机会的话,可以在大二时申请学校的研究项目或者学科竞赛。一般来说偏社会科学的专业可能会有一些研究项目,而数学、计算机等学科可能会有学科竞赛,设计类的学科也会有设计比赛。总之,在大二时应尽量在课程之外参加一些研究项目或者竞赛。在这样的过程中可以锻炼研究能力,尤其是研究问题的提出和研究的初步设计能力。除此之外,通过研究项目和竞赛,也可以锻炼沟通和合作的能力。因为大多数的研究项目和竞赛都不是一个人可以独立完成的,需要与小组的成员合作。这也说明即使是向学术型方向发展,也需要有足够的沟通和合作能力。

在大二结束时,如果顺利的话,应该申请到了研究项目的基金,或者通过了学科竞赛的初步筛选,甚至已经获得了名次。

3. 大三:深入研究,产生成果

大三是本科的关键一年,大三时最好能选择一位导师,进入他的实验室,跟着他一起做研究。同时,大三时需要完整地完成一项研究,锻炼数据收集与分析的能力,以及撰写报告的能力。在做研究的同时,也可以将研究当作项目一样来管理,锻炼项目管理的能力。这项能力是非常重要的可迁移技能,在今后的研究项目中会非常有用,就算是突然想放弃学术道路,去做管理,也是非常有用的。

大三结束时,如果自己所做的研究能获得一定的奖项,或者获得竞赛的名次,将是非常好的成绩和证明。

4. 大四:踏入更高的知识殿堂

如果前边的准备工作都做好的话,大四就是顺理成章的收获之年。如果学习成绩保持得很好,并且有研究成果的话,保送读研应该是最简单的道路。一些同学可能还会考虑出国深造。这时就需要准备研究计划、自我陈述和推荐信等材料。这个过程与找工作相似,都需要将自己"卖"出去,需要尽力地展现自我。为了展现自我,需要分析自我的优势和劣势,并用合理的方式证明。具体的方法在求职部分会详细介绍。

除此之外,可能有些同学因为各种原因,不能保研也没有准备出国,而是选择考研。这时就需要大量地准备考研的备考内容,需要养成快速学习的能力。

大四毕业时,收获到研究生院的录取通知书就是最好的结果。另外,有些同学可能在本科时就在期刊上发表了研究论文或者申请到专利,这样就是锦上添花了。

二、技术型发展地图——学好一门专业技术

并不是每个人都希望成为学术型的人才,有些同学在毕业时希望进入企业的生产研发部门,成为某个领域的专业技术人才,将理论研究应用于实践,这种情况称之为技术型发展路线。许多工科类的专业,或者是职业技术学校的学生适合向技术型方向发展。技术型发展地图(见表1.4)的重点是重视提高解决实际问题的能力,这需要同时懂得理论知识、了解

如何应用,并有一定的实践经验。此外,因为技术型人才所从事的生产现场的劳动常常是协同工作的群体活动,因而在人际关系能力、组织好群体的能力、交流能力等关键能力方面也有很高的要求。

表 1.4

阶段	阶段目标	需要做的事	重点培养的能力	成果和证明
大一	在专业知识方面打好基础; 广泛涉猎,发现自己的兴趣; 参加各种社团活动	认真学习英语、数学、计算机等通用基础课程; 认真学习专业基本理论等专业基础课程; 参加讲座,与老师、学长沟通,发现自己的兴趣方向; 留心观察生活中有哪些问题需要解决; 参加至少 1 个社团或学生会	自我管理的能力; 逻辑思维和批判思维能力; 任务的执行能力; 沟通合作能力	GPA 80 分以上; 参与组织社团举办的大型活动
大二	初步确定自己的兴趣方向; 参加科研或者实践的项目; 在社团中深入发展; 考取有关的技能证书; 暑假尝试实习(专科则必须实习)	广泛学习所有的专业课程; 尝试加入团队,申请 1 项小型的研究或实践项目,或者参加学科竞赛,在社团中作为主要的组织者组织大型活动; 考取一些必要的技能证书,为以后的实习和工作打下基础; 完成 1 次暑期实习	对专业知识的全面了解; 将专业知识应用于实践中解决问题的能力; 组织管理能力; 团队合作能力	项目申请成功; 学科竞赛晋级; 成功举办活动; 取得必要的技能证书; 顺利完成实习
大三	继续学习本专业的理论和实践知识; 完成研究或实践项目; 暑期实习	继续学习专业的课程; 完成 1 个项目或学科竞赛; 完成 1 次暑期实习,如果准备读研需要选择一个导师的实验室从事相关的研究项目或实习	解决问题的能力和创新能力; 项目管理的能力; 职场行为规范	项目获奖; 学科竞赛获奖; 顺利完成实习并获得上级和同事的好评
大四	工作 读研	参考多方面条件选择直接工作或者继续读研; 准备简历和面试; 准备保研或研究生入学考试	展示自己的能力; 快速学习的能力	获得研究生或工作的录取通知书

1. 大一：打好基础，参加社团

与学术型的发展地图相同，大一刚开始，需要养成良好的自我管理习惯，并保证较好的学习成绩。与学术型发展路线不同的是，技术型路线的同学更应该参加一些社团活动，培养一定的沟通合作能力。因为许多大型的技术项目都不是一个人可以完成的，技术型人才不仅需要个人技术水平过硬，也需要有一定的沟通合作能力。

最后，在大一结束时应尽量取得较好的成绩，并且有了一定的社团活动经验。

2. 大二：深入学习，尝试实践

经过大一的打基础，大二时需要进一步深入学习专业课，因为想成为技术型人才的基本条件是专业过硬。其次，在此基础之上，应该参加一些研究项目或者比赛，增加自己将理论应用到实践中的能力。最后大二暑假如果有条件的话，可以去找一些实习工作，让自己理解自己所学习的专业技能在社会中的应用价值。对于一些需要考取证书的专业，如会计等，还应该在这个时候准备考取证书。

在大二结束时，应该更加熟练地掌握专业技能，并且有了一定的实践经验。

3. 大三：深入实践，加强应用

对于技术型的人才来说，有两种方向可以选择：一是大学毕业后直接从事门槛相对较低的技术型工作，如各个企业的生产部门等，然后再根据需要读取研究生；二是大学毕业后继续攻读研究生，深入学习技术，然后进入企业的研究部门。如果希望毕业后直接找工作，可以在大三时尽量多地进行一些实习。尤其是对于大专的学生，大三必须找到一些实习，这样才能为以后找工作打好基础。

对于希望继续攻读研究生的同学，可以参考学术型发展路线，在大三时选择一位导师，进入他的实验室，跟着他一起做项目。与学术型发展地图不同的是，技术型发展地图在做项目时，应更加关注培养解决问题的能力和项目管理能力。

大三结束时，如果可以有一段时间比较长的实习经历，或者完成一些研究项目，都是非常有价值的。

4. 大四：选择方向，不断精进

技术型发展地图在大四时有两个发展方向，一是直接工作，二是继续读研。直接工作一般是进入技术门槛较低的岗位，读研一般是进入技术门槛较高职位的前提。并不是所有的专业都需要读研，如果不能确定，可以搜索招聘网站，看一下自己期望的工作是否需要硕士学历。

完成学业仅仅是技术型发展地图的开始，希望成为技术型的人才，需要不断地在实践中提高自己的技术，并可能需要不断地更新自己的知识，需要在以后的职业生涯中不断学习。

三、综合型发展地图——提高自己的综合能力

综合型发展地图(见表1.5)的重点在于培养综合能力，如沟通、表达、组织能力等。这些能力看起来与专业关系不大，但是有非常强的可迁移性，在许多领域都可以运用，因此综

合型人才在毕业时往往会去专业限制不强的职位,如销售、行政岗位等。这些工作大多更看重工作经验而非专业背景,因此如果想从事相关工作,并不适合在毕业时继续读研究生,而应当多积累一些工作经验,如果有必要,工作后再读研究生也是不错的选择。

表 1.5

阶段	阶段目标	需要做的事	重点培养的能力	成果和证明
大一	在专业知识方面打好基础; 广泛涉猎,发现自己的兴趣; 参加各种社团活动	认真学习通用基础课程和专业基础课程; 参加讲座,与老师、学长沟通,发现自己的兴趣方向; 留心观察生活中不方便的地方,或者社会的需求,尝试解决; 参加至少1个社团或学生会(建议一定要参加学生会)	自我管理的能力; 逻辑思维和批判思维能力; 任务的执行能力; 沟通能力; 团队合作能力	GPA 60分以上; 参与组织社团举办的大型活动
大二	在社团中深入发展; 日常需找兼职机会; 暑假实习(专科则必须实习)	广泛学习所有的专业课程; 尝试加入团队,申请1项实践项目,解决一些生活中的问题; 在社团中作为主要的组织者组织大型活动; 做1份兼职,初步了解职业世界; 完成1次暑期实习	了解和运用专业知识的能力; 组织管理能力; 展示与表达能力; 时间管理能力; 基本的工作技能(如office等)	项目申请成功; 成功举办社团或学生会活动; 通过兼职赚到自己的第一桶金; 顺利完成实习
大三	完成专业学习; 完成研究或实践项目; 暑期实习; 创业准备(可选)	继续学习专业的课程; 至少完成1个实践项目; 完成1次暑期实习; 尝试加入或组织团队做一些小型的创业项目	解决问题的能力和创新能力; 项目管理的能力; 领导能力; 职场行为规范	实践项目获奖; 顺利完成实习并获得上级和同事的好评; 创业项目完成价值验证
大四	求职 创业	参考多方面因素选择求职或者创业; 准备简历和面试; 准备商业计划书	展示自己或项目的能力; 沟通谈判能力; 营销推广能力	取得工作的录取通知; 创业项目盈利或取得融资

1. 大一:打好基础,参加社团

由于综合型发展地图中对专业的限制不强,因此专业学习上的要求可以不像学术和技术型发展地图那样高,只要打下良好的基础就可以。既然在专业学习上花的时间没那么多了,节省下来的时间可以更多地参加社团活动,广泛涉猎,提高综合能力,而不必拘泥于书本知识。

值得注意的是,综合能力的提高是一个比较长期的过程,需要在日常不断积累和培养。在培养和锻炼的过程中可以多观察那些做得比较好的同学(如学生会的主席等)是怎么做的,向他们学习,并寻求反馈。此外,综合能力也不像学习成绩那样易于衡量,因此可以用其他指标来考察,比如参与组织过多少活动,获得过多少赞助,等等。

2. 大二:保证学业,平衡生活

大二的时候课业负担往往比大一时的要重一些,而你可能也成了社团或者学生会的主要成员,负责着一些重要的工作。这时候你会发现自己的时间有些不太够用,此时需要在保证学业的情况下平衡学业和课余生活。这就需要培养一些时间管理的能力,以及组织管理的能力了。时间管理可以帮助自己更好地利用时间,组织管理可以帮助配置组织内部资源,提升运作效率,高效实现目标。

在大二结束的暑假,如果有机会要尽量去实习。在社会中实践自己在学校学习的知识和积累的能力,为大三实习和未来的工作打下良好的基础。

农机修理工选手曹智勇:把每一次训练都当成出"急诊"

20岁的曹智勇是新疆农业职业技术学院大三的学生,此次全国乡村振兴职业技能大赛,他将代表新疆参加农机修理工项目学生组比赛。2021年7月,曹智勇开始集训,而他的训练场地在田间地头。在教练唐成的指导下,这位年轻的"农机医生"送诊上门,先后有20多台拖拉机、收割机等农机经他的手"恢复健康"。

曹智勇说:"把每一次训练都当成出'急诊',我最开心的是看到农机恢复正常运转。"

曹智勇两个月的基层实践锻炼,为比赛积累了丰富的经验,也增强了他学农爱农、奉献农业的意识。"能用一技之长帮助农民朋友,我感觉自己所学的专业很有意义。"曹智勇说。

曹智勇出生在农民家庭,从小就喜欢捣鼓各种农具,填报高考志愿时,他选择了农业装备应用技术专业。入学以来,曹智勇掌握了农业机械装备零部件与整机的构造、设计、加工等知识和技能。2020年,他还跟随校企合作企业,到北京一家大型农机企业生产一线参观学习。

"生产线上,每一个零部件都会经过精心打磨、精益求精,干好任何一件事都需要有工匠精神。"曹智勇感慨道。

最近一周的集训,每天陪伴曹智勇的是1台拖拉机和1台收割机。每天8小时的训练,零部件拆了装、装了拆,反复对电路、液压系统、油管等故障进行排查、维修。

"1小时内需完成8个到10个故障的排查和维修,不仅考验技能,更挑战心理素质。"曹智勇表示,他将全力以赴,赛出水平,借助大赛平台展示新疆青年学子的技能和风采。

他把每次训练都当作技能锤炼,充分利用学校和实践锻炼,掌握了熟练的技能,也为未来工作打下了良好的基础。(来源:石榴云、学习强国)

3. 大三:深入实习,磨炼能力

对于综合型的发展路线,大多学生会在毕业后直接工作。因此,最迟在大三暑假时是一定需要实习的。如果在大二有一些兼职和实习的经历,在大三实习时应该已经了解自己适合做什么,不适合做什么了,可以找到比较适合的实习岗位。之前没实习过的同学也不用担心,用人单位现在会为实习生开放很多的实习机会,只要认真准备,一定可以找到合适的机会。

实习虽然重要,但重要的并不是实习证明那张纸,而是在实习中磨炼的能力。这时没有必要纠结于实习单位是否能留下来,或者非得找一份跟以后工作一样的实习。这时应该大胆尝试,实习跟以后工作一样最好,不一样也没有关系。即使实习过后觉得不喜欢这份工作,至少也排除了一个错误选项。综合型发展地图最注重的本身就是综合能力,这些能力是非常容易迁移的,所以应该大胆尝试,不用患得患失,本科在读期间试错的成本是最小的。

4. 大四:开始求职,尝试创业

综合型发展地图在毕业后的主要取向是求职就业。经过几年的学习和实习经验累积,你会发现找工作这件事已经不那么困难了。因为你提高了自己的综合能力,在同辈中已经赢得了竞争优势。

随着国家政策对创业的鼓励,创业成为很多同学心中的理想。有这方面想法和经验的同学可以尝试创业。有理想固然是好的,不过创业非常辛苦,大多数公司在3年内就倒闭了。所以如果你在校期间完全没有相关经验,还是需要谨慎。如果已经有了类似创业成功的经验,拿了创业项目奖等,可以考虑创业,即使第一次失败了,也会学到很多新的技能,为以后的成功奠定基础。

生涯感悟

学术型的发展是一个非常艰苦的过程。每次的研究都需要建立在前人许许多多研究的基础之上,经过反复的验证,因此可能每次的研究成果都只是向前进了一小步。然而当这一小步一小步积累起来,就会推动着世界的改变。所以学术型的人才要耐得住寂寞。

技术型的发展往往需要具有工匠精神。工匠精神是一种对技术精益求精的精神理念,需要非常强的耐心和严谨的态度,对自己的要求一丝不苟。这种精神对学术型和综合型的人才很重要,但是对技术型人才更重要。例如大国工匠——胡双钱,他是上海飞机制造有限公司的高级技师,一位坚守航空事业35年、加工数十万飞机零件无一差错的普通钳工。对质量的坚守已经是他融入血液的习惯。他心里清楚,一次差错可能就意味着无可估量的损失甚至以生命为代价。他用自己总结归纳的"对比复查法"和"反向验证法",在飞机零件制造岗位上创造了35年零差错的纪录,连续12年被公司评为"质量信得过岗位",并授予产品免检荣誉证书。因此如果希望成为技术型人才,就要像胡双钱等工匠一样,保持精益求精的态度。

对于综合型的发展来说,在完成专业学习的同时,更重要的是培养通用技能,如沟通、合作、表达、组织管理能力等。这些能力大多是在课堂之外锻炼的,比如参加学生会、组织活动、兼职和实习等。因此综合型的发展路线需要平衡好专业的学习和课余的活动。这是非常具有挑战的事,如果处理不好,可能会"赔了夫人又折兵",如果处理得好,将会给以后的工作和生活打下非常好的基础。

 生涯实践

1. 根据指导语完成生涯幻游,并填写表格(见表1.6)。
2. 思考自己期待中未来10年的生活属于学术型、技术型还是综合型。

指导语:想象你自己穿越时空,到了10年之后的未来,你看到的自己是什么样子?

表 1.6

各 个 方 面	自己的愿景	这方面对我有多重要
生活在什么地方?		
那个地方是什么样子的?		
你的周围有人吗?		
他们都是什么样的?		
你是什么样子,在做什么?		
当时的心情是什么样子的?		
当地的一份报纸或者网站报道了你,那个报道是什么样的?		
这个报道中引用了一段你说的话,那句话是什么?		
这一天你还有什么其他的事情要做?		
你还看到了什么其他的画面?对未来还有什么愿景?		

第4节　如何选择就业、升学与其他方向

 生涯指引

"如果我们选择了最能为人类福利而劳动的职业,那么,重担就不能把我们压倒,因为这是为大家而献身;那时我们所感到的就不是可怜的、有限的、自私的乐趣,我们的幸福将属于千百万人,我们的事业将默默地、但是永恒发挥作用地存在下去,而面对我们的骨灰,高尚的人们将洒下热泪。"(来源:马克思《青年在选择职业时的考虑》)

当时马克思适逢中学毕业,面临着升学还是就业的去向选择问题。身边的同学或是希望成为诗人、科学家或哲学家,或是打算去当教士或牧师,或是希望能过上资本家的豪华生活。马克思并没有像他们那样从利己主义出发,以个人幸福作为选择职业的标准,他把职业选择提高到对社会的认识和对生活的态度上加以考虑。

广大青年要把人生理想融入国家和民族的事业中,努力成为祖国建设的有用之才、栋梁之材;要带头刻苦学习、带头苦干实干、带头严格自律、坚定奋斗决心,成就非凡事业。

生涯知识

不管是就业、考研还是其他方向,选择走哪一条路取决于你要去哪里,而不在于哪条路更好走。在决定毕业后是就业还是考研之前,需要了解自己的职业方向。本章第3节中介绍了学术型、技术型以及综合型三种类型的人才,你希望自己成为哪种呢?因为每种类型的职业方向对于学历的要求是不一样的,应该根据职业目标对学历要求的门槛来选择是否读研。如果你对自己的方向还不明确,可以通过实习或者生涯咨询来探索。此外,如果个人出于某些原因对学历有特殊的情结,也可以考虑读研。选择毕业后方向的流程示意图如图1.5所示。

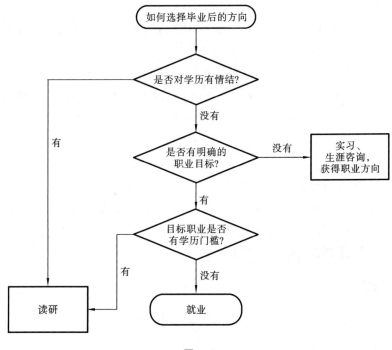

图 1.5

在明确了去哪以后,才能更确定哪条路最好。在确认了自己希望成为哪种类型的人之后,针对不同类型的选择,才知道考研或者工作哪个更好。以下将根据不同类型的情况一一解释应该如何选择。

一、学术型

如果你希望成为学术型人才,那么未来的就业去向一般是高校和各类科研机构。如果你上网看一下他们的入门门槛的话就会发现,最低的也需要硕士,一般都需要博士学位甚至博士后的研究经历。因此读研将是你的最佳选择。当然如果你还无法确定自己是否要从事学术型工作的话,可以利用学校的资源,多参与导师的研究课题,体验学术型工作是否是自己喜欢和追求的。

除了自身的意愿,自身的性格和专业也会影响到是否应该选择学术型的工作。一般来讲,爱学习、爱钻研、喜欢相对独立工作的同学可以考虑从事学术型的工作,这类同学往往在高中时成绩都是名列前茅,大学学习对他也是不在话下,甚至在高中时获得过各类竞赛的奖项。从专业角度来说,虽然绝大多数专业都有硕士和博士学位可以读,但有一些专业更适合学术型的工作,这类学科往往是比较基础性、理论性的,例如数学、物理、化学、生物等理科专业,或者历史、哲学等理论性较强的文科专业。

二、技术型

如果你希望成为技术型人才,那么未来的就业去向一般是企业的研发类、较高级别的财务类和生产服务类职位。这些职位往往倾向于招收硕士毕业生。对于希望从事技术型工作的同学,读研虽不是唯一的途径,但应该是需要认真考虑的选择。因为有些技术型职位即使没有学历门槛,读研后的"性价比"也是很高的。

技术型人才需要更多考虑实际应用而非纯粹的理论研究,因此如果毕业后选择读研究生,应该在读研期间积累一些实际的工作经历,或者多参与研究项目,避免闭门造车。特别对于一些新兴的技术(如大数据挖掘等)可能在学校并不会有特别针对性的学习,这时就需要在学习之余多实践,提升自己的技术实力。这样才会在毕业时不仅有学历,更有能力。

除此之外,对于希望毕业后直接工作的同学,工作后读取研究生也是非常好的选择。有了工作经验后,读研究生的过程可将理论和实际结合起来,获得更大的收获。

无论是读研期间多参加实践,还是工作后读研,最终的目的都是提高技术水平,并将技术与实际应用结合,这是技术型人才职业发展的重点。

三、综合型

综合型职业一般是指市场、销售、人力、行政、管理等更看重可迁移技能的职业。这类职位对专业的依赖性不强,入门门槛低,水平的提升更多的是靠实际工作经验的积累,而非专业的学习和研究。如果你希望成为综合型人才,那么读研并不是唯一的选择。很多人会想本科毕业起步比较低,竞争力差,希望通过读研来积累能力和竞争力。但是这样想的同学往往忽略了一个问题,读研是可以提高竞争力,但这是与3年前的自己相比,提升的是纵向的竞争力。然而求职时比较的是横向竞争力。没有工作经验的研究生和一个工作3年的本科生相比,竞争力并不明显。因为对于综合类工作来说,读研3年所积累的竞争力并非一定可以超过工作3年所积累的竞争力。

综合型的职业适合经管类专业,以及各种跨专业就业的同学。以上说的学术型和技术型专业大多数同学是会从事与专业相关性较高的职业的,然而综合类的职位由于进入的专业限制较少,所以适合经管类专业的学生或者其他不希望继续从事自己本专业工作的同学。对于从事综合型工作的人,如果在工作一段时间后由于转型或者晋升需要更高的学历,也可以选择再读在职或者脱产的研究生。

最后要说明的是,学术型、技术型、综合型也不是完全割裂不能融合的。有些同学希望从事技术管理工作,比如进入互联网公司或者工业企业做研发方面的管理工作。这类同学可以考虑先读研究生进入技术型的岗位,并且在读书期间多参加学生活动或者实习,积累管理经验,为将来从事技术型管理工作打好基础。

生涯感悟

走什么路取决于要去哪里,而不取决于哪条路好走,或者哪条路走的人多。就业还是考研,应该根据自己的发展方向来选择,而不是因为哪个更容易,或者哪个人数多。在校期间勤于参与各种研究、学生活动或者工作实习,有助于明确职业方向。例如唐朝著名学者陆羽,从小是个孤儿,被智积禅师抚养长大。陆羽虽身在庙中,却不愿终日诵经念佛,而是喜欢吟读诗书。陆羽执意下山求学,遭到了禅师的反对。禅师为了给陆羽出难题,同时也是为了更好地教育他,便叫他学习冲茶。在钻研茶艺的过程中,陆羽碰到了一位好心的老婆婆,不仅学会了复杂的冲茶技巧,更学会了不少读书和做人的道理。当陆羽最终将一杯热气腾腾的苦丁茶端到禅师面前时,禅师终于答应了他下山读书的要求。后来,陆羽撰写了广为流传的《茶经》,把祖国的茶艺文化发扬光大!

思考与练习

案例讨论:小明毕业后该何去何从

小明本科是学园艺技术专业的,本专业虽然学得不错,但也谈不上最出色。上学期间,小明积极参加学生会活动,在学生会担任副主席的职务。他喜欢组织活动,与各种机构联系,为学生会的活动做宣传等。眼看快毕业了,小明很迷茫,不知道是回家乡工作还是留在城市工作或是考研。本来想直接就业的小明看着大多数同学都考研了,在想自己是不是也应该考研。

思考:

(1) 你觉得小明适合从事哪种类型的工作?为什么?

(2) 根据你的分析,说说小明适合的职业类型,小明应该直接工作还是考研?

第5节 不喜欢本专业该怎么办

生涯指引

小华是一名历史系的学生,他的专业是被调剂的。小华报考志愿时,第一志愿是英语专业,但是阴差阳错地被分配到了历史专业。看到自己的中学同学都考到了金融、法律、外贸、英语等热门专业,小华对自己毕业以后应该去什么地方就业产生了很大的疑问,对自己的大学生活感到迷茫。小华不知道该坚持下去还是换专业,甚至考虑过退学……

小颖是一个环境工程系的学生,当初报考环境工程是因为小颖很热爱大自然,希望自己为国家的环保事业做出一些贡献。可是在进入大学后,小颖发现自己学习专业课感到很吃力,每次都很努力才能勉强通过。小颖觉得自己可能不适合这个专业。小颖从小成长在一个教师家庭,在业余时间喜欢写文章,学校又正好有文学系,所以小颖在考虑自己是不是应该转到文学系……

生涯知识

你是否也遇到过与他们相似的情况,自己被调剂到不喜欢的专业,或者自己选择的专业与当初的想法大相径庭?遇到这种情况怎么办?是继续坚持下去还是换专业,或者在大学里浑浑噩噩地熬过四年,甚至是退学?每个人的心里都有一连串的问号。如果你也遇到了相似的问题,可以通过阅读本节找到前进的方法。无论方向如何,走出去都比停在原地要好。

不喜欢自己所学的专业,首先要了解自己的专业。很多时候不喜欢某个专业是因为不了解,没有发现其中的乐趣。你可以向系主任或者其他本系的老师了解本专业,也可以向学长学姐了解更多本专业的信息,深入了解过后你可能会喜欢上自己所学的专业。了解专业的方法在前几节已经有很多叙述,相信通过学习,你已经对是否喜欢自己的专业有比较客观的判断了。很多同学经过了解自己的专业,发现了其中的乐趣,渐渐喜欢上了自己的专业。

但是总会有人经过了解,仍然不喜欢自己的专业。这时,需要根据现实条件选择适当的解决方式。如图1.6所示,总体来讲应对方法分为两种:① 转换到自己喜欢的专业;② 在现有的专业通过各种渠道提高自身能力,毕业时转换到喜欢的领域。

情况1:转换到自己喜欢的专业。转换到自己喜欢的专业一般需要具备三个条件:① 自己有明确喜欢的专业方向;② 学校有转专业的制度,并且有自己喜欢的专业;③ 自身条件(如学习成绩等)达到转专业的标准。如果你完全符合这三个条件,那么可以考虑转换到自己喜欢的专业。这大多适合在高考时有明确的报考方向,但是由于分数不够被调剂到不喜欢的专业的同学。

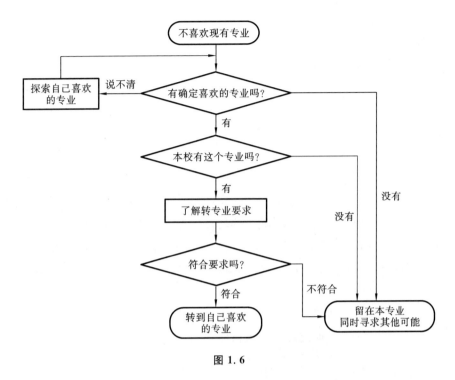

图 1.6

情况 2：留在本专业学习。符合情况 1 的学生毕竟是少数，多数学生会因为各种各样的原因留在本专业学习四年。比如虽然不喜欢自己的专业，但又不知道自己喜欢什么专业，即使转专业也不知道转到哪里，不能保证转去的专业就是自己喜欢的。也有可能学校并没有转专业的政策，或者没有该学生所喜欢的专业。最后，即使前两条都满足，大多数学校转专业的名额是有限的，并且对学习成绩也有一定的要求，于是这些同学只能留在本专业内学习。然而面对一个自己不喜欢的专业，很多学生是无法把它学好的。

以下将主要介绍第 2 种情况下应该如何应对。

首先，在心理上接纳现实，积极寻求解决方法，明白专业并不是人生的唯一决定因素。保持积极的心态是解决所有事情的第一步。每个人在学自己不喜欢的专业的时候都会感到厌倦、迷茫、失落，这是人之常情。既然无法转换专业，最好的方法是以积极的心态面对现实，积极寻找解决方案。待在原地抱怨并不能使自己走出阴影，只有站起来走出去才能离开阴影。同时，也要记得，并不是每个人都会在毕业时做与大学专业相关的事情，许多人在毕业后都做了与专业不相关的工作。

其次，你可以在保证自己所学专业成绩合格的情况下，掌握本专业所重点培养的通用技能，并在自己的专业之外学习其他的专业或者技能，完成专业的过渡转换。学习其他的专业或者培养技能有以下一些常用的方法：

（1）自学自己喜欢的专业。读大学时会有很多可以自由支配的时间，你可以利用这些时间自己学习喜欢的专业，选修或者旁听喜欢的课程，甚至在网上通过网络公开课学习自己喜欢的课程。大学时最重要的是培养学习的能力，通过自学，一方面学习了专业知识，另一方面也培养了自学能力,一举两得。

(2) 报名辅修或者双学位的专业。有些同学并不满足于自学一些零散的课程,而希望系统地学习一个专业,并获得相关的证书。对于这种情况你可以报名辅修专业或双学位专业。现在许多学校都开设了辅修专业或者双学位专业,这些课程往往在周末开课,不会影响到本专业的正常学习。辅修或双学位学习的优势在于可以系统学习某个专业并获得相应的证书,而缺点是会占用更多的时间,并花费一定的费用。因此选择自学还是辅修或双学位需要根据自身情况权衡。

(3) 通过课余活动培养通用能力。在大学中,专业学习并不是唯一可以培养能力的途径。对于一些非技术型专业,未来求职中沟通技能、组织技能、表达技能、团队合作和办公技能等通用技能会发挥非常关键的作用,而这些技能主要是在课余的社团或者学生会活动中学习和锻炼的。因此如果你并不打算从事自己所学专业的对口工作,可以在课余时间通过参加各种活动锻炼自己的通用技能。这样你就可以在毕业时通过通用技能进入自己专业以外的领域,甚至自行创业。

(4) 跨专业考研。如果你想进入一些专业性较强的工作领域,但是本科期间又没有换专业或者学习双学位的机会,通过跨专业考研转换专业也是一种方法。

 生涯实践

案 例 讨 论

佳明从小非常喜欢玩机器人,但是本科时因为几分之差,被调剂到了天文专业。佳明非常郁闷,因为他觉得天上的东西看得见摸不着,老师和同学们每天都在讨论一些在他看来不实在的东西。而且天文系的就业前景也不是很好,佳明对自己的未来感到担忧,不知道该如何是好。

如果你是佳明,你会怎么做?请帮助他想一些办法解决现在的困扰。

 生涯感悟

如今跨界已经成为创新的主要方法,也许一开始没有学习自己喜欢的专业是一个很好的创新的机会。因此最关键的是要保证不放弃现有的专业,学习其中的方法和思路。虽然不喜欢,但学好以后,即使换到了其他的学科或者工作领域,也一定会有用。

这里有两个典型的例子:严同学本科是数学专业,通过考研,转换到了心理学专业。严同学因为数学很好,在学习心理统计学时得心应手,帮助系里许多同学完成了复杂的数据分析,发表了多篇研究论文。刘同学本科学习机械工程,但是他日常喜欢文学,经常写文章。本科毕业时,他找到了一家与机械有关的出版社做编辑。面试时他与三位硕士同台竞争,最后因为他的专业背景和写作能力被录用。这样的例子屡见不鲜,并不只有他们俩。他们正

是因为没有放弃自己的专业,掌握了本专业的核心技能,并且通过各种方法学习了自己喜欢的专业,并将二者结合,因此有了新的发现。

不放弃每个专业学习,不放弃每个工作,坚持学习,最终总会获得成功。坚持各方面学习,坚持工作,例如国防大学教授金一南在成为将军前,曾当过烧瓶工,在校办企业做过3年车工,在图书馆做了11年图书管理员,他说:"干一行就要坚决干好它、干到极致。"如果你抱怨命运不公,那苦难就是苦难,如果你能投入进去与苦难共舞,苦难就会成为你人生的勋章。他只有初中学历,但从没有放弃学习,在每个工作岗位上积极工作,不断积累知识,最后出版了《苦难辉煌》《金一南讲:世界大格局,中国有态度》等著名的书籍,并获全国模范教师称号,担任全军英模代表大会代表。他是全军首届"杰出专业技术人才"获奖者,连续三届被评为国防大学"杰出教授",并获得中宣部"五个一工程"奖1次,国务院新闻办"中国国际新闻奖"3次。

思考与练习

1. 找出你所学专业中三个你不喜欢的内容和三个你喜欢的内容。
2. 思考你所学的专业有哪些可迁移的技能可以与其他专业结合。

本章参考文献

[1] 古典.你的生命有什么可能[M].长沙:湖南文艺出版社,2014.
[2] 任占忠.高中生职业认知读本[M].北京:北京大学出版社,2013.
[3] 科特雷尔.个人发展手册[M].北京:北京大学出版社,2012.
[4] 贾亚维,邵梦龙.爱因斯坦——科学界一颗灿烂的巨星[J].连环画报,2021(03):20-29.
[5] 周伟.习近平关于乡村振兴重要论述的四重维度解析[J].青岛农业大学学报(社会科学版),2021,33(03):47-52.
[6] 王晓霞.金一南和他的《苦难辉煌》[J].新湘评论,2017(23):61-63.

第 2 章 职业生涯与自我

第 1 节 价值和需求

生涯指引

习近平总书记在纪念五四运动 100 周年大会上的讲话中强调:"青年的人生目标会有不同,职业选择也有差异,但只有把自己的小我融入祖国的大我、人民的大我之中,与时代同步伐、与人民共命运,才能更好实现人生价值、升华人生境界。离开了祖国需要、人民利益,任何孤芳自赏都会陷入越走越窄的狭小天地。"

新时代,我们要自觉地将"小我"的个人梦融入"大我"的中国梦,将"小我"的个人理想融入"大我"的共同理想之中,将个人奋斗融入实现"国家富强、民族振兴、人民幸福"的伟大实践中,推动中国梦与个人梦、共同理想与个人理想的互促共进,汇聚磅礴的圆梦力量,共创圆梦的美好未来。(来源:《马克思主义研究》2021-03-04)

生涯知识

一、什么是价值观?

在这个世界上,我们每个人的资源都是有限的(即使我们努力获取资源,也还总是有限的),而我们想要的东西总是越多越好,资源有限性和需求无限性的矛盾,必然要求我们做出取舍,而我们取舍的时候,内心都有一些自己独特的准则,什么最重要,什么次重要,什么不重要,这就是价值观。价值观就是我们在生活和工作中最看重的原则、标准和品质。

对于价值观的定义有很多说法,但下面的观点是大部分专家都认同的:

价值观是——

深植于内心的原则、理想、标准或准则,代表了一个人对周围事物的是非、善恶和重要性的评价。

生活方式的排序。人们对各种事物的评价,如自由、幸福、自尊、诚实、服从、平等,在心中都有轻重主次之分。即使两个具有相同价值观的人,他们对于同一个价值观在自己生活里的重要程度也会有不同的观点。

价值观决定世界观。人的价值观是从出生起在家庭和社会相互影响下形成的。如果生命在完成个人的发展任务之余,还能为社会和他人作出更多的贡献,将会提升个体的获得感、幸福感和价值感。所以,当代大学生在完成自我发展任务的同时,还要投入到为人民服务的事业中去,帮助他人,服务社会。

一定时期内相对稳定的。价值观会随着你的需求和视角的变化而变化。当你成长了,学到新知识和内心变成熟,你的价值观会改变。社会事件也会影响价值观,新冠肺炎疫情发生后,当代青年的价值观发生了明显的变化。新冠肺炎疫情对当代青年的自然观、道德观、社会观、政治观、民族观和国际观都有深远的影响。

彭湃:"农民运动大王"

彭湃1896年出生在广东省海丰县海城镇一个大地主家庭,1921年加入中国社会主义青年团,1924年年初正式加入中国共产党。

1927年10月,彭湃在广东海陆丰地区领导武装起义后,建立了海陆丰苏维埃政府,这是中国第一个工农苏维埃政权。

彭湃对我国革命是作出了巨大贡献的,瞿秋白曾称他是"中国农民运动第一个战士"。毛泽东曾称赞他是"农民运动大王"。这位被毛泽东称为"中国农民运动大王"的人出身工商地主家庭,却以救国救民、变革社会为己任,被家人骂为"逆子"。他自述家况是:"被统辖的农民男女老幼不下千五百人。我的家庭男女老幼不上三十口,平均一人就有五十个农民做奴隶……除了三兄五弟不加可否外,其余男女老幼都是恨我入骨,我的大哥差不多要杀我而甘心。"为怕他"败家",亲兄弟们分产自立。彭湃就此把自己分得的田契亲手送给佃户。佃户们不敢要,他就把佃户们召到自己家里,当众将田契全部烧毁并宣布"日后自耕自食,不必再交租谷"。在那样一个昏暗的年代,彭湃就有如此气魄和胸怀,难怪日后他成为农民的杰出领袖,即使被捕后也依旧怀着这样的信念慷慨赴死。(来源:《人民日报》2020-08-19)

彭湃出身富贵,却亲近农民。农村凋敝、农民贫苦的现实曾让年少的彭湃深刻了解了旧社会的腐朽和苦难。他把家产无私分给了农民,甚至不惜牺牲生命,为人民、为祖国奉献一切。这就是澎湃的价值观。

价值观不是——

物质目标。尽管物质目标有时候会体现价值观,比如珍贵的传家宝可以体现出重视家庭、传统、审美等价值观。

情绪。价值观可以帮助我们在混乱的情绪中认清现状,有时甚至可以改变我们的情绪状态。

道德或伦理。品德是人们设立的"好行为"的标准,伦理则是约定俗成的行为准则。品德、伦理和价值观会彼此互相影响,但也请记住它们的不同:品德和伦理对人起约束作用,价值观则对人起推动作用。

永恒不变的。我们不可能在任何时间、任何地点都认为礼貌比宽容重要,或者认为有能力比有道理重要。

光停留在语言层面。前面提到,价值观部分源自别人对你的行动。没有人能要求你爱或者是尊敬他/她。对于价值观来说,行动比语言有力得多。

区分了价值观是什么和不是什么,对于价值观的含义有了清晰的认识,那接下来的问题是:你的价值观是什么?

 生涯实践

价值观删减游戏

美国社会心理学家米尔顿·洛克奇在《人类价值观的本质》一书中总结了13种价值观(见表2.1)。

首先,请从这13种价值观中选择你认为重要的8个。

然后,依次删减,直到剩下最重要的一个。写出每次删掉的价值观,并说出为什么。

表2.1

序号	类型	描述
1	成就感	提升社会地位,得到社会认同;希望工作能受到他人的认可,对工作的完成和挑战成功感到满足
2	美感的追求	能有机会多方面地欣赏周围的人、事、物,或任何自己觉得重要且有意义的事物
3	挑战	能有机会运用聪明才智来解决困难;舍弃传统的方法,而选择创新的方法处理事物
4	健康	包括身体和心理健康;工作能够免于焦虑、紧张和恐惧;希望能够心平气和地处理事物
5	收入与财富	工作能够明显、有效地改变自己的财务状况;希望能够得到金钱所能买到的东西
6	独立性	在工作中能有弹性,可以充分掌握自己的时间和行动,自由度高
7	爱、家庭、人际关系	关心他人,与别人分享,协助别人解决问题;体贴、关爱,对周围的人慷慨大方
8	道德感	与组织的目标、价值观、宗教观和工作使命能够不相冲突,紧密结合
9	欢乐	享受生命,结交新朋友,与别人共处,一同享受美好时光
10	权力	能够影响或控制他人,使他人照着自己的意思去行动
11	安全感	能够满足基本的需要,有安全感,远离突如其来的变动
12	自我成长	能够追求知性上的刺激,寻求更圆融的人生,在智慧、知识与人生的体会上有所提升
13	协助他人	认识到自己的付出对团体是有帮助的,别人因为你的行为而收获颇多

我选择的 8 种价值观是：_____

第一次删掉_____原因是：_____

第二次删掉_____原因是：_____

第三次删掉_____原因是：_____

第四次删掉_____原因是：_____

第五次删掉_____原因是：_____

第六次删掉_____原因是：_____

第七次删掉_____原因是：_____

最后剩下_____原因是：_____

二、需求对价值观的影响

美国心理学家马斯洛提出了著名的人类需求层次论，他指出，人类从低级到高级有五个层次的需求：生理需求、安全需求、社会需求、尊重的需求和自我实现的需求，当低层次的需求得不到满足的时候，高层次的需求出现的概率很小。比如，当一个人饥饿的时候，他满脑子想的就是吃饭，很少有心思考虑更高一级比如尊重和自我实现的需求。

需求会影响一个人的价值观，越是底层的需求对价值观的影响就越大（见图 2.1）。所以我们的职业价值观在不同的阶段表现出不同的倾向。

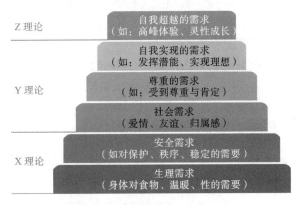

图 2.1

职业发展初期，我们工作是为了满足生存的需求，也就是生理需求和安全需求。这是一个人生活最基本的需求，也就是大多数人理解的"工作就是挣钱养家"。这是工作的初级阶段。

职业发展的中期，工作是为了发展的需求，也就是社会需求与尊重需求。我们不仅通过工作挣钱养家，我们还希望能够和志同道合的人交往，希望获得别人的尊重，希望获得工作成就。这是工作的中级阶段。

职业发展的最高阶段，工作是为了自我实现（或自我超越）的需求。当我们不仅可以挣钱养家，也取得了工作上的成就，获得了尊重和认可，这时候，我们希望自己能够把自己所有的潜能发挥出来，为社会贡献自己独特的价值。这是工作的高级阶段。比如，任正非先生，衣食丰足，也在华为技术领域取得了世界瞩目的成就，他还要帮助中国大学生成长，这就是自我实现的需求。

所以职业生涯规划可以分为三个阶段：工作、职业和事业（见图2.2）。对应的描述见表2.2。

图 2.2

表 2.2

不同阶段	主要任务	主要表现	俗话
生存阶段（工作）	生存	挣钱第一位，无暇顾及工作是否理想	先就业，再择业
发展阶段（职业）	发展	晋升第一位，主要考虑核心竞争力的培养	既要"钱途"，又要前途
事业阶段（事业）	事业	快乐第一位，主要考虑自我价值的实现	做最好的自己

下面这个故事，可以看出一个人的人生道路是怎样为他的价值观所指引的，同时，也可以看到一个人的生涯发展所经历的工作、职业和事业的三个阶段。

从公司普通职员到杰出青年农场主

林丽园，广西隆安县柏林生态农业有限公司、广西鑫湖农业有限公司高层管理人员，她大学毕业后投身家乡农业事业，十余年间在三家公司出任高层管理人员和股东，如今专注投身于稻虾生态共养产业，带领家乡人民脱贫致富，成为当地小有名气的现代青年农场主。

难舍乡土情怀，投身农业事业

南宁市隆安县农家子弟出身的林丽园，从小就在春种秋收、男耕女织的乡村生活中长大，对农业有一种发自内心的热爱。大学毕业后，她深受家乡土地流转热潮的影响和规模化、集约化、现代化农业经营模式的吸引，带着难以割舍的乡土情怀和带动家乡父老过上幸福生活的美好愿景，主动回到家乡投入到农业的怀抱中，入职农业产业化国家重点龙头企业广西金穗农业集团有限公司，成为公司一名普通职员，主要负责公司在隆安县的土地流转工作。她通过认真学习土地征收政策、土地承包经营权流转程序，走村入户和农民沟通协商，短短几年时间里，她协助公司高层完成了5万亩土地的流转，大力推动了隆安县的土地流转工作。由于对一线土地征收工作比较了解，后来她晋升为集团项目部经理助理，协助经理完成部门日常工作,主管广西金穗农业集团有限公司的8万亩土地,主要负责土地面积整理、与村民沟通协调、土地租金的发放等。经过在广西金穗农业集团有限公司5年的工作和学习,林丽园深感农业大有可为。虽然自古以来人们普遍认为,农业靠天吃饭,难有比较好的收益。但是刚毕业的林丽园目睹了隆安县通过规模化土地流转进行农业种植,用现代科技武装农业,建设现代化高效农业,使农业集规模化、产业化、标准化、品牌化、园区化建设为一体,产生了良好的经济效益、社会效益、生态效益,有效地带动了周边的农户提高农业生产技术、农业生产标准和农业生产科学水平。这时的林丽园立志要将她的青春热血奉献给她热爱的农业事业,用青春激扬起"发展农业、造福农村、富裕农民"的"三农"梦想。

毅然辞去工作,投身职业农民

在广西金穗农业集团有限公司工作、学习了5年后,林丽园熟悉了土地流转的程序,也学习了规模化种植的相关技术,于是她萌生了自主创业的想法。她于2017年从公司辞职出来,和几个志同道合的朋友流转了1000亩土地,成立了广西鑫湖农业有限公司,按照绿色食品生产标准开展生产,尝试标准化种植了1000亩红心火龙果,目标是建设一个广西高产、优质、高效、安全的火龙果种植示范基地。为此,公司打造了一个高标准的火龙果种植示范园区,全程配套水肥一体化滴灌系统、喷淋降温系统、火龙果补光催花系统、计算机自动化采收分选系统、冷链物流系统等火龙果种植高效高产技术。

在林丽园和公司全体员工的共同努力下,火龙果种植基地也如期达到亩产量,获得了既定目标的收益,1000亩双排火龙果种植基地每年生产绿色无公害火龙果约8000斤/亩,年销售额近2000万元,除去相关成本,基地年利润达200多万元。

公司通过标准化建设,示范、推广新品种、新技术以及管理模式,带动周边农户发展火龙果标准化生产,起到良好的示范和辐射带动作用,有效提高了当地火龙果经营的标准化水平,带动了全县火龙果产业的发展。同时,公司还带动了周边农民就近就业,增加了农户的劳务收入。公司每年支付给农户土地流转费1100元/亩,基地年付地租110万元,聘请了58位农民到基地常年务工,日工资可达80~100元,年总支付农民工资200多万元。此外还雇用季节性临时工约300人,以上总计每年可给当地农民带来约350万元的收入,每年创造农民工就业近10000人次。

挑战新的领域,事业蓬勃发展

在火龙果规模化种植取得了一定的成绩后,林丽园不满足于现状,她开始把目光转投到市场热度较高、经济效益可观的反季节小龙虾养殖上。广西具有得天独厚的气候条件,冬季养殖小龙虾生长得又快又好。由于小龙虾主产区湖北冬季天气寒冷,不利于小龙虾生长,因此,反季节小龙虾有着物以稀为贵的市场优势,冬季小龙虾批发价平均高达40元一斤,经济效益非常可观。加上稻虾共养,利用小龙虾的生长与稻田之间形成可循环的生态链,水稻种植可减少机器耕作、减少稻田施肥、杜绝农药使用等,生产出高品质无公害水稻;在稻田中养殖小龙虾可降低小龙虾的发病率、减少管理成本,生产出更加味美优质的天然无公害小龙虾。稻虾连作适宜于当地农户开展,少量投入,每亩稻田可增加收入1200元以上,推广价值巨大。稻虾共养模式是少投资、高效益的致富门路,对调整农业生产结构、提高土地单位面积的经济收益、增加农民收入具有十分重要的意义。

2018年林丽园和朋友在广西冬季反季节小龙虾养殖实验收到良好效益后,2019年开始转身投入稻虾生态共养产业上。林丽园和几个朋友经过认真调研后,最终选择了隆安县贫困村之一的那桐镇下邓村流转了1000亩土地,通过高标准的设计和规划,建设了分选采收中心、技术服务综合大楼并合理配套智慧农业检测系统等,建成了隆安县最大的稻虾综合种养示范基地。同时与深圳诺普信农化股份有限公司强强联合,共同打造广西最大的小龙虾种苗繁育基地,建设"那桐镇规模化稻(藕)渔生态综合种养示范基地";2019年通过评定创建了南宁市县级现代特色农业示范区,即"隆安县柏林稻虾生态种养产业示范区",与广西水产科学研究院、广西水产育种中心、广西水产畜牧推广站等单位开展产学研技术合作,通过将长江中下游小龙虾养殖技术与广西本地气候相结合,打造广西特色稻虾种养殖技术。

林丽园和朋友开设的广西隆安县柏林生态农业有限公司坚持"公司＋基地＋农户"和"公司＋基地＋塘口外包＋技术指导"两种发展模式,建设了隆安县第一个规模化"稻田—莲藕—小龙虾"立体农业种养殖示范基地。同时通过规范化管理,带动周边农户发展稻虾种养殖。公司以建设稻虾生态种养产业示范区为载体,通过租赁贫困户土地和优先吸纳贫困户劳动力到基地务工等方法积极参与精准扶贫工作。目前公司流转下邓村土地1000亩,其中有贫困户42户共109亩的土地,每亩800元,每年共发放给贫困户土地租金近9万元。同时吸纳周边村落的贫困户到公司临时务工,每天工资100～250元不等。

截至2021年,林丽园的稻虾种养基地每亩产出反季节小龙虾400斤,生态稻谷800斤,每年可提供优质活小龙虾30万斤,虾苗8万斤,绿色无公害水稻30万斤,小龙虾平均价格为每斤30元,稻虾香米每斤为8元,年产值近1300万元;每年固定聘请管理员(含承包户)18人,周边临时工60人,每年可创造农民工就业近5000人次;带动、辐射广西区内近2万亩冬季小龙虾养殖,每年推广、培训广西反季节小龙虾养殖近5000人次。

持续深入学习,开拓"三农"新路

近年来,林丽园任职的公司荣获广西2019年渔业扶贫工作优秀企业、隆安县就业扶贫车间等荣誉称号。公司快速发展的同时,作为公司的负责人,林丽园越来越感觉自己能力不足。2020年,她报名参加了由南宁市农业农村局举办,原广西农业职业技术学院(现升格为广西农业职业技术大学)承办的2020年南宁市现代青年农场主托举项目。经过2年的时间,林丽园认真学习了农场主企业融资与实践探索、农产品互联网品牌构建、农产品新媒体平台运营实操、创业项目评估和商务谈判等专业课程,前往浙江、广东等先进省份考察学习,到各地农产品交易中心了解农业产业市场情况。林丽园希望在未来能够学以致用,让自己的"三农之路"越走越宽、越走越远,在那片她深爱的土地上去成就属于她的"三农"梦想。

(来源:广西农业职业技术大学优秀毕业生汇集)

纵观林丽园的职业生涯发展历程,可以看出,她的价值观中厚植着"三农"情怀,她顺着价值观的指引,不断靠近自己的理想。同时,她的生涯发展也经历了从工作到职业到事业的三个阶段。

 生涯实践

价值观拍卖

由老师作为拍卖师,学生作为卖家,全班进行拍卖价值观的活动。

拍卖指导语:在今天的拍卖现场,有以下 20 种价值观(见表 2.3)要拍卖出去,假设每位同学都拥有 100 万元,而每项价值观的起价是 10 万元,以 10 万元为一个单位加价,出价最高者得到本项价值观,然后开始对下一项进行拍卖。每个人 100 万元花完为止。每组推选一名同学参与,参与的同学请注意,现在开始!

参与的同学在完成价值观拍卖体验之后,负责本组的价值观拍卖活动组织。

表 2.3

项　　目	预算价格	拍得价格	价格排序
1. 有一个美满的家庭			
2. 赚大钱			
3. 长寿无大病痛			
4. 继续进修学习			
5. 有一些知心朋友			
6. 找一个发挥专长的职业			
7. 有一栋舒适又漂亮的房子			
8. 考取公务员或事业单位			
9. 有充足的金钱和休闲时间			
10. 谈一次完美的恋爱			
11. 和喜欢的人长久在一起			
12. 担任公司的主管			
13. 到处旅游、吸收新知			
14. 成立公益机构、帮助他人			
15. 享受结交朋友的乐趣			
16. 工作富于挑战而不单调			
17. 成为名人			
18. 随心所欲布置自己的环境			
19. 无拘无束的生活			
20. 担任社会地位高的职务			

拍卖结束后请大家分享:

(1) 你的 100 万元是如何分配的?你拍到了什么?都花了多少钱?

(2) 如果重新拍卖一次,你还会这么选择吗?为什么?
(3) 什么东西是你哪怕花 100 万元也要买下的?
(4) 看看你拍到的东西,你觉得什么样的工作可以满足?你打算如何准备?

 生涯感悟

在选择职业时,我们应该遵循的主要指针是人类的幸福和我们自身的完美。

如果我们选择了最能为人类福利而劳动的职业,那么,重担就不能把我们压倒,因为这是为大家而献身;那时我们所感到的就不是可怜、有限、自私的乐趣,我们的幸福将属于千万人,我们的事业将属于千百万人,我们的事业将默默地、但是永恒发挥作用地存在下去,而面对我们的骨灰,高尚的人们将洒下热泪。(来源:马克思《青年在选择职业时的考虑》)

价值观是我们在生活和工作中最看重的原则、标准和品质,是我们工作的理由,是我们选择的依据。

工作价值观是在工作中追求的价值,按照舒伯的理论可以分为 15 种,你可以通过测评探索你看重的工作价值观。

工作价值观不但决定了我们的职业选择和人生方向,还是我们奋斗的动力和幸福感的来源,指引我们去追求我们想要的生活,成为我们想要成为的人。价值观是多元化的,什么是好工作?每个人的答案都是不一样的,但又都体现了他的工作价值观,只要不违背人类共同的价值观,都可以努力去追求。

 思考与练习

练习一:泰坦尼克号

指导语:在一次航海旅行中,我们乘坐的泰坦尼克号不幸撞上了冰山,即将沉没,但船上只有一艘救生艇,只能乘坐 5 人,其余的人只好等待机会,但船正在一点点下沉,有可能会沉入海底。此刻船上有乘客 14 人,如果由你做决定,你觉得谁应该被救出来,请按照优先顺序排列。待救助人物基本情况见表 2.4。

表 2.4

人 物	优先顺序	被救理由
自己		
孕妇,28 岁,怀孕 7 月		
法官,男,45 岁,已婚,精通法律		
运动员,男,20 岁,未婚,奥运国手		
市长,女,42 岁,已婚,有远见与魄力		
老人,73 岁,行动不便,原救生专家		

续表

人　　物	优先顺序	被救理由
股市大亨,男,40岁,已婚,影响股市		
电脑工程师,男,27岁,未婚,科技新贵		
记者,女,35岁,已婚,资深主持人		
医生,女,40岁,未婚,内科权威		
小孩,女,8岁,小学生,聪明可爱		
中学教师,男,43岁,已婚,从教20年,水平高		
导演,男,37岁,已婚,多次获国际大奖		
歌手,女,23岁,国内人气最旺的青春偶像		

(1) 通过这个练习,进一步澄清了我们的价值观,找到我们看重的价值,并把这种价值与职业有机地结合起来。

(2) 我们会发现不同的人的价值观是不一样的,没有绝对的好坏之分。

(3) 坚守自己的价值观,接纳他人的价值观,是我们对价值观的正确态度。

练习二:价值八问

指导语:下面,我们一起来做一下"价值八问",通过这八问,我们来进一步思考自己的价值观,找到自己价值观的关键词。

1. 如果我有1个亿,我会_____。
2. 我给我的孩子的最大忠告是_____。
3. 如果在一场大火中我只能救出一件东西,那么它将是_____。
4. 假如有世界末日,在到来之前,我会_____。
5. 我认为好工作就是_____。
6. 在一次颁奖晚会上主持人宣布我获奖了,我希望的奖项是_____。
7. 在一次重要会议上,我掏出了名片和别人交换,我的名片内容是_____。
8. 我心目中的三个成功人士是_____,他们从事的职业是_____。

根据以上问题思考:

(1) 你的价值关键词有哪些?

(2) 你心目中的成功人士所从事的职业,是不是你未来希望从事的职业?

(3) 你认为哪些职业可能让你得到你想要的价值?

 拓展阅读

工作价值观

美国的生涯辅导大师舒伯,总结了我们在工作中追求的15种价值:

利他助人——让你能为了他人的福利做贡献的职业,社会服务方面的兴趣。

美的追求——使你能够制作美丽的物品并将美带给世界的职业。

创造性——能使你发明新事物、设计新产品或产生新思想的工作。

智性激发——能让你独立思考、了解事物怎样运行和作用的工作。

成就感——能让你有一种做好工作的成功感。重视成就的人喜欢能给人现实可见的结果的工作。

独立性——能让你以自己的方式去做事,或快或慢随你所愿的工作。

声望地位——让你在别人的眼里有地位、受尊敬、能引发敬意的工作。

管理权力——允许你计划并给别人安排任务的工作。

经济报酬——报酬高、使你能拥有想要的事物的工作。

安全感——不太可能失业,即使在经济困难的时候也有工作。

工作环境——在怡人的环境里工作(不太冷也不太热,不吵闹也不脏乱)。环境或工作的物质条件对某些工作者来说是很重要的,他们对相应的工作条件比工作本身更加感兴趣。

上司关系——在一个公平并且能与之融洽相处的管理者手下工作,和老板相处融洽。

同事关系——能与你喜欢的人接触并共事。对某些人来说,工作中的社交生活比工作本身要重要得多。

生活方式——工作能让你按照自己所选择的生活方式生活并成为自己所希望成为的人。

变异性——在同一份工作中有机会尝试不同种类的职能。

舒伯还研究开发了 WVI(work values inventory)工作价值观量表,用于测试一个人的这 15 种工作价值观排序,同学们可以通过自测,得出每种工作价值的分数,得分最高的 3~5 种价值就是对你来说最重要的价值。

第2节 能　　力

生涯指引

变弃桩为盆栽　助茉莉飘香四海

广西壮族自治区横县(现横州市)是全球最大的茉莉花生产基地之一,享有"世界茉莉花都"美誉,茉莉花产量占全球 60% 以上。在这里,大学毕业返乡创业的闭东海,通过技术创新,推动茉莉花盆景产业发展,延伸了茉莉花产业链,产品销往世界各地。

在闭东海的印象中,小时候,横县茉莉花产量虽然很大,但一朵朵的茉莉花称斤卖,家里的收入并不高。

大学毕业后,经过在北方各大城市调研,闭东海发现茉莉花盆栽卖得火,价格高。

2013年,闭东海与同学一道,依靠茉莉花产业优势,回乡开启茉莉花盆栽创业之路,成为"新型农民"。

"茉莉花种在地里的成活率较高,但种进盆里就不一样了。"闭东海说,公司成立之初,他将第一批优质的茉莉花苗种在盆里,每天精心呵护,没想到一个月后只能勉强存活,成不了盆栽。

经过一年多摸索和试验,闭东海克服技术难题,实现了茉莉花老桩"变废为宝",种植的茉莉花盆栽,不仅开花早、花苞多、香气浓郁,而且花期长,每年从5月到11月,都会开花吐香。

经过几年发展,闭东海成了横县最大的盆栽商。为创作不同香味的盆栽,闭东海还和众多国外茉莉花种植企业建立联系,将不同品种的茉莉花引种到横县基地,同时将横县独有的双瓣茉莉花推广到泰国。

作为东安村党支部书记,闭东海努力带动贫困户脱贫致富。他介绍,公司采取"公司+合作社+农户"的模式,与42户农户合作,其中有10户贫困户,为他们提供资源与技术,农户只用出劳动力与土地,合作生产茉莉花盆栽,每亩能创收6000元。(来源:中国新闻网 2020-9-20)

生涯知识

一、什么是能力

能力是大学生非常关心的话题。众所周知:能力才是我们找工作的凭借,俗话说"没有金刚钻儿,揽不了瓷器活儿";能力才是我们职业发展的保障,正所谓"先有为,后有位";能力才能给我们以工作的信心,这叫做"艺高人胆大"。总之,能力是我们职场生存和发展的通行证。

那什么是能力?在回答这个问题之前,我们先来完成一个六宫格游戏:

在图2.3中的空格中填上1~6中的任意数字,使每一行每一列都有1~6的6个数字。

2	1		6	5	
5		3		4	2
4	5	1	2		6
		3		4		5
3	4	6	5		1
	2	5		6	4

图2.3

你能快速填满空格中的数字吗?计时! 开始!

你完成的速度和正确率如何?完成得又快又好,我们就说你有这方面的能力,相反,就说这方面能力不足。能力是个体将所学的知识、技能和态度在特定的活动或情境中进行类化迁移与整合所形成的能完成一定任务的素质。简单讲,能力就是会做的事,能否完成是它的证明,速度和质量是它的评价标准。

能力有两种来源,一种是先天获得的,一种是后天习得的。比如语言能力和书写能力是后天习得的,运动能力是先天获得的。我们通常将先天获得的能力称作天赋。

每个人都有自己独特的天赋,天赋会让某方面能力的发展和习得比较快,所以我们可以根据一个人的能力发展的速率判断一个人的天赋。我们常可以看到一对好朋友同时报名了画画和交谊舞的学习班,俩人练习时间一样,结果小红画画能力突飞猛进,而小莉则在交谊舞演出中大放异彩。这种情况说明,小红具有画画的天赋,而小莉的天赋则在舞蹈方面。

二、对能力的正确理解

能力不等于天赋。天赋往往表现为一种潜在能力,如果不经过后天开发和训练,就不能形成实际的能力。姚明长得再高,如果没有后天长期的训练,也不可能成为篮球巨星。所以,一个人的能力,是在天赋的基础上后天长期训练的结果。潜能是种子,决定了你会长成什么,但能不能长成那样,还需要后天的土壤和培养。

能力不等于自我评价。一个人有没有某种能力,不取决于他的自我评判,而取决于外在的证实。我们说一个人的写作能力强,一定是他写了很多文章,并获得了大家的认可。我们说一个人跑得很快,一定是他参加各种比赛,都能够获得好的名次,证明了他有这项能力。求职时,我们往往向面试官表达成绩和成果,来证明有某项能力。能力的有无和大小,是以显性成就为证明和依据的。因此,在开放、充满机遇的社会中,不存在真正的怀才不遇。

能力可以通过学习训练来培养,也可以从一个领域转化到另一个领域中。前者的意思是"熟能生巧""勤能补拙";后者的意思是"举一反三""触类旁通"。

三、能力构成——技能三核

技能指掌握并运用专业技术的能力,任何技能拆分开来看,都能分成三个部分:专业知识技能、可迁移技能和自我管理技能。每个考试都在检验你的技能。例如高考语文,填空可以考查专业知识的掌握情况,阅读可以考查可迁移的分析综合能力,写作可以表现出个人的风格(即自我管理技能)等。

1. 专业知识技能

专业知识技能,就是你所掌握的知识,需要有意识的、专门的学习和记忆才能获得,常常与我们的专业学习或工作内容相关,一般用名词表示。比如,你是否掌握西班牙语、计算机编程、机械制造原理或化学元素周期表等知识?广度和深度是它的评价标准,比如专科、本科或者研究生。它的重要性常常被求职者夸大。专业知识技能不可迁移,需要专门学习才能掌握。表2.5所示为广西农业职业技术大学中药专业第一学期的课程,大多是基础课。

表 2.5

序 号	课 程 名 称	学 分
1	大学英语	3
2	计算机应用基础	2.5
3	思想道德与法治	3
4	形势与政策1	0.5
5	大学生心理健康教育1	1
6	健美操	1
7	军事理论	2
8	大学生安全教育	1
9	入学教育与专业认识	
10	大学生职业生涯规划	1
11	高等数学(上)	2.5
12	国学经典	1
13	大学语文	3

2. 可迁移技能

可迁移技能,顾名思义就是那些可以迁移的技能,也称为通用技能,比如组织、沟通、交往、设计、修理、分析、观察、演讲,等等。这种技能可以从生活中的方方面面,特别是工作之外得以发展,却可以被迁移运用到工作中,一般用动词表示,熟练程度是它的评价标准。

比如大学宿舍里同学之间发生了矛盾,你作为宿舍长组织大家一起开会讨论,协商解决问题的途径。这里就用到了组织、商讨、问题解决、管理等重要的可迁移技能。也许运用这些技能对你来说非常自然,但是它可以让你跟其他人区分开,这些技能是你的一笔财富,可以迁移到未来的工作中去运用和发挥。

以下是可迁移技能词汇表,见表 2.6。

表 2.6

可迁移技能词汇表(节选)									
审视	协调	创造	引导	思考	沟通	修改	讲述	合成
教导	收获	激发	合作	列表	前进	移动	呈递	遵守
控制	管理	搬运	修理	交谈	帮助	商讨	领导	交流
报告	传授	识别	举例	观察	想象	获得	改造	说服
执行	解决	组织	修复	培训	安排	判断	展示	塑造

3. 自我管理技能

自我管理技能,指的是一种个性特征和品质,它强调个体在不同的环境下如何管理自己,是认真负责还是敷衍了事,是积极进取还是自暴自弃,是勇于开拓还是循规蹈矩,是临危不乱还是惊慌失措,是热情还是冷淡,等等。自我管理技能也称为适应性技能,能够帮助个体更好地适应环境,是个人最有价值的资产。它和可迁移技能一样,可以从非工作生活领域迁移到工作领域,一般用形容词和副词表示。比如,一个大学生在校期间就表现出做事积极主动的特点,到了工作中就能受到用人单位的欢迎,从而获得很多的发展机会。

以下是自我管理技能词汇表,见表 2.7。

表 2.7

自我管理技能词汇表(节选)

勤学	机敏	有效率	精力充沛	细心
沉着	努力	信息灵通	有文化修养	认真
易动感情	富有想象力	有创意	随和	能说会道
慷慨	忠诚	宽容	值得信赖	坚韧不拔

这三种技能的有机结合,就是技能的全貌(见图 2.4)。

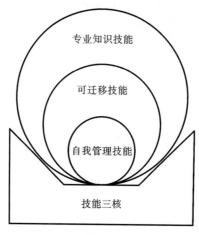

图 2.4

生涯实践

1. 通过成就事件,了解个人能力

撰写成就事件(5～10 个)是一个发现自己能力优势的有效的方法,理由是它证明了我们实际上具备的能力。别人的成功,你可能无法复制,但你自己的成功经验是可以复制的。当然,成就事件不一定是学习上的,也可以是课外活动或家庭生活中发生的,比如同学聚会、旅游等,也不必是惊天动地的大事,只要符合以下两条标准:① 你喜欢做这件事时的感受;② 你完成它以后感到十分自豪。如果同时得到别人赞扬更好,不过这并不重要。

撰写成就事件,可以使用 STAR 行为事件描述法,也就是事件要包含以下要素(见图 2.5):

S——Situation,情景,当时面临什么情况?

T——Target,目标,需要完成的任务是什么?

A——Action,行动,你采取了哪些行动达成目标?

R——Result,结果,最后的结果怎么样?

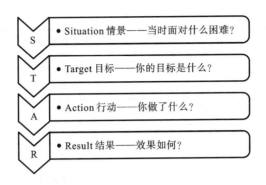

图 2.5

举例:读书期间,放暑假为了赚生活费,我去应聘做暑假工,工作是帮人家卖农药,任务是每天销售 20 瓶农药。一开始不好意思,看见顾客羞于张口。后来,看见同事业绩很好,感觉很有压力,于是开始熟悉并记忆所卖农药的功效和优势,记住产品相比其他品牌的优点。然后主动出击,猜测顾客的心理,讲解产品的好处。一天下来,成功销售很多,很开心,不但赚钱了,自信心也提高了!

S——没经验,不好意思,有压力。

T——每天卖出至少 20 瓶。

A——套近乎,观察顾客表情,猜测顾客心理,赞美顾客,介绍产品。

R——50 瓶,赚了钱,提升了信心,很开心。

STAR 行为事件描述法,可以让你快速有效地提取三种能力,比如从这个同学的成就事件就可以看出:

专业知识技能——农药的知识和功效。

可迁移技能——记忆、观察、猜测、赞美、介绍、指导、演示。

自我管理技能——强制自己、主动性、抗压的、不辞辛苦的。

如果你能够按照 STAR 方法,写出 5~10 个成就事件,就可以绘制出你的成就事件表了(见表 2.8)。

表 2.8

技能三核	专业知识技能	可迁移技能	自我管理技能
成就事件一			
成就事件二			
成就事件三			
成就事件四			
成就事件五			

在面试中使用 STAR 法则介绍自己,也可以让自己所具备的各种能力一目了然。表2.9 所示为大学事件和能力对应表。

表 2.9

大 学 事 件	可迁移到企业中的能力
专业学习	学习能力 专业技能
学生干部	组织管理能力 沟通协调能力
社团活动	专业技能 团队合作能力
各种竞赛	专业技能 抗压能力
社会实践	工作经验 实际工作能力
同学交往	人际交往能力 沟通能力
调研报告 撰写论文	信息搜索能力 写作能力
班级活动	执行能力 团队合作能力
打工实习	工作所需的各种能力和职业态度
娱乐休闲 业余爱好	工作与生活平衡能力 时间管理能力
自我生活管理	时间管理能力 理财能力 生活自理能力 规划能力
求职	资源整合能力 信息搜索能力 识别判断能力 沟通能力 抗压能力

可见,在大学中有许多学习和训练自己能力的机会,这些能力都可以迁移到未来的工作中去,完全没有必要担心自己没有能力,你可以在大学期间为自己的能力做好准备。

2. 用 360 度评估(他人反馈法)发现自己的能力

(1) 打电话。

"以人为镜,可以正己"。通过别人的评价,是了解自己的一个十分客观有效的方法。你可以拿下面这张表(表 2.10),请这些人(见图 2.6)填一下对你优势的描述。当面询问最好,如果条件不允许,可以通过打电话的方式,你可以说:"你好,我在做一个评价练习,请你根据对我的了解,指出我都有哪些优点,并说明理由,谢谢。"

表 2.10

周围人的反馈	我 的 优 势	举例说明	总　　结
同学认为			
父母认为			
老师认为			
亲戚认为			
朋友认为			

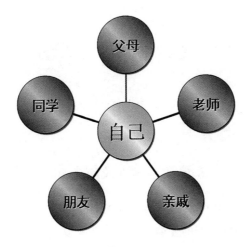

图 2.6

(2) 在完成了上述活动后,完成以下的填空。

你总在_____方面被他人所需要;

你与别人比较,往往在_____方面比别人强;

如果让你教别人,你会教别人做_____事情;

_____事,你总是很轻松就能做好,而别人看上去很费力。

3. 通过能力测评了解自己的能力

各种考试和竞赛是了解自己能力的有效方法,俗话说"是骡子是马拉出来遛遛",实践是检验真理的唯一标准。通过各种考试和竞赛,与自己比较,可以知道是进步还是退步;与他人比较,可以知道自己的优势和劣势。

心理测评也可以帮助我们了解自己,比如盖洛普优势识别器,就可以帮助我们发现自己的核心能力。

生涯感悟

一个人最佳的人生发展道路,就是天赋才能和社会需要的结合。

——亚里士多德

人活着的目的和意义就在于全心全意为人民服务。

——毛泽东

能力是个体将所学的知识、技能和态度在特定的职业活动或情境中进行类化迁移与整合所形成的能完成一定职业任务的素质。

能力按照其获得的方式,可以分为先天具有的能力倾向(天赋)和后天培养的技能(显性能力)两大类。

能力不等于天赋,也不等于自我评价,也不是一成不变的。能力可以通过学习训练来培养,也可以从一个领域转化到另一个领域中。

技能由专业知识技能、可迁移技能和自我管理技能组成。

了解自己的能力,可以采用撰写成就事件、360度评估、各种考试和竞赛以及心理测评等方法。

 思考与练习

求求你夸夸我(戴高帽)

各位同学,请在你的朋友圈发出"邀请信",请熟悉你的朋友们对你拥有的才能进行夸赞,每人至少说出3项他们认为你拥有的才能。你可以参考以下的话术,或者自己编写信息。

参考话术:我正在学习生涯规划的课程,请大家帮我完成一个探索自我的练习。在您眼中,我最优秀的地方(某种性格、某种能力、某种品质……)是什么?为了帮助我更好地了解自己,请举一个例子说明一下。

把你收到的评价写下来,并看看哪些才能是你以前从未发现的,把它们圈出来。

 拓展阅读

对于天赋,哈佛大学心理学家加德纳提出了多元智力论。他认为,智力是多元的,人类至少有八种智能,见图 2.7。

每个人都同时拥有这八种智能,但它们在每个人身上以不同的方式、不同的程度组合,从而使每个人的智力各具特点。

人的发展在于找到自己的优势智力,并经过大量的学习和训练,将其充分开发出来,而成为一种显性的能力优势。

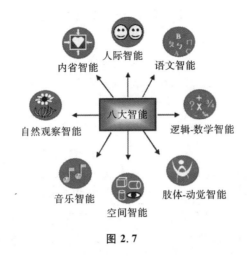

图 2.7

横州市"新型农民"发展茉莉花盆栽助力乡村振兴

广西壮族自治区横州市(原横县)被誉为"中国茉莉之乡",茉莉花产量占全国总量80%以上。近年来,横州市茉莉花盆景产业实现新发展,得益于当地创新型农民闭东海的直接推动。闭东海充分发挥本地茉莉花产业优势,通过技术创新,把原本作为柴火丢弃的茉莉花老桩变身为茉莉花盆栽,延伸了茉莉花产业链;通过电商销售,把茉莉花盆栽销售到全国各地,增加了花农的收入。闭东海凭借个人的努力,为广西乡村振兴贡献了横州力量。

"为什么北方的茉莉花盆栽没有横州出品的呢?我打小采花时就觉得,一朵朵小花称斤卖,实在太辛苦了,这种'采花卖花换酒钱'的传统模式需要变革,才能变出更高的价值来。"闭东海说,他在北方各大城市跑市场期间发现,茉莉花盆栽卖得很火,而且价格高,但几乎都不是产自横州市。

茉莉花茶是横州市最早实现产业化经营的特色支柱产业,横州市是全国乃至世界最大的茉莉花茶加工基地。在闭东海看来,横州市本土的茉莉花茶市场已趋于饱和,延长产业链、开发新产品势在必行,而当时横州市的茉莉花盆栽市场尚属空白。

"返璞归真,让大家看到我们横州茉莉花的美。"坚定理想后,"花痴"闭东海不顾家人的反对,走上了独立创业的道路。2014年,闭东海和几个合作伙伴,在地势、交通等条件较好的横州市那阳镇上茶村成立茉莉花盆景孵化基地,并开始研究种植技术。闭东海满心期待地将第一批优质花苗种进盆里,以横州市天然适合种植茉莉花的气候和土壤,他们原本以为花苗只要种下去就没问题了,没想到一个月过去,这一批却只是勉强能活,远远达不到他们想象中繁盛漂亮的状态。

为什么会这样?闭东海来不及气馁和失落,赶紧请来了当地的高级农艺师、茉莉花专家察看。原来,土壤放到盆里后,质地、营养都会发生变化,花苗直接种在土地上可以长得很好,但移植成盆栽后还需要大量人为补给营养资源。一切要从头来。经过长达一年的摸索和试验,终于形成了"半个月施一次肥,前期施化肥使其快速长枝,中后期施农家肥使花叶翠绿、花苞洁白"的模式。经过闭东海技术创新,茉莉花盆栽不仅开花早、花苞多、香气浓郁,而且花期长,每年从5月到11月,每个月都会开花。

此外,闭东海还从农户手中收购原本只能当柴烧的茉莉花老桩,通过自主加工生产茉莉花盆栽、盆景的商业模式,实现"变废为宝",使每亩茉莉花能够增值2000元以上。为此,闭东海还申请了"茉莉花盆栽种植技术"和"茉莉花老桩盆景种植技术"两项专利。

2016年,闭东海注册了"广西横县莉妃花圃农业科技有限公司",申请"莉妃"牌茉莉花商标,"莉妃花圃"成为横州市首个茉莉花品牌。同年,横州市开启了新一轮"电商热",当地政府建成电子商务产业园孵化区、成立电子商务协会、开展电子商务万人培训等。闭东海闻风而动,通过互联网平台、直播带货等,成功开拓茉莉花盆栽互联网销售市场。"莉妃"茉莉花盆栽当年通过互联网就卖出了5万盆,接近公司全年营销额的五分之一。

为了进一步学习电商知识,他与两个伙伴积极参加横州市里组织的培训,报名电子商务创业创新比赛。"参赛队伍的成员们一起吃饭时,他们谈到上千万元的投资、上千亩的孵化基地,我说我们的基地只有30亩,大家都笑了。"闭东海说,他当时并未多想比赛的结果,只是抱着展示横州茉莉花之美的想法,参加比赛和路演。

在2016年广西电子商务创业创新大赛中,闭东海的"莉妃"团队从县赛、市赛到区赛一路过关斩将,在全区1000多支队伍中进入前5名,拿到了一等奖与"最佳商业模式奖",成为横州市电商领域的骄傲。

经过几年发展,"莉妃"牌茉莉花盆栽、茉莉花盆景成为横州市最大的盆栽商。"我们公司开办了合作社,与42户农户合作,其中有10户贫困户,为他们提供资源与技术,农户只用出劳动力与土地,合作生产茉莉花盆栽,每亩能创收6000元。"闭东海说,为了让茉莉花盆栽造福更多的乡邻,他们公司采取"公司+合作社+农户"的模式,让农民的茉莉花亩产值比传统茉莉花地增加30%以上,带来了良好的经济效益和社会效益,对巩固脱贫攻坚成果和助推乡村振兴起到积极作用。

2017年8月,那阳镇东安村"两委"换届时,28岁的闭东海被推选成为东安村有史以来最年轻的村支书,同年,他被当地县委组织部推荐报考自治区党委组织部举办的广西优秀村党组织书记大专学历教育项目。2018年,经过考试选拔,闭东海以优秀村党组织书记的身份进入广西农业职业技术大学(原广西农业职业技术学院)学习深造。经过专业系统的学习,闭东海进一步提升了农业知识储备和经营管理能力,为带动周边乡邻一起创业致富、助力乡村振兴夯实了基础。

如今,闭东海的盆栽事业蒸蒸日上,"横州市茉莉花盆栽深受市场的欢迎,尤其是在上海、北京、郑州等地,我们每一年销售盆栽超过50万盆,销售额超过了500万元。"闭东海自豪地说。

2021年,闭东海荣获全国乡村振兴青年先锋、南宁市优秀共产党员等荣誉称号,他表示:"下一步,我们将加大科研投入,壮大我们茉莉花盆栽产业,带动更多的村委、村民创收,助力乡村振兴。"(来源:人民网、中国青年报·中青在线、南宁新闻网等)

第 3 节　兴　趣

生涯指引

钱七虎：国家需要什么，科学家的兴趣应该就在哪儿

"只有把个人的理想与国家和民族的前途命运紧密结合，才能有所成就、实现人生价值！"6月4日下午，江西教育发展大厦306会议室座无虚席。台上一位满头白发的老人用铿锵有力的字句和真情流露的表达，倾情讲述着自己"铸盾报国"的毕生追求和使命。语毕，掌声雷动，在场近五百名高校师生代表无不动容。

这位老人正是我国现代防护工程理论奠基人、防护工程学科的创立者、国家最高科学技术奖获得者、中国工程院首届院士、东华理工大学名誉校长钱七虎。从事防护工作六十余载，他用毕生心血为共和国铸就坚不可摧的"地下钢铁长城"。

"信党，爱党，跟党走，这是我一生中最坚定最重要的选择"

"1937年淞沪会战爆发，我出生在一艘逃难的小船上。"讲座上，钱七虎回忆着那个炮火纷飞的年代，"我姐姐告诉我，当时父母亲害怕我这个婴儿的啼哭会引来日本人，只能使劲捂住我的嘴巴。"谈起童年那段危难经历，钱七虎至今仍心有余悸。他说自己印象最深刻的是日本兵的"抢军粮"、镇上的慰安妇和上海租界里的"华人与狗不得入内"。"走了日本兵，又来美国兵"，在当时，和平、安全与尊严是一种奢望，也是渴求。

饱受战乱与生活之苦的钱七虎还患上了当时流行的血吸虫病，直到新中国成立后在毛主席号召"一定要消灭血吸虫病"的背景下，他住两个多月医院才治好。1950年代，抗美援朝开始，当年仅13岁的钱七虎积极报名参加军干校，走上了"为党、国家和人民贡献一生"的道路。

没有对比就没有认识。"我在日军铁蹄下和国民党反动统治下生活过12年，亲历了从旧中国到新中国的跨越，从此就死心塌地跟党走。"钱七虎欣喜地告诉同学们，他最近又回了趟昆山老家，新中国成立前那个青黄不接的小镇如今已大变样，乡亲们在收入水平、卫生环境、健康状况上翻天覆地的变化令人惊叹。

14岁入团，18岁入党，"没有共产党就没有新中国"于钱七虎而言绝非一句歌词或口号那么简单。"我信党，爱党，跟党走，这是我一生中最坚定最重要的选择！"掷地有声的话语回荡在每个学子耳畔。

"国家需要什么，科学家的兴趣就应该在哪儿"

1954年是共和国成立的第5个年头，彼时的钱七虎在上海中学表现优异，六门课程四门满分。作为优秀毕业生的他获得了选派到苏联学习的机会。但这时传来消息：国家急需一批军事人才,哈尔滨军事工程学院(以下简称"哈军工")将在应届中学生中招收一批优秀毕业生。面临当时很多人梦寐以求的留学生涯和使命召唤的家国责任,他毅然选择了后者,从此与防护工程结下了一生之缘。

对此,钱七虎坦言,这个专业其实并非自己的第一志愿。"当时防护工程专业没人选,但是我始终服从组织分配,让我学什么就学什么。"既是班长又是党支部委员的钱七虎"没空偷懒",也没过多思考自己是否心仪这个专业。他说,哈军工所在的哈尔滨被誉为"东方莫斯科",松花江的冬景更是一绝,但他求学时一次都没去过。大学6年他只回过一次家,其间年年被评为"优秀学员",是全年级唯一的全优毕业生。

1960年,钱七虎又被选派到苏联莫斯科古比雪夫军事工程学院学习深造。他至今都记得临行前教导员的告诫:"中国多少农民吃不饱,但还是花了很多金条送你们出国,你们要对得起党和人民,要好好学习。"这位老红军语重心长的话语深深刻进了钱七虎的心里。

到了国外,钱七虎更加如饥似渴地学习。留学4年,他愣是没去过一处景点——"到处要排队,多花时间呐!"直到20世纪90年代机缘巧合到俄罗斯开会,他才弥补了这个遗憾。

1965年,钱七虎学成回国,便一头扎进了我国防护工程领域的教学研究工作。从那时起,为国家铸就坚不可摧的"地下钢铁长城"成为钱七虎毕生的事业追求。直到现在,他仍孜孜不倦地为国家和军队贡献智慧力量。南水北调、西气东输、港珠澳大桥……诸多关乎国家大计的防护工程中,都能看到钱老奔波的足迹。"我已经82岁了,我为国家健康工作了54年。作为一名科技工作者,我认为只有始终不忘初心、心怀感恩,把个人理想与党和国家的需要、民族的前途命运紧密联系在一起,才能有所成就、彰显价值!"

"安乐、享受的理想是猪圈的理想"

从事防护工程数十年,搞科研的路上常常会遇到很多困难。

钱七虎刚回国时,国家正处于困难时期,国内对于大型防护门的变形研究尚处于空白状态,加班加点工作是常态。他回忆道:"当时没有大型计算机,就用穿孔纸进行数据输入。由于穿孔机打孔不圆,经常引起停算,后来我索性进行手工穿孔。"

"但困难是吓不倒我的,安乐、享受的理想是猪圈的理想!"听到这里,会场上响起一阵轻笑,钱院士顺势鼓励青年学子们,"只有不畏艰难,才能攀登高峰;只有不断前进,才能有所创新。科学道路上有很多困难,人生道路上也会有很多挫折,只有把个人的志愿和理想与国家、民族的事业结合起来,正确处理个人和组织、集体的关系,才能不断前行。"

他是这么说的,也是这么做的。

获得2018年度国家最高科学技术奖后,钱七虎将800万元奖金悉数捐出。这一外界看来不可思议的举动在钱老口中却是稀松平常。据悉,他及夫人从20世纪90年代起,就心系慈善事业,将院士津贴、全部获奖奖金资助给烈士子女、贫困儿童和孤寡老人,前后近百万元,这次也没有例外。谈到捐献的初衷,他说:"我就是在国家的资助下成长成才的,现在很多贫困学生如果能像我一样完成学业,将会给国家作出更大贡献。"

"台上的钱七虎老先生头发已经花白,言语中却让我看到了他当年意气风发的模样。"东华理工大学的学生代表严雅雯听后深受感动,"他出生于苦难的社会,和平年代本应安享晚年的他,却以耄耋之躯主动肩挑'国家大计'。他从事科学研究从来不是为了个人,而是为了科学、为了国家!正是有无数如钱七虎老先生般为了人民,无私奉献、科学报国的英雄伟人,祖国才愈来愈强大。先生之风,山高水长!"(来源:《中国核工业》2019-10-15)

钱七虎老先生把自己的兴趣跟国家需要紧密联系在一起,他择一事终一生,执着专注;干一行钻一行,精益求精。今天的我们应该充分挖掘自己的兴趣爱好,结合自己的专业技能,锤炼技能,为广大人民服务。

 生涯知识

一、什么是兴趣

看看你的选择和身边同学的选择,是不是一样呢?你会发现,同样是参加社团,不同的人有不同的选择,这些不同的背后就是兴趣的不同。

那什么是兴趣呢?心理学认为,兴趣是一种带有情感色彩的认识倾向。它以认识和探索某种事物的需要为基础,是推动一个人去认识事物、探求事物的一种重要动机,是一个人学习和生活中最活跃的因素。兴趣就是无论能力高低,无论外界评价如何,你愿意投入时间和精力去做的事,并在做的过程中感到十分快乐。比如,有人喜欢读书,有人喜欢摄影,有人喜欢摆弄机器,有人喜欢聊天。

巧克力饼干女孩——张柔安

她从哈佛大学经济及数学系以优异的成绩毕业后,进了咨询顾问公司观察者集团工作。两年后,她工作起来已经得心应手,很受老板赏识,也深受客户欢迎,但她却并不能从这份高薪工作中获得快乐。

紧张工作之余,她常常回忆起少年时去朋友家玩的情景。那时,她十二三岁的样子,去一位同学家,那位同学家的电视机里正播放着一档教授做甜点的节目。面点师表情夸张,语言风趣,一块面团在他的手中三揉两搓,便如魔术一般变成一个造型别致的糕点。她们看得兴致盎然,不时地对着电视画面惊呼。于是,她们从超市买来原料,依葫芦画瓢地操作起来。很显然她们没有面点师娴熟,但是她们却获得了前所未有的快乐。从此她对做面点乐此不疲,一放学,便迅速溜回家,常常赶在父母下班之前,做上一块面点,有时也会别出心裁,搞些花样,她从父母赞赏的眼神里感受到了莫大的鼓舞和支持。这件事一直到她去哈佛读书才结束。

在她工作的波士顿有一家著名的糕点烘焙店,每次去那个店,她都会点上一份糕点久久逗留。看到端上来的那一份份别致的糕点,她会情不自禁地"哦"一声。她的行为引起了店里做面点的大厨的注意。他们有了第一次交谈,她告诉他,她虽然在一家咨询公司上班,但对做面点特别感兴趣,那曾是她最美妙的时间。那位年轻的面点师饶有兴趣地看着她谈起面点时眉飞色舞的神态,于是邀请她走进了操作间。

进了操作间,她像鱼儿到了水里,鸟儿飞到了树林,她熟悉做面点的每一个程序每一个细节,在案板面前,她眼睛发亮,两腮因为激动而变得更加红润。那位大厨成了她的下手,帮她递这送那。不一会儿工夫,她的面点做出来了。大厨惊呼着:"这不是面点,这是艺术,这简直就是艺术!"以后,她和这位大厨成了最好的朋友,一有空闲,她便来这里体验和大厨一起创作糕饼的快乐。

她也萌生了开一家糕饼店的想法。于是她说服父母,获得父母的理解后,她辞去了那份高薪工作,准备给自己一年的时间,尝试专业烹饪这条路。她在波士顿南端的华盛顿街上找了一个合适的店面。

工作非常辛苦,她得从凌晨四点一直工作到午夜,一周六天,但她却干得非常起劲。她做出的糕饼、甜点大受欢迎,店里每天都人满为患,尤其是她制作的"黏面包",几乎一时成了店里的招牌,许多客人赶早排队来品尝,如果迟到了就会深感遗憾。有一位客人从佛罗里达州飞到波士顿,一下飞机便直奔这家面包店,吃了她做的黏面包后,便力邀她去佛罗里达州开一家分店。

她就是在美国有着"巧克力饼干女孩"昵称的华人张柔安。现在,她不但连开三家"面粉烘焙店",还出版了《面粉:波士顿面粉烘焙店的壮观食谱》一书,张柔安在她的书里写道:中国有句古话,三百六十行,行行出状元,但是人的热情、兴趣才是打开状元之门的金钥匙。

知道了什么是兴趣,接下来对照表 2.11 区分一下什么是真兴趣?什么是伪兴趣?

表 2.11

因 素	真 兴 趣	伪 兴 趣
动力	内心需要	外部压力
追求	过程	结果
情绪	快乐	痛苦

区分真兴趣和伪兴趣,是因为职业的成功与快乐,往往和真兴趣有密切的关系。很多同学在大学之前的学习生活中可能会有很多的特长,但并不意味着这都是你的兴趣。而找到真兴趣往往与成功和快乐有密切关系。

大学生该如何找到和培养自己的真兴趣呢?

(1) 多学多试。我们问一个没有吃过榴梿的人是否喜欢吃榴梿,他是没有办法回答的,因为他没有吃过。所以有时候我们对一件事情不知道有没有兴趣,是因为我们没有尝试过。为此,我们要充分利用大学的宝贵时光和丰富多彩的生活,去多多学习新的知识,多多尝试新鲜事物,去探索,去发现自己的兴趣。当我们扩大了自己的眼界,增加了更多的体验后,我们也就更加容易找到自己的兴趣了。

(2) 享受过程,不考虑成败。过多考虑成败往往让我们对于真兴趣不敢投入。其实,真兴趣追求的是过程,而不是结果。所以,要随着自己的兴趣走,自己喜欢做什么,有条件或创造条件去做一做,享受满足兴趣这个过程所带来的快乐,从而不断发现和培养自己的真兴趣。

二、职业兴趣的分类

同样的道理,我们对于职业也有天然的兴趣。找到自己的职业兴趣也会让自己的职业更成功和快乐。这里具体谈一谈兴趣对职业的深远影响。

首先,它是一个人工作强大、持久的动力。"兴趣是最好的老师",有兴趣的事情,总是"乐此不疲""废寝忘食",没兴趣的事情,则"度日如年""倍感煎熬"。有兴趣的事情,不会轻言放弃。陈景润能躲在小黑屋里咬着馒头喝着凉水证明哥德巴赫猜想,袁隆平能几十年如一日在田间地头风里来雨里去,都是兴趣使然。

其次,它可以提高工作效率,创造职业成就。心理学研究发现:一个人从事感兴趣的工作,能发挥全部才能的80%~90%,从事自己不感兴趣的工作,只能发挥人全部才能的20%~30%。传统教育推崇勤奋对成就的作用,"书山有路勤为径,学海无涯苦作舟",但纵观历史上有所成就的伟大人物,他们几乎都是从兴趣出发的。曾经有一本书《诺贝尔奖获得者寄语中国青少年》,其中这些科学家无一例外谈到小时候对于某项学科的兴趣,让他们走上了一条成功之路。

最后,它影响职业幸福感和生活满意度。人生约三分之一时间用于工作,如果不喜欢,那也就意味着这三分之一的人生是不快乐的。工作不快乐,按照"踢猫效应",会影响三分之一的生活;不喜欢导致工作没效率,工作成就低,难以胜任,压力倍增,影响睡眠和健康,结果这一整天都不快乐。可以说,工作这三分之一是影响全局的三分之一。

李开复先生当年学的是比较热门的法律专业,一年之后,他决定转到哥伦比亚大学默默无闻的计算机系,想起当年的选择,他感慨道:"若不是那天的决定,今天我很可能只是在美国某个小镇上,做一个既不成功又不快乐的小律师。"

生涯实践

六岛环游游戏

恭喜你!你获得了一次免费度假游的机会,有机会去下列六个岛屿(见表2.12)中的一个。你只有少量的金钱,但需要在这个岛上待满至少半年的时间。请你凭自己的兴趣和能力,按一、二、三的顺序挑出你最想去的3个岛屿。

表 2.12

名 称	岛 屿 特 点
R	自然原始的岛屿,岛上保留有热带的原始植物林,自然生态保护得很好,也有相当规模的动物园、植物园、水族馆。岛上居民以手工见长,自己种植瓜果蔬菜、修理房屋、打造器物、制作工具,喜欢户外运动

续表

名 称	岛 屿 特 点
I	深思冥想的岛屿,岛上人迹较少,建筑物多偏处一隅,平川绿野,适合夜观星象。岛上有多处天文馆、科博馆,以及科学图书馆等。岛上居民喜好沉思、追求真知,喜欢和来自各地的科学家、哲学家、心理学家等交换心得
A	美丽浪漫的岛屿,岛上布满了美术馆、音乐厅,街头雕塑和街边艺工随处可见,弥漫着浓厚的艺术文化气息。同时,当地的原住民还保留了传统的舞蹈、音乐与绘画,许多艺术和文艺界的朋友都喜欢在这里找寻灵感
S	友善亲切的岛屿,岛上居民个性温和、十分友善、乐于助人,社区均自成一个密切互动的服务网络,人们互助合作,重视教育,充满人文气息
E	显赫富足的岛屿,岛上居民热情豪爽,善于经营和贸易。岛上的经济高度发展,处处是高级饭店、俱乐部、高尔夫球场。来往者多是企业家、经理人、政治家、律师等
C	现代井然的岛屿,岛上建筑十分现代化,是进步的都市形态,以完善的户政管理、地政管理、金融管理见长。岛民个性冷静保守,处事有条不紊,善于组织规划,细心高效

第一选择的岛屿是:_____。
第二选择的岛屿是:_____。
第三选择的岛屿是:_____。
你的选择是什么?这个选择意味着什么?请往下看。

俗话说"物以类聚,人以群分",有些人对这方面感兴趣,有些人对那方面感兴趣,对同一个方面感兴趣的人就会聚集在一起,表现在现代生活中,就是"人以微信群分"。而在职业中,我们又是人以什么分呢?

美国的职业指导专家霍兰德给出了答案,他提出了著名的职业兴趣六边形理论:

(1) 大多数人可以归纳成六种类型:现实型(realistic)、研究型(investigative)、艺术型(artistic)、社会型(social)、企业型(enterprising)和传统型(conventional)。

(2) 工作环境也有这六种类型。

(3) 人们寻求与自己兴趣和能力相匹配的工作环境。

(4) 兴趣与职业的匹配程度决定了个体的职业满意度、稳定性和成就感。

(5) 兴趣倾向是一种人格的表现。

将这六大类型的名称的英文单词首字母按照固定的顺序排成一个六边形 RIASEC,如图 2.8 所示。

六种兴趣类型的特点与职业的对应情况如表 2.13 所示。

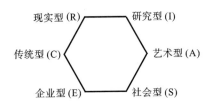

图 2.8

表 2.13

类型	喜欢的活动	重视	职业环境要求	典型职业
现实型 R（realistic）	用手、工具、机器制造或修理东西。愿意从事实物性的工作、体力活动，喜欢户外活动或操作机器，而不喜欢在办公室工作	具体实际的事物，诚实，有常识	使用手工或机械技能对物体、工具、机器、动物等进行操作，与"事物"工作的能力比与"人"打交道的能力更为重要	园艺师、木匠、汽车修理工、工程师、军官、兽医、足球教练员
研究型 I（investigative）	喜欢探索和理解事物，喜欢学习研究那些需要分析、思考的抽象问题，喜欢阅读和讨论有关科学性的论题，喜欢独立工作，对未知问题的挑战充满兴趣	知识，学习，成就，独立	分析研究问题、运用复杂和抽象的思考创造性地解决问题的能力，谨慎缜密，能运用智慧独立地工作，一定的写作能力	实验室工作人员、生物学家、化学家、心理学家、工程设计师、大学教授
艺术型 A（artistic）	喜欢自我表达，喜欢文学、音乐、艺术和表演等具有创造性、变化性的工作，重视作品的原创性和创意	有创意的想法，自我表达，自由，美	创造力，对情感的表现能力，以非传统的方式来表现自己，相当自由、开放	作家、编辑、音乐家、摄影师、厨师、漫画家、导演、室内装潢设计师
社会型 S（social）	喜欢与人合作，热情关心他人的幸福，愿意帮助别人成长或解决困难，为他人提供服务	服务社会与他人，公正，理解，平等，理想	人际交往能力，教导、医治、帮助他人等方面的技能，对他人表现出精神上的关爱，愿意担负社会责任	教师、社会工作者、牧师、心理咨询师、护士
企业型 E（enterprising）	喜欢领导和支配别人，通过领导、劝说他人或推销自己的观念、产品而达到个人或组织的目标，希望成就一番事业	经济和社会地位上的成功，忠诚，冒险精神，责任	说服他人或支配他人的能力，敢于承担风险，目标导向	律师、政治运动领袖、营销商、市场部经理、电视制片人、保险代理

续表

类型	喜欢的活动	重视	职业环境要求	典型职业
传统型 C (conventional)	喜欢固定的、有秩序的工作或活动,希望确切地知道工作的要求和标准,愿意在一个大的机构中处于从属地位,对文字、数据和事物进行细致有序的系统处理以达到特定的标准	准确,有条理,节俭,盈利	文书技巧,组织能力,听取并遵从指示的能力,能够按时完成工作并达到严格的标准,有组织有计划	文字编辑、会计师、银行家、簿记员、办事员、税务员和计算机操作员

兴趣类型与13个专业类别的匹配情况如表2.14所示。

表2.14

13个专业类别	相关的兴趣类型
工学类	R、I
农学类	R、I
医学类	I、R、S
理学类	I、C
哲学类	A、I、S
文学类	A、S
历史学类	I、A、S
艺术学类	A、S
法学类	S、E
教育学类	S、A
管理学类	E、C
经济学类	E、C、I
军事学类	R、E

在了解了自己的兴趣代码,以及与自己所学专业最相关的霍兰德兴趣类型后,有些同学可能会发现自己的兴趣和专业相符,有些同学则可能发现自己的兴趣与专业不符。

霍兰德的理论可以进一步解释这种关系:每种霍兰德兴趣类型与其邻近的两种类型属于"相近关系",比如RI、RC;与其处于次对角线上的两种类型属于"中性关系",比如RA、RE;与其处于主对角线上的类型属于"相斥关系",比如RS。结合这三种关系,你可以看到自己的兴趣与所学的专业有如下关系:

(1) 如果你的兴趣和专业相同,那你应该非常喜欢本专业,那么恭喜你!你只需要在专业领域深耕细作,发展出强大的职业能力就好了。

（2）如果是相近关系，那你应该比较喜欢本专业，也是很幸运的。一个专业往往对应很多职业，学舞蹈的不一定非要当舞蹈演员（艺术型），如果是社会型的人，当舞蹈老师也是一个非常不错的选择。当然，同样需要发展出强大的职业能力才能有好的前景。

（3）如果是中性关系，那你可能不喜欢也不讨厌本专业，可以学好专业的同时，与喜欢的专业结合。比如，一个学计算机专业（现实型）的同学喜欢文学（艺术型），他可以考虑在毕业后去计算机类的杂志社工作，这样就可以将自己的兴趣与自己的专业结合起来，既不浪费专业学习的资源，同时也一定程度上满足自己的兴趣。这里提醒各位同学：再喜欢的工作，也有不喜欢的工作内容，比如喜欢当老师与人打交道，但当老师也同时需要做科研、写论文、做实验，这些工作内容并不是与人打交道的，但也是一个老师的分内工作。现代社会对于复合型人才更为青睐，通过结合，可以把自己打造成社会需要的复合型人才。

（4）如果兴趣和专业是对角线关系，那你很有可能不太喜欢自己所学的专业，遇到这种情况，你可以考虑如下的方法：

（a）暂时没有找到兴趣，或者没有能力把业余爱好发展为职业，就要先学好专业，利用专业能力找到一份工作赖以谋生，然后在工作之余投入兴趣，培养能力，最终把兴趣转化为职业。畅销书《拆掉思维里的墙》作者古典，一毕业先干自己专业对口的工作——土木工程，然后在业余时间学习和研究自己喜欢的生涯规划，最终成立了自己的公司"新精英生涯"，该公司目前已成为生涯规划领域的领头羊。

（b）培养出兴趣方向的职业能力，实现职业的转变。郑钧大学学的是工业外贸专业，在大学期间业余爱好是弹吉他，当他的音乐水平达到了专业水平，就能正式成为一名能写会唱的歌手。

（c）转专业、辅修第二专业或跨专业考研。这样一种转换，需要你投入更多的时间、精力、金钱等成本，需要你比别的同学付出得更多。转专业、辅修第二专业或跨专业考研，都需要你学好现在的专业，才能有机会去追寻你喜欢的专业。做好该做的，再去做自己想做的，这是未来职场中企业特别重视的工作态度的修炼。

条条大路通罗马。有些会顺利些，有些会曲折些，但只要能够围绕兴趣，培养出职业能力，就能够拥有一片自己的职业天空。

霍兰德进一步指出：个人的职业兴趣往往是多方面的，因此通常用得分最高的前三个字母组成的代码来表示一个人的职业兴趣。这个代码就称为"霍兰德代码"（Holland code）。三个字母之间的顺序表示了不同类型兴趣的强弱程度。如：SEC代码表示S型得分最高，其次是E型、C型。霍兰德本人编制的自我探索量表（self-directed search），可以帮助你探索出自己的霍兰德代码，并且提供了霍兰德代码对应的职业方向。各位同学可以做一下霍兰德兴趣测评，测出自己的霍兰德代码，深入了解一下自己的职业兴趣及对应的职业方向。

三、有兴趣就能当职业吗

兴趣对职业的影响巨大，但并不是所有的兴趣都能够转化为一种职业。只有职业兴趣，也就是具备企业所需要的相应的能力的兴趣，才能转化为一种职业。企业对你的兴趣不感兴趣,而是对你的能力感兴趣。我们要在职业中满足自己的兴趣,就要具备满足兴趣的相应的职业能力,与企业去兑换。

举例来讲,你喜欢打羽毛球,但如果不能打到职业选手的水平,就不能成为一种职业,而仅仅是一个业余爱好而已。所以,职业兴趣其实等于"兴趣+能力"。如表2.15所示,我们可以很容易地区分出我们的兴趣是不是职业兴趣。

表 2.15

兴趣与能力	高能力	低能力
高兴趣	职业兴趣、理想工作	业余爱好、休闲娱乐
低兴趣	生存手段、谋生工作	职业盲区、放弃规避

通过这个表,可以清晰地看到四个区域:

(1)理想工作:有兴趣,同时有能力满足企业需要的,才能成为职业兴趣,当然这样的工作也是最理想的。

(2)业余爱好:有兴趣,但不具备足够的能力满足企业需要的,可作为业余爱好,在休闲娱乐中得到满足。

(3)谋生工作:没兴趣,但有能力满足企业需要的,是谋生手段和赚钱工具,是一份养家糊口的现实工作,需要在业余时间发展自己的兴趣,把兴趣转化为企业购买的能力,然后实现华丽转身。

(4)职业盲区:没兴趣,没能力,是我们要放弃规避的事情。

可以看出,进入理想工作的方式就是,提升对谋生工作的兴趣,或者提升业余爱好的能力,使其成为工作。

 生涯感悟

虽然我们做了几十年的研究,但预测个人职业选择最有效的方法,仍是询问这个人自己究竟想做什么。

——霍兰德

我和你没有什么差别。如果你一定要找一个差别,那可能就是我每天有机会做我最爱的工作。如果你要我给你忠告,这是我能给你的最好忠告了。

——巴菲特

兴趣就是我们喜欢做的事情。它是我们内心动力和快乐的来源,是无论能力高低,外界评价如何,依然让你乐此不疲、废寝忘食的那件事。当然,对于职业来讲,只有兴趣是不够的,还必须发展出企业所需要的能力,才能成为职业兴趣。职业兴趣=兴趣+能力。

"物以类聚,人以群分",职业兴趣按照霍兰德的研究可以分为六大类,你属于哪一类?可以通过一系列的探索来找到自己的职业兴趣所在。

思考与练习

请你回顾上周7天的时光。

你做了哪些事情?

你把时间都花在哪里了?

哪些事情让你很开心,乃至忘记了时间忘记了自己?

举例:下面是小丽上周7天所做的事情,她把它们排在霍兰德的职业兴趣六边形(见图2.9)中,并钩出了其中自己最有兴趣的事情。请模仿小丽的方法,把你过去一周做的事情排列在霍兰德的职业兴趣六边形中,并钩出你最有兴趣的事,看看自己的兴趣到底是什么?

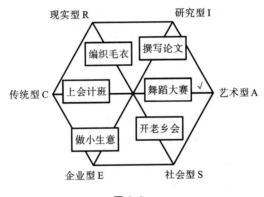

图 2.9

通过这个小练习,可以让我们快速定位兴趣,因为时间的花费是最具有说服力的,我们总是倾向于把时间尽可能多地花费在我们感兴趣的事情上。

 拓展阅读

非物质文化遗产传承人 一针一线绣出壮美人生

蓝淋,壮族刺绣省级非物质文化遗产代表性传承人,广西工艺美术大师。蓝淋家庭五代人匠心接棒,让濒临失传的千年壮绣技艺重获生机,让壮绣产品带着广西的壮美文化在20多个国家和地区传播弘扬,成为传递爱情、亲情、友情的民族文化使者,并带领当地绣娘通过壮绣走上脱贫之路。

传承壮绣手艺 成立壮绣工厂

壮绣被称为壮族文化和民族记忆的"活化石"。"侬人男女勤耕织,惯挑棉锦",壮绣承载着壮族繁衍生息的历史与文化,曾经它融入壮族人生活的每一个角落。当地人说,有壮族的地方就有壮绣。

过去,南宁市马山县是壮绣流传的核心区域,在马山县的80多个村峒,壮绣都广为

流传。

蓝琳就出生于马山县白山镇的壮绣世家,她的奶奶、外婆都是壮绣手艺的传承人。在家庭的熏陶下,蓝琳从小对刺绣充满了浓厚的兴趣。读中学时,她开始尝试着在衣服上绣上壮绣的花纹,朋友们见了都夸好看。这让她感到,大家还是很喜欢壮族刺绣的。

然而,随着年龄的增长,蓝琳慢慢发现,周围的年轻人对刺绣感兴趣的越来越少。伴随工业机绣的发展和审美情趣的变化,壮绣这门壮族特有的文化技艺,也逐步式微,慢慢从人们的生活中消失了。

从小眼见外婆、奶奶亲手织绣,那些壮绣上翔集的凤凰、憨态可掬的大象,都给蓝琳留下了深刻的印象,她不忍见壮绣一步步走入绝境。

1998年,蓝琳辞去稳定的工作,与兄长一起创业。在亲友的支持下,蓝琳在马山县城成立了"壮美坊"壮绣工厂,希望借此振兴壮绣工艺。

在"壮美坊"工作室,蓝琳的大哥蓝然、三妹蓝轲、四妹蓝茜也一起投入到壮绣这门手艺中。

"壮美坊"手艺厂开业之初,蓝琳兴奋又期待。她既当师傅,指导新手们学习刺绣,又领着业务员四处奔走,上门推广壮绣产品。然而,现实却是壮绣绣品乏人问津,一两年下来,工厂仓库里积压了价值数万元的绣品。这对于当时的蓝琳来说,是难以承受的重压。

残酷的现实让蓝琳明白:传承文化遗产,守护民族记忆,没有想象的那么简单;必须跟上时代的脚步,熟悉市场,了解现代消费者的喜好。

2001年,和家人商量后,蓝琳只身前往广西艺术学院学习设计。五年后,蓝琳重新回到马山县,和团队走遍广西,四处寻访搜集壮绣绣品,学习没见过的技巧,在此基础上,请不同地区的绣娘艺师,与兄妹一道,把现代的设计理念和丰富的想象力融入传统的壮绣产品当中,让壮绣在传统和现代的碰撞中诞生出了新的生命力。在"壮美坊"四兄妹的持续努力下,"养在深闺"的壮绣开始慢慢重回人们视野。

2017年,蓝琳家庭荣获"全国最美家庭"称号。2018年蓝琳家庭通过投标,其作品"扬帆起航"成为广西壮族自治区成立60周年大庆的徽标。2019年蓝琳被中央电视台评选为第六届"CCTV年度慈善人物"。

现在,"壮美坊"是目前广西壮族刺绣唯一的传承基地。

弘扬民族文化 让壮绣走向世界

由"壮美坊"设计研发生产的具有典型广西文化与艺术审美价值的系列手工艺作品,成为传递爱情、亲情、友情的民族文化使者,曾多次代表广西、南宁市政府在系列对外文化交流活动中绽放独特的艺术魅力。

民族的就是世界的。近些年,通过国际展览和文化交流,壮绣的足迹已经遍及世界。

2008年,"壮美坊"壮绣手工艺品成为中国-东盟博览会指定礼品和广西壮族自治区成立50周年指定礼品。2011年,德中文化交流年,德国征集中国优秀民间艺术品到该国展示,"壮美坊"80幅壮绣作为中国最美的民族手工艺品在德国国家博物馆展出。"壮美坊"的壮绣手工艺品连续多年受邀参与广西"三月三"非物质文化系列宣传展演活动,55件锦绣系列作品代表广西少数民族非物质文化遗产优秀作品受邀到新加坡、马来西亚等东南亚国家进行巡展,出品的壮绣手工艺品热销东南亚、欧美、南美等的20多个国家和地区。

"守护文化传统,并不意味着一成不变。传承民族特色,焕发新的生命力。"蓝淋说,"马山壮绣市场化和国际化发展之路越走越宽。"

蓝淋家庭让拥有千年历史的壮族刺绣散发着艺术魅力,迈出了市场化和国际化的步伐,在世界大放光彩。

广泛传授技艺 带领妇女脱贫

巧指飞,彩线舞,壮绣美。在马山县"壮美坊"壮绣手艺厂里,十多名绣娘在蓝淋的指导下绣着壮绣作品。"单靠我一个人,一个家庭,撑不起手艺厂。传承壮绣不能只靠少数人,要靠所有的绣娘们。"在蓝淋的带领下,越来越多的妇女开始学习壮绣,自觉地传承起这门古老的手艺。

至今,蓝淋为2000多名妇女提供了免费的壮绣培训,部分成了"壮美坊"的绣娘。其中,技术精湛、能长期固定在工厂工作的绣娘有200多人。绣娘们通过壮绣这一技艺,实现了在家门口就可以就业,不但能增加家庭收入,还让家里老人小孩多了一份保护。古老的壮绣成为新时代脱贫致富的"金钥匙"。

蓝淋说,今后,她将继续从事壮族刺绣,让更多人学会壮族刺绣,传承技艺,另外,还希望更多的人能认识壮族刺绣,展示民族的传统技艺之美。

一根针花样百出,几缕线回环往复。壮族人民对美好生活的祈愿、壮族流淌了千年的文化基因,在许多像蓝淋这样的传统手工艺人的手下,一寸一寸开出锦绣,向世人展示着一个民族内在的气质。(来源:南宁新闻网、《南宁晚报》、环球网等)

蓝淋用她的亲身经历告诉我们,兴趣是最好的老师,兴趣不但带来快乐,还会带来成功。

第4节　什么是适合自己的工作

生涯指引

鲁国大夫季康子向孔子打听他几个得意门生的才干,孔子一一作答。

季康子问:"子路适合从政吗?"

孔子说:"子路个性刚强果敢,但过刚易折,恐怕不太适合从政,当个带兵打仗的将领蛮好。"

季康子又问:"子贡出来做官如何呢?"

孔子说:"也不行,子贡太通达精明,把事情看得太清楚,或许可以从商,也不太适合从政。"

季康子又问:"冉求怎么样?"

孔子说:"冉求多才多艺,一介书生,当文学家的料,也不适合从政。"

生涯知识

一、适合的才是最好的

每个人都是不一样的,都有独特的特质,只有选择适合自己独特特质的职业发展道路,才能更有成就。

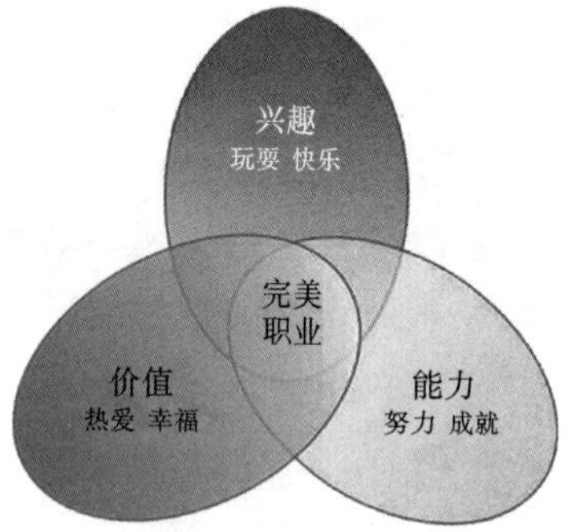

前面三节探索的价值观、能力和兴趣,是特质的具体特征,也是职业匹配的三个最核心要素。所谓"最适合的工作",也就是能够同时满足这三个要素的工作,即既能够获得想要的价值,又能够发挥自己的能力优势,并从中获得乐趣的工作。所谓"性之所近,力之所能,心之所愿",就是最适合的工作。我们可以用一个称作"三叶草"的模型来表示,如图2.10所示。

图2.10

二、职业:不完美到完美

在现实生活中,受外在环境的限制和个人能力的制约,不是每个人都能如愿以偿找到完美工作。事实上,我们大多数人都从事着不够完美的工作。而不够完美的工作往往会引发我们一些负面的情绪。比如,当我们对自己的工作缺乏兴趣的时候,我们就会感到厌倦,无精打采,空虚无聊。当我们工作能力不足的时候,我们就会感到焦虑,压力激增,失眠易怒。当我们的工作无法带来我们想要的价值的时候,我们又会感到失落,缺乏动力,自卑抱怨。

在大学中的专业学习也是一样,不喜欢的专业会让我们感到厌倦,学不好专业会让我们感到焦虑,学好了专业却得不到自己想要的价值会让我们感到失落。

正所谓"情绪比你会说话",你的情绪就反映了你所面临的工作的问题,如图2.11所示。

我们可以通过自测负面情绪的强弱程度,来了解我们工作或专业中的主要问题在哪里。如下所示:

厌倦(0~10分):我的分数是_____;

焦虑(0~10分),我的分数是_____;

失落(0~10分),我的分数是_____。

得分最高的那一项,就是当前你主要面临和要解决的问题。比如,焦虑得分最高,那么,目前你工作或专业的问题是能力不足,提高能力是当务之急。

假如你上述三种负面情绪的得分都不高,说明你目前的工作或专业状态良好,你可以改为正面情绪打分,看看目前需要提升的是哪个方面。如下所示:

新鲜、快乐感(0～10分):我的分数是_____;
成就、掌控感(0～10分):我的分数是_____;
幸福、满足感(0～10分):我的分数是_____。

得分最低的那一项,就是当前你主要需要提升的方面。比如,幸福、满足感得分最低,那么,目前你需要提升的是工作或专业的价值回报,以增加幸福和满足感。

以上通过情绪的自测找到主要矛盾和提升点,接下来,一起看一看解决策略有哪些?

图 2.11

1. 厌倦对策(提升兴趣)

(1) 提高工作或专业的挑战。有一种厌倦叫缺乏挑战,如果适度提高工作或专业的目标,增加一些挑战,将有利于提升兴趣。

(2) 找一个有兴趣的方向来补偿。如果我们对工作或专业即使提高挑战也没有兴趣,那么可以换一个有兴趣的方向来补偿原有工作或专业带来的厌倦感。工作或专业不太有意思,就将业余生活过得丰富有趣些。

(3) 把业余爱好转化为一种职业。这取决于对业余爱好的投入所产生的能力能否为企业所需。只要我们的业余爱好能够培养成为企业所需要的能力,就会成为一种职业,从而实现"身离曹营心归汉"的转变。

2. 焦虑对策(提升能力)

(1) 减少工作或专业的目标。目标太多,而我们精力、时间、能力有限,就会产生压力,导致焦虑。

(2) 把大目标细分为小目标。一口吃成个胖子很难,但一口一口吃,难度就小多了。所以,分解大目标为当下能力可以掌控的小目标,一个接一个实现,积累完成大目标,可以减轻焦虑。

(3) 寻求合作。利用自己的资源,把自己能力不擅长的部分外包给擅长的合作者。

(4) 增加能力。能力与压力成反比,一样的任务,能力增加了,压力自然减少,焦虑也随之减轻,所谓"手里有粮,心里不慌"。

3. 失落对策(提升价值)

(1) 创造价值。有时候,我们的失落来自能力不足,创造的价值低,从而无法在工作中兑换更多的价值。这时候,唯一的办法就是提升能力,创造更多的价值。

(2) 转换平台。有一种失落是你创造的价值并不能在这份工作中兑换,那就寻找可以兑换的工作平台去兑换。

(3) 低价策略。先不求回报表现出你的价值,让更多的价值平台了解你,认识你,从而给你提供更大的兑换价值的平台。

以上三种策略可以用表 2.16 予以总结。

表 2.16

负面情绪	厌倦	焦虑	失落
背后原因	缺乏兴趣	能力不足	价值不够
解决策略	提高工作挑战 工作外补偿 兴趣转化为能力,实现职业转换	减少多目标 细分大目标 寻求合作弥补 增加能力	创造价值 转换平台 低价策略

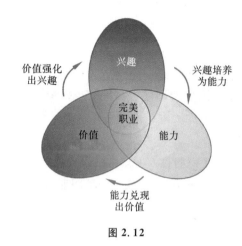

图 2.12

运用以上三种策略,可以让我们的"三叶草"从停滞状态进入一个良性的循环、旋转、上升状态,如图 2.12 所示。

兴趣的提升,可以带来能力的增加,把兴趣一步步培养成为能力,就有了成为职业的可能;有了足够的能力,找到适合的平台,满足了企业的需要,企业就会回报以我们想要的价值;价值的获取,可以强化我们的兴趣,使我们愿意投入更多的资源和努力去提高能力。

这样,一个良性的循环就形成了,并如滚雪球一般越滚越大,最终实现工作的高度完美和情绪的积极正向。

下面这个案例是华东理工大学的一个毕业生的学习和求职经验,相信对各位同学会有很大的启发。

从爱好到职业——李萌:追逐科研育人梦

在华东理工大学化学与分子工程学院学习与生活 9 年后,2020 届博士毕业生李萌选择了签约新疆石河子大学,回到西部踏上教学科研之旅。"我一直相信,最幸福的事就是把爱好变成职业,很幸运,我正在这条道路上前行。"怀揣着最初的梦想与感动,秉持着对科研最纯粹的热爱,李萌正书写着属于自己的精彩未来。

初见科研即热爱

对李萌来说,科研是一件非常有趣的事。研读他人文献,是拓宽视野、不断思考的源泉;面对实际困难,是锻炼能力、培养团队精神的过程;收获课题成功,是增长经验、继续前行的动力……"我所在的课题组是个和谐融洽、互帮互助的大家庭。"说到自己的科研团队,李萌总是心怀感恩,感到温暖。在这个团队中,实验的准确性和理论深度由负责模拟工作的"计算小分队"负责;实际需要优化的实验细节等,由专业相近或互补的小伙伴们一起探索、讨论;而相对深奥的部分,有经验丰富的指导老师和实验室同仁一起助力。大家就像一个紧密结合的有机整体,人人各司其职,又不仅限于自己的任务,大家心往一处想、劲往一处使,形成了非常良好的科研氛围。李萌也由此感受到了科研的魅力,以及团队合作的魅力。

除了和谐、暖心的科研团队外,读博期间的一些经历也让李萌逐步坚定了成为一名高校教师的选择。博士一年级时,她曾协助指导4名本科生做"大学生创新创业训练计划"(以下简称"大创")这一项目。项目初期,她手把手地引导学弟学妹们查阅文献、使用仪器;在逐渐深入了解了每位组员后,她根据每人的特长与性格,针对性地合理安排任务,并给出了项目进度指导建议等。

"我会有针对性地给小组成员分配任务,例如,安排细心的组员负责复杂的实验操作和数据处理,让精通电脑的组员负责画图和图片处理。"结题时,该项目的等级被评定为"优秀"。经此一事,李萌深深体会到了当老师的成就感和幸福感。

循循善诱谢良师

本科做"大创"的过程让李萌感受到了科研过程的无穷乐趣,体会到了独立思考与团队合作的魅力,而进一步促使她投身科研的,是她遇到了导师尚亚卓教授——她所在课题组全体学生心目中的"好导师"。

李萌说,做科研的过程中,尚教授总是时刻关注学生的课题进度与所遇困难,尽己所能地用专业知识和教学经验帮助大家;生活实践中,她关注每一位学生的身心健康与个人发展,希望能帮他们找到自己的目标与自信。"什么是做科研?首先你要会从文献中提炼自己的想法,然后培养自己设计、改进实验方案的能力,最后要学会总结,提升自己写科研论文的水平,逐渐成为这个领域的'专家'。"

回忆起尚教授的谆谆教诲,李萌心中总会涌起满满的感动与温暖。"一个人遇到好老师是人生的幸运,在尚教授的言传身教之下,我深切体会到了为人师表的责任和使命。她的工作态度和学术高度,更是我行动的标杆和努力的方向!"在尚教授的影响下,李萌逐渐对教书育人这一工作产生了敬意与兴趣。

在校期间,李萌担任过华东理工大学化学与分子工程学院实验教学中心的助教,主要负责实验指导、学生答疑、批改作业、实验室安全检查等教学任务;也曾带领团队参加过"万华化学第二届创新大赛""第九届全国大学生节能减排社会实践与科技竞赛"等多项创新活动。这些经历不仅给了她成为教师的经验与自信,也让她更加坚定了自己要投身教育事业的勇气与决心。她承诺:"在今后的工作中,我将珍惜这份光荣,爱惜这份职业,严格要求自己,努力做一名富有理想、信念坚定、专业扎实的'筑梦人'。"

脚踏实地明方向

目前西部的发展越来越得到社会各界重视,国家对西部建设的相关政策也在不断推进。作为土生土长的新疆兵团人,李萌在求学伊始就立下了回家乡工作的志愿。对毕业渴望为家乡出一份力的她来说,新疆石河子大学成了不二之选。

据悉,新疆石河子大学与华东理工大学有着密切的合作和广泛的学术交流,作为国家211工程重点建设高校,近年来该校招揽了一大批优秀人才与教育资源,有着广阔的学术前景与良好的发展机遇。"在教育的这片肥田沃土中,我会继续用热爱与担当,帮助更多学生实现自己的梦想!"未来的日子里,李萌希望尽己所能,继续热爱自己的热爱,坚守最初的坚守,谱写属于自己的精彩。

让李萌高兴的是,当前越来越多的青年一代愿意深入乡镇基层,心怀理想、心系家国,投身于最需要他们的地方,脚踏实地为我国的教育事业贡献自己的力量。对此,李萌向大家呼吁:"在学有所成之时,希望学弟学妹们能明确心中所爱、抓住时代机遇,将命运融入国家发展、时代进步的大潮洪流中,在新征程上创造属于我们这代人的精彩!"(来源:《东方教育时报》2020-10-23)

青春热血难凉,热爱初心不忘,有一种情怀叫坚守,有一种信仰叫始终热爱。希望大家能在兴趣与职业中找到平衡与快乐,收获自我的人生价值,在平凡的岗位中奉献自己的汗水与坚守。

事实上,一种职业只是一种你决定更加深入探索的爱好。而如果你对你的工作不再感兴趣,那就放开心态,丢掉它,再去试试别的。如果你喜欢,那就接着干下去。

如果你一直对于某件事情有独特的爱好,并且你一直专注于这种兴趣,那么你会慢慢发现如下的规律:

(1) 初始阶段:爱好变成习惯——对于一件你特别喜欢的事情,你会一直愿意做下去,并且它很有可能变成你生活中的某种习惯而一直在坚持。

(2) 发展阶段:爱好变成技能——如果你对于这件事情坚持的时间足够长,那么你便会十分擅长。而一个你所擅长的事情也就变成了你自身的一种技能。

(3) 中级阶段:爱好变为服务——当你的技能足够熟练时,你就会慢慢去应用你的技能为他人服务,为他们提供价值,而你也在这种服务中将自身的技能变得完善。

(4) 高级阶段:爱好变为资本——当你已经可以熟练地应用自己的技能为足够多的人提供足够的价值时,你便可以轻而易举地从中获得收入,而此时你的爱好就变成了你所从事的职业。

以下是张春双分享的自己从爱好写作到将写作发展为自己的事业的经历。

爱好变成习惯——我在上学期间,因为一直对阅读和写作很感兴趣,所以我花了大量的时间在读我所喜欢的书,并且写一些篇幅并不长的文章,这种习惯保持了很多年。

爱好变成技能——长期的阅读与写作让我开始逐渐掌握一些写作上的技巧,并且头脑中有更多的素材,这在我上学期间得到了一些体现,我的作文水平也有了显著的提升。

爱好变成服务——从高二我就开始在一些校内的文学杂志上发表文章,并且在网上撰写一些东西,到上大学,我开始帮助一些朋友的公司写内刊文章,有时候会为周围的朋友在写作中提供可应用的素材,这期间我是没有任何收入的,但也是在这段时间,我真正爱上了写作这种创造性的活动,也非常喜欢听到周围人们应用我的想法或作品后所带来的反馈。

爱好变成资本——大三的时候,我开始觉得我可以依靠写作去完成更多的事情,所以我选择了去进修编剧专业,这种技能上的巩固与提升以及之前的创造性活动使我在踏出学校时很快得到了第一份工作——写一部40集室内情景喜剧,这也是我依靠写作所赚得的第一笔收入。之后,我开始加入编剧工作室,边工作边学习更多的专业知识,现在我已经开始独立地去经营自己的事业,并且与几家公司或独立个人建立了良好的长期合作关系。

当然,这些阶段有些重叠之处,甚至顺序也因人而异,但我想不论如何,爱好都是最好的开头,因为只有清楚自己的爱好,才能协助另外几个步骤的展开,最终达到自己事业的完满。我想应该没有什么人是循着能赚大钱的目的就一举成功的,他一定是基于对此种工作的热爱才慢慢得到了事业的圆满。

我们可以尝试着去问一下自己,在目前阶段,对于哪件事情我们是无条件地去喜爱的,甚至还为之花费过大量的精力或金钱,不要认为那只是因无聊而打发时间或是某种与职业无关的行为,因为可能在你周围已经有一些人因为这样或那样的爱好而有了收入。

比如,我的一个朋友,他毕业于一所普通学校,他大学四年把唯一的热情都投入在电脑游戏当中,但他并不只是沉沦于此,他尝试着去把这一爱好应用于公共服务当中,如开办游戏评论网站、游戏下载网站、游戏论坛等,这种付出使他开始有了自己的收入来源,如今他已经靠此为生。这期间,他没有依靠任何所谓的亲属关系或是金钱收买,他成功地做到了将爱好变为资本。

美国全球竞争力研究院院长黄力泓曾提到这样一句话,他说:"在我看来,世界上最大的悲剧莫过于有太多的年轻人从来没有发现自己真正想做什么。想想看,一个人在工作中只能赚到薪水,其他的却一无所获,这是多么可悲的事情啊!"事实确实如此,试想,我们可能在迈出大学校门前就盲目而迅速地选择了一份看似差不多的工作,而自己的兴趣爱好和价值取向则完全抛之脑后,等到数年或数十年之后,我们是否真正从这份工作中获得了自己想要的人生?

如果可以,为什么不去静下心来,问自己这样一些简单的问题,比如:我最感兴趣的是什么?我曾经有过怎样的梦想?我有没有一些别人不具备的特长?等等。在我们确定自己的职业之前认真地去思考自己的兴趣和能力,好好地去回顾自己以往的生活和经历,再将未来也彻底地计划一下,直到自己清楚地意识到自己真正的需求是怎样的。这也许花不了太长的时间,但却足够改变我们的一生。

不可否认,把爱好变成职业,需要花费很多的时间和精力,但假如你已经在无条件地热爱并钻研着某项事业,为什么不尝试着去把你的技能分享给他人,为更多人提供有价值的服务,并以此获得收入呢?张春双同学的亲身经历,很好地演绎了三叶草的良性循环。

 生涯感悟

性之所近,力之所能,心之所愿。

——胡适

天命之谓性;率性之谓道;修道之谓教。

——《中庸》

适合的才是最好的。价值观、能力和兴趣是职业选择的三个基本要素,也是最适合的工作的标准。

工作缺乏兴趣,会厌倦;缺乏能力,会焦虑;缺乏价值,会失落。如何让不完美的工作变得完美起来,变负面的情绪为积极的情绪呢?

工作首先从兴趣出发,把兴趣培养成为能力,再用能力寻找平台兑换出价值,价值的兑现又强化了兴趣,实现三叶草模型的良性循环,如此才能从不完美走向完美,将负面情绪转为积极正向的情绪。

  思考与练习

1. 在下面的格子里写下你最喜欢的 8~10 种活动,看看里边满足了三要素的哪几项?思考哪些可以成为职业。

2. 定位适合你的工作。

兴趣	你喜欢做的事情:1._____ 2._____ 3._____ 4._____ 5._____
能力	你愿意使用的技能:1._____ 2._____ 3._____ 4._____ 5._____
价值	你希望得到的回报:1._____ 2._____ 3._____ 4._____ 5._____
适合的工作	哪些企业愿意购买你的这些技能,并提供你想要的价值:1._____ 2._____ 3._____ 4._____ 5._____

 拓展阅读

海归女硕士返乡做农民　新技术种水果年入千万

中山大学硕士研究生毕业,欧盟全额奖学金留学意大利特伦托大学,毕业后在香港力促会工作,在碧桂园集团做市场推广……凭着金光闪闪的履历,未来的职业发展前景可期,然而广西女孩劳素婵却走出了一条不同寻常的职业道路,辞职回家做农民。

从 2014 年至今,劳素婵和妹妹劳素娟已经把父亲此前承包的 100 多亩土地扩大到 1500 多亩,种植的作物也从单一的香蕉,发展为台湾红心火龙果、台湾凤梨释迦、越南青柚等多个市场畅销品种组合的多元农业产业化品种。

不过,挣钱并不是劳素婵努力的唯一动力。作为一名拥有高学历的新型农民,她的责任感和使命感尤为强烈。她说,"农村大有可为",她希望通过自己的努力,推动产业扶贫在广西落地,带动更多的农民富起来。

返乡:受父母召唤回家打理香蕉园

2014 年年初,劳素婵又一次接到父亲的电话:回来吧!这一次,劳素婵下定决心,回到

家乡,帮助父亲打理香蕉园。

劳素婵说,在上海的工作虽然光鲜,但在她看来,"只有工作,没有生活",加班到晚上9点是常事。有好几次,她在加班时接到父母的电话,听到她还没有吃晚饭,电话那头传来父母心疼的责怪声。

劳素婵的家乡在广西南宁市隆安县丁当镇,曾经是远近闻名的穷地方。10年前,当地很多成年男子都娶不到媳妇,本地的女子都嫁到外地去,外地的女子都不愿意嫁到当地来。"估计是穷得叮当响,所以才有丁当这个镇名。"劳素婵苦笑。

2008年,劳素婵父亲通过土地流转,承租了当地100多亩土地种植香蕉,正赶上香蕉的好年景。"每斤香蕉地头收购价一两元,一亩地年收入7500~15000元。以前我上班每个月大概是1.5万元,从经济收入上看,打理香蕉园的收入比上班好太多。"更重要的是,劳素婵说,"我希望通过返乡创业实现一些梦想。"

创新:研发火龙果矮化密植技术

2015年,劳素婵考虑着如何拓展一些新的农业品种。当时市场上的火龙果畅销,大部分都是白肉火龙果,且主要从越南进口。

为了种植最好的品种,劳素婵和妹妹劳素娟全国各地到处学习考察,多方了解对比之后,引进了台湾红心火龙果。最初,劳素婵按照台湾的"师父"传授的经验,采取自然日光种植,每亩只种植500株,当年亩产只有400斤。

主攻技术的劳素娟摸索发现,红心火龙果的产量,与种植密度和光照时间紧密相关。几经尝试,劳素娟把火龙果的种植密度从每亩500株增加到1200株,并为火龙果增加了白色的遮盖膜,每隔1.5米就吊一盏灯,以此增加光照时间。这套领先的火龙果矮化密植技术,让基地的火龙果收成多了2到3个批次,产量增加2000~3000斤,亩产效益增加了14000~21000元。

此后,劳素婵姐妹还在持续进行种植技术上的研发和突破,基地的火龙果上面还牵着一条电线,每隔1.5米就挂着两盏波长、峰值等参数不一样的灯。劳素婵说,希望通过实验比较一下,看波长、峰值不等的光照对产量有什么影响。

成果:承包1500亩土地年收入过千万

随着乡村振兴战略在广西落地,劳素婵和很多返乡创业的年轻人一样,得到了政府方面的支持,分享了政策红利。2018年年初,在经过深入的市场调研后,劳素婵又种植了300亩台湾凤梨释迦、100亩越南青柚。

对于新引进水果的销售,劳素婵一点都不担心。她告诉记者,品质好的水果在市场上供不应求。有水果经销商听说她种植了台湾凤梨释迦,早早就来跟她沟通,希望水果上市后能优先考虑供应给他们。

目前,劳素婵共承包了1500多亩土地,年产值收入超过千万元,成为名副其实的"地主"。她的基地通过土地流转年支付租金达150多万元,年雇请长期工人和临时工数百人,三项合计每年为当地农民带来710多万元收入,有效带动了项目区贫困户和周边贫困群众就业增收,在脱贫攻坚中展现了巾帼风采。

2020年,劳素婵的公司因技术优势受邀入驻南宁市中关村创新示范基地。一间70平方米的办公室虽然面积不大,但是在劳素婵心里却意义重大。从当初一无所知的农业门外汉,到能够自主研发专利技术的专家,劳素婵、劳素娟两姐妹感受到了技术创新为农业变革带来的强大推动力。同年,劳素婵、劳素娟两姐妹还积极参加了由南宁市农业农村局举办、广西农业职业技术大学(原广西农业职业技术学院)承办的2020年南宁市现代青年农场主托举项目。经过2年时间的学习,她们积累了更多农产品生产和储运、农产品营销和品牌建设、新媒体宣传推广等方面的专业知识。

"刚返乡时,觉得农民的身份怪怪的。前两年有人推荐我去评选全国百佳农民我也不太愿意。现在,我越来越认可自己的农民身份,真正找到了归属感。"说着这番话,劳素婵的眼里闪着光芒。

如今,劳素婵已经成为当地农业圈的知名人物,并获得了无数个大大小小的荣誉,2017年被评为"广西壮族自治区三八红旗手",2020年入围农业农村部中德青年农业实用人才能力建设项目、2020年度农民教育培训"百名优秀学员"扶贫先锋资助项目。

在国家乡村振兴战略的推动下,农村不再是年轻人要"逃离"的地方,土地也不意味着落后。相反,"农村大有可为,土地可以种出金子",这样的想法正慢慢地成为很多高学历年轻人的共识。

很多返乡创业的青年成为政策红利的受惠者,借助多年学习的知识,以及勇于开拓敢于进取的精神,很多返乡创业青年都小有成绩,成为敢于"吃螃蟹"的第一批人。劳素婵以五年的返乡经历验证了返乡创业也有光明的前景。

与此同时,他们也成为勇于担当的一批人。在创业过程中,提高了农村土地利用率,解决了大量滞留农村的中青年的就业问题,成为乡村振兴一股最强大的力量。

过去,很多年轻人对于如何兼顾个人价值和社会价值存在疑问,如今,这群返乡创业的高学历和高素质"新农民"以鲜活的经历解答了这个疑问,扎根农村,紧跟时代步伐创业,在实现个人价值的同时,也实现社会价值。(来源:《南方都市报》、"我们的小康抢鲜看"微信公众号等)

找到适合自己的工作方向去努力,每一个人都可以成功。

 本章参考文献

[1] 卢埃林,霍尔特.适合比成功更重要[M].古典,译.北京:中信出版社,2013.
[2] 古典.你的生命有什么可能[M].长沙:湖南文艺出版社,2014.
[3] 钟谷兰,杨开.大学生职业生涯发展与规划[M].上海:华东师范大学出版社,2008.
[4] 张海燕.大学生职业发展与就业指导[M].石家庄:河北人民出版社,2008.

第 3 章　活出最好的自己

第 1 节　如何培养自己的兴趣

 生涯指引

深化兴趣爱好，生活更精彩

两次参加哈尔滨大学生创业大赛，先后在 B 类和 A 类项目中获得一等奖，他就是目前正在哈尔滨工业大学攻读机械电子专业机器人方向的硕士研究生李蕴洲。

"我兴趣爱好广泛，从小就对机械很敏感。大一时，了解到学校的机器人研究所在国内享有盛誉，坐拥这么好的资源，要是不加以利用就可惜了。于是我找到了同班两个志同道合的同学解为然、魏晋，组成了机器人团队，在学校指导老师的帮助和项目扶持下，搞起了机器人的研究和制作。从此就和机器人结下了不解之缘。"李蕴洲说，选择研发机器人作为创业项目是他的兴趣所在。

2017 年，李蕴洲和他的团队创立了哈尔滨玄智科技有限公司，正式走上了创业的道路。从机器人爱好者转而成为一个创业者，李蕴洲直言学校给予了很广阔的平台和支持。"成立公司是为了能将机器人运用到实际中，服务和方便生活。公司尚在成长阶段，共有 40 人，基本都是哈工大的学生。研发的产品有基于无线射频的模块化小型格斗机器人、智能家庭管理机器人和自主导航越障搬运机器人等。"李蕴洲告诉记者。

现在，李蕴洲每天都过得特别充实，白天除了学习研究生专业课程，课余的所有时间都奉献给了公司。目前的工作很辛苦，通常课程一结束，大家就会赶来公司。工程部的技术人员负责算法、设计、建模，制作机器人实物成品；组织运营部的工作人员要做文案、研究市场、核算财务以及培养新进人员。晚上是团队的会议时间，对一天工作情况进行总结，讨论第二天的任务。技术部的人员普遍凌晨两三点休息。李蕴洲更是如此，睡前还要查看机器人方面的学术论文。他认为："既然进入了这个领域，就要做到最好。"

为了检验产品的性能、扩大公司的影响力，2017 年，李蕴洲的团队接受了"铁甲雄心"国际格斗机器人大赛的邀请，与来自世界各国的机器人团队同场竞技，这也是李蕴洲和伙伴们第一次参加机器人格斗大赛。

比赛比想象中更艰难。从报名到正式比赛，中间仅相隔 3 个月，为了制造格斗机器人

"深海巨鲨",李蕴洲带领的哈工大战队每天泡在实验室里修改设计,甚至常常彻夜不眠地测试,以至于在比赛的前一天,已经连续35个小时没睡觉。虽然哈工大战队当时面对的是拥有20年格斗机器人比赛经验的老牌对手,但"深海巨鲨"依然表现不俗,尽管比赛最后十秒惜败,但李蕴洲和成员们很快调整了情绪,认为输给强大的对手未尝不是一件好事。赛后哈工大战队对"深海巨鲨"所存在的问题进行了优化和改造创新。功夫不负有心人,在今年6月进行的新一季"铁甲雄心"比赛中,李蕴洲团队的"深海巨鲨"力克所有劲敌,夺得世界冠军。

基于在各项比赛中的优秀表现和伙伴们自身的努力,李蕴洲的团队获得机器人相关专利57个,荣获40多个国内国际奖项,得到意向投资500万元,公司估值已达到6600万元,在智能机器人领域与青少年机器人教育领域都占据了稳定规模的市场。"现在的主要收入来源是帮助有需要的公司定制设计机器人,公司也正在积极筹备研发自己的机器人产品线,希望未来能投入市场。"李蕴洲说。

"竞技机器人在国外已经有20多年的发展历史,而在国内才刚刚兴起两年多的时间,有着非常广阔的市场空间。我们公司研发的智能机器人明年肯定能成为'爆款',年收入可以达到千万元。"李蕴洲对于公司的未来发展充满信心。(来源:学习强国-黑龙江学习平台2019-11-08)

生涯知识

一、兴趣的层级

兴趣是一种带有情感色彩的认识倾向,它以认识和探索某种事物需要为基础,是推动一个人去认识事物、探求事物的一种重要动机,是一个人学习和生活中最活跃的因素。瑞士著名心理学家皮亚杰说:"所有智力方面的工作都要依赖于兴趣。"我国著名的心理学家林崇德说过:"天才的秘密在于强烈的兴趣与爱好。"兴趣起源于人类寻求快乐的本能,它是一种无形的动力,是促使我们在某一领域追求成功的驱动力。兴趣的发展可以分为三个阶段,分别是感官兴趣、自觉兴趣、志趣。

1. 感官兴趣

感官兴趣也称直观兴趣,是通过直观的感官刺激产生的兴趣,也是我们的原始兴趣。感官兴趣的长度和强度是由外界的刺激决定的,因而感官兴趣无法让我们专注于任何一个事物上,形成能力。好奇、多变而不稳定是感官兴趣的特征,它是兴趣发展的初级阶段。例如,你刚从食堂吃完爽口的麻辣烫,路过宿舍旁边的小超市,又想来一支更加爽口的冰激凌。正当你要往口中塞冰激凌时,又被货架上的辣条所吸引。这些基于感官刺激的兴趣,属于感官兴趣,虽然当时被吸引,却没能留下什么印象。

2. 自觉兴趣

自觉兴趣也称乐趣,它是在情绪的参与下,把兴趣从感官推向了思维,由此产生的更加持久的兴趣。自觉兴趣比感官兴趣更高级,是因为有认知和行为的参与,使兴趣产生能力;而能力又反过来让你更有兴趣投入,并慢慢精通某项能力。例如,你听到一首歌觉得很好听,有了听的欲望,这只是感官兴趣。如果你进一步了解歌词背后的故事与背景,知道歌者的经历与自我诠释后,对歌曲产生了新的兴趣,这就是自觉兴趣。自觉兴趣是兴趣发展的中级阶段。自觉兴趣还可以使你不再依赖外界刺激,自己把控。当你把兴趣的源头从外求转化为内寻时,你就有了让自己变得有趣的内在源泉,人生也就自得其乐。

3. 志趣

志趣也称潜在兴趣,它是一种更加强大而持久的兴趣。作为兴趣生长的最高等级,志趣已不仅仅是兴趣,而是把感官兴趣通过学习变成能力、通过能力寻找平台获得价值、在众多价值中找到自己最有力量的一种生涯管理技术。"台球小王子"丁俊晖从8岁半就开始练习台球,初一辍学后,每天平均练习10个小时,18岁成为斯诺克英国锦标赛冠军时,已经练习超过了1.75万小时。这种把普通人觉得困难和倦怠的事情变得有趣,并发展出一种更加强大而持续的兴趣,就是人类最高的兴趣等级——志趣。志趣的秘密不仅在于有感官和认知能力,还加入了更深一层的内在动机——志向与价值观。所以志趣是兴趣发展的高级阶段。

由此可见,兴趣发展的三个阶段是一个由低级到高级,由外部激发到内在激励,从不稳定到稳定的过程。兴趣也从最初的好奇心逐步发展成一种执着追求的精神。在不同阶段,兴趣表现出的创新的个性品质也是完全不同的(见图3.1)。

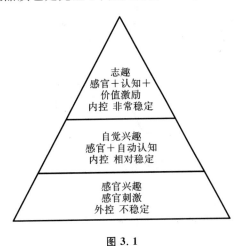

图 3.1

二、如何培养兴趣

兴趣不是一种天生的属性,每个人都有能力通过自我管理培养和提升自己的兴趣。你可以通过以下的方法来培养兴趣。

(1) 激发动力:让自己先沉浸在足够多的感官体验中,获得兴趣的第一步动力;

(2) 及时跟进:在感官兴趣还没有消退时,尽快掌握更多的知识,使自己的感官兴趣进化到自觉兴趣;

(3)绑定价值:给自己找一个兑换价值的方式,把这个兴趣和你最感兴趣的价值绑定。注意不要把自己的目标设定得太高,以免产生失落感。

例如:当你用着 iPhone 最新款手机,看着简洁的界面设计,联想到乔布斯的一个兴趣——书法,因此你也想在大学期间培养学习书法的兴趣。这时你可以分解为如下三步走。

第1步:拿着自己的笔记,跟班级里写字最好的同学的笔记比较,看自己写的字跟别人写的字的差距在哪里;

第2步:从网上了解更多学习书法的知识,根据实际情况,看看自己是直接练习硬笔书法好,还是从练习软笔小楷字体开始好;或者加入学校里的书法协会,找到一个书法高手,让他给你更多实用而有效的练习信息;

第3步:刚开始不要将自己的目标定得太高,冲着当书法家的念头去练习,而是可以尝试着想现在临近毕业了,你想给你心仪的公司投递一份手写的简历,希望公司的 HR 看到你工整漂亮的字体时,能给你面试的机会。

生涯实践

1. 兴趣星空

请在下面的"星空"(见图 3.2)中写下你的兴趣,制作自己的兴趣星空图。

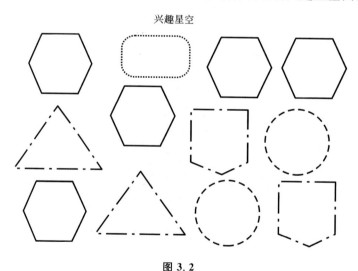

图 3.2

2. 兴趣金字塔

请按照兴趣金字塔(见图 3.3),将兴趣星空中填写的兴趣分类,看看哪些兴趣是感官兴趣?哪些是自觉兴趣?哪些是志趣?

3. 兴趣三步法

请你和身边的同学两人一组,花几分钟时间思考,你近期想培养哪个兴趣。如果利用兴趣培养三步法来具体实施,请互相向对方详细陈述具体步骤。

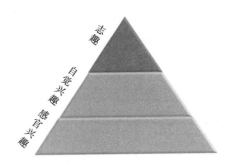

图 3.3

 生涯感悟

兴趣是一种带有情感色彩的认识倾向,它以认识和探索某种事物需要为基础,是推动一个人去认识事物、探求事物的一种重要动机,是一个人学习和生活中最活跃的因素。用更加形象的话来说,"兴趣是那件让你白天痛苦地想,晚上睡不好,早上五点爬起来,一边苦笑着抱怨一边咧着嘴干完的事情。"

兴趣分为感官兴趣、自觉兴趣和志趣三个层次。

任何人不管家庭出身、学历和天赋如何,都可以通过修炼自己的兴趣、提升自己的能力和匹配自己的价值观,找到自我实现的平台,在现实的生活中收获快乐、有成就和幸福的人生。

 拓展阅读

没兴趣的人怎么办:电子静默法找到兴趣

随着移动互联网时代的到来,相信你也是手机不离身,每天被各种信息"轰炸"着。海量的信息干扰让你不能真正找到自己的兴趣点,更不用说将它发展为志趣。

请在课下找个隔绝自己与外界所有基于网络、无线电等的联系,关掉手机和电脑以及其他的电子设备,让自己回到一个没有电子产品感官"轰炸"的世界。你还需要注意以下几点:

(1)找一个没有课的下午或者周末,不要让杂事打扰到你,为了避免担心,可以告知一个能找到你的紧急联系人;

(2)不要在宿舍或者休闲场所,最好在安静的图书馆;

(3)刚开始时,你也许会觉得无所事事,或总是担心错过重要的邮件和电话,尝试回顾一下你这段时间的生活,在一张白纸上写和画点什么;

(4)你的兴趣会慢慢苏醒,你会想起很多高考前就憧憬要做的感兴趣的事情,只要想起来,不跟电子相关,就尽管去做;

(5)运动和冥想都是不错的静默方法。大学生活并不是很紧张,你可以给自己一段"无

所事事"的时间。

建议每个星期坚持半天甚至一天时间,一个月后你就会慢慢发现自己对生活产生了新的兴趣,快来试试吧!

第2节 如何培养自己的能力

生涯指引

周总理轻松应对美国记者的刁难

周总理一生中有无数次身陷险境,但他都凭借着自己的睿智以及极高的应变能力机智化解,转危为安,在世界上彰显了我国的大国风范。

1950年9月15日,美军在仁川登陆,朝鲜人民腹背受敌,不得已调整战略,向我国发出了求助信。面对步步紧逼的美军,周总理发表讲话,向美国发出警告:中国人民对于外国侵略是零容忍,也不会看着我们的邻人饱受摧残而置之不理。但美国对于我们的警告视而不见,公然越过三八线,企图侵略整个朝鲜半岛,并且多次骚扰我国丹东地区,因此我方领导应朝鲜请求,组建了志愿军入朝作战。

经过近三年的顽强抵抗、英勇奋战,我们的志愿军战胜了当时强大的美军,取得了朝鲜战争的胜利。然而战争结束之后,朝鲜半岛上仍然遗留了很多问题。为了解决这些问题,苏联提议于1954年4月26日召开日内瓦会议,周总理为我国代表团的首席代表。

如此重大的会议上,自然会有很多记者出席,而出席会议的美国记者心有不甘,为了挽回自己国家的面子,便将目光放在了出席会议的我方代表周总理身上。周总理出席会议自然少不了被采访,因此对于主动走上前来的美国记者并没有拒绝。尽管当时中美关系并不尽如人意,但是周总理为人谦恭,并不会因为国家问题而牵扯到人民,因此他暖心地回握了美国记者伸出来的手。但是谁也没有想到,握完手之后的美国记者并没有接着提问,而是做了一件极其过分的事情。他从口袋里掏出手帕使劲擦拭与周总理握手的那只手,同时还大声说:"我怎么能跟中国这样好战的国家的人握手呢?实在是不该!"擦完手之后又把手帕揣进了兜里。

周总理对着周围的人笑了笑,从容地从口袋里掏出了一块手帕,擦了擦自己的双手,然后稳步走到了旁边的垃圾桶前,将擦过手的手帕扔了进去,对着刚刚的美国记者说:"这块手帕再也洗不干净了!"说完就转身带着工作人员走开了,只留美国记者一人尴尬地站在原地。

其实在日内瓦会议召开的三个多月里,美国代表多次与周总理针锋相对,而周总理也多次受到美国记者的刁难。

有一次美国记者就周总理使用的美国生产的钢笔大做文章,他问周总理:"总理阁下,你作为一个中国人，为什么要用我们美国生产的钢笔呢？"

这个问题不可谓不尖锐，带着赤裸裸的嘲笑与炫耀的意味。但是周总理面对这样的问题，想都没想就回答道："说起这支钢笔，其实还挺有意义的，这支钢笔是朝鲜朋友抗美的战利品，他将钢笔当作礼物送给了我，我本来想拒绝的，但架不住朝鲜朋友太热情，我就只好收下了贵国的这支钢笔。"

周总理这番话让美国记者无地自容，可谓是"搬起石头砸了自己的脚。"

 生涯知识

做精准订单农业与农业产业链高效模式的践行者

罗日增，2009 年 9 月—2011 年 6 月就读于广西农业职业技术学院园艺技术专业，目前是广西品沃农业科技有限公司、广西半农电子商务有限公司、广西品沃农园供应链管理有限公司创始人。

罗日增出生于一个普通的农村家庭，贫困的家庭并没有击溃他的意志，反而培养了他吃苦耐劳、踏实肯干的精神，为日后的创业打下了坚实的基础。创业前夕，他经常去往深圳海吉星、广州江南、上海西郊、河南万邦、北京新发地、山东寿光等全国性大型蔬菜批发市场了解农产品销售的最新动态，最终定了自己的创业方向。2018 年 2 月罗日增组建品沃农业运营团队，全力打造精准订单农业（南瓜方向）。通过 3 年的努力，公司由最先的 4 人团队发展成 50 人以上的团队，服务全国南瓜订单种植面积超 30000 亩，销售网络遍布全国市场及东南亚，同时建立了广西、广东、贵州、四川、河北、甘肃、内蒙古等地 11 个核心生产基地。创业后，他针对传统"散户"生产模式的市场抗风险能力差、产品品种质量不稳定、市场收购价格不乐观等特点进行了一定的分析研究，得出了农业商业化是目前订单农业发展的新契机的结论。

为了能在市场站稳脚跟，他鼓励和引导种植户接受新品种、新技术，并联手广西科学院蔬菜研究所的专家对南瓜产业链进行闭环探索。（来源：广西农业职业技术大学优秀毕业生汇集）

关于能力，相信你在本书第 2 章职业生涯与自我中，已经掌握了相应的理论知识，知道了能力的分类，懂得了什么是专业技能、可迁移技能和自我管理技能，也知道了应如何正确应用优劣势。正如能力三核（知识、技能、才干）所呈现的那样，懂得了理论，只是"知识"，在日常生活中锻炼出自己的技能，才是属于你的"技能"，如果在其中能发掘出自己的"才干"，那就找到了大学生涯乃至未来职业生涯、人生之旅的"利器"。

一、能力培养的核心——刻意练习

大学期间，相信你曾暗下决心要修炼多项技能，甚至成为某方面的高手。匈牙利心理学讲师拉斯洛·波尔加为了证明心理学研究上的一个观点"只要方法得当，任何一个人都可以被训练成任何一个领域内的高手"，他选择了一个传统上女性不擅长的项目——国际象棋做目标,期望培养三位女儿的国际象棋能力。结果他和妻子把自己的三个女儿都训练成了国际象棋世界大师,这就是著名的波尔加三姐妹。这个实验不仅告诉我们,经过恰当有效的训练可以达成目标,还表明了哪怕你不爱好这个领域,也能被训练成这个领域的大师,因为三姐妹中的一个并不怎么喜欢国际象棋。

高手是练出来的,而且通过考察各个领域最好的训练方法的共性,科学家们总结出一套统一的练习方法,这个方法就是"刻意练习"(deliberate practice)。首次提出"刻意练习"这个概念的是美国佛罗里达大学心理学家埃里克森(K. Anders Ericsson)。刻意练习的理论指出,专业级水平是逐渐地练出来的,而有效进步的关键在于找到一系列的小任务,让受训者按顺序完成。这些小任务必须是受训者正好不会做,但是又正好可以通过学习完成的。完成这种练习要求受训者思想高度集中,这就与那些例行公事或者带娱乐色彩的练习完全不同。刻意练习的四个步骤如下。

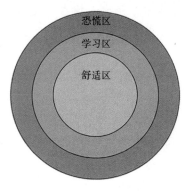

图 3.4

1. 只在"学习区"练习

心理学家把人的知识和技能分为层层嵌套的三个圆形区域,即能力养成三圈图(见图3.4):最内一层是"舒适区",是已经熟练掌握的各种技能;最外一层是"恐慌区",是暂时无法学会的技能;二者中间则是"学习区"。只有在学习区里面练习,一个人才可能进步。有效的练习任务必须精确地在受训者"学习区"内进行,具有高度的针对性。例如,你想练成一个滑冰高手,但是如果一直投入在练习已经掌握的动作上,就不会有大的提升,只有不断练习各种高难度挑战,你才能慢慢成为一名高手。所以说,真正的练习不是为了完成运动量,练习的精髓是要持续地做自己做不好的事。

2. 大量重复的训练

不断重复是最大的秘诀,正如学英语背单词一样。市面上总有很多学英语的秘籍,相信你也曾在大学校园里看到过不少,尤其是快速背单词,当然可以像"最强大脑"中打破记忆力世界纪录的王峰那样快速记忆,但是要想持久记忆,是需要大量重复的训练才能达到的。

美国加州有个"害羞诊所",专门帮助那些不敢和异性说话的人克服害羞心理,采用的就是重复练习法。具体做法是设计各种不同难度的场合,从在房间内集体对话到直接在大街上找陌生异性搭讪,安排接受治疗者在一个疗程之内跟130个异性聊天。

一个急于求成的人无法做高手。真正的高手,都是那些能够克服慢的恐惧,一步一步达成人生目标的人。

3. 持续有效的反馈

在你发誓每天早起持续练习英语口语时,还需要一个好的"反馈者",看不到结果的练习等于没有练习。如果只是应付了事,你不但不会变好,而且会对好坏不再关心。在某种程度上,刻意练习是以错误为中心的练习,练习者必须建立起对错误的极度敏感,一旦发现自己错了会感到非常不舒服,一直练习到改正为止。

所以在刻意练习时,最好有一个好的反馈者能持续给你意见,或者是自己给自己当教练。高手训练时,会以一个旁观者的角度观察自己,每天都有非常具体的小目标,对自己的错误极其敏感,并不断寻求改进。偷偷去观察你们宿舍的"学霸",看看他是怎么做的。

4. 练习时精神高度集中

如果你喜欢斯诺克,可能会喜欢丁俊晖。作为亚洲首位拿下斯诺克世界排名第一的球员,如果知道他背后所付出的训练量,你就会觉得他的所得太应该了。

刻意练习没有"寓教于乐"这个概念。真正有效的练习必须精神高度集中,建议你最好找到一个安静的环境进行练习,图书馆、自习室都是不错的场所。

 生涯实践

利用能力知识,在图3.5中梳理填写出"我的能力矩阵",分别写出"核心区、储存区、提升区、盲区"的能力。

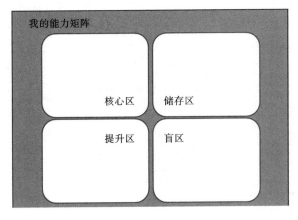

图 3.5

核心区:就是你最有竞争力的能力。比如你的外语能力非常强,这是你作为一名大学生最有利的竞争优势之一。

储存区:就是你自身已具有的但是暂时没有用到的能力。比如你是一名"麦霸",唱歌技能很棒,但是一般情况下用不上,到班级联欢时,你就能一鸣惊人。

提升区:就是需要近期提升的能力。比如你想写一本书,但是之前的写作能力太弱了,于是就需要提升写作能力。

盲区:就是那些你特别不擅长的能力。对于能力盲区,最好的方式就是避开或者授权给别人去做。

请你在"我的能力矩阵"提升区中选择一个你近期想提升的能力,运用刻意练习的四个步骤设计自己的提升路径,并跟你的同伴互相阐述。如果满分是10分的话,你们分别给彼此的路径打几分?如果还能再提升的话,是哪个部分还需要改进?

生涯感悟

能力养成的高手之路,要经过刻意练习,分为四步走:① 只在"学习区"练习;② 大量重复的训练;③ 持续有效的反馈;④ 练习时精神高度集中。

所谓功不唐捐,就是努力绝不白费,做好每件小事,回头就会发现自己无意中做了件大事。

 思考与练习

1. 在表3.1所示的65项通用技能中,你具备了多少项?

表3.1

序号	通用技能分类	通 用 技 能
1	自我发现和自我管理技能	评估现阶段知识和技能
2		找机会获得新知识和技能
3		选择运用学习策略
4		获得新态度和行为
5	时间管理技能	为项目安排最后期限
6		为目标任务安排时间
7		选择高科技手段,运用到目标任务中
8		选择材料和设备达到目标
9		设计程序、过程达到目标
10		独立完成目标
11		为团队规划项目
12		管理多个项目
13		监测向着目标的前进过程
14		坚持不懈,以达到目标
15		保质保量,完成项目
16	阅读技能	阅读中找出关键点和主题
17		阅读中注意细节
18		多来源汲取观点和信息
19		阅读中发现解决问题和达到目标的策略
20		阅读中进行理解,按照指导办事

续表

序号	通用技能分类	通用技能
21	记笔记技能	根据口述资料、打印资料和网上资料记笔记
22		用图像、表格和其他视觉手段来总结和理清信息
23		利用纸笔和数码工具组织信息和观点
24		通过图书馆或网络途径进行研究，找到信息
25		从田野调查或第一手资料中收集数据
26	考试和相关技能	评估学校或职场的个人表现
27		利用考试成绩或其他评估结果改善自己的表现
28		在学习小组和项目团队中与他人合作
29		应对压力
30		将科学发现和方法应用于问题的解决
31		运用数学进行基本运算并解决问题
32	思考技能	运用思考，创造新观点、新产品或新服务
33		运用思考，评估观点、产品或服务
34		评估口头、印刷或网络资料
35		运用思考，找到改进产品、服务或程序的方法
36		选择适当策略做决定
37		选择有道德的行为
38		正确认识问题
39		正确诊断问题来源
40		提出问题解决方案
41		衡量解决方案代价与收益
42		选择实施解决方案
43		解释需要用于解决问题或做决定的信息
44	沟通技能	分配任务
45		教导他人
46		咨询意见
47		提出意见
48		编辑出版物
49		就人们表现好坏做出反馈
50		对非语言信息做出理解和反应
51		采访别人
52		领导会议

续表

序号	通用技能分类	通用技能
53	沟通技能	领导项目小组
54		全心倾听(不带任何偏见,注意力不转移)
55		避免冲突,化解紧张局面
56		解决冲突
57		对抱怨做出反应
58		与多元化观众交流
59		写作
60		编辑
61	理财技能	监控收入和支出
62		募集资金
63		减少开支
64		预估成本和花费
65		准备预算

2. 根据能力养成三圈图和同伴做以下练习。

确定一个自己想提升的"学习区"中的能力,比如写作能力,然后按照"能力养成三圈图"设计一个实施路径图,需要有具体的量化指标和反馈方式。

第3节　如何养成一个好习惯

生涯指引

鲁迅与工具书

约在1906年,蔡元培留学德国时,感到德语学起来很困难,希望有经验的人能够指导一下。他通过在日本东京留学的从弟蔡元康向在仙台医专读书的鲁迅求教,因为鲁迅的日语、德语都学得很好。鲁迅的回答是:"最要紧的是有一部好字典。"蔡国亲把鲁迅的意见写信告诉蔡元培,他因此而获益甚多。蔡元培后来回忆说:"这是我领教先生的第一次。"孙伏园回忆鲁迅时说,鲁迅先生有这样一个好习惯:不让一个读音不准的字滑过去。他为了弄清一个字的音义,有时要查好几种不同的字典、词典,在没了解个明白之前,从不似是而非地读它、用它。鲁迅对翻译非常认真负责。例如,他在翻译《死魂灵》时,桌面上铺满了参考书和工具书。《死魂灵》第二部第三节中间有一句"近乎刚刚出浴的眉提希的威奴斯的位置",他为了加一条注释,说明"眉提希的威奴斯"是克阿美纳斯的雕塑品,却因为不曾见过这雕塑品的图像,不知道出浴者的姿势,于是便利用各种工具书东翻西查,还为此买了当时日本新出版的《美术百科全书》来查过。(来源:林格《教育就是培养习惯(第2版)》,清华大学出版社)

古希腊哲学家亚里士多德说:"人的行为总是一再重复,因此卓越不是单一的举动,而是习惯。"可以说,习惯决定未来,大学生在学习的过程中必须培养好习惯,要有一丝不苟、精益求精的精神,才能成为未来的能工巧匠、大国工匠。

本节我们就来看看习惯是什么、习惯养成的要素有哪些,以及如何养成一个好习惯。

生涯知识

一、习惯是什么

习惯是你反复做的动作或事情,但大部分情况下你根本没有意识到,它们是不自觉的。美国心理学家威廉·詹姆斯说:"播下一个行动,收获一种习惯;播下一种习惯,收获一种性格;播下一种性格,收获一种命运。"习惯让我们减少思考的时间,简化了行动的步骤,让我们更有效率;也会让我们封闭、保守、自以为是、墨守成规。可见,习惯的作用有多么强大。一个好的习惯将会使你受益终身。同样,一个坏习惯,甚至会摧毁你的人生。好习惯是人在神经系统中存放的资本,这个资本会不断地增长,一个人毕生都可以享用它的利息。而坏习惯是道德上无法偿还清的债务,这种债务能以不断增长的利息折磨人。

这些是好习惯,例如:
你定期进行体育锻炼;
你做事情先做计划;
你每天听英语听力。
这些是不好的习惯,例如:
你遇到事情总会往坏处想;
你每天晚上总是熬夜;
你总是等快考试时再着急复习。
这些习惯无所谓好坏,例如:
你总习惯在晚上跑到浴室淋浴;
你在看杂志时总习惯从后往前看;
你喝酸奶时总习惯要用叉子。

生涯实践

我有四个好习惯:
1. _____;
2. _____;

3. _____ ;
4. _____ 。

我保持这些习惯的原因是：

_____ 。

习惯并不总是积极的，实际上，它们可好可坏，也可不好也不坏。我的一些无所谓好坏的习惯是：

1. _____ ;
2. _____ ;
3. _____ ;
4. _____ 。

现在请你写出你不太得意的习惯，完成以下问题。

我目前主要的坏习惯是：_____ 。

形成这些坏习惯的原因是：_____ 。

这些坏习惯已有（几天、几周、几年）_____ 。

这些坏习惯给我带来的苦果是：_____ 。

在上述坏习惯中，我最想改掉的习惯是：

1. _____ ;
2. _____ ;
3. _____ ;
4. _____ 。

习惯是经过不断实践而逐渐适应的，在一定条件下完成某项活动需要或自动化的行为模式。习惯可以通过有意识的练习形成，也可以由无意识的多次重复而形成。习惯一经养成，若遭到破坏就会使人产生不愉快或不安全的感觉。

习惯各有不同，它们可能成就你，也可能毁掉你。幸而你比你的习惯要更强大，你是能改变习惯的。例如，你试着将你的双臂环抱在胸前，看看你的哪只手臂在上面，然后试着反方向（改变手臂的上下位置）环抱一次。很怪，是吗？但如果你连续30天这样反方向环抱双臂，你就不会再感到奇怪了，你甚至不用想就能做到。

著名教育家叶圣陶曾说过："凡是好的态度和好的方法，都要使它化为习惯。只有熟练得成了习惯，好的态度才能随时出现，好的方法才能随时随地应用，好像出于本性，一辈子受用不尽。"

二、习惯的养成要素

你想要在大学期间养成多种好习惯，摒弃多种坏习惯。那么，先来看看习惯的养成要素有哪些。

1. 习惯是注意的结果

注意对于处理情绪、制定目标、解决问题是必需的，没有它就不能对外界环境做出适当的反应。在特定时间内注意力投往何处,依赖于本能、习惯和价值三方面的互相作用。

(1) 本能:本能是千百年来选择的结果。本能的注意模式帮助人们避开危险的事物,并把兴趣放在有助于人们生存的事物上。

(2) 习惯:人们在生活中也获得了习惯,学会忽略某些事而注意另一些事。这依赖于以往遇到它们时是痛苦还是快乐。

(3) 价值:价值则按照未来的期望去塑造注意的模型。按照期望做事不仅当即就能受益,还能预计在未来达到某种状态。

2. 习惯是个人与环境、行为互相影响的结果

要养成良好的习惯不能等待"习以为常",而要能动地以社会的价值取向引导自己有意识地加以训练,以形成良好的习惯。

3. 良好的习惯是自我调节的结果

你的行为不仅会受到外在因素的影响,还可以通过自我生成的因素调节。因此,良好的行为习惯的形成过程是一个人将外在的要求内化为自身需求的过程。

4. 任何习惯都是在条件反射的基础上建立的

习惯形成的过程通常分为三个阶段:

(1) 不自觉阶段:依靠外力的督促教育,不断强化已形成的条件反射而形成习惯。

(2) 自觉阶段:成为自觉行为。这需要一定的意志努力,靠内部的自我监督,不需要外部监督。

(3) 自动化阶段:自动化即达到类似本能的程度。到了自动化阶段之后,不需要监督,也不需要意志努力,行为即习惯。

例如,在大学里有不少女同学习惯在晚上 9 点后还吃零食,这样不仅对健康不好,而且会影响身材。如果想改掉这个不好的习惯也要经过三个阶段:

不自觉阶段:晚上 9 点从图书馆学习回到宿舍时,你不自觉地拿了一盒薯片准备大快朵颐,正要撕开包装时,你的"死党"突然咆哮而来:你不是要减肥吗?不是说以后晚上 9 点后再不吃零食吗?不是要我监督你吗?你只好吐吐舌头,乖乖地放下了这盒薯片,尽管你的内心十分渴望它的美味。

自觉阶段:经过一周的每晚 9 点后与美食大作战的经历,你不再需要"死党"的监督了,能自己控制购买零食的冲动了,每晚成功后,都会在"正"上多画上一笔,内心竟然有了一丝成就感,并鼓励自己,坚持下去。

自动化阶段:当你不自觉地写"正"字达到 5 个,也就是过了三周后,你每晚从图书馆回来,再也没有要吃零食的念头了。某天晚上,当你躺在床上给自己美美地敷上一片面膜时,你的"死党"的声音幽幽传来:嗨,最近有款新薯片出来了,你要不要尝尝啊?你忽然想起来,自己竟然很长一段时间忘记了晚上 9 点后吃薯片这件事了。因为,你已经养成了晚上 9 点后不吃零食的习惯。

三、如何建立一个好的习惯

若你无法改掉一个习惯,可以尝试用一个新的习惯去代替它。所以改掉一个坏习惯的方法可以是建立一个新的习惯去代替它。比如,想改掉"赖床"的习惯,最棒的方法是养成一个早起阅读的好习惯。

科学研究表明,建立一个好习惯包含有4个相互联系、缺一不可的要素,它们分别是线索(cue)、惯式(routine)、奖励(reward)和渴望(craving)。

(1) 线索:给每个希望养成的习惯一个细小的行动作为开关。当你早晨被手机闹钟叫醒时,你设计一个动作,如打开手机上的一个音频软件,这样每当打开某个固定广播节目时,宿舍里就会传出某种你熟悉的声音刺激。这个声音就能触发你一系列的行为。

(2) 惯式:设计一个你喜欢的标准化的日益熟练的流程,并一次次地重复。比如在起床后,在固定的时间,固定的地方,用固定的方式阅读。你甚至可以在读书之前固定地喝一杯水。

(3) 奖励:在行为结束之后,给予自己一定的精神或物质的小奖励。比如,你在网络社交平台上把心得"打卡"炫耀一下,也可以美美地吃顿早餐犒劳自己。

(4) 渴望:时常重温养成这个习惯的初心或动机,不断地检视习惯带给自己的好处。比如,开阔眼界、培养毅力,以及提升自己的心智,都可以是晨间阅读的动机,你应该每隔一段时间回顾自己在这些方面是否有所成长。

生涯实践

运用以上的四步法,请你根据自己刚才写出的最想改掉的一个坏习惯,来设计一个"线索、惯式、奖励、渴望"的实施路径,并跟你的同伴互相阐述。如果满分是10分的话,你们分别给彼此的路径打几分?

生涯感悟

"播种习惯,收获性格;播种性格,收获命运。"

勤奋好学的马克思

马克思从小就有极强烈的求知欲。小学是在家中跟着父亲学习的,由于喜欢读书,兴趣广泛,他所掌握的知识比上学的孩子还要扎实。中学时期的马克思随着年龄的增长,既重视文化学习,又对各种社会问题和自然界千变万化的现象产生了浓厚的兴趣,注意理论和实际的结合。进入大学的马克思,在学好专业的基础上,又惜时如金地自学了大量的历史、经济、科学、艺术等多学科的专著。他每天穿行在教室和图书馆之间,学习的热情达到了废寝忘食的地步。

马克思漫长的求知岁月是在英国伦敦的大英博物馆度过的。这里是他撰写《资本论》的基地。1850年6月,马克思获得了大英博物馆的阅览证。此后,他就成了这里的常客,经常来这里阅读图书,查阅资料,有一个时期几乎每天从早晨9点到晚上7点都待在这里。

马克思阅读时有个习惯,端坐注目时间长了就在室内来回走动,既是活动身子,也是换个方式思考问题,领悟和萌生新的见解。多年的这样边走边思考的习惯,竟然使他在门与窗之间的地毯上踏出了一条明显的痕迹,颇似草坪上被人踏出的一条小路。这条痕迹被人们誉为"通向智慧之路"。

习惯是你反复做的动作或事情,但大部分情况下你根本没有意识到,它们是不自觉的。习惯是注意的结果;习惯是个人与环境、行为互相影响的结果;行为习惯是自我调节的结果;任何习惯的形成,都是在条件反射的基础上建立的。

你如果无法改掉一个坏的习惯,可以尝试养成一个新的习惯去代替它,方式就是通过线索、惯式、奖励和渴望来养成习惯。

 思考与练习

习惯成长树:习惯的21天养成法则

在前面的内容中,你已经学习了习惯养成的三个层次,要养成一个具体的习惯,需将这三个层次量化到至少21天中。

在《不抱怨的世界》一书里,美国知名牧师威尔·鲍温发起了一项"不抱怨"活动,邀请每位参与者戴上一个特制的紫手环,只要一察觉自己抱怨,就将手环换到另外一只手上。以此类推,直到这个手环能持续戴在同一只手上21天为止。

为什么是21天呢?书中说,人需要经过21天才能将一项新的行为培养成习惯。这就是"21天法则"。据研究,大脑构筑一条新的神经通道需要21天时间。所以,人的行为暗示经21天以上的重复,会形成习惯,而90天以上的重复,会形成稳定的习惯。

你可以在课下,找出一个自己近期最想养成的习惯,在下面的习惯成长树(见图3.6)上涂满绿叶,开始21天的践行吧。

第一个阶段是1~7天,这个阶段的特征是"刻意,不自然"。你需要十分刻意地提醒自己去改变,而你也会觉得有些不自然,不舒服。

第二个阶段是8~21天,这个阶段的特征是"刻意,自然",你已经觉得比较自然,比较舒服了,但是一不留意,你还会回复到从前,因此,你还需要刻意地提醒自己改变。

第三个阶段是22~90天,这个阶段的特征是"不经意,自然",其实这就是习惯,这一阶段被称为"习惯性的稳定期"。一旦跨入这个阶段,你就已经完成了自我改造,这个习惯已成为你生命中的一个有机组成部分,它会自然而然地不停为你"效劳"。

用法:

(1) 在图3.6最下方的空白框中写下你近期要养成的一个习惯;

图 3.6

（2）每坚持 1 天，就在这棵习惯成长树上相应的数字上，用绿色笔将叶子涂满；

（3）这样，7 天、14 天、21 天，最终你将坚持更多天，可以将这棵习惯成长树涂满绿色叶子，而你所要养成的习惯也养成了。

第 4 节　养成面对人生的积极心态

 生涯指引

抱持事业心态

1960 年，程开甲被一纸命令调入北京，加入中国核武器研究队伍，他从此在学术界销声匿迹，却在西北戈壁滩带出 10 位院士和 40 多位将军，被人们称作"核司令"。在遭受重重封锁的情况下，于敏接受研制氢弹的任务，先后 3 次与死神擦肩而过，最终罗布泊沙漠腹地的一声核爆惊雷，为他赢得"氢弹之父"的称号。

回顾新中国 70 年历程，功勋人物不胜枚举，而且都有一个共同的特点：立足自身岗位，不满足于守成，不屑于安逸，把有限的生命投入到无限的爱国奉献事业中。不忘初心，上下求索，为伟大事业贡献毕生精力，同时也成就了光辉人生与不凡功绩。面对工作，或以为职业,或以为事业。二者虽一字之差,却折射出不同的价值追求与人生格局,成为决定人生意义的重要分水岭。

抱持职业心态的人,往往视之为养家糊口的谋生手段,考虑更多的是经济报酬和人生的阶段任务,斤斤计较于付出最小化、回报最大化。任由职业目标功利化发展,忙于守"自留地"、打"小算盘",进步空间必然变得狭窄。把工作当事业的人,往往只问耕耘不问收获。他们将工作与自己的人生目的、人生价值、人生幸福融合为一体,对所从事的行业和岗位发自内心热爱,在工作上迸发出一种强烈的责任感和使命感。正因为笃定了事业心而不只是职业心,才能坚定执着守好每班岗、心无旁骛地干好每件事,才能从工作中寻找幸福、体味人生、感悟神圣。

职业和事业是不能截然分开的,职业是事业的基础,事业是职业的升华。很多人能达到忘我工作、不懈进取的事业境界,得益于不断打磨职业技能、锤炼职业价值、涵养职业情感。"两弹一星"元勋钱三强说过,古往今来,凡成就事业,对人类有所作为的,无一不是脚踏实地、艰苦攀登的结果。知之深才能爱之切,只有品尝得了职业过程中的任何酸甜苦辣,才能坚定职业选择,在不断追求、不断攀登、不断超越中实现事业升华。涵养事业心态,关键就在于将对职业的热爱化为对事业的坚守,在积极、主动、创造性的劳动中,实现职业价值,为社会作出贡献。

从选择职业到铸就事业,理想信念的导引作用同样显著。古人早就说过,"举而措之天下之民,谓之事业"。在党的干部队伍中,曾出现过一个叫作"南下干部"的特殊群体。1948年,中央作出了"调干南下"的重大决策。"南下干部"大多在解放区刚刚过上安定的生活,但为了革命需要,他们毅然告别家乡和亲人,重返硝烟战场,完成了随军筹粮、城市接管、组建政权、支前土改、剿匪反霸、生产建设等各项重大任务。从他们身上,我们看到了"随时准备为党和人民牺牲一切"的忠贞信仰,看到了"舍小家顾大家"的无私胸怀和"功成必定有我"的历史担当。党的旗帜引领,心中的信仰召唤,化为无数共产党人前赴后继的勇毅行动,托举起经得起历史检验的辉煌事业。

"行非常之事,乃有非常之功"。民族复兴曙光在前,处处都有干事创业的机遇,处处都是大显身手的舞台。陶冶事业心态,激发职业担当,无论职位高低,不管岗位轻重,平凡的职业历练一定会成就不平凡的事业,中国梦必将如美丽画卷般渐次展现在我们眼前。(来源:《人民日报》2019-11-28)

祖国之所以强大,是广大先辈努力干事、脚踏实地、艰苦攀登得来的。他们抱持事业心态,将工作与自己的人生目的、人生价值、人生幸福融合为一体。随着乡村振兴战略的实施,农村需要大量的科技人才,青年一代学生要有不断追求、不断攀登、不断超越的干事创业心态,要有追求梦想、永不言弃的干事精神。

生涯知识

我们先来看一下这幅图(见图3.7)。

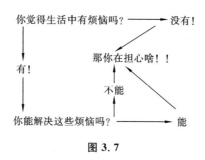

图 3.7

这幅图的幽默之处在于,你既觉得它有逻辑,又觉得它和我们的生活不符。其实这幅图规避了一个重要的事实:生活当中真正困扰我们的并不是那些我们确信自己能做到或者永远做不到的事,而是那些我们不知道自己能不能做到的事。这些不确定才是我们烦恼的本源。而积极心态是一种强大的力量,有助于你对抗这些事情。

一、什么是积极心态?

心态是一种心理状态或态度,是人的心理对各种刺激所做出反应的趋向,是由认知、情感、行为意向等因素构成的主观价值取向。

积极心态,主要是指积极的心理状态或态度,是个体对待自身、他人或事物的积极、正向、稳定的心理倾向,是一种良性的、建设性的心理准备状态。拥有积极心态,就是面对学业、生活、工作中的问题、困难、挫折、挑战和责任,从正面去想,从积极的一面去想,从可能成功的一面去想,积极采取行动,努力去做。这也是一种可能性思维、积极思维、肯定性思维。

二、积极心态的衡量标准

积极心态的衡量标准可以归纳为四个方面:积极、主动、开放、坚持。

1. 积极

从大学的第一天开始,你就需要从被动转向主动,成为自己未来的主人,积极地管理自己的学业和将来的事业,理由很简单:因为没有人比你更在乎你自己的学业、工作与生活。

人不能改变环境,那么就改变自己,并抱有积极心态。

(1) 学会"假装"积极。积极心态能激发潜能,能给你的人生带来惊喜,那么怎样培养积极心态呢? 美国著名的潜能激发教练安东尼·罗宾指出,如果你想让自己变得积极进取,有一种方法,那就是"假装"。当你在生理上假装拥有某种心态,你就能实现那种状态。生理状态是你所拥有的立时改变心态、立时获得成效的最有效的工具。早在 1907 年,法国的物理学家魏恩堡发表过一篇引人注意的文章,阐述人的面部表情的确会改变我们的内心感觉。其后,其他类似的实验也都证明了这个说法的正确性。心理学教授艾克曼博士说:"我们都知道,人的情绪会呈现在脸上,不过现在我们发现,这种说法倒过来看也对,那就是人的情绪会随脸上的神情而变。"不信,你可以试试看,当你生气或者沮丧而想退出不干时,你提胸、抬头仰视上方,你的心态也会马上发生改变。所以,大声地说话、昂首挺胸地走路、一套整洁的衣服可以使你的心态积极很多。

（2）每天清除垃圾思想。也许你很妒忌宿舍里的某个舍友，因为他看似平时不怎么复习，却依然能在考试中取得好成绩。这样的一些想法必然会给你带来消极的心态，要想常抱乐观的处世态度，就要每天及时清除自己的思想垃圾。

（3）积极的自我暗示。如果你能时常给自己传送控制自我的意念，对于所追求的目标，能产生看得见、听得到、摸得着的信号，那么你就能不断地得到极佳的正面结果，即使在成功机会渺茫或根本没有机会的情况下。

有位叫梅尔·费雪的人，为了一份深埋海底的财宝，他花了整整十七年的工夫，结果捞出了价值四亿美元的金银币。有一位参与打捞的水手被问道，何以他干了这么久，他说道，因为费雪先生具有振奋人心的能力。每天费雪都告诉自己和所有的人员，就是今天啦！到了当天收工，他又会说，就在明日啦！他可不是只磨嘴皮的人。他的口气、他的意志、他的感觉，日日都显示出他信心的坚定。就这样，他持久不懈，终于成功。

积极心态　笑对人生

2015年9月，上官同学到广西农业职业技术学院新生处报到。她的很多同学都到了本科院校报到，而她即使经历了高考失利，依然保持积极乐观的心态，一入学便向班主任咨询升本政策，并树立了升本和读研的目标。接下来的大学三年生涯，上官同学尽管尝尽了班干竞选失败、学科比赛没有获奖的滋味，但是她依然凡事保持积极乐观的心态。最终功夫不负有心人，2018年，她以专业排名第一拿到升本资格并顺利升入一所普通本科院校就读。2020年，她顺利通过了硕士研究生考试。

正是上官同学抱有这样一种永不放弃、积极乐观的心态，她今天才能从一名高职学生转变成为硕士研究生。（来源：广西农业职业技术大学优秀毕业生汇集）

2．主动

人的成长过程就是不断扩大自己掌控范围的过程。对于身边的事物，选择主动出击而不是被动地承受是人成长的重要心态。美国文学家及哲学家梭罗说："最令人鼓舞的事实，莫过于人类确实能主动努力以提升生命价值。"

（1）识别与抓住机会。主动并不表示要强求惹人厌或具侵略性，只是不逃避为自己开创前途的责任。比如，在开学之初竞选班委时，如果大家都在面面相觑，你看准机会，主动进行毛遂自荐，也许这个机会就是你的了。

（2）关注影响圈而非关注圈。从一个人对周遭事务关注范围的大小，以及发挥影响力的意志强弱，也能判断态度是否积极主动。每个人都有一些关注的问题，比如，健康、体育赛事、情感、学业、工作、实习、出国留学、时事热点，等等。这些都可归入"关注圈"。其中，有些是个人可以掌握的，有些则无能为力。把个人可以控制的事圈起来，就形成了"影响圈"。

着重于"影响圈"的人，脚踏实地，不好高骛远；把心力投注于自己能有所作为的事情，所获成就将使影响圈逐步扩大。反之，消极被动的人全神贯注在"关注圈"，时刻不忘环境的种种限制、他人的种种缺失，徒为无法改变的状况担忧。结果是怨天尤人、畏畏缩缩，受迫害的感觉日益强烈。由于着力方向错误及由此而生的副作用,影响圈便会缩小,如图3.8所示。

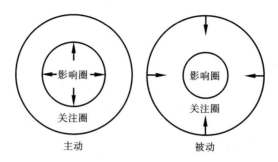

图3.8

(3) 接纳现实,勇于改变。根据自主程度的高低,人生的问题可分为三类:个人可直接控制的问题(与自身行为有关)、个人可间接控制的问题(与他人行为有关)、无法控制的问题(已成过去或客观环境使然)。积极主动的人对影响圈中的这三类问题都有应对之道。

可直接控制的问题:解决之道在于改变习惯,这是你做得到的。

可间接控制的问题:有赖改进发挥影响力的方法来加以解决。

无法控制的问题:你的责任就是改变嘴角的线条,以微笑、真诚平和的态度接纳这些问题。纵使有再多不满,也要学习泰然处之,如此才不至于让问题制服了你。

程开甲:一生与祖国紧紧相连

他,把自己的一生交付给了国家,将科学报国的理想融入了国家发展伟业。作为"两弹一星"的开拓者,程开甲为我国核武器事业发挥了至关重要的作用。2019年,新中国成立70周年之际,这位"两弹一星"元勋被授予"人民科学家"国家荣誉称号。"我这辈子最大的幸福,就是自己所做的一切,都和祖国紧紧地联系在一起。"程开甲说。

1918年,程开甲出生在江苏吴江盛泽镇一个富商家庭。祖父希望他将来考取功名,所以为他取名"开甲"——开,就是开转;甲,就是第一名。而他也没有辜负祖父的期望。

1937年,程开甲以优异的成绩考入浙江大学。他在大学的4年,是中华民族最为苦难的时期。他在日记上曾留下了这样一段文字:"中国落后挨打的原因:科技落后。拯救中国的药方:科学救国。"为此,他一直认真准备着。随后,他留校担任物理系助教,开始钻研相对论和基本粒子研究领域。

1946年,经英国著名学者李约瑟博士推荐,程开甲获得英国文化委员会奖学金,来到爱丁堡大学,成为被称为"物理学家中的物理学家"玻恩教授的学生。在导师的指导下,他先后在英国《自然》、法国《物理与镭》和苏联的学术杂志上发表了5篇有分量的超导论文,并于1948年与导师玻恩共同提出超导的"双带模型"。

程开甲心向祖国。1950年,他婉拒导师的挽留,放弃国外优厚待遇和研究条件,毅然回到当时一穷二白的祖国。回国的行囊中,除了给夫人买的一件皮大衣外,全是固体物理、金属物理方面的书籍和资料。从此,程开甲开启了科学报国的人生。1960年,他被钱三强点将担任核武器研究所技术副所长一职。3年后,程开甲首次踏进罗布泊,从理论研究转向核试验。

1964年10月16日,罗布泊升起的蘑菇云震惊世界,中国第一颗原子弹成功爆炸。这一声戈壁惊雷让祖国各地一片欢腾,让世界重新认识了中国。程开甲与核试验基地科研人员们立下了不可磨灭的功勋。

原子弹首次成功爆炸后,作为中国核试验技术的总负责人,程开甲还参与主持决策了30多次核试验,成为中国指挥核试验次数最多的科学家,被人们誉称为"中国核司令"。

"回国后,我一次又一次地改变工作,一再从零开始创业,但我一直很愉快,因为这是祖国的需要。"面对众多崇高的荣誉,程老感慨地说,"我只是希望,我的建议、我的研究,能对我国的武器装备发展起到作用。"

2018年11月17日,101岁的程老走了。从精研科学,到学成归来,再到矢志报国,程老的这一生波澜壮阔,风骨灼灼。(来源:《光明日报》2019-10-23)

程开甲一生将科学报国的理想融入了国家发展伟业之中,他努力学习,励志科学救国,他一心为国,为祖国的核事业贡献了自己的一生。

3. 开放

你所处的世界,开放已成了主流。全球化和互联网化的浪潮,早已卷席了整个中国。世界从没有像如今这般联系紧密。作为未来世界主人的你们能不抱有开放的心态吗?

(1)开放首先源于心态。心态是人的意识、观念、动机、情感、气质、兴趣等心理素质的综合体现,是人内心对各种信息刺激做出反应的趋向。这种趋向对人的思维、言行、情绪、思想具有导向作用。开放的心态,是一种主动进攻的强势心理,也是一种勇于进取开拓的奋斗哲学,还是一种积极沟通与合作的处世原则,更是一种心胸开阔的生活境界。心态开放,能使弱者变强,强者更强。

(2)开放心态造就"领袖"个性。长期致力于青少年成才教育的青年学者、华中师范大学副教授谷传华发现,绝大多数历史名人在童年和少年时代并没有什么特别之处,而导致他们能够在生活中逐渐形成"领袖"个性优势的原因在于心态:他们在生活中注意培养开放的心态,又因为心态的开放,他们能够虚心学习、能够与人沟通、能够得人用人、能够对新事物感兴趣并敢于冒险。

也许你在高中时期参加过模拟联合国大会,或曾去异国他乡游学。如果没有,也没关系,看看在大学期间有没有这样的机会。大学期间尽可能利用学校的异国交流、交换生、暑期游学等方式,去更多的地区和国家看看,尤其是如果你未来有志于做行业或组织的"领袖"。

4. 坚持

如果你想在大学期间能成为一名优秀的大学生,那么更需要坚持不懈的心态。你也许听过1万小时定律,要想成为某个领域的高手,必然要经过长时间的打磨才能有所成。

这样的励志故事很多,那让我们来看看,在大学期间该如何坚持不懈。

(1)坚持需要脚踏实地的行动。只有当你能够直面事实,认清自己当前的能力时,才能更好地坚持为自己补充能量。接受自己,包括自己所有的优点和缺点。这样,你才能更加从容地面对挫折与失败,从错误中汲取经验,然后再次踏上征程。成功不是看了一个励志视频,打了一剂"鸡血"就可以达到的,"鸡汤"有营养,关键还得坚持。

(2)坚持需要盯准目标和找到方法。盯住你的目标,而赢得它的途径和方法可以灵活处理和选择。

(3)坚持需要寻找支持系统。生活没有独角戏。坚持不懈的关键之一,就是找到那些已经实现你想要实现的目标的人们,与他们相处,向他们请教。他们是鲜活的例子,向你证明了你的目标能够实现——只要你懂得坚持。小到通过英语等级考试,大到出国留学、求职成功,都是很好的实践目标。

(4)坚持需要学会延迟满足。当你看到视频广告说"几周就能快速减肥"时,当你看到校内广告说"几个月就可以说流利英语口语"时,当你观看一部主人公在区区90分钟内就能克服万难、功成名就的励志电影时……你都要记住坚持不懈远没有那么简单,它需要一点一滴的激励,需要抗拒诱惑的恒心。

作为一名优秀大学生,你需要不断磨炼自己的评判性思维,冲破一切虚假和夸大"宣传"。要知道,自己正在进行一场漫长的"游戏",没有捷径,需要"仰望星空",更需要"脚踏实地"。

近十年坚持不懈,郑培忠让寸草不生的盐碱地瓜果飘香

雨水至,春耕始,万物生。眼下,浓浓的年味还未远去,一幅幅"春耕备耕图"已在各处田间地头徐徐展开。位于福建省泉州市惠安县辋川镇下江村的家兴家庭农场,机器轰鸣,一派热闹景象,农场主郑培忠正组织人员采收瓜果蔬菜,给果树修枝施肥,为盘活这片盐碱地、带动周边村民致富、致力乡村振兴打下坚实基础。

漫步农场,只见桃花、李花迎着春风朵朵绽放,玻璃温室大棚里蝴蝶兰花姿挺拔,火龙果、香水柠檬等时令水果散发着诱人清香,果树下家禽家畜尽情奔跑……这样一幅欣欣向荣的景象,竟出现在曾经寸草不生的沿海盐碱地上。

2013年,郑培忠放弃稳定的工作,回到故乡陆续流转当地已抛荒几十年的270亩盐碱地,成为努力耕耘的拓荒者。

"当年没有启动资金,就抵押资产,向亲朋好友借资助力。可在这贫瘠的土地上,建设改造都需要高投入,仅仅依靠传统种植业,必然是入不敷出。"郑培忠回忆道。要从根本上解决盐碱地问题,必须依靠科技的力量!

对接福建省农科院科技人员,研究制定改良方案,筛选绿肥作物改良土壤,引进果蔬新品种,打造循环生态农业……郑培忠一股脑儿扎进盐碱地,常常不分昼夜、废寝忘食,突如其来的干旱和内涝等自然灾害,也不曾阻止他拓荒的步伐。

功夫不负有心人。经过多年坚持不懈地潜心研究探索,盐碱地上终于开出了朵朵鲜花,结出了香甜的果实。

科企互动,让农场产能得到极大提升。其中,火龙果年产7.5万公斤,西红柿和黄瓜试

种基地年产9.6万公斤,其他果蔬年产18.7万公斤,繁育优质种苗15万株。农场实现扭亏为盈的同时,还带动周边近百名村民共同致富,年平均增收100余万元。

"目前,农场已具备发展绿色农业和循环经济的条件。我们正在探索'生态资源+科技研发+复合农业模块'的经营方式,持续优化产业结构,促进可持续发展。"郑培忠告诉记者。

郑培忠逐渐成长为一名新时代乡村振兴的优秀带头人。他依托专家工作站、全国新型职业农民培训基地、全国基层农业科技示范推广基地和田间课堂等平台,在农场开展"设施农业废弃物循环利用""生态果园建设与管理""滨海盐碱地农作物改良"等田间技术培训和观摩会,使近200人受益。(来源:《海峡导报》2022-02-25)

 生涯实践

1. "转念"六步法,培养积极心态

下面请大家以两人为一小组,先揪出常见的或者你身上存在的不合理想法,然后用"转念"六步法重建它。与组员一起任选一个事件进行讨论并写下来。

(1) 事件:_____;
(2) 负面想法:_____;
(3) 负面心情:_____;
(4) 自我辩论:_____;
(5) 正面想法:_____;
(6) 结果:_____。

2. 培养自己的积极主动性

积极的人使用积极的语言,如"我要""我能""我宁愿",等等。消极的人使用消极的语言,如"但愿""我办不到""我不得不""要是",等等。

想想过去几周内自己以消极方式做出回应的两三件事情。描述一下自己是怎么说的。

(1) _____;
(2) _____;
(3) _____。

现在,想想在同样情况下自己可以采取的几种积极的回应。请写在下面:

(1) _____;
(2) _____;
(3) _____。

请记住,在下周仔细倾听自己使用的语言,你的语言是更积极了,还是更消极了?

 生涯感悟

积极心态,主要是指积极的心理状态或态度,是个体对待自身、他人或事物的积极、正向、稳定的心理倾向,是一种良性的、建设性的心理准备状态。

积极心态可以归纳为四个方面:积极、主动、开放、坚持。

积极:学会"假装"积极;每天清除垃圾思想;积极的自我暗示。

主动:识别与抓住机会;关注"影响圈"而非"关注圈";接纳现实,勇于改变。

开放:开放首先源于心态;开放心态造就"领袖"个性。

坚持:脚踏实地的行动;盯准目标和找到方法;寻找支持系统;学会延迟满足。

 思考与练习

把握生命中的意外

你不要幻想做个完美主义者,每个人都会犯错。犯错是正常的。别让自己因为害怕犯错而不敢尝试新鲜事物。即使事情并未如你预期一样进行,你仍然可以从中学到一些有用的东西。你可以知道将来哪些事情可以做,哪些事情不能做。如果你不尝试,你永远不会知道这些。

这里不是鼓励你故意犯错,但是也希望你不要逃避错误。如果你认识到错误是人生中很正常的一部分,你将会从中受益,你将获得许多激动人心的新的体验。你所需要的只是行动起来。

1. 你是否曾经犯过错误?

是

否

2. 你是否知道有谁从来没有犯过错误?

是

否

3. 如果人们犯的错误都能够弥补,你是否会因为害怕犯错而限制自己的生活?

是

否

4. 现在有哪些事情你因为担心会犯错或者失败而不敢做?
5. 如果你倾尽了全力去做问题4所描述的事情,最坏的结果会是什么?
6. 如果最坏的事情真的发生,你将如何应对?
7. 最好的结果或说你所期望的结果是什么?
8. 如果你根本不去尝试,你接下来要做什么?
9. 你最终将怎样做?

A. 尽全力去做

B. 做其他的事情(是什么? 请写出来:_____)

C. 什么也不做

第5节 平衡充实的学生生涯

生涯指引

习近平：培养德智体美劳全面发展的社会主义建设者和接班人

2018年9月10日，全国教育大会在北京召开。中共中央总书记、国家主席、中央军委主席习近平出席会议并发表重要讲话。他强调，在党的坚强领导下，全面贯彻党的教育方针，坚持马克思主义指导地位，坚持中国特色社会主义教育发展道路，坚持社会主义办学方向，立足基本国情，遵循教育规律，坚持改革创新，以凝聚人心、完善人格、开发人力、培育人才、造福人民为工作目标，培养德智体美劳全面发展的社会主义建设者和接班人，加快推进教育现代化、建设教育强国、办好人民满意的教育。（来源：人民网 2018-09-11）

网上曾热爆一对清华姐妹花"学霸"马冬晗、马冬昕。姐姐马冬晗"三年学分成绩名列专业第一名，获清华大学'一二·九'奖学金，11门课程在课程班排名第一，40%课程超过95分，60%课程在课程班排名前十……"而她的双胞胎妹妹马冬昕，同样在清华就读，成绩名列前茅。这对才貌双全、全面发展的姐妹被网友称为新一代"学霸"姐妹花。

如果单纯是"学霸"也就算了，她们还能平衡大学生涯，在学业之外也异常出色。马冬晗虽然是工科女生，但爱好广泛，曾在系学生节、校迎新大会上担任主持人，获北京高校演讲比赛一等奖，同时，还积极参加体育锻炼，曾获清华乒乓球单项赛女子单打并列第三名，曾担任清华大学精仪系第36届学生会主席，同时也是系里第一位女生主席。而妹妹马冬昕则是班长、化学系学生会学习部长、校学生会副主席。她们都是清华大学学生国旗仪仗队队员，清华大学百年校庆时，她俩是校庆运动会开幕式升旗手。如此优秀的姐妹花是怎么做到平衡自己的学业和生活的呢？

生涯知识

这对姐妹花以自己的方式实现了大学学业和生活的平衡，不过并不是每个大学生只有这样才算是充实平衡。每个人可以根据自己的情况，让自己过上充实平衡的大学生活。那么哪些事值得做呢？

当你迈入大学校园，开始大学生活时，一定有许多高中时"咬牙切齿"发誓要到大学校园里做的事。在《完美大学路》一书中，列出了大学中最应该做的十件事，但无论是大学生涯还是整个人生，其实都没有"完美"一说，你可以根据自身的情况，度过一个平衡充实的大学生涯。

1. 完成好你的学业,尤其是修读你最想读的专业

当你踏入大学校门时,不管学校档次如何,要想度过一个不后悔的大学生涯,建议在大学中好好完成学业。轻者说,需要修完学分,拿到毕业证书和学位证书。重者说,这甚至关系到你未来的职业生涯乃至整个人生走向。

也许你会说,大学所读的专业并不是自己想读的专业。请参考第1章。

在移动互联网时代,如果你想修读自己喜欢的专业,还可以充分利用互联网资源(如网易公开课)学习。

2. 养成锻炼身体的好习惯

前面的章节中已讲述了养成好习惯的方法,你是否考虑好了在大学生涯中如何去修炼自己的好习惯呢?你现在所体验的大学生活,时间相对自由,是否有感到空虚的时刻?为了保证完成学业,更是为了将来的职业生涯和人生幸福,建议你大学期间养成锻炼身体的好习惯。

大学拥有良好的体育设施,充裕的自由时间,为什么不坚持锻炼呢?可以是跑步、打球、练瑜伽、跳健身操、游泳等。找到适合自己的项目,坚持下去,为自己的人生打造一个好的身体底子。

3. 试着谈一场恋爱

相信你在迈入大学前,就憧憬着能谈一场不一定轰轰烈烈但是刻骨铭心的恋爱。不用担心结果,关键是你是否心动。如果毕业后能继续走在一起将会更好,一旦毕业后各自纷飞,也没关系,你收获了青春记忆,也锻炼了恋爱力。

4. 来一次说走就走的远行,可以是游学也可以是打工

面对大学生涯的大量自由时间,尤其是寒假和暑假,你是否考虑给自己来个"间隔月",来一次说走就走的旅行呢?虽然在学生时代,并没有太大的经济实力,但好的远行并没有那么贵。你可以骑车远行,也可以背包徒步,还可以通过游学到境外感受短暂岁月,当然更建议你通过打工攒技能赚旅费。

5. 尽早明确自己的深造路径

如今大学本科学历普及化,如果想在未来的职场和人生中有更强的竞争力,继续求学深造是一个不错的选择,但不是唯一的选择。如果考虑大学毕业后继续求学,那就要尽早确定适合自己的深造路径,是就读学校推荐的专升本还是自学考试,是成人高考还是网络教育,是国内考研到顶级名校,还是直接出国读名校等,都需要提前做好规划。

6. 参加一至两个社团,凭着兴趣去选,争取做到骨干

大学除了学业,如果你不在低年级时参加一至两个社团,那就太可惜了。不管是名校还是普校,相信都有适合你参加的社团。参加社团,建议你凭兴趣选择,数量控制在一至两个即可,争取做到核心骨干。

在基于兴趣相聚的社团中,你会遇到志趣相投的朋友。如果做得好,凭借优秀的管理能力,还有可能当学生干部,并为将来的就业做好准备。

7. 给自己做一次生涯规划,给人生更多可能性

根据自己的实际情况,给自己的大学生涯做一个生涯规划,以更好地度过自己的大学生涯,因此你也会看到未来人生的更多可能性。

8. 结交朋友,让你的人生有几位至交知己

大学是你最有可能遇到人生知己的好时段、好地方,虽然近年新闻中不断曝出室友信任危机的事件,但是能遇到"死党"的概率还是要大得多。这些"死党"不仅是你大学生涯最好的小伙伴,也许还是你未来职业生涯乃至人生中最重要的人。

9. 尝试社会实践,为将来的职业做好铺垫

无论是毕业后深造还是就业,最终都要回归到职场中。所以在完成好学业的同时,尽可能去做社会实践(实习),可以是短期的跟所学专业无关的暑期实践,也可以是跟专业相关的定点实习。也许在这些职业探索中,就能找到你未来的职业方向。

10. 做一件你认为突破自己,值得将来回味的事

大学生涯中,也许你想做的事情还很多,最后建议你做一件突破自己、值得将来回味的事。这件事可以是浪漫的,可以是疯狂的。做什么都可以,但要记得遵纪守法。

 生涯实践

正如"一千个人眼中就有一千个哈姆雷特",一千个大学生就有一千个大学生涯的过法。你可以在大学中成为"学霸",将来走向国内外顶级名校继续深造;你可以在大学中成为"意见领袖",开有影响力的微信公众号,成为一方"领头羊";你可以在大学中成为"社交达人",参加社团,提高自身的综合能力。

大学生涯给了你更多的可能性,但并不代表你能样样精彩。需要根据你的生涯规划报告,给自己的大学画一个"生命之花"(见图3.9),让大学生涯开出灿烂的花朵。

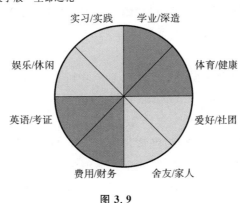

图 3.9

"生命之花"就是你平衡大学生涯的利器,它可以帮助你对整个大学生涯或者每一学年、每一学期、每一月进行一个全面扫描,你能通过它找到自己生涯中的重点,从系统的多重需求中间找到行动的关键。

实施步骤:

(1) 选择:选出8个你认为最重要的价值观/事项,填入"生命之花"中。为了方便使用,图3.9中已经填好了大学中最常见的8个重要事项。你可以直接使用,或者如果你认为有需要调整的可以做出自己的调整。

(2) 打分:按照满意度/重要度打分,打完分后可以做调整直至合适。

(3) 觉察:当前你的大学生涯中拥有和缺失的分别是什么?

(4) 杠杆点:有没有哪个部分,一旦提升就能带动整个全局?

生涯感悟

无论是大学生涯还是整个人生,其实都没有"完美"一说,但是你在最宝贵的大学年华里应尽可能度过一个平衡充实的大学生涯。

"生命之花"就是平衡大学生涯的利器,你能通过它找到自己生涯中的重点,从系统的多重需求中间找到行动的关键。

思考与练习

请你找个安静的环境,以自己喜欢的方式,静静地思考下,列出你大学生涯中最想做的那些事儿。(建议至少写出10件具体的事)

本章参考文献

[1] 古典.你的生命有什么可能[M].长沙:湖南文艺出版社,2014.

[2] 古典.拆掉思维里的墙:原来我还可以这样活[M].长春:北方妇女儿童出版社,2010.

[3] 黄天中,吴先红.生涯规划——体验式学习:中学版[M].北京:北京师范大学出版社,2010.

[4] 柯维.杰出青少年的七个习惯[M].5版.北京:中国青年出版社,2014.

[5] 克房伯,列文.幸运绝非偶然[M].武汉:长江文艺出版社,2006.

[6] 柯维.高效能人士的七个习惯[M].10版.北京:中国青年出版社,2014.

[7] 吴芝仪.我的生涯手册[M].北京:经济日报出版社,2008.

[8] 科特雷尔.个人发展手册[M].北京:北京大学出版社,2012.

[9] 埃利斯.优秀大学生成长手册[M].15版.毛乐,等译.北京:科学出版社,2014.

[10] 都希格.习惯的力量:为什么我们这样生活,那样工作?[M].北京:中信出版社,2013.

[11] 金树人.生涯咨询与辅导[M].北京:高等教育出版社,2013.

[12] 奥西普,菲茨杰拉德.生涯发展理论[M].4版.上海:上海教育出版社,2010.

[13] 程杜明.你的船,你的海[M].2版.北京:新华出版社,2012.

[14] 任卫军,尚尔凡.北大向左 清华向右[M].北京:当代世界出版社,2008.

[15] 许应涛,任卫军.完美大学路[M].北京:新世界出版社,2006.

[16] 任卫军.感受北大[M].呼伦贝尔:内蒙古文化出版社,2006.

第4章　职业素养提升——成为优秀的职业人

大学生未来走向职场,若想获得自我的成功和良好的持续发展,需要具备良好的职业素养作为基础。而这些素养的积淀、培育和形成,有外界环境因素的影响,更有个人内在因素的推动,因此每个人从学生时代就要开始有意识地锻炼自己。本章总结了职场中通用型的基本素养,包括情绪管理、时间精力管理、人际沟通协作、休闲理财四个方面。请先完成下面的职业素养盘查,看看你未来会不会是一个称职的职场人。

请在以下符合你的描述后面打钩:

情绪管理
1. 我总是能够及时理解和觉察自己在情绪当中
2. 我懂得如何用不伤害到别人的方式宣泄自己的情绪
3. 当我自己比较激动的时候,我会有意识地控制,转移注意力
4. 我知道什么人或者情景会触发自己的情绪
5. 情绪过后,我能理解自己情绪背后的真正理由是什么

符合描述:_____个

时间管理
1. 我有清晰的年计划、学期计划甚至月、周目标
2. 我知道该先做什么后做什么,分得清事情的轻重缓急
3. 我能管住自己,不在做事情的时候分心
4. 我很少因为拖延让自己面临巨大压力
5. 我能够合理安排自己休闲、娱乐的时间

符合描述:_____个

人际沟通
1. 我总能够很快地说到点子上或者写长、短文,清晰地表达自己的观点
2. 我会耐心地倾听对方说话,并让别人知道自己被倾听并且被理解
3. 我会选择合适的场景说合适的话
4. 我能意识到不同场合不同的双方身份,选择恰当的沟通方式
5. 我知道如何用表情、动作、语气、服饰等方式加强自己的表达

符合描述:_____个

休闲理财
1. 我有一个或几个健康的休闲方式
2. 我能处理好休闲和学习之间的平衡

3. 我知道自己的钱花出去的方向和数目,并懂得量入为出

4. 我有自己的银行卡与信用卡及其他信用类账户(如芝麻信用),并且理解个人信用制度

5. 我有良好的消费习惯,不随意攀比和浪费

符合描述:_____个

对照下面的分类,看看自己目前处于哪个水平。

0或1个符合描述:你有一些基本的概念,但是缺乏学习,本章中你会学到非常重要的职业技能。

2或3个符合描述:你已经有一定的职业素养和技能了,在大学期间进一步系统地打磨它们,对于未来大有好处!

4或5个符合描述:在这方面你已经是高手,在这一章系统地了解这些技能背后的理论知识,并在学校和社会中更多实践吧!

第1节 情绪管理

生涯指引

外交大智慧,周总理用幽默化解紧张气氛

1957年的初春,冰雪尚未融化,周恩来总理来到寒冷的莫斯科。周总理此行是为了帮苏联解决外交困局。而当时的苏联领导人是赫鲁晓夫。赫鲁晓夫上台后采取全面批判斯大林的政策,导致发生了后来的波匈事件。苏联在欧洲的外交形象极速下降,急需在共产国际中声望上升的中国来帮忙。

周总理抵达莫斯科以后,赫鲁晓夫亲自前往机场迎接,并安排周总理住在克里姆林宫。

接下来,周总理展开数国访问,先后访问了波兰、匈牙利等国,实地了解具体的情况。

在波兰、匈牙利,周总理受到了热烈欢迎。很快,周总理就搞清楚了,这个事情的根由就在苏联身上。苏联一直采取大国沙文主义,对其他兄弟国家颐指气使,把他国的内政当自己的家务事对待,使得东欧兄弟国对苏联的怨气很大。

回到莫斯科后,周总理根据自己访问得到的情况向赫鲁晓夫提出建议:在国与国之间,苏联不能再抱有大国沙文主义,不要干涉兄弟国家的内政。

赫鲁晓夫一听着急了,这位苏联领导人的性格十分急,而且说话特别快。一看周总理委婉地批评他,他马上气呼呼地指责起东欧国家来,说这些国家拿了苏联的物资不领情,并对周总理的善意建议完全不理,反而说道:

"你不能这样跟我说话,无论如何,我出身工人阶级,而你却是资产阶级出身。"

周总理确实出身于一个比较富裕的家庭，但周总理已经把自己的一生奉献给了革命事业。

听到赫鲁晓夫这样挑衅意味很浓的话，周总理并没有生气。作为一名高超的外交家，他淡淡一笑："是的，赫鲁晓夫同志，你出身工人阶级，我出身资产阶级。但是，你我都有共同的地方，我们都背叛了自己的阶级。"

赫鲁晓夫顿时哑口无言。（来源：CCTV4 2018-01-08）

拿破仑曾说过：能控制好自己情绪的人，比能拿下一座城池的将军更伟大。特别是成年人，管理情绪的能力比智商重要多了。不难发现，在成功的路上，我们很多人最大的问题其实并不是缺少机会，或是资历浅薄，而是缺乏对自己情绪的控制。一个人情绪稳定的背后，是实力，也是格局。俗话说：刚者易折，柔则长存。周总理是一个让中国骄傲的人、让世界钦佩的人，他值得我们永久缅怀，他的外交史让我们永远肃然起敬！

生涯知识

少年的林则徐，虽然勤奋好学，但是脾气特别急躁，经常因为一两句话不遂心愿就怒火中烧。林则徐的父亲怕这急脾气日后影响林则徐的前程，于是给他讲了个"急性判官"的故事。

从前，有个判官，非常孝顺父母，所以每遇不孝的罪犯，就管制得特别地严。一天，有两个人扭来一个年轻人，他们对判官说："这是个不孝之子，他不仅骂他的娘，还动手打他娘。我们把他捆了起来，他还是不停地骂，我们就堵了他的嘴。老爷，像他这样大逆不孝的后生该不该罚？"判官一听是个不孝之子，立刻火冒三丈，就喊："来人呀，给我结结实实地打这个逆子50大板！"这个年轻人有口莫辩，只好挨了50大板，屁股被打得血肉模糊。这时，有个老婆婆拄着拐杖急匆匆赶进来，边哭边焦急地说："请大人救救我们，刚才有两个盗贼溜进我家后院，想偷我家的牛。我儿子捉住他们，要送官府。可是，两个强盗反把我儿子捆走，不知弄到何处去了？求大人赶紧替我找找儿子，我只有这么一个孝顺好儿啊！"

判官一听，心中禁不住忐忑不安起来，心想：莫非刚才是恶人先告状，刚才打的就是她儿子？于是忙叫人去找那两个捆人的人，但他们已溜得不见了踪影。这时，被打昏的人突然呻吟了一声，老婆婆循声一看，那不是自己的儿子吗？怎么被打成如此模样，心里一急就昏倒在地，再也起不来了。判官到此才知道自己没控制好情绪，被人利用了，酿成了惨剧。

林则徐听了父亲的讲述后，恍然大悟，后来他在自己的书房中最醒目的地方，挂起了他亲笔书写的横匾"制怒"。父亲的这个故事，影响了林则徐的一生。

古人常说"人非草木，孰能无情""人吃五谷杂粮，生七情六欲"；在现实生活中，人们常说情绪是人心理状态的晴雨表，是人的内心世界的"窗口"。情绪，是人们对外界事物产生的一种感受、体验，通常包括喜悦、愤怒、悲哀、惧怕等基本形式以及它们互相组合产生的更复杂的形式。

古今中外，取得成功的人大都是管理情绪的高手。安东尼·罗宾斯说：成功的秘诀就在于懂得怎样控制痛苦与快乐这股力量，而不为这股力量所反制；如果能做到这点，你就能掌握住自己的人生，反之就无法掌握。古人云："泰山崩于前而色不变，麋鹿兴于左而目不瞬。"在解放战争中，面对装备优良的国民党军45万余人重点进攻，华东野战军指挥员陈毅和粟裕在严密侦察、冷静分析的基础上，审时度势，抓住敌精锐整编第74师态势突出的有利战机，果断定下迅速将其歼灭的决心，取得了孟良崮战役的胜利。可见，在关键时刻唯有保持沉着冷静、头脑清醒，才能创造和把握机会，果断做出选择，夺取主动权。

青年是祖国的未来、民族的希望，也是我们党的未来和希望。习近平总书记说：青年在成长和奋斗中，会收获成功和喜悦，也会面临困难和压力；要正确对待一时的成败得失，处优而不养尊，受挫而不短志，使顺境逆境都成为人生的财富而不是人生的包袱；广大青年人人都是一块玉，要时常用真善美来雕琢自己，不断培养高洁的操行和纯朴的情感，努力使自己成为高尚的人。作为当代大学生，我们更应管理好个人情绪，经常保持积极的情绪状态，提高人生素养，为实现中华民族伟大复兴而奋斗。

一、做自己情绪的主人

情绪管理是当人们出现情绪问题时，能够自己处理好心理状态，用正确的、科学有效的方法对自身和他人的情绪进行调节的过程。管理情绪的方法，就是要能清楚自己当时的感受，认清引发情绪的理由，再找出适当的方法缓解或表达情绪。总体而言，是一个"2W1H"的三部曲。

1. What——自我觉察产生怎样的情绪

有时候，我们面对一些周边事件会产生不同的心理反应。比如甲同学喜欢对他人的发言进行评论，提出批判性意见，有时还特别不注意方式，言辞比较刻薄。当发言被甲批判时我们可能不舒服，逐渐演化成甲一讲话，就很反感。我们需要意识感知到当下自己有这种真实情绪的产生，内心告诉自己正在觉得他特别讨厌，用一种客观的、有抽离的眼光来看自己的情绪。做到这一点，当你知道"自己现在有点生气"的时候，你会惊喜地发现，自己已经处于愤怒之外了。

2. Why——为什么我会产生这样的情绪

我们需要找到引发情绪的原因，比如为什么会生气？为什么会反感？别人批判我的观点我会不会反感？甲批判别人的观点我会不会反感？甲和我交流其他的事情我会不会反感？我是对甲有习惯性的反应，还是甲的言辞和态度让我难堪惹恼了我，或者是他的批判反驳就已经让我不适？我只能接受肯定而不允许别人对我说不？……找到引发反感情绪的原因，才能对症下药。

3. How——怎样有效舒缓处理、表达自己的情绪

我们可以尝试很多方法：是自己适当地宣泄，还是委婉提醒对方注意发言的方式，抑或是坦然面对观点的争议？下面会重点介绍一些常见的情绪处理方式，想想看，什么方法对自己是比较有效的。

常用的情绪处理方法有如下三种。

1. 转移法

(1) 转移注意力,你可以去看看书、睡睡觉、吃吃东西、听听音乐、看看电影,但是不要狠吃狠睡,不然可能会有预想不到的后果。

(2) 发展一个自我的兴趣爱好,增长新的能力,也是一个不错的选择。

(3) 尝试改变一下环境,让自己有一个不一样的心情。

2. 合理宣泄法

(1) 倾诉。找身边的好朋友倾诉一番,让情绪适当宣泄。

(2) 写信。身边朋友少?一般不会,而且最起码可以写封信给自己。

(3) 适度运动。可以试试围着操场跑几圈,或者跑到楼顶或者山坡,大声呐喊、放声歌唱,你会觉得人生从此不一样(但要谨慎选择时间和地点)。

3. 理智控制法

(1) 换角度看问题。可以用塞翁失马的故事提醒自己换个角度看问题。

(2) 积极地自我暗示和激励。遇到困难时暗示一下自己,世界上没有越不过的坎,我是最棒的,小宇宙爆发吧!

(3) 换位思考。和同学发生矛盾,想想如果我是对方也可能那样做。如果你思维的功力深厚,能够化愤懑为力量,在事件中得到升华,那也是一种自我修炼。

 生涯实践

明明白白我的心

目标:识别和觉察自己的情绪。2人一组,共10分钟。

1. 打开QQ或者微信的表情。一位同学发送任意一个表情,另一个同学表演。
2. 说出最近一次自己有这种表情:
(1) 是什么时候?
(2) 是在什么情境下?
(3) 是什么触发了你的情绪?
3. 双方交换,一共3轮。
4. 实践完毕,谈一下感受。

二、情绪ABC模型:从根源上调整情绪

美国心理学家艾利斯曾提出情绪产生的ABC模型:当面对诱发事件A(activating event)的时候,情绪、行为反应的结果C(consequence)并不是由A事件产生,而是由人对A的信念、认知、评价或看法即B(belief)产生。就是说A只是产生C的间接原因,而B才是

产生 C 的直接原因。比如班级组织出游，说好了九点钟在门口集合，小明却迟迟不来(A)，作为组织者的你一定会非常生气(C1)，发誓见面以后要当众骂他一顿。但几分钟后，你收到小明舍友的短信，说他昨晚发高烧被送医院，刚醒过来马上提醒舍友给你发短信请假，怕你担心。你心里的怒气马上变成了对他的同情，甚至还觉得这个家伙挺靠谱的(C2)。同一个情境你却感受到完全不同的两种情绪，因为第一次你认为"人不应该随便迟到"(B1)，第二次你认为"病人应该好好休息"(B2)。这就是情绪的 ABC 理论。

情绪管理的高手，内心都有一套很好的信念，帮助他把各种外界事件处理成积极的情绪。反过来，如果一个人有很多不合理的信念，他就容易被各种事情触发，引发不良情绪。大学生常见的不合理信念见表 4.1。

表 4.1

常 见 类 别	不合理信念举例
规划误区	生涯怎么能规划，走一步看一步呗
	我只想安安稳稳找份工作，让那些志向宏大的人规划去吧
	趁着大二集中精力规划规划，以后没时间了
情感	她为什么拒绝我，以后在她面前我还怎么做人
	这人真讨厌，一见他就烦，这活动我不参加了
学业	这课有啥意思，以后又用不着，出去玩吧
	又挂了，被打败，我就不信这样搞不定……又挂了
	这专业好，赚钱多，以后就业没问题，老妈真英明
能力	上台主持？别开玩笑了，天生不是这块料
	做那些社会工作有啥用，我又不想当官

了解了情绪的 ABC 理论，我们可以采用一个合理的信念驳斥或对抗 D(disputing)不合理信念，产生认知、情绪、行为的改善即 E(effect)，如图 4.1 所示。

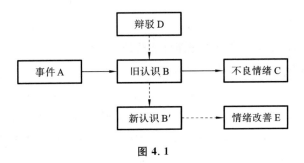

图 4.1

我们用一个常见的事件来说明 ABCDE 模型的具体应用。很多人在公开场合说话会紧张，那么如何客观地看待这个现象，让自己减轻压力，更加自信自如地表达呢？一起来看看下面这个例子(见表 4.2)。

表 4.2

问题情境(A)	在公开场合发言/演讲
不合理信念(B)	最怕当众讲话了,千万别出错,否则会被人笑话的,丢面子丢大了
情绪/行为反应(C)	紧张、焦虑、面红耳赤、结结巴巴,无法集中注意力,想好的都忘了说
反驳不合理信念(D)	可能不是那么好,但结果真的有那么糟糕吗? 别人会整天想着我出丑的样子,天天评论我吗? 我想不出差错,就一定能表现得好吗?有些结果怎样并不完全由我控制。 我为什么非要表现那么好呢?难道敢于尝试不是一种勇气吗?别人难道就一定比我强吗?那些演讲家难道不需要经过练习吗?
处理问题的态度(E)	如果我继续坚持这个信念,我会更焦虑,而且会更糟。 想紧张就紧张吧,想脸红就使劲红吧,爱怎样就怎样吧! 放松自己,不练习怎么能进步!

三、大学生常见情绪类别和情境的处理

1. 面对考试、学业、活动时的焦虑

这大多是因为过于看重事件的结果而造成的,可能给自己的目标太高、心理压力太大,存有"必须成功不能失败""我一定比别人做得好""我不能辜负父母老师的期望""我学习能力差"等不恰当的观念。因此要先丢开或改变这些观念。对于能力不足的部分,去提高一些处理问题的技能,比如更好的复习方法、组织协调活动的能力等。

2. 面对争执、矛盾时的激动易怒

这种情况多是由于没有站在对方的立场看问题,不能冷静处理问题而造成的。产生矛盾冲突时,首先要保持冷静克制,意识到动怒的情绪时,先尽量通过转移、暗示来缓解或避免怒气发作,然后在平静的时候再去商量解决。有时候,室友之间会因为琐事产生一定的冲突,但只要相互尊重体谅彼此不同的学习生活习惯,尽量控制自己的行为,避免对他人产生不好的影响就可以很好地解决这类问题。

3. 面对误解、失败、失恋时的苦闷压抑,甚至自卑、抑郁

这种情况常见于发生误会不被人理解、过于注重颜面而不敢表达真实观点、失败和挫折的打击、失恋困扰、自身存在"缺陷"等,此时要注意接受人际交往中的基本原则,比如相互尊重与理解、求同存异、亲密的关系与适度的距离、感情对于双方的自觉自愿不强求等。同时,要培养一定的承受挫折的心理准备,正视自己的短板,能够积极地自我评价、关注和发挥优势,纠正错误的"缺陷"观如认为出身贫困家庭、容貌特点是个人缺陷等。

4. 面对荣誉、奖励时的虚荣和妒忌

这种情况下要先正视自己,客观地看待他人的成绩和荣誉本身,把不甘落后的好胜心态转化为积极进取的动力,把重心放在学习和各类有益身心的活动中。正如北宋文学家范仲

淹在其名著《岳阳楼记》中所说,"不以物喜,不以己悲",我们需要意识到荣誉只是表扬、肯定的一种形式,更大的成绩源于自我成就与认可。

四、情绪管理小贴士

有了负面情绪,我们要尝试用前面提到的方法去缓解,但并不是要让自己憋屈而是要进行适当的转移宣泄,让自己的不良情绪尽快缓解或消除,不致积压在心里成为自己的负担,否则会对自己的身心健康产生不利影响。

可以用适宜的方式表达自己的情绪、诉求,真诚的沟通、积极的态度、坦率的胸怀,辅以合适的方法,会无往不利。

 生涯实践

3人一组,每个人选择下面的一个故事,根据自己内心的感受,真实地回答故事后面的问题。另外两人讨论:听见这个回答,你的感受是什么?这种感受背后的信念是什么?你会建议他如何让自己管理好这种情绪?

情商故事:你会怎么办?

故事1 你和同学小A一起考入同一所大学的同一专业,俩人平时关系很好,成绩也并列第一,他有文体特长,你担任学生会主席,他是学生会骨干成员。在进行"优秀学生干部"评选投票时,你落选了,他当选了。这时的你会怎么想,你会觉得小A不如你,但他运气和人缘好,或者评选不公而愤懑吗?还是会觉得他确实有些方面比自己做得好呢?你和小A的关系会继续保持吗?……

故事2 有一天,你在一个偏僻的银行取钱,遇上了抢劫。由于反抗,罪犯的匕首划伤了你的右臂。经过治疗,你痊愈了,但却留下了一个疤,这时的你会怎么想,你是觉得自己很倒霉遇上了抢劫而郁闷烦躁呢,还是觉得自己捡回一条命非常幸运而庆幸呢?如果两者都会,哪一种会多一些?……

故事3 举一个自己和身边人发生争执不快的事件,当对方和自己产生过度的情绪反应之后,关系有没有复合到争执之前的那样?如果复合了,是如何恢复原来的关系的?对你有什么启示?如果没有复合,你现在有新的想法吗?

 生涯感悟

幸福是快乐与意义的结合。

——泰勒·本-沙哈尔(哈佛大学"幸福课"主讲)

本-沙哈尔认为:幸福感是衡量人生的唯一标准,是所有目标的最终目标。寻找真正能让自己快乐、有意义又能发挥优势的目标,是获得幸福的关键。一个幸福的人,会有情绪上的起伏,但整体上能保持一种积极的人生态度。

我们要知道,情绪并不是由某一诱发事件本身直接引起的,而是由经历这一事件的个体对这一事件的解释和评价所引起的。因此,改变情绪的关键在于改变我们对事物的看法。一旦觉察到负面情绪的产生,就要静心体察自己的感觉,转变自己的认知角度,等到情绪缓解退去再去处理情境中遇到的问题,然后去反思,问问自己为什么会产生这样的情绪,找到情绪背后的根本原因。

有了积极健康正向的情绪,我们每个个体才能够发现身边更多的美好、更多的希望,就会带来更多的投入,汲取更多的幸福。

 思考与练习

ABCDE,我的情绪我做主

请选择一件自己最近遇到,并且激发你负面情绪的事情,尝试填写表4.3。

表 4.3

问题情境(A) 事情的经过是	
不合理信念(B) 我当时认为	
情绪/行为反应(C) 我的反应是	
反驳不合理信念(D) 我还可以这么想	
处理问题的态度(E) 这使我有什么改变	

 拓展阅读

情绪与压力

在未来职场中,经常需要面对的是繁重的工作压力和复杂的人际关系。面对工作、生活、家庭、自我,有的人不能很好调适,从而产生工作倦怠、惧怕人际交往、身心疲累等问题。想要保持健康的情绪状态,适度的工作压力、良好的人际关系发挥着重要的调节作用,让同事和客户感受到来自你的乐观精神、积极处事、与人为善,将会影响"场"的氛围,产生良好的互动场效应,有助于在工作和生活中获得更大的成就和幸福。

我们需要正视"压力"。

在学习和工作中,适度的压力会对学习和工作起到正向的促进作用,使我们获得最佳的表现和业绩。压力过大会干扰情绪,过小又使人缺少动力,因此我们需要找到令自己平衡的压力感,以激发出自己的最佳表现。我们的表现与压力之间的关系可用图4.2来表示。

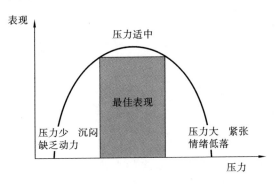

图 4.2

正如很多同学会有这样的体验,当面对公众演讲、表演或进行体育比赛的时候难免会紧张,但适度的紧张感反而使人更加专注,有利于发挥潜能、调动身心,且会让演讲、表演、竞赛更加出彩。

压力也可以用如下公式表示:

$$(期望－现实)×弹性系数＝压力$$

其中,期望是指社会期望、自我角色,现实是对现状的认知,弹性系数是自我的个性特点。

通过这个公式可以看到,压力来源于外在的学习、工作、环境和内在的个性。我们可以从以下几个方面努力,使压力保持在适度状态。一是做自己,给自己订立合理的目标,不好高骛远,不生活在其他人的眼光、期待和光环中。二是客观评估自身的能力、资源,比如英语底子弱、家庭经济状况一般、申请奖助学金有困难的同学不一定要选择出国。三是发挥个人优势,比如喜欢和人打交道的同学不必强迫自己整天待在实验室,不喜欢和人打交道的同学不需要勉强自己做销售工作。

第2节 时间管理

 生涯指引

2013年,MOOC(慕课)大规模兴起,成了很多人在线学习进修的首要选择。

乔纳登·哈伯(Jonathan Haber)是一位教育研究员,参加了APA(美国心理协会)组织的"一年自由学士学位计划"。这个计划是一个实验,探索人们是否可以通过12个月的自由在线学习,获得与四年大学传统教育文科学士相当的"同等学力"。他花了一段时间,跟上了每三个月八门课的节奏。

斯考特·杨(Scott Young)也成就了一个惊人的壮举:他在一年之内,完成了传说中的 4 年 MIT 计算机科学课程表的全部 33 门课,从线性代数到计算理论。最重要的是,他是自学的,观看在线教程讲座,并用实际的考试做自我评估。

斯考特·杨可以完成这个壮举主要依靠两件"法宝"。一个是"费曼技巧",这可以帮助他快速掌握课程。另一个是他运用了精力专注、慕课优先的时间管理方法。同时,我们还可以看到,日常生活中有些人总是井井有条、忙而不乱,有些人总是疲于奔命,临时抱佛脚,而这些都是时间管理上的技能差异体现。

生涯知识

大学生在学校的生活丰富多彩,除了繁多的学业课程、课后作业、配套阅读、学期考试、毕业论文,还有大量的时间用于参加社团活动、文体活动、社会实践等。从某种意义上说,大学的课外时间和课堂时间一样重要。

在大学生中,我们常看到这样的多极现象。第一类是成绩拔尖,拿了各种奖学金和竞赛奖项,同时是社团的积极分子,或者是院系的学生会干部,在外面有兼职,身边朋友无数,却依然有时间联络感情、出外旅游;第二类是一心扑在学习上,两耳不闻窗外事,教室、图书馆、寝室三点一线,很少有课余的生活,身边交往的朋友也比较少;第三类是将大学的时光主要用来发展"副业",有的把主要精力用于兼职,有的则成天宅在寝室里玩游戏;第四类是介于以上几种之间的多数状态。

一、你不管时间,就会被时间管

提起时间管理,很多人就会想,不就是做计划吗,没什么用,就算做了计划也赶不上变化。实际上,当你不管理自己的时间的时候,你的时间就有可能被别人管理;当你不做计划的时候,缺少目标和方向,你就会被各种事情牵着鼻子走;当你做了计划而不去执行那也是枉然,当执行了计划又不知道及时根据情况调整的时候,你又会陷入僵化教条,搞得自己很被动。有的人计划表上满满的事项,焦头烂额不给自己留一点空白和机动,就有些机械了。很多人都会有这种感觉,每一天都觉得自己忙忙碌碌,可是一段时间以后,发现自己并没有做什么,曾经让自己心动的期望一个都没实现,时间都去哪了?

管理时间就是管理自己的价值、行为,让生命中的每一天更富有意义。

二、时间管理的前提:目标——知道自己想要什么

曾经,在央视节目《故事里的中国》上,相关人士向观众透露了钟南山院士在疫情期间的工作生活细节,其中一张钟南山院士在疫情期间的"日程表"引起了大众关注。看到表上密密麻麻的日程安排,不少网友直呼"热泪盈眶",表示对这位八旬老人的劳累付出感到心疼。

这份密密麻麻的日程表,带给我们的是感动,是震撼,更是反思——我们呢?作为风华正茂的大学生,我们又该怎样规划每一天?以下两个步骤,应该能够对你有帮助。

1. 前进方向的指南针——创建总体计划

每个人心中都有一个梦想,这个梦想会不断牵引着我们一步步前进。梦想一般比较遥远和宏大,可能会模糊,也可能会发生变化。我们需要做的是按照梦想的方向,向前看一段时间,可能是未来十年、大学三年、当前一年、一个季度、马上来临的一个星期和当下的每一天。就大学生而言,首要的是对自己大学期间的学习生活进行一个总体的规划。

2. 照亮脚下的手电筒——合理的目标管理

有了总体计划,接下来要设定具体的阶段性目标。目标管理有个SMART原则。

S——Special 具体化。目标要尽可能明确具体,有的目标很美好很模糊,比如我想做个好人、我想学习进步,都需要进行具体化的处理。

M——Measure 可衡量。我们要尽可能把目标量化,比如大学期间身体健康,可以量化为通过学校体能测试,良好的人际关系,可以量化成每个星期和远方好友保持一次电话联络等。

A——Available 可实现。目标最好是既高于当前一点,又不能太高,就是自己跳一跳可以达到,比如,参加运动会100 m预赛可能被刷,那目标设为进入复赛、决赛,就会比设为拿前三名更为可信有效。

R——Relevant 相关性。目标要和自己的现实相连接,比如我们的身份是学生,主要的目标应该与学生的角色相符。

T——Time-bond 时限性。任何一个目标都要有时间的约定,否则,无法衡量进度,而每完成一个时间段的目标,对自己都是一个小小的激励。

根据以上两个步骤,我们可以将总体(模糊)目标与具体目标联系起来。例如:

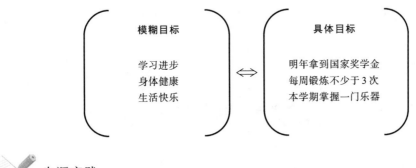

 生涯实践

让自己的目标更"聪明"(SMART)点

每组6人,共15分钟。

每人列出各自的月目标,全组在一起,轮流说出自己的目标,其他组员给出建议,帮助他把目标具体化为一个符合SMART原则的目标。

三、时间管理的核心：行动——知道怎样去得到你想要的，并去得到它

（一）要事第一

统观高效能人士的好习惯，其中之一必然是能够做到要事第一。这也是前面提到的慕课牛人为什么能够快速取得突破的原因，在他们的内心和时间表上，参加在线学习毫无疑问是排在第一位，他们时刻清楚知道，对自己而言，什么最为重要和迫切。

常用方法：目标指引下的任务清单。

以日计划为例，第一步，列出所有需要第二天处理的事情；第二步，估算每件事情需要的时间；第三步，把当下的事情分出轻重缓急；第四步，画掉完成的任务。

A. 重要且紧急——需要优先处理，比如下一周要进行期中考试或者举办活动，进行备考、筹办就是重要且紧急的事。

B. 重要但不紧急——比如学习、做计划、与人谈心、体检、毕业论文的撰写等。我们把大块的事件分割成小步骤，每一个步骤在相应的时间点就变成了 A 类事件，比如，论文撰写很漫长，但是切分成选题、开题、大纲、成稿、修订、答辩每一步时，情况就不一样了。

C. 紧急但不重要——在优先考虑了重要的事情后，再来考虑这类事。比如同学打球缺人、突然邀约吃饭等。人们常犯的毛病是把"紧急"当成优先原则，而不是把"重要"当成优先原则。其实，许多看似很紧急的事，适当的延后和放弃是无关大局的。

D. 既不紧急也不重要——有时间再处理，比如购物、娱乐、消遣等。

在对事件进行分类的时候，背后实际上体现着我们的价值观。也就是我们认为重要的事物是什么，或想成就一个怎样的自我。有的同学说最在乎学习成长，那么他宣扬的事物是不是有相应的行动体现呢，这也可以印证价值观的相符或者背离。因此，做好时间管理，首先确认的是我们内心的人生价值理念，而后在梦想上开花，在目标上落地，在行动上体现，对结果负责。

（二）高效执行

红旗渠的故事

一渠绕群山，精神动天下。20 世纪 60 年代，全国各地都发生灾荒，林县（今河南省安阳市林州）缺水的问题更为严重。面对林县因极端缺水而贫困交加的艰难境况，县委书记杨贵决心率领林县人民"重新安排林县河山"，打一场改变世世代代受干旱缺水熬煎的翻身仗。

正值国家三年困难时期，以杨贵为首的林县县委一班人面临着资金缺乏，物资、粮食紧张和施工条件险恶等重重困难，面临着来自四面八方的压力、误解、指责，甚至丢官罢职的严峻考验。不少人说，在这崇山峻岭中修渠，简直是异想天开。有人甚至对杨贵说，这个渠要是通不了水，你可就成了千古罪人。对此，杨贵没有退缩，他团结和带领全县人民自力更生、艰苦奋斗，凭着一锤一钎一双手，挖山开渠不止。

苦干10个年头,硬是在万仞壁立、千峰如削的太行山上,斩断1250个山头,架设152座渡槽,凿通211个隧洞,建成了全长1500公里的"人工天河"——红旗渠。有人做过计算,如果把修红旗渠所挖砌的1696.19万立方米土石垒成宽2米、高3米的墙,可以将哈尔滨和广州连接起来。红旗渠的建成,从根本上改变了林县的生产生活条件,结束了林县"十年九旱、水贵如油"的苦难历史,把曾经的穷乡僻壤,变成了一个绿水绕山、林茂粮丰、百业兴旺、瓜果飘香的塞上鱼米之乡。林县人民亲切地称红旗渠为"生命渠""幸福渠"。20世纪70年代,周总理曾自豪地告诉国际友人:新中国有两大奇迹,一个是南京长江大桥,一个是林县红旗渠。在红旗渠修建过程中孕育形成的"自力更生,艰苦创业,团结协作,无私奉献"的红旗渠精神,更是成为中华民族的一笔宝贵精神财富。(来源:《光明日报》)

红旗渠为什么能够成功建成?首先应归功于党组织的有力领导,其次是林县班子成员和群众的认识充分、目标明确、意志坚定、上下一心、团结一致的执行力。红旗渠有形的源头是浊漳河,而无形的源头则是劳苦大众对美好生活的渴望。对美好生活的渴望是人类生生不息的动力,其实我们每个人的内心深处都有一条"红旗渠",相信有目标、有行动、有干劲就一定能把事情办成功。

习近平总书记说青年的人生之路很长,前进途中,有平川也有高山,有缓流也有险滩,有丽日也有风雨,有喜悦也有哀伤。心中有阳光,脚下有力量,为了理想能坚持、不懈怠,才能创造无愧于时代的人生。作为当代大学生,我们要专注于当下,集中自己的精力,该学习就学习,该玩就好好玩,做到劳逸结合,才会有最高的功效。

生涯实践

1. 事件四象限分类练习

(1) 根据你的月目标,列出相应的行动计划。

(2) 将每项行动进行ABCD分类。

B 重要不紧急	A 重要且紧急
D 不紧急不重要	C 紧急不重要

2. 每天三件事打卡练习

清晨列出你当天重要的三件事(不含日常性事务),按照重要性排序,发到同学群里。先做30天,标题加上进度如"赵小宝的5/30",表示第5天打卡。每天记录当天完成情况。

四、时间管理的保障:战胜拖延——识别实现目标过程中的阻碍,并克服它

有了时间管理的技能基础,我们来看看它最大的敌人——拖延症。

拖延症是一种现代时髦的"病",似乎不少人都有那么一点。他们总是处于计划中、等待中,一拖再拖,直到最后的时刻。有时候,还会因为没有掌握好最后的时间而误事。然而每一次,他们都会想:"这次我要早点开始。"然后随着时间的推移,事情依然没有眉目。在他们眼里,觉得还会有时间,还抱有希望,接下来,又在自责、内疚、后悔,不断在怪圈中循环。

（一）看见自己的拖延

有了拖延症状,我们需要发现自身的弱点,努力克服和转化,形成良好的习惯。拖延的产生有其根源,下面我们看几个有鲜明特点的。

1. 喜欢轻松舒适的自觉习性

当我们需要处理一件事情的时候,经常会有声音在头脑里说话:这个事情太难了、太复杂了,很费工夫,时间还早得很,明天再做吧,今天先玩一会。或者说,其他事情比较简单,先把简单的事情做完,然后集中精力完成这项任务。是当下事件的困难吓到了我们,还是其他事件的轻松诱惑了我们？人们习惯于获取更轻松更舒适的感觉,从而加大了复杂事件行动的困难。

2. 压力、控制

被时限任务所要求,我们会产生一种被控制感。而通过拖延,我们会获得一种"不受控制而反抗的自由快感",从而获得短暂的精神愉悦。最后,这种拖延会让我们在最终期限的压力下迅速完成任务。

当压力适度时,人们会产生一定的紧迫感和动力。因此当最后的时间期限临近的时候,人们会产生巨大的紧张、压力感,来调动自身的状态去帮助自己投入工作中。有位刚毕业的研究生,论文阶段有半年,他基本上每个环节都是到最后才动笔,连续加在一起的时间也就是一个星期,借助压力和众人的督促才跌跌跄跄按期毕业。高压下完成的任务质量往往不高。

更加糟糕的是,这种痛苦体验让你更加讨厌时限任务,下次面对任务的时候,你会更加沉迷于这种"自由快感"——好像一个不断借债还钱的人。拖延会越来越严重。

3. 完美主义

追求完美几乎是每一个人的天生倾向,从工作标准上衡量,完美是一件好事情,会促成更好质量的产品、更加周到的服务。为什么完美主义的人往往很容易拖延？

完美主义的重要缺陷,是在一个环节上用了过多的时间和精力,导致其他环节资源不足,甚至根本无法完成。可以说,过于追求某一个细节的完美,恰恰是整体不完美的原因。

有个寓言故事,妈妈让老大和老二上山砍柴。他们手上的砍刀比较钝。老大拿着刀随便磨了几下就上山了,老二想先把刀磨快了再上山,但刀已经锋利无比了,他还在继续磨。结果等老二刚到山脚下的时候,老大下山了。我们可以看到,工欲善其事必先利其器,磨刀是有必要的,但过于关注第一步的完美,导致了砍柴这个整体任务无法完成。此时一边磨刀,一边砍柴,反而是更好的策略。

很多由于完美主义而严重拖延的人因为长期处在被父母、上级严格要求、不允许犯错的环境下,担心被指责,思维的聚焦点放在减少错误上,自然会不再关注时效性。我们需要看到自身性格里的完美成分,在需要完美的环境里展现我们的细致、一丝不苟,在不需要完的环境里懂得放下。

（二）挥手告别拖延

1. 目标的牵引

这也是前面所说的梦想的力量。当清晰的、有价值的愿景在前方的时候，我们把当下的自己和未来链接起来，不断告诉自己，向梦想、目标前进，完成任务将会得到回报，将会实现自我看重的价值，而这种价值回报可以抵御来自轻松事件的诱惑。每当完成一件清单事件的时候，我们可以把它画掉，这是一种反馈，会产生一定的激励作用。

2. 觉察而非控制

美国哈佛大学心理学教授丹尼尔·韦格纳曾主持过一个"不想白熊"实验，告诉参加者可以去想任何事情，就是不要去想北极的白熊，看能够坚持多长时间。然而参加人员接到这个任务后，控制自我不去想的时候反而比自然的时候想得多，当一回神要监控什么的时候，脑子里全是"白熊"。因此，当诱惑来临、思维走神漫游的时候，不要通过强行抑制，而是告诉自我，"这个想法又来了"，慢慢把注意力转移到当下的事情上来，这才会有助于自我重新控制注意力。

3. 自我激励

我们可以把任务分解成更小的任务，不断去实现它。比如三天要交一篇读书笔记，那就第一天看书，第二天列提纲写初稿，第三天修订。在完成每一步的时候，都对自我进行精神或者物质上的奖励。比如，可以去散散步或者做一件自己喜欢的事。

4. 自我对话

这是一个非常有意思的过程，一味地强制有时候会适得其反。当我们正在做任务的时候，可能会有小小的思想冒出来，想去玩一会。这个时候可以尝试对自己说：

这样，你至少可以获得30分钟的工作时间。

而当我们处于玩乐,想切换回工作状态,就困难了。这个时候,我们依然可以尝试说:

这个时候,我们依然至少获得了30分钟的工作时间。

5. 结构化拖延

这是斯坦福大学的约翰·佩里教授归纳的一种利用自我内疚感来成就其他的事件的办法,就是利用拖延的特点,排清单的时候在把重点事项放在最前面的同时,把一些其他必须要做的事件放在清单后面。这个时候人们为了避免做最前面的任务,会怀有内疚的心情努力做清单后面的任务。当后面的任务完成了,或者更重要的任务来临排在最前面,就自然会去做之前的重要任务了。

6. 请求他人监督

很多同学喜欢宅在房间里,打游戏、上网一整天,这实际上是一种人和人之间的割裂,更容易产生拖延症。人是群居性的高等生物,有相互的参照,宅在房间里只能参照拖延的自己。因此,走出房间,参与集体性的活动,会很大程度上对拖延有所改善。同时,我们也可以利用好友之间的监督,让自己在乎和看重的人监督自己,也可以在群体面前主张自己的行动,把自己放在一个不易拖延的空间位置。

7. 立即行动,少量开始,尽快开始

围绕远大计划开展行动,面对长期的任务立刻动手,当天就完成其中一部分,做一点是一点,在抑制拖延方面有着意想不到的作用,没必要在最后一刻被逼得发狂。同时,我们可以自行设定最后的绝对期限,让自己的紧张和压力提前到来。很多同学临考试前一天通宵抱佛脚,不如尝试逐渐提前一周、两周开始复习,效果会更好。

五、时间管理的小技巧

1. 软时间优先

我们在安排事件的时候,往往习惯于把一些比较弹性或者比较私人的不需要和别人确认的事情往后排,比如学习一项课余技能、课余读几本书、去打羽毛球、和远方的好朋友通个电话等,我们称这些时间为"软时间"。

这其实是一个错误的排序方式,因为排序取决于事情对你的重要程度。否则软时间永远都会处于可能被延后的状态。

有个故事叫《和自己约会》,有人想做一些让自己快乐的事情,但苦于各种应酬,总无时间。有一天他问自己:如果你总是为了别人的约会推掉自己的时间,为什么不找时间与自己约会呢?他给自己定了个计划:每周三晚上7点至9点,他在日历里面标注"一个重要的约会",从而拒绝一切应酬联络,把时间完全交给自己。两小时时间里恣意地看看喜欢的书或者电影,坚持了一段时间以后,和自己约会成为了他自己的一个习惯,个人状态也逐渐好了起来。时间就是这样,你看重什么,就为它让路。

个人成长也是一个长远的话题,不是短时间就能见效,可是它始终不会是一项非常紧急的事情,这就需要我们专门为这样的软事件优先安排好时间。

2. 控制信息爆炸

随着互联网和移动互联网的兴起,网络、手机几乎是大学生生存的必备。我们可以通过课后的练习,记录一下自己有多长的时间花在了网络和手机上(不包含利用它们学习)。它们是和外界联系、快速获取信息的工具,但是我们不少人沉溺于微信、微博、抖音等,不去刷刷朋友圈就会心里不踏实,怕会错过重要信息。其实这种担心大可不必,真是有重要的事件会有人打电话找你,真是你最关心的人你自然会去他的主页看有没有更新。而社交媒体里夹杂着大量良莠不齐的信息,而且有价值的信息也呈碎片化,需要我们对网络时间做出合理安排。一是可以利用碎片化时间阅读碎片化信息,保证自己有断网时间,比如上课、自习时就让手机网络关闭,让自己的精力专注于整块时间,用于学习等重要事件,用排队、等公交、休闲等闲杂时间去上网娱乐。二是要有定期整理邮箱、讯息等的习惯,有的同学在不同的社交媒体上加入了非常多的群,邮箱、社交媒体的未读信息一大堆,根本看不过来,不重要的群不如退出或者取消提醒功能,让自己的网络媒介更加干净。

生涯感悟

时间是最稀有的资源,不能管理时间,就不能管理其他的事情。

——杜拉克

时间管理是基础的自我管理技能,有效利用时间,才能更大价值发挥效用。做好时间管理,首先要有长远目标的牵引,创建远期的规划,设定合理的符合 SMART 原则的当下目标;其次要采取行动,在过程中保持要事第一的原则,把事件进行分类,保持精力的专注与投入;最后注意发现自己身上是否有拖延的现象,并采取合适的措施改善这一问题。

思考与练习

1. 我的时间去哪了(监控与规划练习)

第一周只用"监控"栏(见表 4.4),对自己的活动进行监控,详细了解自我的时间支配状况。把每天按照 15 分钟的间隔进行切割,记录一切事情所占用的时间。当开始某项活动时,就写在对应的时间点上,以最接近的时间为准,比如你 7 点 05 分起床,就记在 7 点。事实上,许多有效的管理者经常保持这样的一份时间记录,每月定期拿出来检讨。

第二周同时使用"监控"和"规划"两栏。

表 4.4

星期		日期	
监控		规划	
07:00	起床	07:00	
07:15	洗漱		
07:30	早餐		
07:45			
08:00	上课	08:00	
08:15			
08:30			
08:45			
09:00			
09:15			
09:30			
……			
12:00	午餐		
……			
	午休		
	上课		
	活动		
	晚餐		
	晚自习		
	洗漱		
23:00	就寝		

按表 4.5 对各类时间进行汇总,评估一下汇总的时间,看看自己的时间都花在哪了。做有系统的时间管理,先要将非重要性的和浪费时间的活动找出来,尽可能将这类活动从时间表上排除。

表 4.5

汇总表	时间段:9月1日—9月14日			
类别	第一周前估算	第一周监控	第二周监控	第二周规划
上课				
自习				
用餐				
运动				
上网闲逛				
睡觉				
……				
总计	168 小时	168 小时	168 小时	168 小时

2. 本学期的个人时间规划练习

制定自己本学期的个人时间规划,先设定好希望在哪些方面取得进展,再在每个方面设计相应的目标和行动,最后把行动落实到每日的时间计划中。

第 3 节　人际沟通协作

生涯指引

盲人与哑巴的团队游戏

同学们,你是否参加过一个叫作"盲人与哑巴"的团队游戏?这是一个互帮互助的游戏,一个能给人以思考和触动的游戏。游戏的规则是:两人(或多人)为一组,面朝统一的方向排成一列,后面的人双手搭在前面的人的肩膀上,站在队伍前面的一人(或多人)扮演盲人(戴着眼罩),队伍的最后一位扮演哑巴(不能说话)。要求是哑巴发出指令,让盲人(带领队伍)走过一段坎坷的道路,整个过程中不能说话。哑巴可以发出的动作指令:拍左肩——左转,拍右肩——右转,摸头——低头,捶背——跨越……达到终点用时最短的队伍获胜。

扮演盲人体验到什么?这种感觉像职场中的什么感受?
扮演哑巴体验到什么?这种感觉像职场中的什么感受?
互助中的体验和收获是什么?对应职场,我们应该怎么做?

生涯知识

毛泽东说服父亲让其继续学业

毛泽东出生于湖南,其父辛苦经营半生,积累了一定的财富,想让毛泽东继承家业,但合情合理的要求被毛泽东拒绝了。毛泽东一直想要继续求学,而且也向父亲表达过他求学的心愿,但父亲坚决不同意。毛泽东明白父亲的决定很难改变,而自己求学之心也十分迫切,他没有和父亲争吵,而是以为母亲祝寿为名,请舅舅、表兄和同族长辈及老师来家里做工作,最终使得父亲同意其外出学习。在与父亲沟通的过程中,毛泽东顾全了与其父的人伦关系,为他的求学之路解除了后顾之忧。由此可见毛泽东在与人沟通时,极其注意自己说话的对象和语气,不致失礼于人。毛泽东在与长辈沟通中,做到了据理力争与尊敬长辈相结合。
(来源:《毛泽东人际沟通艺术研究》)

沟通中要注意有礼、有理、有力。礼体现一个人的素质,从一个人的言谈举止就可以看出他的经历,虽不能详尽,但大体也能猜对几分。有礼能拉近人与人之间的距离,无礼则使人心生厌恶,古语说"多行无礼,必自及也"就是这样的道理。在人际沟通活动中,要讲礼貌,重礼节,这样才能赢得大家的认可。

自人类社会诞生以来,就形成了联系密切的人际世界。沟通的原意是指"使两方能通连"。中国古代,沟通指开通沟渠使两水相通,在《左传·哀公九年》中有"秋,吴城邗,沟通江淮"的记载,后经发展指两方能连通,现可特指信息沟通。

人类社会是一个复杂而广阔的系统,每个人都在这个系统中充当了一定的角色,避免不了人与人的沟通。在通信技术高度发达的今天,人们通过各种通信工具进行沟通,例如电话、QQ、微信等,传统的面对面沟通逐渐变得边缘化;但人与人之间要真正实现信息与情感的互通,面对面的沟通是必不可少的。它传递出来的信息远胜于语言的沟通,它含有丰富生动的肢体语言,这是在线沟通方式所不可能取代的。

社会的发展在不断影响着我们相互交流的方式,不管是职场新人还是职场精英,社会对其所应具备的协作沟通能力都有了更高的要求。沟通是人际交往协作的基础和生存发展的基本技能之一。在大学里,我们和老师、同学相处,通过社团工作锻炼我们的社交技能。这在平时的课堂上较少涉及,需要我们在日常的学习生活中加以体会和练习。

一、沟通四要素

沟通是为达成思想的一致和感情的通畅。想要进行有效的沟通,必须从目的、时机、对象和方法这四个方面着手。

其一,沟通的目的是沟通希望达到的结果。有效的沟通必须知道说什么,如果目的不明确,自然也不可能让别人明白。

其二,沟通的时机是进行沟通的时间和环境。有效的沟通必须知道什么时候说,也就是

要掌握好沟通的时机,把握好沟通的火候,才能更好地达到沟通的预期效果。

其三,沟通的对象是指参与沟通的人。有效的沟通要明确对谁说,如果选错了对象,自然达不到沟通的目的。

其四,沟通的方法是指沟通时所采用的语言形式,包括书面文字、语音语调及肢体语言等。有效的沟通必须知道怎么说,就是要根据不同的目的、对象,选择不同的方法。比如较正式的商务沟通应该用书面的方式,与同学之间的沟通更多会采用语音沟通,并辅助肢体语言,而与小孩子的沟通则需要很多的肢体语言。

二、用 DISC 模型识别和改进沟通风格

1926 年,美国心理学家马斯顿提出 DISC 模型,该模型已被广泛应用于公司单位的人才招募、团队管理、人际关系维护、绩效发展等范畴。我们可以利用 DISC 模型分析自己和他人的沟通风格,并进行改进。

1. 识别你的沟通风格

DISC 模型主要从以下四个特质维度对个体进行了描述:支配(dominance)、影响(influence)、稳健(steadiness)与服从(compliance)。这些特质深深地影响着我们与他人的沟通风格和行为表现(见图 4.3)。

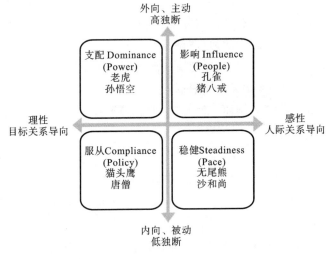

图 4.3

(1) 支配型。

特点:有活力的、行动导向的、自信的、结果取向的、爱冒险、有竞争力、大胆的、直接的、果断的、创新的、坚持不懈的、问题解决者、自我激励者。

典型行为:有时候突兀、有间断性;说话做事总能抓住重点,也希望别人跟他一样;经常打断别人的交谈,想要控制谈话的进行;呈现一种强势的气氛,缺乏耐性;通常独自做决策或解决问题。

一眼识别:在同学中经常指挥协调大家做事,充当群体中的"意见领袖",抛头露面的"将

军"。例如,《西游记》中的孙悟空就是这样的风格。

(2) 影响型。

特点:友善的、自然不做作、能让人倾诉心事、忠实的、有说服力的、有魅力的、自信的、热情的、鼓舞人心的、乐观的、令人信服的、受欢迎的、好交际的、可信赖的。

典型行为:话多,常会离题;不在意他人的时间;擅长于提出看法与意见;对一些决策或问题有新鲜的想法;比起执行既定事项,较喜欢创造新的计划;行动属于未来式的。

一眼识别:人脉广泛,见到陌生人立刻变熟人,经常活跃在舞台上,事事热心肠的"明星"。例如,《西游记》中的猪八戒就是这样的风格。

(3) 稳健型。

特点:有创意的、原创的、富幻想的、有魅力的、理想的、友善的、亲切的、好的倾听者、有耐心的、放松的、热诚的、稳定的、团队合作者、善解人意的。

典型行为:温暖而友善,有时稍显过分;似乎不太会区分公事与私事;询问他人现状;喜欢"闲扯";在做决策或解决问题之前,想要知道每个人的感受。

一眼识别:被很多人认同的"暖男暖女",总是不温不火,经常像社区居委一样调查民心民意,在矛盾中充当调停使者。例如,《西游记》中的沙和尚就是这样的风格。

(4) 服从型。

特点:理性的、有条理的、审慎的、客观的、准确的、有分析力的、谨慎的、谦恭的、圆滑的、善于发现事实、高标准、成熟的、有耐心的、严谨的。

典型行为:"公事公办"但缺少活力;声调没什么变化;以有序的方式逐项谈事情,巨细无遗;有时谈话也有基本规则;极具兴味地解决问题与制定决策,深思熟虑地衡量资料。

一眼识别:经常滔滔不绝,知天文懂地理,连一粒米饭都能分析推论说上半小时,一脸正经的、崇尚细节完美的"秀才"。例如,《西游记》中的唐僧就是这样的风格。

2. 自我改进与他人改进

(1) 支配型。

这一类同学往往会给人一种强势的感觉,需要多给别人一些空间和时间,增加平等、商量、民主的成分去组织讨论和推进工作,特别是要让别人把话说完,多一些耐心,对事情不光要看结果也要看看过程。

沟通技巧:与这一类人沟通时,要在最短的时间里给他一个非常准确的答案,而不是模棱两可。可以问一些封闭式的问题,他会觉得效率非常高。要讲究实际情况,有具体的依据和大量创新的思想。要尽量直接,不需要太多的寒暄,节约时间。声音要洪亮,充满自信心,语速可以较快。要有计划,并且最终要落到一个结果上,他更看重结果,尽少从感情的方向去讨论。

(2) 影响型。

这一类同学容易给人一种爱闹腾的感觉,可以适当低调一些,适当减少一些不必要的人际交往,让自己的时间精力更专注更有效。

沟通技巧:与这一类人沟通时,他们往往比较热情,和他们说话也要非常直接,声音洪亮,可以有一些动作和手势,并关注他的动作。多从宏观的角度去说一说,如"你看这件事总体上怎么样""最后怎么样"。

(3) 稳健型。

这一类同学容易给人一种保守的感觉,可以多给自己一些突破,不给自己设限,对他人情感的体谅和照顾等不要影响到自己的理性判断,多主动发表自己的主张。

沟通技巧:这一类人看重的是双方良好的关系,相较而言不太看重结果。这一点告诉我们在和他们沟通的时候,首先要建立好关系,注意保持微笑。说话要比较慢,要注意抑扬顿挫,不要给他压力,要鼓励他,去征求他的意见。可以多问"你有什么意见,你有什么看法",问后你会发现,他能说出很多非常好的意见,如果你不问的话,他基本上不会主动去说。

(4) 服从型。

这一类同学往往会给人刻板拖拉的感觉,可以在不需要完美的时候做一些取舍,对他人要多鼓励,多宽容,自己要多融入集体之中。

沟通技巧:与这一类人沟通时,一定要注重细节,遵守时间,尽快切入主题,用准确的专业术语,多列举一些具体的数据,多做计划,使用图表等。

三、沟通小提示

1. 沟通中的人际关系层次

有时候你可能总会觉得和一些人说话怪怪的,相互不熟,他见到你特别热情,问的话让你心跳加速还问个不停,或者你觉得关系挺好的,结果人家对你淡淡如同路人。这些就是人际关系层次和沟通不搭。通常而言,陌生人之间一般不会说话,和不太熟的朋友最多聊聊八卦,和关系中等的朋友就会更多谈到与自己有关的话题,和好朋友、密友的话题就会更多涉及一些主观感受、私密内容。如果你和对方不属于这样的同一层次,却涉及了同一层次性质的话题,就会感到不舒服。因此,当你以后在路上再遇到同学或朋友时,就知道什么样的对象可以礼貌性问好,什么样的对象可以聊聊外面的世界,什么样的对象可以想说就说。

2. 有效倾听

倾听首先要把握对方的语言表达内容本身。同时,沟通中,还要注意对方的眼神、表情、动作等体态语言,自己也要关心对方、专心倾听,让对方感知到自己的状态,形成良性互动。有效倾听不仅要讲究方式方法,还要感知对方的状态,才能达到事半功倍的效果。

善于倾听的任弼时

任弼时被称为"中国革命青年的导师"。他为人公道正派,和蔼可亲。对待同志既能严格要求,又能循循善诱。在与别人谈话时,任弼时从不随意制止别人发言,总是以冷静的头脑和说服的精神进行解释,启发教育,被称为最善于倾听和采纳正确意见的人。

不论是向他报告或请示工作,或谈论个人问题,任弼时都会耐心地让人讲完所要说的话,全面周详地了解问题,而且能够阐明谈论者对问题不了解或没有考虑到的方面。一次,在延安中央研究院担任历史研究室秘书的叶蠖生同任弼时谈起边区机关和部队中存在的缺点,任弼时一言不发地倾听着。叶蠖生以为这一定是因为自己提出的材料深刻新鲜才引起任弼时的注意。但在他谈完之后,任弼时一条一条地分析,叶蠖生才发现,原来任弼时知道的更多。后来叶蠖生感叹地回忆说:"他如此倾听"是"为着不愿打断下面同志提意见的热忱",是"希望从一百句话中听到一两句有用的话"。

做思想政治工作,不能只讲一团和气,有时还要一针见血,这样才能使党员干部认识错误,改正缺点,不断提高。湘赣苏区时期,一位干部带着扩红突击队到江西吉安,在短时间内扩增了600名红军新战士,回来后向任弼时报告任务完成的原因时,过分强调工作队和个人作用,任弼时立刻尖锐批评道:"人民群众保卫土地利益的政治积极性和他们踊跃参军是我们工作胜利的基本原因,离开群众的支持,离开了当地党的努力,是不可能完成任务的;过分地强调工作队和你个人的作用,是一种个人英雄主义的错误观念。"任弼时的一番话,既让这位干部满脸通红,觉得很不好意思,也给他留下了深刻印象。这样严肃的批评,任弼时不止做过一次,接受批评的同志都感到心悦诚服。任弼时既能以身作则,率先垂范,又能教育、影响和带动身边人也都注意工作方式方法。他通过言传身教的方式润物细无声地开展思想政治工作,在潜移默化中帮助大家解决思想认识和工作作风问题,达到事半功倍的效果。(来源:《北京日报》2018-4-23)

3. 表达在三种特别场景中需要把握的原则

(1) 坚持己见。有自己的观点是好事,但并不代表要脸红脖子粗,不让对方发言,拒不接受他人意见,而是要把握自己的态度,采用合适的语言表达自己的观点,汲取对方的合理之处加以思考,给对方说话的机会。

(2) 建设性批评。有的同学认为对别人好就应该直言,能够真诚直言是非常好的品质,但要特别注意方法,不宜直接否定,用讨论和类比提醒的方式效果会好得多。同时还要注意场合,不可让对方在公众面前下不了台。

(3) 委婉拒绝。在大学期间我们总会遇到别人邀请而自己又不想接受的事情,遇到这样的事,我们并不需要道歉,只需要真诚地表明自己的态度,让对方明白——你对此不感兴趣,你的关注点在其他地方,如果随便找个借口对方下次还会来找你。遇到想做但时间冲突的事,同样也要真诚告诉对方,理解你的同学自然会尊重你。

4. 沟通的书面语言

不要忽略,邮件、短信、微信同样是重要的沟通工具,我们需要注意发送的时间、频率,回复的及时性,以及抬头、落款、语气等,书面不像当面那样,不易把握对方的情感,"我今天去了动物园"这句话并不能让对方了解你是高兴还是扫兴;给教授的信息总是感觉特别严肃、距离特远,巧妙地搭上表情就会使你的书面语立刻活起来。

毛泽东的沟通艺术

1936年春,日本侵略者在察绥扶持德穆楚克栋鲁普和李守信建立了"蒙古军政府",并开始进犯绥远。毛泽东亲自写了两封信给抗击日本侵略者的国民党高级将领傅作义,并派中共代表赶赴绥远,面呈傅作义。毛泽东在信中对傅作义的抗日功绩予以充分的肯定:"先生北方领袖,爱国宁肯后人?保卫绥远,保卫西北,保卫华北,先生之责,亦红军及全国人民之责也。"并且积极向他宣传中国共产党的抗日政策,毛泽东在信中说"弟等频年呼吁,要求全国各界一致联合,共同抗日",并希望两军能"互派代表,速定大计,为救亡图存而努力"。毛泽东书信中的言辞诚恳,把国家民族利益放在首位,促使傅作义响应我党的抗战政策。1936 年 11 月傅作义不顾蒋介石的阻挠,发动了抵抗日本侵略者的绥远抗战。毛泽东一直积极主动与傅作义保持沟通,为解放战争、和平解放北平奠定了基础。

1938 年 3 月白求恩抵达革命圣地延安,第二天,毛泽东就接见了他。他们之间的交谈持续了三个多小时,毛泽东给白求恩留下了深刻的印象。白求恩在日记中写道:"我到现在才明白,为什么毛泽东同志那样感动着每一个和他见面的人。这是一个巨人!他是世界上最伟大的人物之一。"毛泽东对白求恩也很关心,他曾在给聂荣臻的电报中指示:"请每月给白求恩同志 100 元,同意任白求恩同志为军医卫生顾问。对其意见、能力完全信任。一切请视伤员需要斟酌办理。"毛泽东还写信鼓励白求恩。毛泽东的这种积极主动沟通活动,使白求恩能全心投入到救治伤员的工作中去,为革命事业挽救了许多宝贵的生命。(来源:《毛泽东人际沟通艺术研究》)

生涯实践

小组讨论,每 3 人一组,轮流发言。

(1) 回顾自己在大学里有没有遇到特别难沟通的事情,当时是什么情景,你是如何沟通的,如果是现在你会采用怎样的沟通方式。

(2) 小组成员间互相提"建设性意见",一人当观察员,每个人谈自己的感受,反思如何提出建议使得对方乐于接受。

生涯感悟

社会是一个多元文化共存的环境,未来全球化的交互更加广泛频繁和深入,大学生身处这个时代,必须提升自己的社交能力,学会和不同类型的人群进行沟通,准确表达自己、理解对方。关键是要理解对方的"语言"、适应对方的风格,并用对方能接受的"语言"进行交流。未来不是一个人英雄的时代,更多的合作要求团队协作的技能。大学社团、社会实践就是自我的很好的学习锻炼方式。

思考与练习

1. 在网上进行 DISC 风格测试,与自己对照反思,总结自己的行为模式特点。
参考链接 http://www.xjy.cn/ceping/disc.html。

2. 全班分成 A、B、C、D 四组,各抽取一个话题进行无领导小组讨论,A、B 互相观察,C、D 互相观察,即 A 讨论时,B 观察,并在结束后说说 A 组成员在沟通时的特点,然后交换。C、D 按相同办法进行。

 拓展阅读

人际冲突的处理

美国行为科学家托马斯和他的同事克尔曼提出了一种两维模式,以沟通者潜在意向为基础,认为冲突发生后,参与者有两种可能的策略可供选择,即关心自己和关心他人。其中,"关心自己"表示为在追求个人利益过程中的武断程度,以此为纵坐标;"关心他人"表示为在追求个人利益过程中与他人合作的程度,以此为横坐标,定义冲突行为的二维空间(见图 4.4)。于是,就出现了五种不同的冲突处理策略:强制、合作、妥协(折中)、迁就(顺应)和回避。

回避策略,指既不合作又不武断的策略。

强制策略,指高度武断且不合作的策略。

迁就(顺应)策略,指一种高度合作而武断程度较低的策略。

合作策略,指在高度的合作精神和武断的情况下采取的策略。

妥协(折中)策略,指合作性和武断程度均处于中间状态的策略。

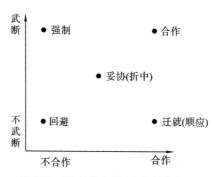

托马斯、克尔曼的人际冲突处理模式

图 4.4

1. 回避方式

回避指不武断和不合作的行为。个体运用这种方式来远离冲突、忽视争执,或者保持中立。回避方式反映了对紧张和挫折的反感,而且可能包括让冲突自己解决的决定。由于忽视重要的问题会使他人感到灰心,所以总是使用回避方式常导致他人的不利评价。这一方式可以由以下的表述来阐明。

如果有规则,我引用规则。如果没有,我让其他人自由做出他的决策。我通常不会说出会引起争议的观点。我避开那些引起我与朋友们争论的问题。

当尚未解决的冲突影响到目标的实现,回避方式将导致对组织的消极结果。这种方式在某些情况下可能是适当的,如:

(1) 问题很细小或者只有短暂的重要性,不值得个体耗费时间和精力去面对冲突;
(2) 个体在当时没有足够的信息来有效地处理冲突;
(3) 个体的权力对其他人而言太小以至于没有机会来形成变革;
(4) 其他人可以更有效地解决冲突。

2. 强制方式

强制指的是武断和不合作的行为,同时也代表了对人际冲突的赢-输方法,努力达到他们自己的目标而不考虑其他人。这一方式包括强制性权力和控制的方面。强制方式可以由以下的描述来阐明。

我喜欢直截了当,无论是否喜欢,按我说的去做,也许当其他人有了我的经验时,他们将记住这一点并给予更好的评价。

我使其他人确信我的主张的逻辑和好处,在争执中我坚持自己的见解。

在争论开始后,我通常坚持自己对一个问题的解决方案。

强制倾向的个体认为冲突解决意味着非赢即输。当处理下属或部门之间的冲突时,强制方式的管理者会威胁或实际运用降级、解雇、否定的绩效评价,或其他惩罚来获得服从。当同事之间发生冲突时,运用强制方式的员工将通过向管理者求助来尽量按照自己的主张行事。这种方式代表了一种通过管理者来将决定强加给对方的企图。

由于员工的利益未被考虑,所以管理者过分依赖于强制方式会降低员工的工作动力。相关的信息和其他可能的选择方案通常就被忽视了。在某些情境下强制方式可能是必要的,如:

(1) 紧急情况需要迅速的行动;
(2) 为了组织的长期有效和生存必须采取不受欢迎的行动;
(3) 个体需要采取行动来保护自我和阻止他人利用自己。

3. 迁就方式

迁就指的是合作和不武断的行为。迁就代表了一个不自私的行为、一个长期的被他人所鼓励的合作策略,或者是对其他人愿望的服从。运用迁就方式的个体是典型的被他人给予积极评价的人,但是他们也会被认为是软弱和顺从的。迁就方式的表现可以表述如下:

通过暂停我的个人目标以保持与那些我所重视的人的良好关系来使冲突得到最好的控制。如果可以使其他人高兴,我完全赞成。我喜欢通过使争议显得不那么重要来消除它。

我通过建议我们的分歧是细小的以及将我的观点与其他人的结合在一起以表示友好来缓和冲突。

当运用迁就方式时,个体会表现得好像冲突将最终消失,同时他也求助于合作。个体将通过安慰和支持来努力减少紧张和压力。这种方式表示出了对冲突的情感方面的关注,但对于关注它的实质问题则没有什么兴趣。迁就方式仅仅导致个体掩饰或掩盖个人的情感。如果将它作为解决冲突的主要方式,则基本上是无效的。以下情形从短期看来迁就方式会比较有效：

(1) 个体处于潜在的爆发性的情感冲突情境中，并用掩饰来使情境变得安全时；

(2) 在短期内保持协调和避免分裂格外重要时；

(3) 冲突主要基于个体的人格而且不能轻易消除时。

4. 合作方式

合作是指强的合作和武断性的行为。它对人际冲突的解决而言是双赢的方法。运用合作方式的个体想使共同的结果最大化。这种个体倾向于：① 把冲突看作是自然的、有助益的，以及如果处理得当会带来一个更有创意的方案；② 表示对他人的信任和对他人的正直；③ 认识到当冲突的解决使所有人满意的话，则所有人也将对这个解决方案给予承诺。对这种方式的描述如下：

我首先努力克服任何存在于我们之间的不信任。接着我努力得到我们双方对这个项目的共同感情。我强调没有什么是不可改变的，同时建议我们找到一个可以进行尝试的方位。我告诉其他人我的想法，积极主动地获得他们的观点，同时寻找一个对双方有益的方案。我喜欢提出新的并建立在已表达观点的基础上的方案。我努力深入研究一个问题以找出对我们大家都有利的方案。

通过这种方式，冲突被公开地认识并被所有有关的人所评价。分享、检查和评价冲突的过程将得到一个有效解决冲突并使所有相关的人都可以接受的解决方案。在以下情形下，合作方式是最为有效的冲突解决方式：

(1) 通过个体差异来开展工作往往要消耗额外的时间和精力，但合作方式所需的相互依赖性证明了这些消耗是有意义的；

(2) 个体中有充分的权力均势以至于他们感到可以坦率地相互影响，而无须顾及他们之间的正式上下级关系；

(3) 从长远来看，双方有通过双赢的过程来解决争议并能互利互惠的潜力；

(4) 有充分的组织支持，以投入必要的时间和精力来用这种方式解决争端。

5. 折中方式

折中指的是中等水平的合作和武断性的行为。运用这种方法的个体进行平等交换并做出一系列的让步。折中是一种被广泛使用和普遍接受的解决冲突的方法。这种方法可以由下面的描述来予以说明：

我想知道其他人如何感觉。时间适合时，我会解释自己如何感觉并尽力告诉他们错在哪里。

当然，在适中的基础上解决问题是非常有必要的。

在我自己的方法失败之后，我通常发现为我们大家寻找一个收益和损失的合理结合点是很有必要的。

当他人想迁就我时，我对他们做出让步。

就像那句古老格言说的，有总比没有好，大家都折中一下。

一位同他人妥协折中的个体将更可能被积极地评价。对于折中方式的积极评价有很多解释,包括:它基本上被视作一种合作性的"退让";它反映了一种实用主义的解决冲突的方法;它有助于为未来保持良好的关系。

折中方式之所以不能用在冲突解决过程的早期有以下几个原因。第一,相关的个体很可能在被宣称的争端上而不是实际的争端上折中。冲突中提出的第一个争端往往不是真正的争端,所以过早的折中将妨碍对真正争端的全面分析或探究。第二,接受一个最初的主张比寻找一个使所有相关的个体都满意的方案要简单得多。第三,当折中不是可以得到的最好决策时,它对所有或部分的情境是不适合的。进一步的讨论会揭示一个解决冲突的更好的方法。

与合作方式相比,折中方式没有使双方的满意最大化。折中使每个人获得中等的,但仅仅是部分的满意。以下情形采用折中方式可能是合适的:

(1) 一致使每个人的情况较好,或者至少不差于没有达成一致的情况;

(2) 达到一个全部的双赢协定完全不可能;

(3) 冲突的目标或对立的利益阻止了对一个人的提议达成一致。

6. 处理方式的选择

对运用不同的人际冲突处理方式所做的研究表明,合作倾向于:更成功而不是不成功的个体的特征;高绩效而不是中等或低绩效组织的特征。人们都愿意把合作视为对冲突的建设性的利用。对合作的运用似乎导致了其他人的积极情感以及对绩效和能力的积极自我评价。

与合作相反,强制和回避通常有着消极作用。这些方式倾向于与对冲突的不那么有建设性的运用、他人的消极感情和对绩效与能力的不利的评价相联系。迁就与折中的效果似乎是混合的。对迁就方式的运用有时导致他人的积极情感,但这些个体并不形成对运用迁就方式的个体的绩效和能力的积极评价。对折中方式的运用一般都会得到其他人的积极感情。

第 4 节　休 闲 理 财

生涯指引

最可信赖的红色管家——熊瑾玎

熊瑾玎,1886 年 1 月出生于湖南省长沙县五美乡(今江背镇五美社区)张家坊村。1918年加入新民学会,并积极参加五四运动。1927 年加入中国共产党,先后在湖北省委、上海党中央机关工作,并在湘鄂西苏区任工农革命政府文化部长兼秘书长。1933 年 4 月在上海被捕入狱,坚贞不屈。在抗日战争和解放战争期间,任《新华日报》总经理、《晋绥日报》副经理、解放区救济总会副秘书长、中国人民救济总会监察委员会副主任等职。新中国成立后任中国红十字会副会长,历任中国人民政治协商会议第一、二、三届全国委员会委员。1973年1月在北京逝世,享年87岁。

熊瑾玎在半个多世纪的革命斗争中,不畏艰险,为党和人民作出了巨大贡献。周恩来赞誉他在土地革命战争时期"担任党中央最机密的机关工作,出生入死,贡献甚大,最可信赖";老新华人称他为"红色管家","是新华日报唯一不可缺少的人"。

福兴商号的"熊老板"

1927年大革命失败后,国民党反动政权用特务、军事等手段残酷镇压革命活动,中国共产党领导的革命斗争进入艰苦时期。许多党的优秀干部被杀害,党的活动被迫转入地下。1928年4月,由于武汉党组织屡遭破坏,工作很难展开,熊瑾玎离开武汉,前往上海找到中共中央政治局常委李维汉,汇报了武汉党组织的损失以及他在武汉开展工作的情况。李维汉知道这位早已熟识的熊瑾玎富有理财经验,稳当可靠,善于交友,是从事秘密工作的合适人选,便要他留在上海担任中央秘书处会计科科长,以承担筹集和管理经费的主要职责。同时,李维汉要求熊瑾玎另找地方,建立一个中央政治局开会办公的秘密机关。

熊瑾玎打扮成一位很有身份的商人,亲自去别人介绍有房屋出租的地方查看。他四处选址,最终在四马路云南路口(今福州路人民广场口)找到一所门牌为云南路447号的二层楼房(今云南路171号至173号处),经过观察,熊瑾玎认为这所房屋是设立党的秘密机关的合适场所。进出这所房屋要经过一条不为人关注的小巷,巷子比较脏乱,一般人不大从这里经过。房子的全部楼面共有三间,一间面积较大,作为客厅,可容纳10余人,其余两间一间作为卧室,一间堆放东西兼作厨房。楼下是一个周姓医生开设的"生黎医院",每天都有很多人来看病,正好可以掩护往来的地下党员。这所房子使熊瑾玎最感满意的地方还在于它位于天蟾舞台(今天蟾逸夫舞台)后面,可以从天蟾舞台西侧云南路直接到二楼房间,不必经过楼下医院的房子;万一出事可以从楼梯撤退出去混入来往的市民之中。租好房子后,熊瑾玎便在门口挂起了"福兴商号"的招牌,经营湖南纱布,他就成了这所商号的"老板"。此后40余年,党内同志和党外朋友一直亲昵地称他为"老板"或"熊老板"。

福兴商号开业后,中央领导人常来这里开会,大都按照当时商人的装扮,穿长衫,戴礼帽。人到后,熊瑾玎就会搬出一些布匹放在客厅中央的大桌子上,再在旁边放上算盘之类的东西,万一会议中间有人进来,开会的人就赶紧装成看货议价的样子。朝西的窗口下另有一张小条桌,负责记录的人就坐在这里做记录。

殚精竭虑为党理财

熊瑾玎作为中央秘书处会计科科长,筹集和管理党的活动经费是他的主要任务。当时中央经费的来源主要有三个。一是共产国际的支援。共产国际的援助大都是通过苏联驻沪领事馆或商业机构划拨到我党指定的一家专门银行,之后熊瑾玎将存款取出后再以他办的其他商店的名义分别存入另外几家有地下党员或可靠关系的银行。二是红军和各根据地打土豪没收的资财上缴中央部分款项,由各地秘密交通员送到上海。三是各地党员所交的党费。这些经费都由熊瑾玎保管。在日常的工作中,他根据中央领导人的决定,作出开支计划,按照计划开支,工作兢兢业业,一丝不苟。他的努力既保障了实际工作需要,又做到了账目清楚,因此多次受到周恩来的表扬和夸奖。

1928年秋至1931年秋,随着中央同各地联系的日益增多,增加隐秘联络点成了亟待解决的问题。在周恩来的指示下,熊瑾玎先后开设了集成印刷公司、天生祥酒店、正泰酒店、湘发泰酒店、庆丰恒酒行等,作为中央收发信件、与外地来人接头的秘密联络点,有时候也用于中央领导人临时碰头开会或接见下属谈话的地方,以及取款贷款、租佃房屋和保释同志或者党外朋友出狱的铺保,在党的秘密工作中发挥了很重要的作用。除了以上印刷厂、酒店、商店外,熊瑾玎还与金神父路的通湘裕酒行、康悌路的万顺酒行建立了比较密切的联系。鸭绿江路丝绸店,是熊瑾玎代表党中央出资并由地下党员江阿明任经理的另一个中央联络点。他还与曹子建在法租界经营了一家小洋货店,入了另一家大型布店的股份,做了股东。

熊瑾玎具有卓越的理财能力,除了自己亲自打理的酒店生意兴隆外,还常常给参与经营的酒店出主意、想办法,帮助他们改善经营方法,获得了数目可观的利润。熊瑾玎没有把这些钱归为己有,而是把所有收入都用作党的活动经费和救助生活有困难的同志和党外友人,自己一家却过着极为艰苦朴素的生活。熊瑾玎待人热情真诚,街坊邻里或者商业上的朋友有困难的时候,他总是慷慨解囊,尽力给予帮助。因此,熊瑾玎在上海的湘鄂商人和一部分上海本地商人中有着极好的声望。他们只要谈起熊瑾玎,无不称赞熊老板是一个大好人。

《新华日报》的"红色管家"

全民族抗战爆发不久,按照党组织的安排,1938年1月,熊瑾玎就任《新华日报》总经理,开始以另一种方式为党和人民服务。熊瑾玎到任第二天,《新华日报》在武汉正式创刊。从创刊到1947年2月被国民政府查封的9年时间里,《新华日报》成为共产党在国民党统治区从事政治、思想、文化等方面斗争,开展统一战线工作、组织群众运动、传播党的纲领路线和政治主张的有力舆论工具。当时武汉报纸众多,为了践行南方局和周恩来对报纸提出的要求——"编得好、印得清、出得早、销得多",为建立、巩固和发展党的这个宣传阵地,为使《新华日报》在激烈竞争中迅速打开局面,熊瑾玎想出了很多好的办法。从创刊之日起,就开展了征集1万基本订户的运动,建立自己的通讯网和发行网。还在长沙、郑州、潼关、洛阳、许昌、宜昌、黄陂等地相继设立了分销处,并在报馆内增设了服务科,为读者代购邮寄各种图书杂志。由于熊瑾玎经营有方,《新华日报》创刊后不久,就发行销售到近2万份,与当时老牌的报纸《大公报》并驾齐驱。(来源:《学习时报》)

熊瑾玎为党理财,一心为民、无私奉献的忠诚与担当,为新时代、新征程中努力前行的奋斗者提供了学习榜样,更激励着青年学生扛起历史重担,凝聚复兴伟力,激荡奋进力量!

 生涯知识

对大学生而言,有着大量的可供自由支配时间。养成健康的个人休闲习惯,培养良好的理财意识和能力,是大学期间一项重要的任务。

一、休闲

1. 坚持体育锻炼

"为祖国健康工作五十年!"这是 1957 年清华大学时任校长蒋南翔在一次集会上勉励大学生锻炼身体而首次喊出来的,国家、社会为培养大学生付出很多代价,当自我的能力经验不断提升,并可以更好发挥效用时,身体不好一切都等于零。具有强健的体魄才是幸福生活的基础,希望大学生能为自己负责,为国家负责。

我们通常会看到,大学生中有很大一部分人群是没有体育锻炼的习惯的,业余时间基本上用在了自习、兼职、文娱等活动上面。有体质弱的同学一个大学上下来,感冒发烧不断,体测勉强过关,女孩贫血,男孩虚胖,这样的身体都是没有办法长期支持工作的。

体育锻炼很简单。约个伙伴一起跑步、打球、跳操都是比较方便和有效的运动方式,关键在于坚持。找一个你喜好的运动方式,每周不少于 3 天,每天不少于 1 小时,给自己加油吧!

2. 保持充足的睡眠

睡眠是人类最重要的修复排毒、恢复精力方式,平均下来每个人可能会有三分之一的时间在睡眠中度过。从睡眠的科学来说,每天保持适量时长和高质量的睡眠毫无疑问是有益于长久的身心健康的。

到底多长时间的睡眠对我们来说是正常的?是通常说的 8 小时吗?其实 8 小时是平均值,根据个体差异,正常的睡眠时间从 3 个小时到 10 个小时都有可能。拿破仑和爱迪生都是短时睡眠者,每天为 4~6 个小时,爱因斯坦则多于 9 个小时。对同一个人而言,不同精神、生理状态期间以及不同年龄段时也不一样,比如压力大、用脑多的时候就需要睡眠时间多一些,有些女生在例假期间也需要多一些的睡眠,快乐和顺利的时候又会少一点。年龄大、压力大的时候,深度睡眠时间会减少,容易被外界干扰而醒来。关于正常的睡眠时间有一个快速的判断准则:睡眠的数量和质量只要能保证你白天的学习工作效率和精力就是正常的。

睡眠缺失会导致注意力分散、动力减弱、反应减慢,长期而言会产生积累效应,甚至导致记忆力受损、判断力减退、脑功能减弱。千万不要透支自己的生命去换取一时的欢快,为了游戏、电影、小说、上网而经常性的通宵是得不偿失的。

懂得了睡眠的常识,我们还要注意和社会节奏相匹配。学生主要的学习和集体生活时段是从白天到晚上十点左右,不妨每周安排几天的傍晚进行锻炼,也有助于睡眠。健康的睡眠,一般晚上不要迟于 11 点钟入睡。自制力弱的人可以加入早起社团,相互提醒和激励,从而把早晨的时间利用好。

3. 远离不好的休闲习惯

尽管大学生中吸烟的人不算少,但我们还是要努力控制自己,少吸或不吸烟,特别是在公众场合,这也是对他人的尊重。日常宴席上的相互劝酒之风也不可取,喝到去医院的不在少数。朋友聚会时若不喝点酒,有的人会觉得不尽兴,但要知道每个人对酒精的分解能力是不同的,喝酒要有节制,不可硬劝,逼迫反而易伤感情。毒品绝对是法律的禁地,万万不可去触碰。通过化学制品来获取精神上的片刻幻觉,和上瘾后的痛苦、一生的健康相比,孰轻孰重是显然的。对于赌博,一是违反法律,二是大学生自身也没有还债能力,千万不要给自己和家庭带来意想不到的灾难。

对于无所不在的网络生活,我们同样要注意它的双面性,我们要学会理性思考并进行判断,对网络上的信息要善用而不沉溺,通过网络这扇窗口去理解、体悟社会现象。需要提醒的是,在网络上必须注意安全,特别是个人的财务信息。

4. 培养一种兴趣爱好和习惯

兴趣是可以培养的,当掌握了相适应的技能,获取到一定的价值回馈之后,会促进持续不断的发展循环,逐渐就可以养成习惯。好的习惯并不是仅仅聚焦在相类似的几项,而是可以打得很开。如果从课程学习、个人成长、业余生活、社会交往等自己重视的方面都去想一想,你会有什么发现?或许,内心渴望和更多的人交往却因种种自我限制难以行动的人,能够每个星期至少主动联系一位远方的好友。这就是习惯,静悄悄但就在你的身边,时刻都会因你的重视而发生。

二、理财

一提起理财,很多同学第一个想到的就是,那是工作以后的事情,现在没有正常的收入,怎么去理财?有的人会说,我想让零花钱更多一些,可是每个月家里给的生活费,去掉各种花销,就剩不了多少钱了,有时候为了和同学出去吃顿饭、一起玩、买东西,还要注意省吃俭用才能实现,想理财也没有余钱啊。有的同学倒是很想理财,有点剩余的零花钱,就全扔到股市里,想凭运气去买一些股票,但往往赔得多赚得少,甚至有的会在一起用钱作筹码来玩牌、打麻将等,个别人还会上当受骗落入传销的圈子。这些都不是恰当的理财观。没有钱,更要理,你不理财,财不理你。有了钱,不瞎理,不乱投资,不幻想暴富。

在大学期间,虽然我们的收入来源比较单一,但是独立生活的小天地里,各种开支林林总总。有的总是富有余地,可以用结余的钱报班、旅游、购物,有的只能满足正常的生活开支,遇到大的消费需再向家里要钱,还有的东拆西借,借了新账还旧账,一个月第一个星期还没过完,生活费就差不多用光了。让自己单一的收入花得更加合理、更有价值,才不会捉襟见肘,大学时候的收入支出也是有文章可做的。

虽然财务问题对于大学生来说,还不是最迫切的问题,但是及早树立合理的理财观念,培养自己的理财能力也很重要。而任何一项能力的培养,都不会是一朝一夕,需要从现在就开始有意识地锻炼自我。

怎样开始自己的理财之旅呢?可以按照下面的方法一步步来进行。

1. 清楚个人资金情况

若想理财,第一步就是摸清自己的"家底"。我们的收入从何而来?在校大学生大部分是靠家庭支持来保证自己生活的经济来源的,这是大部分同学收入的主体。有的同学会在课余兼职,或者做一些财务上的投资行为,有的人在校期间开始创业,运作良好,带来现金流入,此外还有获得各类奖学金、竞赛奖励的,一些特殊群体还可以得到特殊资助,由此构成了整个收入来源。支出呢？去掉学杂、教材、住宿费用,自己最首要的开支就是一日三餐了。在有结余的情况下,同学们的花销五花八门,其中较大金额的有报各类辅导班的费用,旅游、聚会等休闲娱乐花销。有的同学打开支付宝账单可能会吓一跳,不知不觉自己花掉这么多钱买东西。那么你知道自己的收支情况吗？每个月有多少钱流进、多少钱流出？具体的来源和去向有哪些？主要的构成有哪些？有没有可以替代掉的部分？我们可以通过类似于时间管理的方法,为自己创建一个表4.6所示的记账表格,从为期一天、一周、一个月的记账开始理财之旅。

表4.6

日期\费用	餐饮伙食	水果零食	日常用品	交通通信	文化娱乐	人际交往	服饰装扮	医疗保健
1								
2								
3								
4								
5								
6								
7								
8								
9								
10								
11								
12								

2. 养成良好的消费习惯

理财无非开源和节流两个方向。大学生的收入比较稳定,所以理财的核心是养成一个好的消费习惯。大学生处于青春最美好的年纪,买一些时尚的衣服和潮品,让自己在人群中更有时代趋势感和个性,从外在形象和日常交往中多吸引一些他人的青睐,这都很正常。可是,我们需要知道,最适合自己的是什么,明白自己的经济实力,而不要铺张、挥霍、浪费和盲目跟风。

习近平论坚持厉行节约

节俭朴素，力戒奢靡，是我们党的传家宝。现在，我们生活条件好了，但艰苦奋斗的精神一点都不能少，必须坚持以俭修身、以俭兴业，坚持厉行节约、勤俭办一切事情。年轻干部要时刻警醒自己，培育积极健康的生活情趣，坚决抵制享乐主义、奢靡之风，永葆共产党人清正廉洁的政治本色。(来源：习近平 2021 年 3 月 1 日在中央党校(国家行政学院)中青年干部培训班开班式上的讲话)

"节约最光荣""勤俭持家"一直是我国的优良传统。养成正确的消费观，会助力个人走上成功、幸福之路。科学的消费理念对大学生自身塑造会产生潜移默化的影响，更好实现个人价值与社会价值的融合。其实，当今大学生毕业后，有一部分人成为"超前消费族""月光族"，这大多与没有良好的消费习惯和理性的消费观有所关联。消费观层面的教育有其自身的育人功能，不应被家庭、学校和社会所忽视。重视消费认知的观念、意识，提升综合素养，提倡正确的消费观，年轻人才不会在初入社会时迷失自我，丧失基础的消费判断力。

(1) 做好消费计划，先投入必需的支出。

列出消费计划，开学前提前计算好学期内各项开销。提前留出如书本费、饭卡水卡充值费、班费等必需的开支。如果要购买大件的电子设备、报学习培训班等，可以提前留出经费，甚至可以提前为了目标存钱，比如每个月存 300 元，逐渐积累也足够你在寒暑假做些自己想做的事。

(2) 理性消费，关注性价比。

每个消费者都希望买到好而便宜的东西。理性消费最好的衡量指标是性能和价格的比值，简称性价比。

比如购买笔记本电脑，一般的配置已经可以满足正常学生大部分的学习生活需求。如果不是设计专业学生或游戏发烧友，买高配置的电脑对于我们来说"效能"并不明显，性价比则不高；买配置太落后的电脑貌似省钱，但考虑到更新换代以及因为速度慢带来的麻烦，性价比也不足；购买有一定前瞻性的中等配置的电脑则性价比最高。

(3) 面子与票子。

一份调查结果显示，大学生的很多消费在人际交往方面。调查中，大学生每月用于交际的手机话费，100 元以下的仅占 14%，100~150 元的占 40%，150 元以上的占 55.1%。谈恋爱、交朋友的大学生每逢重要节日或是对方生日，有 57% 的同学会请同寝室的人或朋友吃饭，36% 的同学选择送礼物，7% 的同学选择点歌送祝福。调查还发现，现在大学校园里流行"人际关系投资"，无论是过生日、入选学生干部、比赛获奖还是拿奖学金等都得请客，否则便被视为"不懂味"、不够交情，无论是朋友来了或是同学聚会都免不了请客吃饭或者赠送礼物，这样的一种人际关系投资在大学校园里已经蔚然成风，实际上很多都是不必要的。

由此而见，开学聚会、朋友和同学聚会等交际场合，往往会花费很大一部分的钱，很多时候开学一个月下来，已经花了接下来三个月的钱。其实有很多方法可以控制这部分的支出，比如:尝试AA制;靠近的节日、生日、纪念日尽量安排在一起;点菜以吃完为标准,不铺张浪费;精心设计的小活动、DIY的小礼物比饭店档次更感人。

(4) 找到自己的品位,不盲目跟风。

学校里和社会上永远都有各种潮流——新流行的服装、运动、小吃甚至新流行的证书都在吸引你的注意力。与其追赶每一个潮流,不如把资源集中在最适合自己的方向。逐渐寻找自己喜欢的阅读、运动和休闲方式,适合自己的服装和品牌,喜欢的旅游方式以及比较合适的消费场所。不该花的钱一分不花,该花的钱大胆投入。

3. 为自己创造营收

在大学生阶段,有些同学会成为创业一族,有些金融专业的同学会较早开始金融投资行为,尽管成功率并不高,但其中的成功人群还是可以获得一定经济收益的。

对多数大学生而言,最主要的创收渠道就是做兼职。兼职,第一个字是"兼",需处理好学业和工作之间的关系,第二个字是"职",需处理好收益和技能提升的关系。

我们应该为每一次兼职做好筹划,利用兼职的机会多体验,了解真实的职场、提升自己的技能和适应力,那么未来带给自己的价值和收益才是大大的财富。下面是关于兼职的一些建议:

(1) 切忌本末倒置,不要单纯为了挣钱而挣钱。

在大学阶段,只要能顾好学业,按部就班找实习、找工作,将来收入都不会太差,挣钱不必急于一时。所以你选择的兼职最好能兼顾两点:是否和专业相关(提前实习),这样能为将来职业上的发展积累经验;是否能提升某项技能,这在你将来出入职场时用得上。

(2) 实习是最好的兼职。

一方面实习跟专业相关,能为毕业后正式工作打基础,提高你的收入起点;另一方面实习期可能会有一些收入。即使是没收入的实习,其实也是在为自己未来就业铺路,算是一种无形收入。

4. 了解学习理财工具

对非财经专业的学生而言,我们需要了解一些基本的理财常识,知道一些常见的、适合大众的通用理财工具。特别是对于互联网金融工具的选择,要注意其是否具有准入资质,防范风险。

对于有日常理财需求的普通大众(非专业投资者),常用的理财工具主要包括储蓄、债券、理财产品、开放式基金等。虽然社会上投资股票的人也比较多,但是真正做好股票投资需要研究经济和企业状况,风险也较高,已经超出了大众理财的专业度要求。就各种分红型保险而言,其主要功能还是在于出险时的经济保障。

最常见的是储蓄存款,有活期的、定期的,活期利率低,定期利率相对高一些。债券分为国债和企业债,企业债比国债收益高一些,都分为各种年期。

理财产品、开放式基金,相当于把认购者的钱集中起来,由专业的投资经理去投向特定类型的金融产品,年期、类型、收益不尽相同,在产品说明书中会有详尽的阐述。有的保障本金安全,有的不承诺保本,有的偏向于投资股票,有的偏向于投资债券,有的偏向于投资央行的票据。根据投资对象的不同,其收益、风险也各不相同,需要认真仔细阅读相关说明以后再决定是否购买。像余额宝等互联网金融投资工具属于优化的货币型基金,年化收益率(按年计算的收益率)和一年定期存款相近,甚至优于定期存款,而又具有类似活期存款的流动性,有的还可以实现当日购买、赎回,渐渐成了一些人用于替代中短期存款的工具。

5. 树立个人信用意识

公民的信用是在银行等金融机构申请贷款等业务的重要审核依据,存在拖欠还款、恶意套现等信用违约问题的个人,在办理金融业务时会受到较大影响。当前,国家的个人征信体系正在建设完善之中,相关机构之间开始共享消费等数据,腾讯、阿里巴巴等互联网巨头也开始涉足个人征信业务,利用大数据呈现个人信用评估状况。因此,每位同学都要注意从身边的小事做起,防止产生信用污点。比如有的同学经常拖欠通信费用,甚至恶意欠费停机销号。在以后这可能会影响个人再次办理通信业务,若行业间数据实现共享交换,继而可能会影响到其他业务,对自己的生活造成不便。

更为严重的是,有些大学生将拥有信用卡视为迈入社会的"第一步",有的甚至把拥有一张高透支额度的信用卡看作富裕的标志、成功的象征。盲目办卡、高额透支消费、地下贷款等不理性行为,不仅会让自己成为"负翁",受卡所累,而且可能导致家庭受累甚至遭受胁迫。每笔透支与偿还都会在个人信用档案上留下记录,而随着个人信用信息系统的全国联网,不良的信用记录不仅会影响未来就业,还会影响工作后申请各类贷款,因此透支消费务必要理性。

烽火戏诸侯

在商鞅"立木为信"的地方,早它400年时曾发生过一场令人啼笑皆非的"烽火戏诸侯"的闹剧。周幽王有个宠妃叫褒姒,为博取她的一笑,周幽王下令在都城附近20多座烽火台上点起烽火。烽火是边关报警的信号,只有在外敌入侵需召诸侯来救援的时候才能点燃。结果诸侯见到烽火,率领兵将匆匆赶到,弄明白这是君王为博妻一笑的花招后又愤然离去。褒姒看到平日威仪赫赫的诸侯手足无措的样子,终于开心一笑。周幽王为此数次戏弄诸侯。五年后,西夷犬戎大举攻周,周幽王再燃烽火而诸侯未到——谁也不愿再上当了。结果周幽王被逼自刎而褒姒也被俘虏。一个立木取信,一诺千金;一个帝王无信,戏玩"狼来了"的游戏。结果前者变法成功,国强势壮;后者自取其辱,身死国亡。可见,"信"对一个国家的兴衰存亡起着非常重要的作用。

诚信不仅是处世之本,也是立业之基。因为诚信不仅仅是个人品行的重要特质,而且在成就事业方面也发挥着相当大的作用。中国历史上,每个朝代都有依靠诚实守信而取得巨大成就的著名人物。比如春秋战国之交的陶朱公范蠡,他经商有道,重视诚信,后世的生意人都供奉他的塑像,尊称他为"中华商祖"。

对于个人来说,要想培养高尚的品行,最基本的就是讲诚信;对于现在的企业来说,市场经济就是契约经济、信用经济,而诚信,就是企业至关重要的无形资产;对于政府来说,要实现社会的长治久安,必须取信于民。(来源:《学习时报》2020-10-12)

生涯实践

小组讨论:每个小组就以下话题进行讨论,并分别选出一名代表,在班级进行分享。
A. 设计一个可以少花钱的创意休闲方式
B. 提出一个可以在校园里赚钱的创意
C. 假设你现在有100万元现金,你将如何使用它?

生涯感悟

休闲和理财是个人面向未来独立生活的重要能力,大学生在校期间需要注意培养自己这方面的意识和技能。

人不是一天24小时都处于工作之中的,合理安排闲暇时间,确立健康的休闲方式,才能达到劳逸结合、幸福平衡。远离恶习,从培养兴趣、坚持锻炼做起,让自己的生活更加纯净,未来更加安康。理财则先从清楚自身收支情况开始,知道自己的资金收支结构,特别是消费结构。这样,我们需要对自己的生活消费习惯进行审视,做好自身的财务预算,打好个人信用的基础。同时,学习掌握适合自己的理财工具也是必修的一门功课。更为重要的是,大学生要明白,学习才是对自己最好的投资,通过接受良好的教育获取个人成长和对未来的胜任,才是需要去理的最大的一笔财富。

思考与练习

1. 为自己选择一种积极的休闲习惯,并邀请监督人监督,每周在班级自媒体上宣告当周进展。
2. 填表:
(1) 记录自己在校期间一天、一周、一月的个人开支情况,填入表4.7。

表 4.7

项　　目	预算	执行
本周期收入	元	元
开支项目		
固定开支		
交通费	元	元
学习班费用	元	元

续表

项 目	预算	执行
日用品与服务	元	元
电话费	元	元
储蓄	元	元
其他	元	元
可变开支		
餐费	元	元
同学聚会、礼物与家庭礼物	元	元
服装、化妆与运动用品	元	元
旅行	元	元
电影演出	元	元
个人爱好	元	元
其他	元	元
合计		
收支结果		

（2）用业余时间对自己的家庭做个小调查，了解家庭上个月的收入、开支情况，并根据实际情况对（1）中的表格项目进行调整，然后填表。

填表后请思考：哪些是必需的消费，哪些是可控的消费？根据家庭闲余资金情况，给家庭做一个理财规划。

 拓展阅读

阿里腾讯做征信对普通民众有何影响？（摘编）

康宁（虎嗅网专栏作者）

滴滴打车的爽约记录、骗取保费时伪造的个人信息、网店贩卖假货的差评……在腾讯征信等8家机构获准开展个人征信业务相关准备工作的背景下，未来个人信用记录不仅将深刻影响人们生活的方方面面，并可能推动全民信用意识的巨大提升。

中国人民银行（简称央行）作为政府征信机构之外，阿里巴巴旗下的芝麻信用、腾讯旗下的腾讯征信等8家机构，成为我国首批商业征信机构。

很多普通市民都知道央行有一个记录着每个人信用状况的系统，但对"个人征信"与日常生活到底有何关系却比较模糊。不少人第一次对自己征信记录产生深刻的领悟，是在个人房贷办理到最后一步时，一查央行的征信系统，才发现自己有信用卡逾期还款的记录，导

致房贷申请惨受影响。

央行作为整个金融体系的核心,在记录企业的信用状况方面效果不错,但面对好几亿个人用户,就显得有点忙不过来,这也是需要多一些机构来一起帮忙的原因。

阿里、腾讯这样的企业加入,对征信系统将产生怎样的影响呢?

第一,征信系统会补充收录海量的用户数据。信用卡逾期之所以带来麻烦,还是因为系统中记录的数据太少了。如果没有其他相关数据来支撑,很难判断一个孤零零的逾期记录到底是不小心还是有意为之。由此,除了央行作为金融核心记录的权威信息以外,同样也需要阿里、腾讯这类每天和海量用户打交道的企业,来提供它们各自领域内的用户数据,才有助于准确反映一个人的真实信用状况。

第二,会让征信系统的判断标准更灵活。在频繁消费的情况下,真要永不逾期却也并非易事,在这种情况下,偶发的逾期若只有短短几天,通融一下并无不可。问题是征信系统只管记录不管判断,只要被记下逾期一次,管房贷的银行就可能找你麻烦。这时如果能有一个信用打分机制综合考虑各类记录,惨痛的领悟或许就能少一点。

第三,会有助于在征信系统里"攒人品"。假如征信记录能反映用户良好的收入状况及理性务实的消费,至少能证明他更值得信赖,也配得上更高的贷款额度或更低的贷款利息。这甚至有可能成为一种社会风气的导向,起码让更守规矩的人在信用评分上得到应有的奖励,而不会产生对非理性、冲动型消费的逆向激励。

美国的"FICO"就是这样一个全球著名的信用打分私企。多数美国人都会有一个专属的分数,高于一定标准,申请信用卡或办贷款就会一路顺风;低于一定标准则会困难重重。FICO 信用分包含日常生活方方面面,购物出行、电费水费甚至地铁逃票都会成为影响信用分的因素。这也反映出整个信用环境都在对"守规矩"进行激励。

随着阿里、腾讯这些国内最有创造力的互联网企业加入,中国的征信市场未来也可能达到 FICO 这样的效果,个人信用会成为越来越重要的个人标签。今后的人们不会等到信用卡逾期影响房贷时才发现征信体系的存在,而是从平时生活中就开始有意识地为自己积攒信用,而良好的信用又会反过来带给大家更多方便。

实际上,征信带来的便利已经在很多企业部分实现了。比如手机号码用久了,相应会有个信用额度,允许欠费之后继续使用;阿里的花呗和京东的白条,就是用"剁手族"自己的消费数据,直接授予无抵押的信用额度,先拿货后还钱;包括多家银行的信用卡,现在也对 3 天左右的逾期给予宽限。(来源:四川新闻网-成都商报)

本章参考文献

[1] 纽波特. 如何在大学里脱颖而出[M]. 2 版. 赵娟,译. 深圳:海天出版社,2006.

[2] 覃彪喜. 读大学,究竟读什么(上)[M]. 广州:南方日报出版社,2012.

[3] 埃利斯. 优秀大学生成长手册[M]. 15 版. 毛乐,等译. 北京:科学出版社,2014.

[4] 佩里. 拖拉一点也无妨:跟斯坦福萌教授学高效拖延术[M]. 苏西,译. 杭州:浙江大学出

版社,2013.

[5] 真敬.大学生一定要做的 100 件事[M].哈尔滨:哈尔滨出版社,2010.

[6] 古典.你的生命有什么可能[M].长沙:湖南文艺出版社,2014.

[7] 平克.全新思维:决胜未来的 6 大能力[M].高芳,译.杭州:浙江人民出版社,2013.

[8] 科特雷尔.个人发展手册[M].凌永华,译.北京:北京大学出版社,2012.

[9] 古典.跃迁:成为高手的技术[M].北京:中信出版社,2017.

第 5 章 深度理解职业

第 1 节 了解职业的本质

 生涯指引

扎根基层谱青春,热血奋斗践初心——记浙江大学李秀媛

李秀媛,中共党员,广西桂林市临桂区人,浙江大学高分子科学与工程学系 2013 级高分子材料专业硕士研究生。现任桂林市委组织部党建办四级主任科员。2018 年 4 月至今担任桂林市恭城瑶族自治县平安镇巨塘村党组织第一书记。曾获 2019 年桂林市脱贫攻坚先进个人,连续两年(2018、2019)被评为桂林市脱贫攻坚(乡村振兴)"一等"第一书记,获得 2018 年桂林市选调生"不忘初心 砥砺前行"主题征文比赛一等奖,获得 2019 年桂林市选调生"把青春奉献基层"主题征文比赛一等奖。她的扶贫故事曾被人民日报、人民网、学习强国广西学习平台、桂林日报、桂林晚报、浙江大学公众号等多家媒体报道。

初心始燃,缘于选调

记得研究生报道第一天,进入浙大校园,有这么一句话让李秀媛印象非常深刻:"诸位学生,有两个问题应该问问自己,第一,到大学来做什么?第二,将来毕业后要做什么样的人?"当时的李秀媛对未来还很模糊,不知道以后要做什么。但三年的校园时光,浙大的"求是"精神给了她问题的答案。正如竺可桢老校长所言"人生在于服务,不在于享受"。毕业后,李秀媛选择回到家乡广西桂林成为一名选调生。很多朋友不理解,好不容易从农村考出来,毕业了为什么不留在上海、杭州这样的大城市,去企业拿几十万的年薪,却还要选择回到家乡?选择选调生这条路,初心到底是什么?李秀媛觉得答案很简单:往小说,就是不做精致的利己主义者;往大说,是家国天下的情怀,是为中国人民谋幸福,为中华民族谋复兴的初心。

扶贫先扶志,破致贫症结

2018 年 4 月,李秀媛积极响应组织号召,从桂林市委组织部来到恭城瑶族自治县平安镇巨塘村担任第一书记。初次来到巨塘村时,村干部和群众对她这个 90 后"女娃娃"充满疑虑和怀疑。一些贫困户就直接对她说:"你是市里的干部,来村里镀镀金就回去了的。"李秀媛暗下决心,一定要为村里多做实事好事,用实际行动赶走大家的怀疑。

巨塘村下辖 5 个自然村,全村共 635 户 2597 人,其中贫困户 75 户,贫困人口达 280 人。因病因残致贫高达 43 户,因缺技术致贫达 16 户,村里主要劳动力纷纷外出务工,发展缺少

劳力。李秀媛通过深入走访调研发现：部分村屯垃圾遍地，老人无人赡养，村民打牌成风。部分贫困户每逢春节、中秋等传统节日，就搬着椅子坐在家门口，等着帮扶干部送钱送物；有些贫困户之间甚至互相攀比，谁得的多，谁得的少；这些"等靠要"的现状深深地刺痛了她。她因此暗暗下定决心："一定要从思想上拔掉他们的'穷根'，必须要让贫困户明白，脱贫致富关键要靠自己。"

习总书记说："扶贫要扶志和智。"李秀媛决定从改变人心开始，扶起志向和智慧。"农村富不富，关键看支部"，通过抓班子，带队伍，筑牢党建基础，建立党员微信群，加强流动党员管理，接受群众监督，增强为民服务意识。开展形式多样的村级文化活动，引导贫困村党员向上向善发展。从改变村边环境抓起，结合主题党日活动，带领村干部和党员一起，动手清扫村里的垃圾。推行"组甲制"，深化"三心三治一守"社会治理模式，弘扬中华传统文化，成立"一约四会"，进行文明家庭评比，比谁家更干净整洁，比谁家更有致富经。在李秀媛的努力下，村两委班子和党员队伍焕发出了生机，在脱贫攻坚这场硬战中发挥先锋模范和战斗堡垒作用。

教育是脱贫的希望。为了让村里的孩子们开阔眼界，李秀媛联系浙大校友暑期到巨塘村开展社会实践活动，带来先进的学习理念，给予学生们精神上的支持和鼓舞。她利用浙大校友会和多方资源，争取资金10余万元，开展"微心愿"点亮行动，给贫困学生家庭发放图书、书包、文具、学习机、油米等物资。此外，还争取项目资金和企业赞助，完善学校硬件条件。

排忧解难，做群众知心人

驻村两年多来，李秀媛始终坚持"服务基层、服务群众"的理念，帮助化解矛盾纠纷，努力为群众办实事、解难事。反复跑民政、社保等单位，帮助贫困户莫双艳领养的4岁小孩解决了户口问题；帮助患尿毒症长期需要入院透析的唐庚林，患癌症的黎志坤、陈远兴等因病陷入困境的贫困户争取民政大病救助和低保补贴等；为李文兴、容文斌等11户贫困户调解宅基地纠纷，解决危房改造问题等，累计帮助群众解决各类问题120余件。

由后盾单位市委组织部牵头，市、县、镇三级鼎力支持，整合项目资金1000余万元，用于完善村里的基础设施，让村民生活条件得到了很大改善。目前，巨塘村新的村委办公楼，配套有文化活动舞台、体育娱乐等场地，安装了太阳能路灯，村屯通上水泥路，做好了清朝时期传统古村落的修复和保护以及美丽乡村建设的改造升级；打造了3个老年人活动中心，组建了村级文艺队和篮球队，提升了村民精神文化品质。

巨塘村依山傍水，发展生态乡村旅游有着得天独厚的优势。看准这一点后，李秀媛在牛路头休闲农庄办起扶贫车间，并设立村级公益性岗位，在家门口办起了"脱贫工厂"，为30多户贫困户提供就业岗位，带动贫困户增产增收。她为村里争取了30多万元启动资金和鸡苗、鱼苗等帮扶物资，解决贫困户发展难、增收难等现实问题。通过引导群众感党恩、听党话、跟党走，营造了勤劳致富、乐于奉献、脱贫光荣的氛围。

谋划创新，争做产业发展的"领路人"

巨塘村产业发展缺乏好的经营理念和经营人才，村民缺的是致富的信息和信心，这些都是迫切需要解决的难题。李秀媛结合抓党建促脱贫攻坚，以党建为引领，以服务聚民心，支持有能力有条件的党员积极发展产业，培养5名党员致富带头人发展砂糖橘、葡萄、清水鱼、肉牛等特色种养产业。由党员带头,成立巨新水果专业合作社,打造1220亩柑橘产业示范基地,动员300多户农户参与到合作社中来,3000余人直接受益。整合扶贫资金共计290万元,建立30亩清水鱼和肉牛养殖示范基地。通过光伏发电产业、"旱改水"项目等拓宽增收渠道,巩固脱贫成果。

目前巨塘村村集体经济收入由2017年的2万元增加到14.6万元。依靠产业脱贫致富,巨塘村的农民人均纯收入也从2015年的3000元左右提高到2019年的6000多元。因各项工作成绩突出,巨塘村荣获自治区级四星级党组织、2018年桂林市先进基层党组织、2019年度桂林市第一书记(工作队员)工作示范点、三八红旗集体、文明村镇等荣誉称号。

使命唤担当,信念引未来

李秀媛驻村以来,很多东西都在潜移默化地改变和被改变着,巨塘村的面貌发生了翻天覆地的变化。基层锻炼让李秀媛真正成长起来,走访贫困户的次数已经记不清了,巨塘村就是她的家,乡亲们更像是她的家人,已经成为她生命中很重要的一部分。"每当入户听到村民那一声热情的招呼:'小李书记,忙完工作歇会,来我家打油茶吃个便饭。'心里真的说不出的感动。就像《道德经》中说的那样,'既以为人己愈有,既以与人己愈多'。越多帮助别人,自己越富有;越多给予别人,自己收获也越多!"

在巨塘村参与扶贫工作期间,李秀媛收获了婚姻,并怀上宝宝。怀孕后她仍坚持驻村开展工作,在这个过程中面临生理和心理的多重考验。妊娠期的严重孕吐反应,以及因孕期激素过高诱发结节并接受手术治疗,让她一度有些崩溃。孕期经常挺着大肚子奔走在田间地头、农户和项目基地之间,直到宝宝出生前10天才休假。孩子出生后,她选择带着孩子和自己的母亲住进巨塘村。基层工作是"上面千条线,下面一根针",千头万绪任务繁重。带着宝宝驻村时,有时一两个月都回不了家,一般是爱人周末来村里团聚。李秀媛说:"家人的支持和理解,是我做好扶贫工作的强大动力,督促着我要为村里多做实事,多做好事。生活上的困难不算什么,这些都能克服,关键是能得到村民的肯定,帮助村民过上好日子。"未来,李秀媛将坚持为初心而行,为时代而战,以青春之我,绘美丽乡村。(来源:《中国大学生就业》第22期)

习总书记在给北京大学学子的回信中指出:"得其大者可以兼其小。只有把人生理想融入国家和民族的事业中,才能最终成就一番事业。"基层是创新创造的前沿阵地,是改善民生的最终环节,也是高校毕业生历练成长的广阔舞台。全国脱贫攻坚楷模黄文秀,以及继续走在乡村振兴路上的无数个年轻的身影,他们在基层用忠诚和担当践行着青春理想。广大青年应该把握投身基层工作与促进国家发展的辩证关系,积极投身基层,干出自己的一番事业。

生涯知识

一、什么是职业

职业是参与社会分工,利用专门的知识和技能,创造物质财富和精神价值,获得合理报酬,满足物质生活、精神生活的一种社会交换方式。

我们在绪论里已经谈过"职业"和"职业生涯"的区别。在这一章中,我们只谈论"职业"。我们所熟知的医生、工程师、教师、CEO、摄影师都是职业,那么职业与非职业有什么区别呢?

有人说,学生的天职就是学习,这么说来,学生是一种职业吗?小偷也有专门的技能,也是一种职业吗?

我们不妨来做一个选择题,下列"工作"清单中,请问哪些不属于职业?

作家	学生	销售员	教师	主持人
政治家	小偷	公务员	保姆	农民
志愿者	总裁	市场总监	网球教练	家庭主妇

在以上的清单中,学生不是一个职业,因为学生在学习期间不被要求创造财富,即使有的学生有奖学金和助学金,那也只是对学习成绩的奖励或者对经济困难的同学的帮助,而不是工作报酬。

小偷也不是一个职业,小偷不创造财富,只会非法转移财富。虽然小偷有专门的知识和技能,但并没有人会为此支付合理报酬,小偷在满足自己的物质生活和精神生活的同时,却给别人的物质生活和精神生活带来损害。

家庭主妇和志愿者如果不领取报酬,也不是一个职业。如果志愿者是在专门的机构担任一定职位,并且领薪水,比如支教教师,那么他的职业就是教师,如果是负责具体项目协调和资源调配,那么他的职业可能就是项目主管。

有人可能会想到兼职,兼职是指不脱离本职工作的情况下,利用业余时间从事的第二职业,在这个过程中如果是做志愿者而不领取报酬,那就不属于职业,而如果是兼职做家庭教师,那他的职业就是一名兼职教师。

二、职业的内涵

从职业的定义中我们可以看到,职业需要满足五方面的条件,那么它们的内涵和关系又是怎样的呢?

1. 职业是社会分工的产物

职业的社会分工指的是在职业中个人与他人的关系。

例如,一家企业要开发一款新产品,从市场调查、产品设计、原材料采购、生产制造、销售到客户服务的各个环节,都有不同的职业参与在其中,最终才能满足人们使用产品的需求。所以职业并不是孤立的存在,它必须与他人和社会产生互动,共同协作产生价值。

2. 职业需要必备素质

这里体现的就是职业与职业素质的关系。

每种职业都要求求职者具备正确的观念、专业的知识技能以及健康的心理。比如销售员需要具备营销方面的专业知识、所销售产品的专业知识,需要具备市场开拓的能力、良好的沟通能力、把握市场动态变化的能力、数据收集和处理的能力,等等。

对于个人来说,要想在职业中不断地胜出,还需要让自己的素质足够突出,这通常称为职业优势。所谓优势是相对而言的,不是一定要成为某个领域的专家才能开始工作,优势需要在职业发展过程中不断地积累和发现,然后不断地被打磨和修炼。

3. 职业需要为社会创造价值

这是职业与财富之间的关系。我们利用必备素质和优势,为社会创造价值。例如产品经理创造出一款热销的产品,培训师开展各种讲座和课程,农民生产出粮食、蔬菜和水果,而保安人员保护着大家的安全。

4. 职业需要合理报酬

合理报酬代表的是创造财富与报酬的关系。

每个人都通过职业来创造财富而获得合理报酬。我们创造出来的财富,一部分会通过税收上缴给国家,一部分留给企业持续经营和发展,一部分自己消费。报酬的多少是由买方和卖方相互协商而达成的。

5. 满足个人需求

满足需求是获得报酬与需求的关系。一个人通过职业而获得报酬,从而满足自己物质和精神上的需求。比如我们首先通过职业的报酬获得经济上的独立,不依赖于父母,然后我们通过职业获得社会认同和个人成就感,实现自己的理想和价值。如果这些都不能满足,那就可能会出现职业的转换与调整。

从这个角度也可以看到,职业是一个与社会互动的过程,通过职业我们可以创造财富满足社会需求,同时来进行自我实现,在这其中我们的优势得到了不断的发挥。

职业就是这样一个载体,我们个人从中发挥优势,创造财富并最终实现自我。

同时,我们也要看到,职业会随着社会的发展而变化。如果你听说过"大公司寿命三十年""小公司寿命三到五年"的说法,你还会像老一辈那样认为要一辈子在同一家公司工作吗?

随着社会需求和个人需求的变化,我们需要动态地看待职业、看待自己的职业优势。比如博闻强记在原来是读书人的重要技能,在信息时代我们更需要的是创意和想法。新的职业每年都在产生,试想几年前,你会想到"微信运营官"这样的新鲜职业吗?

我们考虑未来的职业时,不妨考虑3~5年所从事的职业,而不必寻找那个终生的"铁饭碗"。思维上我们也需要从"终身职业"转换为"终身学习",真正的"铁饭碗"就是你自己不断修炼的核心竞争力。

 生涯实践

案例讨论:三位同学的职业发展

小王、小黄和小强是大学同学,大学时所学专业是作物生产与品种改良。

毕业五年后的同学聚会上,他们重逢时发现了三人的职业状态大有不同。小王进入了

省农业农村厅,成为一名公务员,参与新农村建设、助力乡村振兴。小黄毕业后进入一家中外合资的农业生物技术研发机构,负责绿色优质有机玉米新品种的研发,而小强则与几个朋友一起创业,开办了一家集农业风情、酒店会务、绿色餐饮、休闲娱乐等于一体的现代化休闲农场。他们发现虽然三个人大学的专业一样,但是职业发展的方向却完全不同。

请同学们从职业方向的角度思考以下问题:
(1) 他们三个人的职业分别是什么?
(2) 这三种不同的职业分别可能满足什么样的个人需求?
(3) 从事这三种职业可能需要的职业能力分别是什么?

 生涯感悟

职业是参与社会分工,利用专门的知识和技能,创造物质财富和精神价值,获得合理报酬,满足物质生活、精神生活的一种社会交换方式。

职业会随着时代的发展而变化,我们要紧跟时代的趋势,利用自己的优势,通过职业满足他人需求来达到一定的自我实现。

 思考与练习

请同学们课后结合自己的专业,通过搜索引擎输入一个自己感兴趣的职业,完成表 5.1 所示的职业信息搜集卡。如果本卡的位置不足,请补充纸张,并重点关注以下几个问题:
(1) 这份职业的名称是什么?
(2) 这份职业主要的工作内容有哪些?
(3) 这份职业对于专业和能力的关键要求是什么?
(4) 如果要从事这个职业,当前阶段需要做哪些知识和能力积累?

表 5.1

感兴趣的职业名称		
信息来源		
职业信息的内容	主要工作内容	
	专业和能力要求	
	工作报酬	
	工作创造的价值	

 拓展阅读

热门职业变迁史

你最想选择什么样的职业?几十年来,这个问题的答案发生了无数次改变,而且改变的

速度越来越快。纵观历史,没有什么职业可以永远热门、永远新鲜。我们来看看一个个"热门新鲜"的职业吧。

1919 "先生"

这里的"先生"不是泛指对男性的尊称,而是正儿八经有教师执业资格者。新文化运动便诞生在20世纪中华民族的第一个求知高潮中,尊师重教可不止停留在嘴上。那时候1个银圆能买七斤肉或三只鸡,月入15个银圆就能算小康人家,而北大教授的月薪在300个银圆以上。老舍小说里的小学教员,一两年的工资也能买得起一处四合院了。虽然那个时代重男轻女,但您家要是有位千金是女子师范的毕业生,恭喜您,您一家老小都不愁吃穿了。

1929 机械师

短暂的统一让中国迎来了难得的黄金发展时期,虽然民族工业尚不具备完整的独立研发能力,但国民经济近现代化的过程名副其实地与世界接轨。主要来自美国和德国的各类机械大量进口,并进入国计民生。在那会儿会开汽车,被羡慕的程度就和几十年后会开飞机差不多;而一个能操作复杂机器的熟练工,收入强过政府的科长;如果是会修理类似X光机这样全中国当时也没有几台的精密仪器的,可以住得起高级公寓。

1939 洋行职员

在那个中国连表面的尊严都已经没有了的年代,一切民族企业和事业的春花都凋谢了。列强在中国开办的洋行,可谓是恣肆汪洋中的孤岛,少数有幸通晓外语及懂得外贸操作的中国人也算是不幸的民族中的幸运儿——虽然远不能和外方老板及上司比,但在战争年代还能享受少量进口物资,拿着美元、银圆这样的硬通货消费,生活水准和拿着天天贬值的法币的普通百姓比,已经很高了。

1949 解放军

"解放区的天是明朗的天",而随着明朗的天越来越大,下至贫下中农,上至知识分子,成为最可爱的人是无数年轻人的梦想,看看《亮剑》和《激情燃烧的岁月》就知道了。虽然之后的和平年代不需要这么多的人民武装军队,但为革命事业抛头颅洒热血的功臣也多成为共和国的骨干中坚。无论是人民政府的核心力量,抑或是复员回乡者,在新中国成立后都得到了应有的善待。

1959 技术工人

为了独立自主,和所有新兴民族国家一样,工业成了共和国举国之力发展的"长子"。随着分配制度从配给制转向工资级别制,工人阶级老大哥的优越性也得以充分体现。首钢的八级工的月工资是80余元,和中央部委的13级(处级)干部相差无几。一个普通家庭里若有一个当纺织女工的姑娘,70元的月工资恐怕就是家中首富,令全家老少爷们儿都羡慕。全中国首先过上住苏式单元楼、"楼上楼下、电灯电话"的现代化生活的,是"东方鲁尔"沈阳铁西区的老大哥们。

1969 农民

虽说前一个十年的户口制度和工农业价格剪刀差的确立,让这一阶级有"二哥"之名,实则已堕入社会底层,但在那个荒诞和危险的年代,安全才是最珍贵的。"越穷越光荣"的主流价值观,把原本知识能力有限的这一群体推向了"社会大学"教授们的地位。想想无数排着队争着注销自己的城市户口、梦想着到广阔天地大有作为的纯真少年,再看看朝为田舍郎、暮为副总理或大大小小革委会主任的事例。也许只能感叹,即便不符合经济和社会发展规律,也一切皆有可能。

1979 司机

"大壳帽、售货员、听诊器、方向盘",这是拨乱反正之初最火的四大职业的代号,体现了那个年代人民群众日益增长的物质需要与服务匮乏现实间的矛盾。而居于物质领域获取最终端的"方向盘",就成了最实惠的热门职业。家里有个开车的,意味着全家老小可以分享天津的带鱼、东北的大米、南方的水果,甚至当次品"内部处理"的正品、外贸俏货的尾单。而那会儿出差的待遇,几个"科头儿"拼房睡,一个"开头儿"住单间——没办法,人家手握"风火轮"、脚踩"生死线",得保证人家休息充分。当然,在那个没听说过私人考驾照的年代,想学开车,得组织推荐,政审是第一关。

1984 知识分子

戴上启蒙者的光环,知识分子的地位一跃而起,人们谈理想、谈精神,连谈恋爱都先问对方会不会写诗、知不知道萨特。随着"科技是第一生产力"口号的提出,科学家也备受尊崇。想象那时的时代偶像从华罗庚到钱学森,从陈景润到蒋筑英,无怪乎"学好数理化,走遍天下都不怕"成为教育界的流行口号。每一个出生在70年代末80年代初的孩子,回忆一下一年级的第一课吧,当老师提问你的理想职业时,有几个不是"长大要当科学家"?

1989 个体户

物质领域丰富了、票证时代却还没有结束,社会主义市场经济尚待步入正轨。沧海横流方显英雄本色,曾被视为社会包袱的社会青年果断"下海",结果"上岸"时就成了老板。到天津纺织厂拿上8元一匹的布,再到广州25元卖掉,按1元入手的港衫和墨镜,回到北京就卖20元,您还别嫌贵,没准下礼拜就卖30元。那个年代可谓遍地是钱,想成为"老板"的必要条件,只是弯腰把它们捡起来,只是大部分人不敢捡而已。

1994 外企白领

从1994年确立个税制度后,近二十年起征点都稳定在800元,而被征税群体也超级稳定——几乎清一色的外企白领和金领们。在写字楼或星级酒店里,西装革履吹着空调坐着转椅,对着越洋电话操着一口流利英语,拿着不菲的薪水,成了那时中国青年知识分子的集体梦想。看看国有企事业单位辞去铁饭碗"投敌"的比例,以及大学外语外贸专业的录取分数线就知道了。

1999 IT人士

比尔·盖茨在20世纪结束前成为世界首富,也激励了除了聪明才智外一无所有的中国理科生。互联网革命在那个年代蔓延至中国,很快中国首富也换成了丁磊。各大产业一时间唯中关村马首是瞻。大学录取中,IT相关专业的分数线也一年年水涨船高。毕业时,就连文科毕业生也都争着挤到网站做编辑。而"托派"也升级成了"G族",不少都是为了去硅谷工作。

2004 医药代表

卫生事业的产业化,为分配格局重新洗了牌。比起二十年寒窗学得一技之长、还担着高风险的医生,需要营销心理学知识远远多于医学知识的医药代表,无疑是一本万利。从电视里都能看出"全民有病""全民缺钙"的年代,医药代表就像久旱等来了疑似的甘霖,即便是饮鸩止渴也先喝了再说吧。当然,看场病就能让人"辛辛苦苦几十年,一夜回到解放前",这里面自然也有医药代表们推波助澜的作用。

2009"国家的人"

公务员和国有垄断企业重新成为中国人最热门的职业选择,这也许是个历史循环论的怪圈。但更多地体现了在这个不安的时代,普罗大众对安全感的渴望。

2014"创业者"

90后创业成为人们的热议话题,这给年轻人的职业发展带来新的方向。这个时代的年轻人的特点是在职业的选择上更听从自己的内心,目标更为明确,坚持自我的兴趣和价值,不盲从长辈的意见。同时,互联网的快速发展也为青年人创业降低了门槛,提供了资源和平台。

2019"KOL"

随着微信/微博等社交自媒体、直播、抖音短视频、小红书种草、淘客、拼多多等社群化裂变式电商的兴起,网红、大V、KOL(关键意见领袖)等成为一种社会和经济现象,个人不再像以往紧密黏附在原先的工作组织里,斜杠式身份成为个人多元化标签,KOL也给其自身带来了可观的经济价值,甚至成为新的主职业。

(来源:《消费导刊》)

第2节 职业世界地图

生涯指引

康正华:披星戴月,蹚出枯寂,终获凯旋

花开花谢,云起云沉;春去秋回,时光荏苒。

从入学到本科毕业,从本科到硕士毕业,从懵懂青涩到成熟沉稳,几年光阴,可以改变很多很多,它能带走的只有如夏花般绚烂的青春,却驱不散留在记忆深处那奋斗得来的盈盈绿意。一分耕耘,一分收获;一分枯寂,一分进步。康正华这几年的经历正印证了这句话。

他是一个在兵团长大的孩子,从小学就开始到地里捡棉花勤工俭学,初中、高中、大学也都参与了捡棉花劳动,看着田间辛勤的农民、满田的棉花,康正华暗暗下定决心:以后我要学习农业,帮助农民过上更好的生活。就这样一个简单的愿望,照亮了康正华的一路。

时光不负有心人,怀着对未来的憧憬,康正华来到新疆农业大学,正式开启了人生中关

键的大学生活。四年本科,就是填充空白的专业知识,学习专业理论,为日后的实践打好基础。学习之余,康正华也竭力丰富自己的校园生活,积极参加学校的各项集体活动,曾担任过校社联摄影协会会长,也担任过校社联网络传媒中心主任。康正华闲暇之余喜欢拍照,他把自己和同学们的学习生活点滴都记录下来了。

大三实习期间,看着一望无际的棉花田,康正华突然感觉对于棉花种植无从下手,难道是自己的专业知识掌握得还不够扎实?于是,他找来了所有相关的专业课本,重新复习巩固了两遍,再紧跟上老师在田间的指导讲解,渐渐对棉花栽培有了比较全面的了解,最后自己下田时,也得心应手了不少。这一年,正是康正华本科期间收获最大的一年。

四年的努力让康正华再次进入新疆农业大学进行硕士阶段的学习与研究,这期间他跟随赵强老师,主要研究了化学打顶棉花的氮肥运筹技术与理论。毕业以后,康正华从事了一段时间的农业服务工作,帮助当地农民,应用自己所学的专业知识,提一些切实建议。在这期间他亲身体会到化学打顶技术对棉花生产的重要性,再加上这几年磨砺、积累的经验,"创业"这两个字逐渐浮出脑海。

一旦有了想法,就为之努力,行动起来。可是自主创业,谈何容易?毕业没有多久,社会经验不丰富,社会资源、自我见识有限……太多太多的问题需要解决,太多太多的困难需要克服,那就一个个地来。经验不足就跑到田间地头与农户交流学习,把书本上的知识和自己在实习期间的经验结合起来,再到田间地头与农户交流学习,反复多次,沉浸其中,乐此不疲。积累经验的同时,康正华也获得了当地农民的认可,间接收获了宝贵的社会资源。

努力总会有回报,创业过程中不断地有非常优秀的人加入康正华的团队,一群年轻气盛的人,一颗颗热爱农业的心,愿为农业奉献的博爱之心,使这个团队越来越大,做的东西越来越多,服务的农民、地块也越来越多,使越来越多的农民受益。从刚开始推广棉花化学打顶技术,到目前康正华担任新疆强农丰禾农业科技有限公司的副总经理,截至2018年,公司服务棉花面积共计10万余亩,培训指导农民达千余人次,康正华已然成为棉农的贴心朋友和小专家。

这次疫情期间,康正华惦念母校,担心资源不一定能及时送到前去南疆扶贫的驻村老师那边。康正华说:"很多前去扶贫的驻村老师都教过我,还有我们公司的其他同事,所以我们也想为老师做些什么。疫情严重的时候口罩不太好买到,我们便积极想办法筹措防疫物资送过去。新疆的疫情在大家的共同努力下得到了非常好的控制。我们公司成立的时候,就制定了要为农业服务,也要为社会服务的理念,要做一个懂得感恩,有社会责任感的公司,在大灾大难面前,我们更要做好。"

从起初的学习、积累,再到实习、农业服务,自主创业,康正华一步步走过来了,不疾不徐,稳扎稳打。(来源:《中国大学生就业》2021年第3期)

雨果曾言:春天是一年的青春,青春是生命的春天。青春不该是放纵、狂欢,而应在四季里用奋斗设置芳华的底色。康正华带着曾经许诺的初心,坚定地踏向了前方,蹚出了枯寂,终得凯旋,康正华的这段奋斗的过往,就是闪亮的青春该有的模样。愿他有一段青春无悔的岁月,有一个繁花似锦的前程。

 **生涯知识**

一、职业地图与职业定位

在陌生城市旅行,一张地图能够让人准确快速地定位。其实,职业世界也有自己的地图,它可以帮助人们找到适合的职业。这份地图由三个关键坐标组成,分别为行业、企业与职能,从表5.2中,我们可以看到它们之间的联系。

表 5.2

职业	行业	企业	职能
销售员	金融行业	外资企业	销售
培训师	教育行业	民营企业	教育
厨师	餐饮行业	中小企业	服务

行业、企业与职能这三个坐标共同决定了职业的定位,即

职业定位＝行业＋企业＋职能

二、深度了解行业

行业是指从事国民经济中同性质的生产或其他经济社会的经营单位或者个体的组织结构体系的详细划分。

行业通俗地说就是提供同种产品的企业或组织的集合,国民经济行业分类(GB/T 4754—2017)将行业划分为20个门类、97个大类,表5.3为20个门类的一览表。

表 5.3

门类代码	类别名称	门类代码	类别名称
A	农、林、牧、渔业	K	房地产业
B	采矿业	L	租赁和商务服务业
C	制造业	M	科学研究和技术服务业
D	电力、热力、燃气及水生产和供应业	N	水利、环境和公共设施管理业
E	建筑业管理、社会保障和社会组织	O	居民服务、修理和其他服务业
F	批发和零售业	P	教育
G	交通运输、仓储和邮政业	Q	卫生和社会工作
H	住宿和餐饮业	R	文化、体育和娱乐业
I	信息传输、软件和信息技术服务业	S	公共管理、社会保障和社会组织
J	金融业	T	国际组织

个人的职业发展与行业发展是紧密联系的,行业的发展能促进个人的职业发展。胶卷作为20世纪最伟大的发明之一,虽然见证了人们美好的时刻,但数码浪潮的冲击使这个行

业成为历史,大量冲洗照片的技师已经淡出这个行业。智能手机行业的兴起,引起了移动通信行业近年来的爆发式增长,也带动了软件设计者和硬件工程师的职业发展。你要知道,第一个冲过终点的不是最好的骑师,而是骑着最好马匹的人。

如何去了解一个行业?

1. 先了解这个行业里的标杆企业

了解一个行业的标杆企业的发展,可以从这家企业的性质、主要业务、主要客户、企业规模、员工人才结构、战略方向着手,来搞清:该企业国内国外的最主要的竞争对手是谁?有哪些岗位是与自己的未来职业相关的?相关岗位主要分布在哪些城市?

2. 通读行业分析报告

行业趋势的最佳来源是麦肯锡之类的管理咨询公司做的行业分析。推荐《麦肯锡季刊》公布的研究报告,以及《经济学人》的行业分析,以把握这个行业的脉搏和未来发展趋势。

3. 读一本这个行业的综述性书籍

比如对于保险行业可以读《风险管理与保险》。一方面是更深入地理解这个行业的商业模式和惯例,比如你需要知道财产险和寿险存在一些根本性的差异,这些差异使它们的经营也非常不同;另一方面是掌握一些行业术语,比方当你听到"承保""核保"时你得知道这都是指什么。

4. 行业间收入有差距吗?

最近10年来,我国行业间收入分配总的趋势是向技术密集型、资本密集型行业和新兴产业倾斜,某些垄断行业的收入更高,而传统的资本含量少、劳动密集、竞争充分的行业,收入则相对较低。

尽管目前高收入行业也包括计算机服务业等高科技行业,但总体来看,收入水平比较高的都是像金融、电信、电力等具有垄断色彩的行业。2017—2020全国按行业分城镇单位就业人员平均工资参见表5.4。

表 5.4

类 别	2020年	2019年	2018年	2017年
城镇单位就业人员平均工资(元)	97379	90501	82461	74318
农、林、牧、渔业城镇单位就业人员平均工资(元)	48540	39340	36466	36504
采矿业城镇单位就业人员平均工资(元)	96674	91068	81429	69500
制造业城镇单位就业人员平均工资(元)	82783	78147	72088	64452
电力、燃气及水的生产和供应业城镇单位就业人员平均工资(元)	116728	107733	100162	90348
建筑业城镇单位就业人员平均工资(元)	69986	65580	60501	55568
交通运输、仓储和邮政业城镇单位就业人员平均工资(元)	100642	97050	89380	80225

续表

类　　别	2020 年	2019 年	2018 年	2017 年
信息传输、计算机服务和软件业城镇单位就业人员平均工资(元)	177544	161352	147678	133150
批发和零售业城镇单位就业人员平均工资(元)	96521	89047	80551	71201
住宿和餐饮业城镇单位就业人员平均工资(元)	48833	50346	48260	45751
金融业城镇单位就业人员平均工资(元)	133390	131405	129837	122851
房地产业城镇单位就业人员平均工资(元)	83807	80157	75281	69277
租赁和商务服务业城镇单位就业人员平均工资(元)	92924	88190	85147	81393
科学研究、技术服务和地质勘查业城镇单位就业人员平均工资(元)	139851	133459	123343	107815
水利、环境和公共设施管理业城镇单位就业人员平均工资(元)	63914	61158	56670	52229
居民服务和其他服务业城镇单位就业人员平均工资(元)	60722	60232	55343	50552
教育业城镇单位就业人员平均工资(元)	106474	97681	92383	83412
卫生、社会保障和社会福利业城镇单位就业人员平均工资(元)	115449	108903	98118	89648
文化、体育和娱乐业城镇单位就业人员平均工资(元)	112081	107708	98621	87803
公共管理和社会组织业城镇单位就业人员平均工资(元)	104487	94369	87932	80372

(资料来源:国家统计局)

通过上面的数据,我们可以看到行业间的收入差距还是很大的。进入职场之初,选一个收入高的行业或许是我们成功实现经济独立的基础条件。但是,表中的收入都是行业平均收入,具体到个人职业选择,还要考虑行业内部不同岗位之间的收入差距。有的行业平均收入不高,但是管理层与员工的收入可能存在巨大差距,这点在行业选择时需要考虑进去。

三、深度了解企业

1. 国有企业

国有企业,一般指国有独资或控股的企业,分成国务院国资委管理的中央直属国企(可简称央企,截至 2017 年年底共有 97 家)和地方政府管理的地方国企。央企主要分布在航天、军工、能源、电力、通信等战略资源行业,比如耳熟能详的中石油、中石化、中电信、中移动、中联通、铁路总公司等。

央企实力雄厚,竞争优势强,规模超大,管理机制健全,人才济济,工作稳定,福利较好,是个很好的学习成长平台。央企规模大,若没有特别的专业能力,则在其中外显的程度不大,做事情可能需要协调较多部门和关系,进入门槛较高。数量众多的地方国企竞争实力差异较大,不好的甚至会倒闭。文化上国企强调执行,创新速度和个人发展速度也相对较慢。

2. 民营企业

民营企业,简称民企,没有外资成分的企业中只要不是国有独资或控股,均可以纳入民营企业范畴。与天然具有资源垄断优势的国有企业不同,民营企业只有加倍努力才能争取生存空间。民营企业中既有超大型企业、上市公司,也有规模非常小的初创型小微企业。

大型民企通常具备较强的市场竞争力,特别是在互联网行业集中了很多快速创新发展的公司,比如腾讯、阿里、小米等,文化创新而灵活,关键岗位待遇丰厚,是很多毕业生的梦想求职地。初创型小微企业有的可能尚未渡过企业生存线,不够稳定。中小型民企的企业文化总体因企业老板管理风格不同而体现不同特点,有的管理上有些混乱,家族式特点明显。

民营企业在用人上重视员工是否能够实际地帮助企业发展,不唯学历资历论,更看重业务能力、研发能力等。不同民营企业的薪酬,差异较大。去小微企业可以一人独挡多面,是非常宝贵的全面锻炼和扩大视野的机会,也可能有股权机会,但同时要考虑个人对职业稳定性的期望。

3. 外资企业

外资企业即外商投资创建的企业,简称外企,在市场上与国企、民企共同竞争,因其资金与文化背景,主要特点集中显示为工作压力适中,强调绩效考核,重视专业能力,注重培训,薪酬和福利水平较高。去外企工作关键要文化上融合,尊重不同国籍同事的文化习惯和个性,努力提升能力和业绩。

除了以上主要的三种类型的企业,还有中外合资、混合所有制、有限合伙等企业组织形式。

为了更好地说明问题,我们总结了一个通常状况下的三类企业特点对比,见表5.5。

表 5.5

项目	国企	民企	外企
薪酬	中等	较低	较高
福利	较高	较低	高
工作环境	较好	一般	较好
工作强度	中	高	较高
员工核心能力	沟通协调	专业能力	专业能力
管理风格	传统	务实	规范
上升空间	稳步规范	成长与风险	稳定与瓶颈

4. 政府与事业单位

政府,于某个区域订立、执行法律和管理的一套机构。广义的政府包括立法机关、行政机关、司法机关、军事机关。狭义的政府仅指行政机关。

事业单位,一般指以增进社会福利,满足社会文化、教育、科学、卫生等方面需要,提供各种社会服务为直接目的的社会组织。事业单位不以盈利为直接目的,其工作成果与价值不直接(或不主要)表现为可以估量的物质形态或货币形态。事业单位是相对企业单位而言的,事业单位包括一些有公务员工作的单位,是国家机构的分支。

不论在政府还是事业单位,工作都会比较稳定,因为这两个单位的收入来源是中央或地方财政。这些单位的特点总体和国有企业的相似。

当前,许多事业单位大力推行企业化管理,实行全员聘任制,搞绩效工资考核,逐步取消事业编制等。

四、深度了解职能

企业的组织架构一般可划分为不同的职能模块,不同企业对这些职能模块的称呼可能会有不同。一般来说,企业通常包括以下 8 个基础职能模块:销售、市场、研发、生产与服务、客服、财务、人力资源和行政(见图 5.1)。

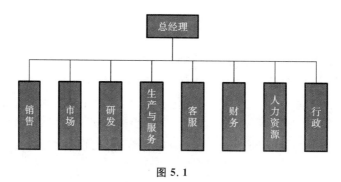

图 5.1

1. 销售

销售是企业的经济命脉,是营销组织架构的重要组成部分,销售业绩的好坏直接影响公司的生存发展。销售业绩压力大,相关人员需要较强的沟通能力、应变能力、抗压能力,以及具有业务开拓能力。

2. 市场

市场是营销组织架构的另外一个部分,如果说销售是拉近产品与消费者的物理距离,市场则负责拉近产品与消费者之间的心理距离。市场可细分为产品管理、市场开发和市场宣传。产品管理负责新产品的开发战略;市场开发负责现有产品的定位与市场推广战略,包括价格定位和价格策略;市场宣传负责产品的具体活动,如广告、促销、活动、产品介绍等,通过这样的手段不断激发市场需求。做市场需要较强的沟通能力、数理分析能力和策划能力。

3. 研发

研发是为了满足客户不断变化的需求,设计、优化产品功能和原型。在一些制造型的企业里可能没有产品研发职能,而会有一些工艺的研发。产品研发需要较强的专业能力,想进入这个领域需要有深厚的专业功底作为基础。

4. 生产与服务

制造型企业一般以产品生产为主,主要职责是组织生产、降低消耗、提高生产率,按时保质保量为客户提供所需的产品。服务型的企业(企业咨询、心理咨询、设计)以提供服务为主,主要职责是服务客户、满足需求,达成外包的任务。生产与服务需要具备一定的专业能力,对执行力、组织协调能力要求较高。

5. 客服

客服的职能是按照要求为客户提供服务,分为售前、售中和售后服务三种类型。从广义上来说,任何能提高客户满意度的内容都属于客户服务的范围。客服需要较强的人际交往能力和沟通能力,同时需要较强的应变能力和关系协调能力。

6. 财务

财务的职能目标是使得企业利润最大化,基本职能是资本的融通(筹资管理)、现金的运营(财务管理)和资本运作(投资管理)三项。会计、金融专业的人都可以进入财务领域。财务需要较强的专业能力、思考能力和判断鉴别能力。

7. 人力资源

人力资源部门的职责是为企业发展提供配套人力支持,分为六个模块,包括战略、绩效、薪酬、招聘、培训以及员工关系。对新人来说,一般都是从一个板块开始做起,然后通过岗位轮换逐渐扩展到其他的板块,最后获得职业的综合发展。从事人力资源工作的人员需要较强的亲和力、综合处理事务的能力和风险防范能力。

8. 行政

企业行政管理包括相关制度的制定和执行推动、日常办公事务管理、办公物品管理、文书资料管理、会议管理、涉外事务管理,还涉及出差、财产设备、生活福利、安全卫生等。小规模公司的行政可能还会集成财务、人力资源的工作职能。行政工作的最终目标是通过各种规章制度和人为努力使部门之间或者关系企业之间形成密切配合的关系,使整个公司在运作过程中成为一个高速并且稳定运转的整体。行政人员需要较强的组织能力、管理能力、人际和事务处理能力。

五、职业的选择

如何选择自己的职业呢?在本书第 2 章中,我们着重探索了自我,如果一个人的职业兴趣偏向于与人打交道的话,进入市场、销售、客服、人力资源相关岗位就是比较合适的选择,而如果一个人趋向于与具体的数据和技术打交道的话,研发和财务岗位可能会更为适合。

不管你的第一份工作是什么样的岗位,随着职业的不断发展,如果走向管理方向的话,和人打交道就是必不可少的了,而要走技术或专家路线,就需要在具体的细分领域不断深耕细作,及早地打下基础。

不管怎样,在第一份职业中修炼的所有基础技能,都可以迁移到未来的职业中。即使不太明确未来的方向,也可以在职业生涯的前几年多尝试,而不是为找到终身从事的职业而苦恼。

生涯感悟

当我们选择一个职业的时候,我们实际上是在选择一种生活方式。通过职业公式我们可以把职业拆解成行业、企业、职能三个方面去综合考虑。

个人的职业选择和行业密切相关,不同行业的收入水平也有很大差距,同时我们了解到了企业通常的职能模块:销售、市场、研发、生产与服务、客服、财务、人力资源和行政,而职位的选择与个人的职业兴趣以及未来职业发展方向密切相关。

在职业选择时要把握"大我"与"小我"的辩证关系,不让人生陷入只看眼前、只论得失、只计自我、只较小道的思维方式里。国家梦想的实现,往往就是个人梦想的达成;群体利益的实现,往往就是个人利益的获得;目标理想的实现,往往也是现实条件的改善。

思考与练习

对一个行业的深入研究,有助于掌握整个职业的发展脉络,看到职业发展的全貌,请同学们通过网络搜索引擎来深度了解一个行业,并完成表5.6。

表5.6

最大的三家公司?	有哪些重要的职位?	哪些城市发展得最好?
要进入需要什么准备?	行业名称是什么?	它的上下游行业有哪些?
主要客户是谁?	行业增长率如何?	上下游企业有哪些?

请留意以下几点:

(1) 从中间方格"行业名称是什么"开始填写,再填写"最大的三家公司";
(2) 从左上角按照顺时针的方向思考与填写;
(3) 最后完成"要进入需要什么准备"。

 拓展阅读

詹宗莹:在基层一线上,绘就初心不悔的答卷

詹宗莹,女,福建泰宁人,1994年出生,中共党员,福建江夏学院信息管理与信息系统专业毕业,2016届大学生村官,先后任三明市泰宁县朱口村党总支副书记、泰宁县朱口镇党政办副主任。2018年9月经全国大学生村官论坛组委会评选,获得"2018年全国大学生村官十佳村民贴心人奖"提名(全省仅一人入选)。

挽起裤脚,追寻初心从学生变为"村头女汉子"

"我来自农村,祖辈们纯朴的品格和辛勤劳作的身影,在我心中留下深深烙印。这些年在见证家乡变化的同时,也目睹了农村与城市的差距。我想要回到家乡,哪怕能做的只是一点点小事。"2016年7月,来自福建泰宁的毕业生詹宗莹报名了大学生村官计划,怀揣着对未来生活的期盼的她,顺利回村成了一名"村头女汉子"。

詹宗莹的日常工作多是一些琐碎的小事:帮不识字的大爷一张张读通知单上的小字,帮村民交医保,帮来村里办事的人复印身份证件……这一桩桩把群众当亲人的小事,也让她成了村民最信赖的贴心人。"收医保、开证明,你们觉得的小事,可是我们的大事嘞!"

朱口村是詹宗莹的任职村庄,村子人口六千余人,在当地是一个大村庄。每到汛期来临,小詹便换上雨鞋披上雨衣,和村两委挨家挨户做宣传,转移地质灾害点的村民。虽然是个女生,她却有点汉子的味道,干起事来风风火火。常在村组里奔走的她,被晒得黑黑的,也因此常被村民笑称"来了个大学生女汉子"。

村子里外出打工的人多,家中留守的大多为老人、妇女和孩童。夜间的广场舞成了大多数村民的消遣。为了更好地了解村情,刚毕业的她也加入广场舞大妈的队伍,扭了起来。不光自己热闹,说干就干的詹宗莹还帮村里姐妹们报名了全省的有氧健身操比赛,主动邀请县里的老师来指导,在2017年福建省村居有氧行进健身操展示交流活动中,带领村民荣获了省级二等奖。两年来她共牵头组织开展了广场舞会演、朱口村农民春晚等4场大型节日宣传活动。

"防汛、防火、宣传、帮助村两委申请资金、做建设,此类种种做的都是很普通的事情,也是我的本职工作,生活没有什么轰轰烈烈,哪怕再简单的小事,只要村民认可,就是值得。"詹宗莹说。

2018年8月,詹宗莹被《大学生村官报》报道了在村任职的优秀事迹,同年9月经全国大学生村官论坛组委会评选,获得"全国大学生村官十佳村民贴心人奖"提名。

出谋划策,扶持产业打造农村"土货女郎"

朱口村是省级贫困村,在农村第一线工作的首要任务就是带领村民脱贫。挨家挨户走访59户贫困户,上门筹划脱贫思路,是詹宗莹的工作日常。

"叮咚、叮咚……"朱口村贫困户肖小花的微信上频频传来信息声。她笑着说:"又有一个顾客预订了小籽花生。土鸡和自酿的米酒也卖了不少。"

今年33岁的肖小花是朱口村人,自身患有慢性病,需要长期吃药治疗。2015年丈夫因烧山坐牢,家庭一下断了经济来源,本就拮据的家庭陷入困境。当年,她家被列入了建档立卡贫困户。

虽然身体不好,但坚强的肖小花咬牙独自支撑家庭,照顾两个正在读书的年幼孩子,只是缺乏技术的她,只能靠种几亩田糊口。

如何帮这个家庭脱贫?起初,詹宗莹犯了难。

为此,她先后三次入户为肖小花谋出路,最终依据她自身情况量身定制了一款脱贫方案——打造"土货女郎"。

朱口村土地肥沃,自然生态条件好,小籽花生、辣椒干、朱口粉干都十分出名,但在本地市场不大,在詹宗莹的建议下,从去年起,肖小花开始利用微信寻找外地客源。

"自己在家种植一些农作物,以前找不到销路,很多都只能廉价卖掉或者送给亲戚,现在好了,不管是20个鸡蛋还是10斤花生都可以通过微信来销售,小詹和身边的邻居帮着我宣传,慢慢有了一些客人,生意也做了起来。"肖小花分享着她的喜悦。

小籽花生这类土货虽然销路好,但是季节性强。詹宗莹又帮肖小花报名了镇里的"雨露计划"——养殖技术,还为她申请扶贫资金3000元购买鸡苗和饲料,同时联系镇里的农技员前来指导。肖小花养了300余只土鸡,通过微信直播土鸡生长环境,让不少本地和外地的顾客找上门来。

卖小籽花生、辣椒干等土特产,养土鸡,卖自酿米酒……"土货女郎"肖小花自从去年在詹宗莹的建议下"玩微信"卖土货,已经增收了4万余元,成功脱贫了。

肖小花成功脱贫的故事,只是众多贫困户中的小小缩影,在大学生村官詹宗莹的努力下,朱口村59户贫困户在2017年实现了全部脱贫。

走进田间,说起土话当好党的基层理论宣讲员

詹宗莹在大学时便已经入党,宣传党的理论方针,是她作为一名中共党员的责任。但是高大上的理论自己讲不透,村里百姓也很难听进去,怎么让大政策落地到村民心间?为此她专门花了一番心思。

专讲小故事成了她的看家本领。"拿群众身边的人说事,这样群众听得懂,也听得进。"村头巷尾,小詹的故事,总能吸引众多的目光,"绿水青山就是金山银山,这个道理好懂!"介绍基层党建工作,她讲起了王坑村从软弱涣散村到"网红村"的新变化;说起农村工作,她拿自己"开涮",讲自己大学毕业听不懂土话到现在还能开玩笑;讲改革开放的故事,她说起"水际村的前世今生"……

2018年,由詹宗莹宣讲的家乡故事"水际村的前世今生"荣获了三明市委宣传部举办的基层理论宣讲员比赛二等奖。同年11月,她还被三明市委宣传部评为三明市基层理论宣讲"星级宣讲员"。

除了嘴巴上的故事宣讲,笔头上她也没落下,从国家级杂志《人口与计划生育杂志》到省级报刊《省计生协会小组》,从学习强国App到《三明日报》、本地微信公众号,都有她署名的文章,在基层的四年来,她全方位、多层次地向村民宣传了国家现行政策。专注政策宣讲,做好党务工作的她在2019年还被泰宁县委组织部评为"全县优秀党务工作者"。

"根深而枝叶茂",共产党人的远大理想和伟大事业深深扎根于肥沃的"基层土壤"。时光漫漫,青春还在继续,怀揣一颗初心的广大青年,仍在为人民服务的道路上继续前行,初心不悔。(来源:《中国大学生就业》2021年第18期)

第3节　职业的发展

生涯指引

你在为谁而工作?

在2020年"感动中国十大人物"的领奖台上,有一个憨厚硬实的汉子叫毛相林。把脱贫攻坚作为事业的他,获奖感言是:"山到高处你是峰,路的尽头是家园。"

1959年1月出生的毛相林是一名中共党员,是重庆市巫山县竹贤乡下庄村党支部书记、村委会主任。

他在担任村干部的13年时间里,带领村民在悬崖绝壁上凿出一条"天路",在脱贫攻坚战中,带领村民探索培育出"三色"经济。在村干部的月工资不足3000元的情况下,毛相林是在为谁而工作?

他在为着中国共产党的事业奋斗,为基层群众的脱贫攻坚而工作。

职场处处是惊喜

"七一"前夕,记者走进江苏徐州贾汪马庄村巾帼手工加工点——王秀英工作室,一股淡淡的中草药香味弥漫四周,工作室内挂着葫芦样、心形、瓶状等各式各样的中药香包。在这琳琅满目的香包中,最抓人眼球的还是一只圆形红色香包,上面绣着"我爱你中国"五个金灿灿的大字。"今年是中国共产党成立100周年,这是我献给党的一片心意。"83岁的国家级非物质文化遗产徐州香包省级传承人王秀英喜气洋洋地说。

总书记"点赞"全家人备受鼓舞

说起2017年12月12日下午,习近平总书记来到她的中药香包工作室参观,夸她的香包做工精致,并坚持买了个香包给她捧场,王秀英老人依然激动不已,"这几年,我们徐州香包的制作工艺越来越精细,品牌意识越来越强,游客络绎不绝,香包供不应求。"

总书记的"点赞"令王秀英一家备受鼓舞。在王秀英的劝说下,儿子、儿媳和三个女儿都辞了职,跟着母亲传承香包技艺。

当时,儿子孙建已在徐州某单位做了8年的主调音师,儿媳张世美则是一名音乐教师,夫妻二人在音乐之路上有着不错的发展,但在母亲的召唤下,两人转变了发展方向。张世美还参加了文化和旅游部、教育部组织的"中国非物质文化遗产传承人研修研习培训计划"。王秀英的大女儿做旗袍生意,二女儿孙卓贞是一名画家,她们都纷纷转投中药香包设计制作,加入母亲王秀英的事业中来,助力中药香包的传承发展。

王秀英的孙女孙歌尧毕业于大连艺术学院,目前她也跟着奶奶王秀英学习香包制作以及苏北地区独有的刺绣技艺,同时还跟随"中国发绣第一人"周莹华老师学习苏州发绣,不断拓展自己的技能。作为徐州香包的第五代传承人,孙歌尧希望:"能尽己所能,把发绣、刺绣和香包文化结合起来,创新开发更多更精致的香包新品种,把香包非遗文化发扬光大。"

为挽救和保护民间香包技艺,传承和发扬民间香包文化,实现对民间艺术遗产真正意义上的保护和传承,2018年王秀英一家成立了王秀英香包传习所。传习所里有产品制作区、展示区、销售区和体验区,让游客既能看到手工香包制作的全部流程,又能亲身学习体验,这样不仅增加了吸引力,也活化了非遗技艺的传承。除了实体店铺,传习所现在也通过网络平台在线销售。"传习所集实物性、开放性与研究性于一体,传习的根本目的不仅仅是保护、抢救传统民间香包技艺,更重要的是激活、再生传统民间香包中的精神内涵和文化传统。"王秀英说。

在习近平总书记的鼓励和激励下,王秀英一家又开发出"不忘初心、牢记使命""撸起袖子加油干"系列产品,将总书记向全党发出的响亮号召通过小香包传遍四方。"其实,这也是时刻提醒自己要将传统文化传承下去,带着村民致富,为社会作贡献。"王秀英说。

王秀英一家讲究原材料的质量,用心研究香包技艺,设计出了"真棒"系列香包。王秀英介绍,香包工艺最大的难点之一就是定型,尺寸不同,定型难度也有差别。"我们全家人合力研发,目前,已经掌握了香包定型的核心技艺,能够制作出直径达数米的大型号香包。"王秀英自豪地说。他们还在传统基础上研发出了独家秘方,用不同量的艾叶、薄荷、白芷等二十多种中药材进行适当配比,制作出了可以抵抗病毒、驱除蚊虫、防治感冒以及预防手足口病等不同功效的中药香包。

"香包文化大院"让小香包变成大产业

近年来,因为王秀英老人的带动引领,贾汪区将香包产业提升为全区富民大产业的战略高度,将小香包变成百姓致富的"金荷包",规划建设了马庄香包文化大院、香包博物馆、马庄文创综合体、香包文化产业园,建立香包网络销售平台,吸收有想法、有能力、有干劲的年轻人加入香包产业队伍,使马庄香包更具活力和吸引力。

贾汪区各地也相继成立香包合作社、香包工作室,开办香包技能培训班,邀请非遗传承人讲授香包构思画图、剪小样、挑选布料等技巧。王秀英自然当仁不让,奔走在各个传承点之间,忙得不亦乐乎。

王秀英既是制作中药香包的非物质文化遗产传承人,也是全国妇女手工编织协会会员。虽然年逾八十,但王秀英仍然干劲十足,在教授现场,她会亲手把自己多年制作香包的手艺和经验无私地传授给前来观摩学习的人们,认真耐心、不厌其烦地为他们讲解示范,希望他们都能够感受到中国民间艺术的魅力,将中国传统文化推向更远、更广的领域。"现在,我们的香包文化大院已经建起来了,好多原本就会缝香包的村民,送完孩子上学或是农闲的时候,都会来香包大院里缝香包,一个是打发时间,再一个还能贴补家用。"王秀英说,"马庄村的徐州香包全部都是由经验丰富的手艺人亲手缝制的。别人要学的话可以来学,但新手缝的我们一般不会出售,还是要确保香包的质量,不求数量。"

"十指飞线,妙手绣出香帏佩;卅元传情,佳话镌留金马庄",这是2018年落成的马庄香包博物馆大门前的一副对联,生动诠释了徐州香包的传承、发扬、创新。在"王秀英们"的带领、传承、弘扬下,徐州香包已不再是地方民俗工艺品,而成为马庄乃至整个贾汪区的富民产业。来自全国各地的订单、海外订单应接不暇,再加上村里电商平台的扶持,目前徐州香包产品已远销巴拿马、菲律宾、英国、加拿大、日本、荷兰、芬兰、新西兰、澳大利亚等地。徐州香包产业带动贾汪区就业者达千人,不少在外地打工的村民也返乡加入香包制作队伍,自2018年起,马庄香包年产值超千万元,香包从业者人均年收入达3万元左右。

"走出去""请进来" 马庄香包香飘世界

近年来,王秀英老人志气更旺、劲头更足,既"走出去",又"请进来",不遗余力地积极宣传推广徐州香包文化。"我缝香包也算缝了一辈子,从十几岁开始,一直缝到现在,总书记夸我的香包做工精致。在上海文博会,参展的客商都夸咱香包好,我必须再加一把劲,把香包缝向全世界。"王秀英自豪地说。

她先后参加了苏韵汉风·徐州民间手工艺(非遗)展、首届长三角国际文化产业博览会、第十四届中国(深圳)国际文化产业博览会等。2019年7月,以"世园真棒"命名的马庄"真棒"香包走进北京世界园艺博览会,向世界各国来宾展示了中国传统工艺的魅力,马庄香包"香"飘世界。

王秀英香包传习所不仅免费教授游客制作香包,还吸引了中国矿业大学、江苏师范大学的留学生慕名前来。"他们也可以成为文化使者,把在中国学习制作的中药香包寄回自己的国家,送给亲友,把中国传统手工艺的魅力传播到世界各地。"王秀英骄傲地说。

此外,王秀英还参加了徐州香包非遗传承进校园活动,走到孩子们身边传播香包文化。去年,新冠肺炎疫情防控期间,马庄香包工作室赶制了3000余个"防感辟秽"香包驰援湖北,把马庄香包工作室的大爱精神和责任担当融进小小的香包之中,用最温情的方式回馈社会。

在孙女孙歌尧的张罗下,王秀英工作室与时俱进、紧跟潮流,结合现代年轻人喜爱的流行元素和审美趋势,开发了多款样式新颖、造型精巧的手机挂件香包,以及耳钉和项链等,深受年轻人追捧。去年,工作室参加了文化和旅游部非遗司推出的"把非遗带回家"专场带货直播节目,直播当晚,王秀英"真棒"香包圈粉无数,1000个产品一上架就被抢光,充分展现出古老非遗产品在新时代焕发出的生机和活力。

香包"真棒",贾汪真旺。王秀英的小小香包"香"遍大江南北,也"绣"出了马庄人的幸福小康生活。(来源:全国妇联女性之声 2021-06-23)

乡村振兴背景下,大学生有更多的就业选择,只要广大青年学子练就过硬的本领,瞅准就业方向,在激流勇进中就会赢得就业先机。

生涯知识

一、职业的定位

我们在学校里都是基于一定专业学习的,那么专业与未来的职业到底有什么联系呢?

有时从某些专业可以直接看到对应的职业,比如法律专业、临床医学专业、会计专业、音乐教育专业、营销专业等,这就可以直接考虑专业就业。对于一些专科院校,这样的专业也比较普遍,比如数控加工专业、动漫专业。

而有些专业你可以看到对应的行业,比如生物学专业,但是在这个行业里,你可能是做研究,也有可能是销售,这种类型的专业可以先考虑行业就业,再结合自己的职业兴趣选择职业。也有一些专业,例如哲学、宗教学等,可能就直接考虑哪个具体的可就业部门或机构,例如高校、研究机构、政府部门。

如果说职业理想是目的地,那么专业就是路线的主要内容。不同的职业需要不同的知识、技能及素质条件,而不同的知识和技能则是专业的主要内容。从经济和效率的角度来看,我们所选择的专业当然应该是职业目标所需要的知识和技能。然而从专业与职业的相关性来讲,它们并不都是一一对应的关系,而是呈现出一对一、一对多、多对多等非常复杂的相关关系,如图 5.2 所示。

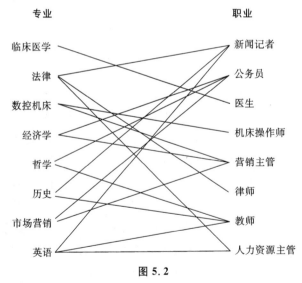

图 5.2

1. 专业与职业一对一关系

这种情况最为简单。一个专业方向对应一个职业目标,此类职业的技术含量比较高,未来可以走专业技术路线。比如我们熟知的医学、法律专业,当你学习了五年的医学,毕业后再去找一个法律方面的职业有多大的可能呢?

2. 专业与职业一对多关系

这类专业就是人们常说的宽口径、厚基础类专业。它们所对应的职业目标有多个。比如经济学专业,喜欢研究性质工作的人就可以继续做经济学研究,喜欢与人打交道的可以做新闻记者和营销策划,喜欢常规性工作的人可以去做经济类频道的编辑。

这种情况下确定职业目标时可以考虑自己的职业人格和职业兴趣,例如,若你属于管理型的人你就可以选定管理型的职业,然后根据具体职业目标的标准要求,在校期间有针对性地学习必要的知识和技能。以经济学专业为例,如果确定毕业后从事新闻记者这一职业,在完成经济学学业的同时,需要根据新闻记者所要求的其他技能去发展,诸如写作能力、社交能力、新闻敏感度的培养、驾驶技术等。

3. 创业跟专业的关系

有的人可能会说,我想直接创业,这和专业有关系吗?

首先,在自己熟悉的行业领域去创业,那么专业就是一个竞争优势。其次,为了降低风险,很多人可能会先成为某个行业、企业内的雇员,这时就需要考虑专业和职业的关系了,具体方法在前文已经提到。

我们在进入职业生涯之前,还需要对组织类型、企业分类进行了解和综合考虑,为未来的职业发展方向做好准备。

二、职业生涯的发展

1. 职业发展路径

图 5.3 所示的是职业生涯管理学家提出的职业发展三维圆锥模型,我们可以看到职业发展的三种路径:垂直通道、向内通道和水平通道。

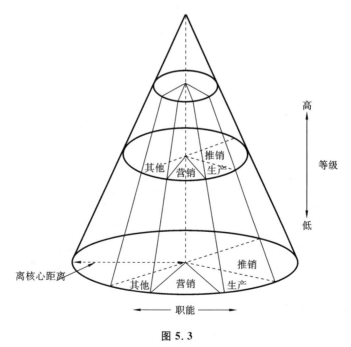

图 5.3

垂直的发展指的是职位的提升或晋升。个人通过企业设置的等级制度,在垂直方向的职业成功,就是"达到和超越自己所期望的职位"。

向内的发展指的是获得个人影响力和权力。判断一个人向内的职业发展是否成功的标准是:"个人是否渗入了职业或组织的核心层"。比如有人职位高,别人喜欢向他请教问题,他也乐于解答问题,也许他职位不会再获得提升,但是他实际仍然产生一定的影响力。技术人员比较倾向于发展这个方向的影响力。

水平方向的发展指的是职责上的变化,比如技术人员去做采购,属于跨职能的调动。这种发展方向增加了职业的广度和视野,可以为综合职业发展打下坚实基础。

2. 职业生涯发展的内在动力

说到职业,我们就一定会想到如何发展的问题。我们从两个方面来分析个人的职业生涯发展:外职业生涯发展和内职业生涯发展。

外职业生涯发展意味着从事某种职业的时间、地点、单位、内容、职位、工资等外在因素的发展和变化。内职业生涯发展则意味着从事某种职业时的时间、观念、技能、才干、经验和资源等因素的发展和变化。

外职业生涯是我们表现出来的职业身份,例如看到他人的名片头衔是工程师、记者、销售经理和CEO,这些都是外职业生涯。

外职业生涯是外显的,通常由别人决定、别人给予和别人认可。比如你是某企业的销售经理,当你离开了这家公司,这个称呼就没有任何意义了。从这个角度上理解,外职业生涯是可以被否定和收回的。

有的同学可能会说,那我自己创业,当总经理不就行了,不过即使这样,也要得到工商局、客户和员工的认可才有效。

内职业生涯是从事一种职业所获得的人的内在的东西,比如你有很好的沟通能力,能在人群中有强大的影响力和领导力,有强大的抗压能力,能在挑战中突破自己。内职业生涯是内化了的东西,与个人结合为一体,它靠自己的努力和探索才能获得,不会像外职业生涯那样在某一刻就可获得,也不会一下子就消失。

如果你被任命为市场部经理,你获得的是一个具体的职务,你是否能在这个岗位做好,那就取决于你的内职业生涯是否过硬了。如果你觉得公司的总经理这个职位很好,那你可能需要想想,做这个职位的内职业生涯条件你具备了吗?

内职业生涯既然不是一下子能具备的,当然也不是一下子就能被剥夺的,例如你在某家企业做财务主管,积累了丰富的经验,你也可以在另外一家企业做财务主管。内职业生涯是稳定的和不断发展的,职业发展中聚焦内职业生涯可以让你更踏实且稳步前进。

为什么有的人非常害怕失去当前的职位呢?想想看我们当前的职位是外职业生涯给予的还是内职业生涯给予的?是什么给予我们在这个职位的信心呢?

三、职业生涯的发展规律

一个人的职业生涯发展规律是什么样的?到底是先发展内职业生涯,还是外职业生涯?或是两个同时发展?内外职业生涯哪个超前会更好呢?

内职业生涯的发展是外职业生涯发展的前提,内职业生涯的发展带动外职业生涯的发展。反过来,外职业生涯的发展促进内职业生涯的发展。

内职业生涯的发展是以外职业生涯的发展来展示的,如果内职业生涯发展了很多,外职业生涯没有任何变化,就像一个人修炼了十八般武艺,却一直在做扫地的工作,结果会怎样?如果外职业生涯发展得很好,但内职业生涯停滞,这时交给他一个非常重要的项目,结果又会怎样呢?

内外职业生涯的关系就像树根和树冠的关系:你是先把根系都长好了再长树冠、开花结果,还是从一棵小树苗就开始同时进行呢?

在实际的职业生涯经历中,内外职业生涯一定是交替进行的,不可能哪一个永远超前,也不会哪一个永远滞后,这样职业生涯就会一直健康有序地发展下去。

1. 内职业生涯超前

(1)内职业生涯超前恰当时很舒心。

这个时候一个人对应该做的工作已经很了解了,也具备完成这份工作的知识、能力、经验和观念,工作状态得心应手,也是人生感觉比较舒心和和谐的时期。这种状态一般发生在一个人在一个新的岗位上已经努力工作1年多时间的情况下。

(2)内职业生涯超前多时很烦心。

这种状态对于追求安逸的人来说,可能还可以忍受,但是对于事业进取型的人来说,会让一个人觉得工作没有创新,没有挑战,每天的工作都是重复,心理上会产生不平衡。这种状态一般发生在一个人在一个岗位做了2年或者2年以上的时候。这种状况久了,有一部分人可能会通过生活的其他方面来调节工作中的乏味,也有一部分人可能就要开始谋划着如何才能调整到新的岗位,接受新的挑战。

(3)内职业生涯超前太多时会变心。

如果一个人的能力、经验远远超过他所在岗位的需要和要求,也就是内职业生涯超前很多,那么有两种可能:一种是找机会升职,另外一种就是寻求新的发展空间。如果这两种都不能获得,那么就会产生严重的职业倦怠,可能会工作不尽心,不负责任。最好的方式是尽快调整到内外职业生涯平衡的状态。

2. 外职业生涯超前

(1)外职业生涯超前恰当时有动力。

如果你当前的岗位是行政专员,在日常的工作过程中,上级发现你具备很好的协调能力,而且某项工作中显示出了推动他人完成任务的能力,同事也比较信任你,这时你的主管刚好被调离,出现了一个空缺后,你被提升到行政主管的岗位,得到提拔后,这时你会觉得工作更有动力了。这种状态一般会发生在新人入职或老员工提升的半年之内。

(2)外职业生涯超前多时有压力。

假如一名从事技术工作的人员被提拔为项目经理,这时工作的方式不仅仅是解决具体的技术问题,还需要协调不同的资源、管理项目进度、分配工作,与不同的人打交道。与人打交道的这部分工作是这个人之前很少接触的,直接经验也不多,这时工作起来一定有压力。这种情况下需要充分调动自己的资源进行快速学习,聚焦到当前新的岗位的技能提升,经过一段时间就会度过压力期,而获得快速的成长。利用压力期进行学习、充电,促进个人成长是这个阶段的要点。

(3) 外职业生涯超前太多时会无力。

职业生涯中我们看到很多人的职位很高,也期望自己能在那样的岗位上,不知道大家有没有想过,如果你真的在那个岗位,你能达到相应的岗位要求吗?当你的能力积累完全没有达到那个岗位要求时,往往会做出错误的决策或者走向错误的方向,给个人和企业都会有带来损失。这种情况往往发生在职场空降新人身上,由于人员选拔的失误,他在真正的岗位上工作时暴露出真正的能力不足或不适应。对于个人来说,应及时调整外职业生涯定位,或者停下来把内职业生涯提升作为首要的大事来办。

3. 最理想的状况——内外职业生涯交替

理想的状况是有时让内职业生涯超前一点,有时让外职业生涯超前一点,交替进行。如果总是外职业生涯超前,人工作起来就会很吃力和辛苦,也会长期处于焦虑状态。这时让内职业生涯超前一点就可以适当地缓冲和放松休息,调整状态。

那是不是内职业生涯越超前会更好?也不尽然。

首先,内职业生涯需要外职业生涯的指导。只有定期了解企业和行业需要什么样的人,才有可能方向正确地修炼自己的内功(内职业生涯)。

其次,内职业生涯的套现往往会吸引来很多资源,而资源会重新导入内职业生涯,形成下一轮的职业发展高潮。

对于大学毕业后第一次找工作的学生来说,要更多地关注内职业生涯的成长:

将来谁来带我?与谁共事?有什么项目或者任务可以做?

这个职位都需要什么样的能力?我能从哪里学到这些知识或技能?

大学生求职,HR往往在最后会给大家一个提问的机会,这时最忌讳的问题是:

薪水怎么样?有什么样的福利?有年终奖吗?带薪年假有几天?宿舍多少人一间?有免费 Wi-Fi 吗?

如果我们的眼睛一直盯着薪资、福利、奖金、工作环境等这些外职业生涯的部分,而忽略了个人成长锻炼等内职业生涯成长的机会,很容易因只看眼前而失大局。也许关注外职业生涯会带来他人看到的暂时的成功和领先,但不能获得长远的职业生涯发展。

从内外职业生涯的关系,我们能看出成功的某些规律。外职业生涯的发展有两个特点:

(1) 跳跃前进:外职业生涯的上升是跳跃性的(r 型)。

(2) 迭代效用:成功最慢的是前面几步,越到后面,资源越密集,发展越快。

这两者结合起来使得外职业生涯线往往给人以飞黄腾达、连升三级的感觉。

而内职业生涯发展恰恰相反:稳重潜行,内职业生涯呈现 U 型,这意味着在上升之前,有一个向下的沉淀过程。

内外合围的生涯才能"起飞"。图 5.4 所示为扎克伯格的内外职业生涯发展图。

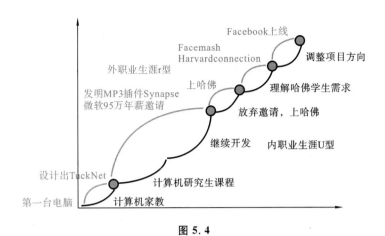

图 5.4

四、常见的职业发展困惑

1. 如何正确看待工资收入？

小林现在遇到一个很棘手的问题，他在公司的岗位属于有核心竞争力的重要岗位，近期有竞争对手的公司准备挖他过去，薪水翻倍，但现在正是公司业务繁忙的时候，如果离开公司会对公司造成很大的损失。另外如果他跳槽去竞争对手的公司，将来不知道如何面对现在的同事，一些人脉关系可能就完全断了。

我们在职业生涯中一定会遇到关于工资收入的问题，如果你从职业收益的全景角度来全面看待这个问题，就变得容易多了：

职业收益＝工资＋发展空间＋情感

当大学毕业初入职场的时候，收益最低的就是工资和情感，但是发展空间却是巨大的，因为你可以去尝试任何你感兴趣的职业，这意味着你的职业生涯有着无限可能。可能性是年轻人最宝贵的财富，这个时候如果仅看重工资，就搞错了职业发展方向。

随着一个人工作年限的增长，在职业收益中，工资收益会增多，工作会轻车熟路，情感收益也会增加，但是发展空间的收益却在减少。职业的选择面越来越小，职场中的天花板效应也会出现。这个阶段家庭上一般也是上有老、下有小，保持稳定的工资收入恐怕是职业中最先考虑的因素了。

职场的最后阶段，能吸引我们的恐怕就是情感了，虽然有人会一直接受挑战，寻求新的职业发展空间和可能性，但是对于大部分人来说，精力和体力已经不足以支撑频繁地更换工作，而更多地考虑工作的舒心度。

所以在职业收益里千万不要弄错了时间顺序。很多人都是年轻的时候只看钱，哪里多就往哪里跑，却忽略了内职业生涯的积累和延续性，结果职业生涯的中后期是样样能做，但样样不精，一生都追着钱跑。

2. 如何恰当地处理职业中的人际关系

从学校到职场，要认识到自身的角色变化而产生的心态变化。

大学生在求学阶段,主要的任务是学习,与同学间的关系包括共同学习和共同生活两个部分。由于与同学有生活上的朝夕相处,因此彼此了解的机会多,小到生活习惯,大到性格特点,都可以了解。而在职场中,与同事的接触一般限于工作相关的内容和层面。

从学生到职业人士的转变过程中,角色变化的对比如下:

(1) 从学习者到工作者。

在初入职场时,我们与人接触是从具体的工作来开始的。学校的学习主要以知识的输入为主,工作则是以结果为导向的绩效输出为主。

从学习者到工作者也带来思维上的转变,在职场上,你如果想获得职位上的提升,在做好自己的本职工作之外,要显示出你在更高职位上的一些特质和能力。

(2) 从老师到老板。

在学校,当遇到一些学习上的困难时,总有老师可以做出专业的解答。在职场中,不能期望上司手把手教你每件事情,更多的工作需要自己想办法独立完成,除非是一些方向性的决策,你需要向老板请示。

初入职场可以以学习的心态开始,但是职场看重的是工作结果,即便是学习,也需要以具体的工作结果来证明。你会发现,职场中感情成分与学校相比会降低,不能坐等被关怀,而要主动寻求上司的支持,工作的思维也要以独立、结果导向为主。

(3) 从同学到同事。

在学校里共度大学时光的同学基本是固定的,四年下来,班级同学没什么大的变化,也培养了深厚的友谊。在学校里的沟通,你与同学各自代表的是个人的观点和想法。

而在职场中,你还同时具有部门的角色和身份,他人也会把你的角色和身份带到人际关系中。比如采购部的小张和质量部的小陈,我们看待小张的时候总认为采购部采购的东西贵,而看待小陈的时候会想到质量部的要求很严格,不太好说话。

与同事交往讲究团队合作,在学校中学习,自己单打独斗完全可以取得好的成绩。在职场中你会发现要完成一项工作任务,需要多方的配合,能否与朝夕相处的同事们建立起合作共赢关系决定了我们的工作能否顺畅地开展。

(4) 与竞争对手和平相处。

职场中,不可避免地会遇到竞争对手,他可能是你昔日的同学,也有可能是刚进入职场一起奋战过的战友。在与竞争对手相处时,不妨从如下的角度思考。

① 展示自己优秀的一面:说到竞争,排除一些不可控的因素外,就是优势的竞争,所以把时间聚焦在提升优势上是非常明智的选择,而其中不可控的部分即使花再多时间也不是个人能主宰的。个人的优势既包括专业的深度也包括专业的宽度。

② 避免与对手发生正面冲突:无论在什么情况下都请记住,与自己的竞争对手发生正面冲突永远是最蠢的做法,往往会招致别人看低和上司对你的负面评价。因此,选准时机运用以退为进的战术,才不失为取胜的一种策略。

③ 拥有宽容的心态:适度的竞争可以促进自我提升,在这个过程中关注个人的成长,而非他人的超越,才能让自我心态回到关注真正价值的状态。

生涯实践

全班分为若干小组,每组先内部分享本节的学习感受,然后每个小组选一个代表,与全班同学一起讨论本节的内容:

(1) 专业和职业是如何对应的?
(2) 不同组织类型的特点是什么?
(3) 内外职业生涯是如何发展的?
(4) 如何做好角色的转变?

 生涯感悟

职业的定位与专业有多种关系,要考虑不同组织类型的特点,国企、民企、外企、政府机关有各自的不同特点,需要结合自己的兴趣和价值观进行综合考虑。

职业发展分为内职业生涯发展和外职业生涯发展,两者是交替进行的,不断地互相促进与发展。内职业生涯发展是核心,外职业生涯发展是促进,两者合起来就可以让职业"起飞"。

内职业生涯兑现成外职业生涯可以快速促进资源的聚集和整合,而内职业生涯的持续积累可以为下一轮的职业发展做好准备。

在职场中,我们会遇到各种各样的困惑,职业收益公式很好地解释了职场新人对于工资收入应有的看法;而人际关系的处理也是必须要面临的问题,职业不仅是做事也是做人。

随着社会的发展,职业的变化是不可避免的,拥抱变化,在变化中不断成长和实现自我才是职业生涯发展的最高境界。

 思考与练习

职场新人小张的职业困惑

小张念大学时学习的是中草药栽培与加工技术专业,刚刚大学毕业的时候,他应聘到了一家中药科技有限公司工作。

小张工作起来很努力,能干多少就干多少。来自贫困山区的小张,特别想改变自己家乡贫穷落后的面貌,在报考大学选专业的时候,他特意选择了中草药栽培与加工技术专业,希望能带领乡亲们通过中草药的种植及加工,提高乡亲们的经济收入水平。

所以,在工作中,小张忙完自己的本职工作之后,会虚心地向其他同事请教、学习,并不怕吃苦吃亏,争取多干多学。

有的同事开始很不理解,就说:"小张啊,你这么努力工作,你又不多拿一分钱,这不是显得我们老员工在偷懒吗?打工其实很简单,老板给多少钱,就干多少活,多了也没有什么用,白辛苦,凭什么干那么多?"

如果你是小张,你会如何考虑以上的问题?结合学习过的内外职业生涯发展规律,你是如何看待打工这件事的?我们如何在职业中修炼自己的职业技能,实现职业生涯的持续发展?

 拓展阅读

五种职业生涯发展的风格

有人说挑战自我才充实,也有人说平平淡淡才是真,孰是孰非?职业生涯之路,有人一帆风顺,有人坎坷艰辛,孰优孰劣?

在职业生涯的发展过程中,职业生涯成功的方向具有多样性,我们可以把职业生涯成功的方向分成五种,下面分别来谈谈它们的具体特点。

1. 进取型

进取型的人以不断地获得更高的职务为职业生涯成功的标准,他就是愿意当领导、当头,愿意说的算、做决定,最不愿意做的事是当副手、任副职。

从生涯四度的角度来看,这种类型的人注重生涯高度的发展,内职业生涯的提高必须兑换成外职业生涯的发展,高压力和挑战是其重要特点。

2. 安全型

安全型的人就算是有机会当老总他也不愿意干,当不当官不重要,他追求更多的是稳定和获得认可,追求上级信任他、和他商量,即使职务上没有变化也没有关系。这种人适合做助手和副手,是一种典型的参谋的角色,和进取型的人可以很好地搭档。

3. 攀登型

攀登型的人不喜欢重复性的工作,喜欢不断地挑战和有一定风险的工作。这种类型的人适合去开发新的市场,而当新的市场开发完毕,稳定地进行管理对他来说就是一种煎熬。攀登型的人适合在新的行业和新的领域工作,不适合传统的行业和职位,一般越是年轻的时候越追求这种新鲜感和成就感。

4. 自由型

自由型的人不愿意受到控制,甚至上班的时间最好都别规定。这种人不是不好好工作,只是不愿意被控制得那么严格。自由型的人的特点是任务导向和结果导向,至于完成的方法不想受到限制,考勤打卡对这种人来说就是痛苦与折磨。

5. 平衡型

平衡型的人追求工作、生活、家庭等的整体协调,不想因为一个方面占用太多精力而影响到另外一个方面。很多女性的职业发展在30岁左右需要兼顾家庭时多处于平衡的状态,有时这是个人的一种需要,多数时是社会责任与家庭责任共同作用的结果。

每种类型的发展方向不分好坏和优劣,适合自己的就是最好的。对于一个企业来说,五

种类型的人搭配存在才是最佳的团队组合。

对于个人的整个职业生涯阶段来说,每个阶段可能以某个类型为主,比如在前期比较追求自由和创新,而当组建了家庭之后,开始倾向于职业平衡。追求职业高度的人可能就以进取型为主,不断地达到新的高度,而安全型的人就以稳定和良好的个人感觉为主。(来源:《你的船,你的海》)

第4节 职业道德与社会责任

生涯指引

2021年12月14日下午,上海震旦职业学院教师宋庚一,在课堂与同学们讲到了南京大屠杀这一历史事件时,歪曲道:"南京大屠杀的人数是没有实际数据的,根本不像官方所说的30万,有的人说是2000人,还有人觉得是3000人,更有人说是5000人,目前没有定论。"宋庚一老师不但没有指责惨无人道的日军,反倒教育学生们不要去记恨,而要思考战争是怎么来的。

这名教师妄图洗刷日本人在中国制造的罪恶行为,引发了底下学生的反感。学生将她的言行全程录了下来,并发布到网上,从而被全民声讨。

这名教师违反了《高等学校教师职业道德规范》,歪曲历史事实,在课堂上公然发表不正当言论,在校方调查核实后,被开除。

生涯知识

一、职业道德

职业道德是人们在职业活动中应该遵守的职业思想和行为准则,即一般社会道德在职业生活中的具体体现。救死扶伤是医生的职业道德,维护法律和社会正义是律师的职业道德,客观公正是记者的职业道德。

对在企业里工作的人来说,不向竞争对手透露商业情报,不公开贬损自己同事的个性化细节,这些都是职业道德的一部分。

职业道德不仅关系到个人的名誉和形象,也关系到社会的持续发展。经济学中有个著名的劣币驱逐良币定律,说的是在铸币时代,当越来越多因磨损而成色不足的铸币(劣币)进入流通领域,人们就会倾向于将那些足值的铸币(良币)储藏起来,结果,市场上的良币被驱逐,而劣币大行其道。最后的结果是大家逐渐停止交易,金融市场就没有了。所以一个职业道德的缺口,往往导致整个行业的衰败,最后的受害人还是自己。

在二手车市场也是如此,由于买卖双方的信息不对称,二手车商家常将收购来的车况较差的车从表面将其伪装成一辆好车,购车者根据外观推测一辆车的报价可能就存在误区,无法辨别车子质量的优劣,从而使得优质车市场被劣质车市场占据。

经过"郭美美事件"的风波之后,红十字会也遭遇着职业道德的危机。慈善机构的职业道德和专业素养问题被摆到了台面,成了热议的话题,在后续的慈善捐款中民众开始"用脚投票",善款数额跌到了谷底。同时,这一事件也考量着媒体的职业道德。

做有职业道德的好建设者

一砖一瓦砌成事业大厦,一点一滴创造幸福生活。世间一切美好,往往都蕴含着职业道德的光芒,凝聚着建设者的品德风范。

一个推崇敬业乐业的民族,必定是令人肃然起敬的民族;一个弘扬职业理想的社会,必定是一个活力涌流、文明进步的社会。近日发布的《新时代公民道德建设实施纲要》要求,"推动践行以爱岗敬业、诚实守信、办事公道、热情服务、奉献社会为主要内容的职业道德,鼓励人们在工作中做一个好建设者"。明确职业道德内涵、倡导践行职业道德,不仅是新时代公民道德建设的重要内容,也是培育和践行社会主义核心价值观、弘扬民族精神和时代精神的内在要求,对于推进中国特色社会主义事业、建设社会主义现代化国家具有重要意义。

"敬事而信""执事敬",敬业品德中国自古有之。在今天我们这个礼敬崇高职业理想、张扬高昂奋斗精神的社会主义大家庭,在"劳动最光荣、劳动最崇高、劳动最伟大、劳动最美丽"的新时代,职业道德的重要性不言而喻:不仅其本身是一笔宝贵的社会精神财富,更直接引领社会物质财富的创造;不仅厚植起个人安身立命的坚实基础,更为强国建设、复兴征程注入澎湃活力。在新时代培养担当民族复兴大任的时代新人,一个重要内容就在于以职业道德建设引领行业文明进步,让高尚的职业情操、坚实的职业奉献,为社会文明风尚凝心聚力,为经济高质量发展固本培元。

"尽职者无他,正己格物而已。"精益求精为火箭焊接发动机的"铁裁缝"高凤林有句名言:"顶天立地是为工,利器入门是为匠。"从"最美奋斗者"到"共和国勋章"获得者,无不在各自岗位上取得了非凡成就,在共和国发展征程上立下了不朽功勋。他们身上散发出来的职业之光,充分诠释出以爱岗敬业、诚实守信、办事公道、热情服务、奉献社会为主要内容的职业道德。弘扬职业道德,真正做到干一行爱一行钻一行,就要在脚踏实地的同时仰望星空,从刻苦工作中领略到高尚情操、体现出价值意义。工作即是事业,事业即是爱好,爱好滋润品德,品德回馈工作。职业价值和职业品德,正是我们参与工作、参与劳动的意义所在。

"凡职业没有不是神圣的,所以凡职业没有不是可敬的。"有了职业道德的托举,"伟大出自平凡,平凡造就伟大"的奋斗哲理更显深刻有力。加强职业道德建设,对个人而言,意味着砥砺职业操守、恪守职业本分、干好本职工作,每件事、每个细节、每项产品力求无愧本心;对社会而言,需要弘扬道德楷模精神、营造爱岗敬业氛围,形成学有榜样、行有示范的良好风气;对国家而言,也需要完善政策、搭建平台、健全机制,让广大劳动者敢想敢干、敢于追梦。当崇高的职业道德落实为掷地有声的职业行动,实现中国梦就有了强大精神力量和道德支撑。

马克思说,历史承认那些为共同目标劳动因而自己变得高尚的人是伟大人物;经验赞美那些为大多数人带来幸福的人是最幸福的人。新时代是奋斗者的时代。坚守职业道德,奋斗职业理想,我们就能以职业贡献为荣,追逐人世间的美好梦想,抵达生命里的辉煌。(来源:《人民日报》2019-10-30)

二、职业道德的个人价值所在

我们的一生中,从20多岁到60岁,最宝贵的时间都是在职业中度过的,职业道德与我们的生活和个人幸福也有很大的关系。

1. 职业的生存与安全离不开职业道德

现代生活中,人们分工精细,我们的衣食住行都来自他人的职业活动,我们希望有清洁的水、健康的食品、安全的居住环境。央视3·15晚会曝光的食品安全、制假售假、误导消费等现象,给社会带来严重困扰,由此可看出他人是否遵守职业道德对我们的生活有很大影响。

同时,如果一个人不遵守职业道德,他的职业很有可能陷入不安全的境地,以至于造成职业生涯的毁灭。

2014年7月,原中国足球裁判员陆俊出狱,引起了广泛的社会关注。陆俊从19岁开始足球裁判生涯,逐步成为国际级裁判员,两度当选亚足联颁发的年度最佳裁判,是中国足坛首位在世界杯和奥运会决赛阶段执法的裁判。尽管过去的职业生涯如此辉煌,但是一旦违背了应有的职业道德,不仅受到法律的惩罚和制裁,而且终身禁赛,他个人作为裁判的职业生涯也就此结束。

2. 人的社交与尊重的需要离不开职业道德

如果你身边的人讲职业道德,诚实守信,待人宽厚,与这样的人打交道就会感觉轻松愉快,人际关系融洽和谐,社交的需求才能得到充分的满足。

如果一个人工作马马虎虎,做人斤斤计较,唯恐自己吃亏,失信于人,这样相处起来就会让别人很困扰,同事和周围的人都不会愉快,也就不能幸福地生活。

遵守职业道德可以获得社会的尊重、同事的尊重,感受到别人的正向反馈,从而满足自己的尊重需要。

3. 职业道德可以促进个人的人生价值的实现

我们所熟知的白求恩大夫,以医生为职业,对技术精益求精,请求到前线离火线最近的地方。一开始白求恩去前线的要求并没有得到八路军卫生部的同意,原因是担心他的安全。白求恩知道后激动地说:"我不是为了享受生活而来的。什么咖啡、嫩牛肉、冰激凌、席梦思,这些东西我早就有了！但是为了理想,为了信念,我都抛弃了。现在需要照顾的是伤病员,而不是我!"

我们从他的言语和行动中看到他的这种职业道德精神,支持着他在艰苦的环境中践行职业理想,实现人生价值。

只有职业道德修养达到一定的境界,人才能在职业中充分发挥个人的智慧和力量,在职业中充分体验到人生的幸福。

三、社会责任

社会责任是指一个个体或组织对社会应负的责任。企业的社会责任通常是指组织承担的高于组织自身目标的社会义务。如果一个企业不仅承担了法律上和经济上的义务,创造税收、提供就业,还承担了"追求对社会有利的长期目标"的义务,我们就说这个企业是有社会责任的。它往往包括企业在环境保护、社会道德以及公共利益等方面的责任,由经济责任、持续发展责任、法律责任和道德责任等构成。

企业从社会中获取市场、资金和人才,这是索取,发展之中就要考虑如何去回报滋养于承载企业发展的社会,与社会环境协同发展。这就是企业为什么要对社会尽一份公民的职责的道理。

同样道理,我们从社会、父母那里索取食物营养、教育成长,我们也要回报社会,创造价值、帮助他人,这是我们需要承担的责任。

对个人而言,社会责任不是高不可攀的东西,而是可以实实在在去实践的。

（1）首先要能独立生活,有一份职业来养活自己和自己的家人;如果是创业的话,可以养活自己的雇员,保证股东的利益,这是个人的经济责任。

（2）在社会上生活,守法、纳税、爱护公物、不违反法律也是我们社会责任的一部分。

（3）参加志愿者活动、环保、扶贫、支教,这也体现出我们在社会回报方面的社会责任。

（4）做好本职工作,发挥个人能力创新、改进,推动了企业的发展、科技的进步,也体现了个人在社会发展中社会责任。

承担社会责任的意义,在于通过个人的贡献让整个社会更加友好、和谐,而个人也从中感受到个人存在的社会价值和意义。

频繁曝光的众多明星吸毒、花边事件,在社会上造成了恶劣影响,同时也暴露了他们社会责任感的严重缺失。明星作为社会公众人物,他们的一言一行对青少年的影响很大,甚至可以说承担着引领青少年的社会责任。一个真正的明星所肩负的社会责任比普通人更多,而这才是明星价值的最重要体现。

 **生涯实践**

与周围的同学一对一探讨或者采用网络搜索的方式,了解本专业的职业道德有哪些?

你是如何看待这些职业道德的?

生涯感悟

职业道德是人们在职业活动中应该遵守的职业思想和行为准则,即一般社会道德在职业生活中的具体体现。

我们一生中有几十年的时间是在职业中度过的,遵守职业道德不仅是我们生存的需要,也使得我们获得互相的尊重,同时实现人生的价值。如果依靠自己的能力获得一份职业的话,那么职业道德就是使得职业能长远发展的翅膀。

企业和个人都有需要对社会承担的社会责任,从企业的环境保护、社会道德到公共利益,从个人的独立工作生活、遵纪守法到扶贫支教都是社会责任的具体表现。

我们在职业中做好本职工作,发挥个人能力创新、改进,推动了企业的发展、科技的进步,也体现了个人在社会发展中承担的社会责任。

思考与练习

5400亩颗粒无收! 涉嫌销售伪劣种子,警方跨省追查

2014年5月20日,市民杨山标在六合区冶山街道东王社区承包了5400亩土地,然后分包给8位农业种植大户。他们与社区约定先试种一季,如果种植成功,将与社区签订30年种植合同。

刘某、王某两名男子是卖高粱种子的,种植大户对他们也有所耳闻。刘、王两人所销售的"红缨子"牌高粱种子曾在江宁区陆郎镇种植过几百亩,反响也可以。听说种植大户在六合区承包了几千亩土地,刘某与王某就前来洽谈,并自称是贵州仁怀市某酒厂的法定代表人,向种植户们承诺如果买他们的种子,酒厂以每斤高粱2.4元的价格回购。

随后,种植户以每斤30元的价格购买了一万斤种子,共计30万元。双方还签订协议,首付10万元,剩下的20万元分期交付。

同年6月1日,种子运到了地头,6月5日播种。可是3天过去了,种子发芽极少,稀稀拉拉的。杨山标请六合区农业局种植专家查看,对方称种子异常,建议再观察几天。

又过了4天,地里的种子还没有发芽。杨山标立即向六合区农业局报案。农业局随即派执法人员到现场调查,对剩余的种子取样封存。后经南京市农作物种子质量检验中心检测,种子的发芽率只有5%。杨山标还不放心,又将种子送到江苏省农作物种子质量检验中心检测,种子的发芽率为0。据了解,正常种子的合格率应是大于或等于75%。

杨山标说,当年土地成本加上人力、机械成本等,此事共造成了300多万元的损失,关键是农业种植户的信心受到了打击。

同年10月8日,六合警方决定对刘某、王某涉嫌销售伪劣种子立案侦查。(来源:《南京日报》王成兵)

透过以上的案例描述,你是如何从职业道德的角度看待以上案例的?请你替这个种子销售商人刘某、王某算笔账:遵守道德和不遵守道德的近期、中期和远期的收益和损失。

 拓展阅读

周恩来的道德修养之道

1943年3月18日是周恩来45岁生日。当天晚上,他在办公室写下了著名的《我的修养要则》,对自己提出了严格要求:加紧学习,努力工作,坚持原则,向群众学习。道德修养不是一朝一夕的事情。领导干部要跟上时代发展的步伐,永远需要自觉的道德修养。在这方面,周恩来为我们树立了光辉榜样。

活到老改造到老

周恩来反复强调世界观改造的艰巨性和反复性。"我的确常说我也要改造这句话,现在还在改造中。我愿意带头。我希望大家都承认思想改造的重要性。要承认各种关系各种事物都会影响个人的思想。要经常反省,与同志们交换意见,经常'洗澡'","自我改造是为了进步,是光荣的事情",党员"要把思想改造看成像空气一样,非有不可","旧社会的习惯势力不是一下子就会消除的,改造是长期的,哪能一次改造就成功呢?旧社会的习惯势力存在于各个角落里,各种机关团体都有","你改造了它,它又影响了你,互相改造,这是个长期的反复的斗争,而且,你在这个地方过好了社会关,换一个环境,那个地方的旧势力、旧习惯又影响你","所以过社会关要有精神准备,要有长期奋斗的决心"。

周恩来不仅把道德修养看成是每个党员的必修课,而且把道德修养看成是党员终生的必修课。"活到老,学到老,改造到老"是他的名言,也是他一生自觉地进行道德修养的真实写照。他常说:"思想改造就是要求我们的思想不落伍,跟得上时代,时前时进。事物的发展是没有止境的,因此我们的思想改造也就没有止境。"他强调,"要做到人老精神不老。人生有限,知识无限,到死也学不完,改造不完"。

周恩来不仅强调道德修养的艰巨性和长期性,而且自觉地实践着这一点。无论是战争年代,还是和平时期,周恩来始终保持着清正廉洁的品德,从不搞特殊化。新中国成立以后,环境变了,条件好了,周恩来并没有因此放松对自己的严格要求。经他审批和领导建设的大型项目不计其数,但他却没有运用权力为自己营造"安乐窝",一直住在简陋的旧房子里。有关部门几次提出要给他修房子,他都执意不肯。周恩来不仅不为自己谋私利,而且从不利用手中的权力为亲友谋取任何好处。他让侄子带头下农村,让侄女带头支边,为全党树立了榜样。

言行一致 以身作则

其身正,不令则行;其身不正,虽令不从。党员领导干部只有身体力行,带头执行党

和国家的方针政策,才有号召力。在长期的领导工作中,周恩来始终自觉地坚持做到理论和实践相结合,表里如一、知行统一,凡是要求别人做到的,他首先带头做到;凡是要求别人不做的,他带头不做。他用自己的人格力量影响人、感染人、昭示人,成为党员干部优秀的行为典范。

1958年,中央出台了一系列指示,要求反对铺张浪费。一次,周恩来在广州开会,服务员送上茶水,却没有收费。周恩来主动交钱,服务员仍然不收,说没法结账。周恩来当即严厉批评道:我在北京刚签了字、发了文,不许招待烟酒。现在你们不收钱,以后还怎么执行?1963年2月,在无锡视察期间,周恩来到蠡园参观。他问陪同的市委负责同志:"买过门票没有?"那位负责同志根本没有在意此事。周恩来却十分认真,马上清点人数,当场购票,把一起去的陪同人员的票也买了。

古人云:"为治者不在多言,顾力行何如耳。"讲廉政、讲道德修养,党员领导干部必须做到身体力行。如果说一套,做一套,那只能是"台上你讲,台下讲你"。言行不一,不仅无法取信于人,更无法取得实际效果。对于道德修养、"为民、务实、清廉"和反腐倡廉等,有些干部只是写在纸上、讲在嘴上,实际上并不当一回事。他们处处为个人利益着想,争名夺利、争权抢位,坚持"权有多大,利就有多大"。

高尚的人品、良好的道德和坚强的党性需要长期学习和严格锻炼才能形成。因而,发挥主观能动性,有意识、有目的、自觉自愿地经常自省、自警、自励,自我约束、自我加压,对于加强道德修养格外重要。这就需要各级党员干部从小处着眼、从点滴做起,"勿以善小而不为,勿以恶小而为之"。

严格要求 敢于担当

这是周恩来道德修养的另一个显著特点。领导干部担负着组织群众、宣传群众、教育群众的责任,其表率作用具有特别重要的意义。有些领导干部总是以改造别人自居,党性修养、为人民服务虽然也讲在嘴上,但都是说给别人听、要求别人干的,自己并不实行。对此,周恩来指出:"没有人是专门改造别人的。自居于领导,自居于改造别人的人,其实自己首先需要改造。要对这种人大声疾呼:'请你自己先改造!'"周恩来一再指出,"只有能自我改造的人,才能改造别人"。周恩来多次强调,领导者要搞好工作,要与群众搞好团结,就应该严以律己、宽以待人;共产党员对自己要求必须更严些,要起到模范作用。他认为,领导干部只有严格要求,以身作则,各项管理工作才能顺利推进。

工作上出现差错是难免的,每当有同志指出来,或者自己发觉后,周恩来总是首先承担责任,真心诚意地反复公开检讨。他说,"犯了错误,关起门来检讨是需要的,更需要的是到人民中去学习","应该公之于众,作自我批评"。周恩来经常告诫广大干部要有勇气面对现实、面对错误;有错误不怕揭露,要敢于承认和改正。他认为,缺点和错误的改正要从领导做起,首先领导要自我批评,要多负一些责任,问题总是同上面有关系的。

广大青年学子应该以周恩来为榜样,学习他终生坚持自我改造的精神、严于律己的优品德、廉洁勤奋的工作作风,在平凡中成就伟大、在奉献中实现升华,持之以恒地加强道德修养,塑造高尚的人格形象,团结带领人民群众决胜全面建成小康社会,真正实现共产党人的价值。(来源:《学习时报》2019年2月25日第7版)

 本章参考文献

[1] 古典.你的生命有什么可能[M].长沙:湖南文艺出版社,2014.

[2] 程杜明.你的船,你的海[M].2版.北京:新华出版社,2012.

[3] 施恩.职业锚:发现你的真正价值[M].北京:中国财政经济出版社,2004.

第 6 章　为进入工作而准备

第 1 节　求职前的准备

 生涯指引

小明今年准备求职,在加入求职大军的时候,他发现自己对于求职这件事了解得并不太多,好像周围的人对求职有不同的看法。有的说要抓紧实习,有的说等招聘会来了再说,也有的说赶紧找熟人看看有没有捷径。

小明学着别人的样子,给自己做了份简历,在招聘网站上找了几家单位投递出去,结果一个多星期过去了,还是没有消息。去了几场招聘会后,还是没有太多的进展。他不禁思考,那些已经找到工作的人究竟用什么样的方式求职的呢?为什么我找了这么久,还是不见结果?

对于大多数学生来说,就业过程中,许多人按部就班地制作简历,参加面试,然后分享战果。从 9 月份开始准备,到来年 6 月份的这段求职期,有些同学早已找到心仪的工作,但还有些同学直到毕业也不满意自己的求职结果。为此,本章着重讲述在就业前,大学生应该为就业做哪些准备。

 生涯知识

大学生常用"找工作"来描述"求职",但"求职"并不等于"找工作"。求职中的"求"除了"寻求"之外,还有"探求",对于特别希望得到的职位,有的时候或许还意味着"追求"。

所以,在你找工作之前,请认真思考,你是认真地开始"求职",还是仅仅去尝试一下"找工作"。两者在心态、过程和重点上都有很大区别(见表 6.1)。

表 6.1

对比项	找 工 作	求 职
心态	从自己最舒服的方式出发:寻找一份工作,把简历丢出去	以雇主最关注的方式进行:用工作的方式找工作
过程	制作简历—搜索信息—投递简历—参加面试	自我梳理—目标定位—了解职位信息—准备简历—参加面试—最终决策
重点	重点在于找"工作"	重点在于梳理"自己"和"工作"的要求

搞清求职和找工作的关系以后,接下来的流程会帮助你开始求职之路。

一、树立积极的就业心态

求职前,要做好积极的心理准备,在这个过程中,需要我们实事求是地面对就业,客观、冷静地进入求职准备状态,认识社会、了解社会,在选择社会职业的同时,也接受社会的选择,有准备且自信从容地主动迎接社会挑战。在实践中培养"爱一行干一行,干一行爱一行"的精神。

方智远院士55年钻研一种蔬菜

"来!尝尝这个品种,又脆又甜!"方智远院士熟练地切开一颗嫩绿的菜球,剥出菜心。时光荏苒,从25岁与甘蓝结缘,到80岁依然奔走田间,方智远为了育出最美的圆白菜,倾注毕生心血。

圆白菜学名甘蓝,具有丰富的营养和药用价值。上世纪六十年代,甘蓝基本依赖从国外引种,价格高,质量难以保障。1967年,我国南方百万亩甘蓝突然出现大面积只开花不结球的现象,方智远与专家们连夜赶往广东,看到地里一片片未熟抽薹的甘蓝,农民蹲在地里掉眼泪,他从此下定决心一定要搞出我国自己的品种。

方智远和同事们从零开始,全国搜集甘蓝种质资源,听说哪里有好品种就立马赶过去,回来就一头钻进试验田。甘蓝一年只开一次花,育种周期长,不确定性大,做几千个组合也不一定能选出一个好品种。年复一年,方智远拿着铁锹、锄头,整地、播种,弯着腰、低着头,一颗颗地授粉……功夫不负有心人,1973年,方智远育出我国第一个甘蓝杂交品种"京丰一号",打破依靠国外引种的被动局面,此后又先后培育出五代优质丰产、抗病抗逆、早中晚期配套的优良品种,并推广至全国31个省(市、自治区),累计种植面积达1.5亿亩,占国内甘蓝种植面积的60%,使甘蓝成为百姓餐桌上四季常见、质优价廉的蔬菜。

1957年,还是中学生的方智远曾在日记中写下这样一段话:"在科学的道路上没有平坦大道可走,只有向上攀登,不畏劳苦、不畏险阻的人,才有希望攀登到顶点。"多年来,方智远先后获得国家技术发明一等奖1项,国家科技进步二等奖3项,1988年、2001年两次获得全国五一劳动奖章,2000年获得全国先进工作者荣誉称号。人民日报曾这样报道和评价方智远的团队:"六人课题组,四次获大奖"。

方智远院士长期从事甘蓝遗传育种研究,55年只钻研一种蔬菜。这种钻研精神和就业干劲值得我们去学习。大学生在求职前,要培养健康的就业心态,实现人生价值的机会不只是在城市有,农村也有广阔的舞台。华中农业大学"本禹志愿服务队",以持续扎实的行动服务基层群众,取得显著成效。习近平总书记勉励他们,积极加入青年志愿者队伍,走进西部、走进社区、走进农村,用知识和爱心热情服务需要帮助的困难群众,坚持高扬理想、脚踏实地、甘于奉献,在服务他人、奉献社会中收获了成长和进步,找到了青春方向和人生目标。

(来源:新华网)

习近平总书记寄语青少年要树立远大志向,"志向是人生的航标,一个人要做出一番成就,就要有自己的志向"。不仅如此,还要担当作为,拼搏奋斗,用积极有为的心态去为自己的职业志向做好学业积累、技能培养、素质提升,在围绕就业目标奋进的准备过程中乐观积极、敢于吃苦、拼搏奋斗。

二、建立求职档案

求职档案是大学生在求职前对自己过去生涯的盘点,用此作为参考来做下一步的求职计划。求职档案包括对个人的梳理和对人脉的梳理。

第一步,对个人的梳理:认真梳理大学生涯中个人取得的成绩和能力。这个过程就像你准备开一个公司,你首先要梳理你的资金,你要卖什么产品等方面事宜。在梳理的过程中,个人的实践部分尽量用STAR原则去撰写(详见第2章第2节)。

生涯实践

(1) 首先准备一个空白文档,建立求职档案(见表6.2)。

(2) 在个人信息方面,详细写下自己的所有信息,包括姓名、电话、联系方式、政治面貌等。

(3) 在教育信息栏中,请详细填写所列的问题,并尽可能多地回忆和自己受教育相关的经历,包括校外取得的教育培训经历。

(4) 在校内外实践环节上,根据准备内容的不同,用STAR原则仔细梳理大学期间经历的各种校内和校外实习实践活动。

表6.2

信息分类	准备内容	示范	备注
个人信息	思考你天生就具备,或一路积累的工作和个人技能。哪些是你骄傲的?哪些工作或生活经历是别人没有的?	某某某 电话136＊＊＊＊＊＊＊＊ 邮箱:＊＊@＊＊.com	要有数字,可衡量(比如,提及日期、比例、金额、节省的钱或时间、品牌名称等。)
教育信息	1. 你的专业是什么? 2. 取得过什么资格证书? 3. 学习成绩如何? 4. 学习方面得过什么奖吗? 5. 获得过什么样的证书和认证? 6. 参加过何种技能竞赛?	＊＊大学园艺技术专业 园艺师 GPA＊＊ 2021—2022学年上学期获一等奖学金 三好学生 参加第八届"互联网＋"大学生创新创业大赛获区赛金奖	你的学校、专业、成绩、奖项和证书等,是否突出,代表一定水平?

续表

信息分类	准备内容	示 范	备 注
校内外实践	销售方面的实践：你做过销售吗？做过的话，取得过什么成就？	在2021年7—8月，利用暑假在**公司担任种子销售专员，在两个月的实习经历中，每天接触30名以上顾客，成单率2%，最后完成实习期间销售任务，锻炼了沟通和计划执行能力	比如：曾经连续创造过销售纪录吗？如果有，具体金额是多少，或增长了多少个百分点？
	行政和管理：你做过行政或者管理过业务部门吗？如果做过的话，取得过什么成就？	2021年暑假在麦吉种子有限公司担任行政文员一职，熟悉和了解了企业运营管理和对员工的考核招聘要求	比如：创造或改善过任何系统或流程吗？
	项目预算或者管理：做过项目预算或者管理吗？		如果有，是什么层次？多少人向你汇报，汇报什么？
	活动策划或后勤管理：组织过活动或会议吗？		如果有，多大规模（参与人数和整体预算），在哪儿，什么时候？
	电脑水平：你会用哪些系统、软件和硬件？水平如何？开发过软件或应用程序吗？		是否有相关的证明履历或者具体的描述？相关的成绩如何？
	出版物及演讲嘉宾：在报纸、杂志、论文集上发表过文章、论文吗？在会议上担任过演讲嘉宾或者进行过公众演讲吗？		如果有，什么时候发表的？如果有，你谈论的是什么主题，有多少观众？详细列出来
其他经历或特长	有没有什么和大多数同学不一样的经历？		比如交换生、文体特长、特别的旅行等

第二步，梳理你的人脉，确定在这个过程中谁可以帮助你。

生涯实践

打开手机通讯录或者其他联系方式，仔细回忆有可能认识的人，填表6.3。

(1) 回忆自己认识的职场人士，包括公司初级员工、公司人力资源和高层管理者。

(2) 回忆大学期间实习过的公司以及认识哪些相关职场人士。

(3) 回忆大学的学长和老师，看他们能协助你认识哪些不曾接触的职场人士。

(4) 回忆家族中是否有人能提供给你额外的职场人士的信息。

表 6.3

求职目标：	公司员工	人力资源	管理者
自身接触			
实习经历			
校友老师			
家族人脉			
其他			

三、找准招聘渠道

求职路径指的是用什么方式去寻找工作机会。通常情况下大学生的求职路径可以总结成：看招聘启事，投简历，参加面试，实习和录用。这种传统的求职路径往往是在找工作，但并不是求职，因为雇主的招聘思路和大学生传统的求职路径恰恰相反。让我们看一下你找工作的思路和雇主招人的思路有什么不同，如图 6.1 所示（图引自《你的降落伞是什么颜色》）。

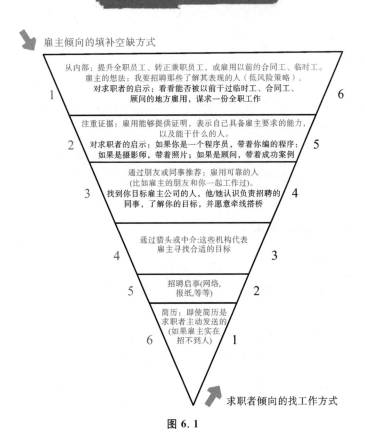

图 6.1

我们可以从图中看到,大部分雇主其实在发布招聘启事前,已经完成了寻找合适员工的多种可能尝试。而这时候,简历筛选往往非常严格。所以反观大学生的求职路径,当他们还在根据招聘启事投递简历的时候,大部分人在这道关卡上就已被淘汰出局。因此,寻找合适的求职路径,利用雇主招人的思路,是大学生求职之前需要思考的问题。

工欲善其事必先利其器

方文山是华语乐坛上最优秀的词作人之一,但他的求职之路也不是很顺畅。方文山毕业于电子专业,曾做过防盗器材的推销员,帮别人送过外卖,送过报纸,做过中介、管线工等。但他原来的理想是做一名优秀的电影编剧,进而成为合格的电影导演,但当时台湾地区电影的整体滑坡让他望而却步,只好退而求其次地拼命创作歌词,他认为通过写歌词这个渠道,可能能帮助他迂回进入电影圈。于是,他在做管线工之余,花了大量的时间在创作歌词上,直到可以选出100多首,集成词册。之后,他把集成册子的歌词邮寄给最红的歌手和制作人,一次寄100份。为什么要寄这么多份?方文山是做了计算的,他估计经过前台、企宣、制作人层层辗转,大概只有五六份被目标人物收到。实际上他估算得太乐观了,这样持续的求职行为持续了一年多,结果都是石沉大海,直到有一天接到吴宗宪的电话。

方文山的求职之路,我们能借鉴什么呢?首先是锲而不舍的精神,认定目标不放弃;其次是创新求职方法,如果方文山寄出去的不是100多首的歌词集而是一份求职简历,简历上面仅仅是自我评价,如"将音乐视作生命、团结同事、刻苦耐劳",或许不会收到回复;最后是知己知彼,了解对方需求,方文山那本歌词集的第一页是这样一封言辞恳切的信:"这是我去芜存菁后的作品……已经预埋了音乐韵脚,而且充分考虑了流行音乐承转的节奏要求……"求职信是给人看的,不是自我梦呓和陶醉,要充分考虑对方的需求,提供他人认可的价值。(来源:百度文库)

工欲善其事必先利其器:工匠想要使他的工作做好,一定要先让工具锋利。要做好一件事,准备工具非常重要。要办成一件事,一定要事先进行筹划、安排,这样才能稳步把事情做好。

四、检索和提升求职技能

求职本身是有技能要求的,这些技能是能被提升的。训练好这些技能会对你今后的职业生涯起到很大的促进作用。所以,首先我们需要检测一下自己的求职技能如何。大学生求职过程中常见问题如下:

(1)职场信息缺乏:不知道找什么工作,搜索不到恰当的职位。

(2)基本求职技能不足:简历和面试——想在几十甚至上百人中脱颖而出,单靠一份简历,面试发挥不出应有的水平。

(3)面试跟踪和反馈缺失:面试成功了都不知道是不是自己满意的;没成功的不知道自己为什么没成功。

王驰的农业梦

王驰是一名90后,用他自己的话说,他是一个平凡人,可是平凡的他却有着不平凡的农业梦想。从陕西科技大学毕业后,他先是在一家世界100强外企工作,但在看到了农村发展的巨大潜力后,他毅然选择回到了老家周至,当起了一个"不走寻常路"的农民。

2015年是王驰创业的起点,也是他接触农产品的第一年。当时他看到有乡党用冷冻的荠菜包饺子,便有了将秦岭荠菜销往外地的想法。在经过一系列市场调研之后,他率先选取了秦岭荠菜、野生洋槐花等投资小、竞争低的产品,并在周至县电商微商联盟的帮助下,将产品通过电商平台销售到了全国各地。第一桶金的获取,让这位年轻人开始认真地审视自己的家乡:周至的乡下,农民们渐渐地老了,而他们种出来的优质农作物,却因为信息不对等出现滞销……如何让这些好产品走出家乡,帮助农民获得收益,也让远方的朋友尝到不一样的秦岭味道,成了这个年轻人生活的主题。

于是王驰下决心成为一个真正的农民,2016年起,他与志同道合的伙伴着手打造自己的"不平凡梦想农场",种植了五个瓜果大棚,一个花卉大棚,十亩苗木,十五亩猕猴桃和两亩果桑园。在一边学习种植、一边摸索电商的过程中,他对习主席"爱农业,懂技术,善经营"这句话有了更深刻的体会。怎么卖出去,卖什么产品,怎么做到可持续输出,这三个问题也伴随着他成长为一个新时代农民。

加入周至县电商联盟,跟周至电商人一起交流电商创业心得,通过政府的帮助和自身的努力,王驰与团队成员们率先解决了怎么卖出去的问题。

而产品的选择与种植又是横亘在眼前的另一个问题。秦岭的特色季节性产品是电商渠道的一个重要组成,洋槐花、婆婆丁、香椿等,为他们吸引着来自全国各地的饕客。

猕猴桃、樱桃、水蜜桃、黑布林等周至特色农产品,则是团队的拳头产品,仅2018年一年,团队就帮助5户农户销售黑布林8万余斤,帮助30多户农户销售猕猴桃65万斤左右,为富余农村劳动力创造了超过6000小时的劳动机会,更帮助15人走上了水果电商之路。与此同时,"铁杆"客户数量增加到1000个,2019年全年销售额达185万左右,合作团队8个,活跃代理30个左右,线下店铺5个。

在电商同步发展的同时,王驰积极参加农业局组织的高素质农民培训。经过学习了解,与团队尝试种植"童年味道"的西红柿——普罗旺斯。在周至县农业局相关部门的帮助下,他先后多次去西北农林科技大学学习种植技术,并把优秀的产品放上了扶贫超市,得到了消费者的认可。

现在,王驰已经是周至县电商联盟核心成员,并获得了首届西安市农村电子商务大赛创业组第一名、第二届西安市丰收节第二名、陕西省技术能手称号。面对这些荣誉他觉得自己有了更大的使命感和责任,他的目标是成为一个能帮助更多乡党、带动家乡发展的高素质新农民。

在国家政策带动下,当地涌现出很多像王驰一样爱家乡、爱农业、爱学习的青年,他们用热情、真诚和智慧努力拼搏,在乡村振兴的道路上实现着自己"不平凡"的价值!(来源:农业

农村部-中国农村创业创新信息网-优秀人物-全国农村创新创业带头人典型案例)

习总书记指出,乡村振兴是包括产业振兴、人才振兴、文化振兴、生态振兴、组织振兴的全面振兴,实施乡村振兴战略的总目标是农业农村现代化,总方针是坚持农业农村优先发展,总要求是产业兴旺、生态宜居、乡风文明、治理有效、生活富裕,制度保障是建立健全城乡融合发展体制机制和政策体系。实施乡村振兴战略,必须打造一支强大的乡村振兴人才队伍,以一定质量、足够数量的多元化人才作支撑。大学生要认准就业方向,找到合适自己的工作岗位。

 思考与练习

完成求职技能检索表(见表6.4)。

表6.4

请根据你的真实求职能力状况,给下列的求职技能熟练程度打分: 非常擅长=4　比较擅长=3　一般=2　不擅长=1	
A 职位搜寻中,我有多擅长于……	
1. 在网上发布我的求职信息	
2. 通过各种渠道找到我心仪的公司	
3. 发动社交网络获得工作机会或相关指导	
4. 向有机会的公司传递信息	
5. 参加能遇见职业人士的各种行业聚会	
6. 在当地报纸上寻找招聘会信息或招聘广告	
7. 向能为我提供职位的机构/组织/老师寻求支持	
B 简历撰写时,我有多擅长于……	
1. 撰写一份格式正确、内容专业的简历	
2. 写一封吸引眼球的自荐信(求职信)	
3. 正确地制作和发送简历的电子文档	
4. 正确地填写各种表格	
5. 清晰正确地描述求职目标	
6. 找到能为我写推荐信的人	
7. 准备一份完整的求职档案	
C 面试时,我有多擅长于……	
1. 在面试前提前调查面试公司	
2. 穿着打扮大方得体	
3. 给人留下良好的第一印象	
4. 有效地回答面试问题,用数据和例子作答	

续表

5. 聪明地突出优势,隐藏劣势	
6. 准备了一系列问题问面试官	
7. 展现出对目标职业的热情	
D 当跟踪面试时,我有多擅长于……	
1. 面试后通过邮件发感谢信	
2. 拿到面试官的名片和联系方式	
3. 如果没有收到回复,我会尝试打电话给面试官	
4. 精确地记录每一个面试我的人的信息	
5. 懂得在几个工作机会中决策	
6. 就工资待遇和其他福利谈判	
7. 按照公司的要求提供额外的信息	

请把每一项得分相加,获得单项总分:

A 职位搜索:_____

B 简历撰写:_____

C 面试技巧:_____

D 面试跟踪:_____

单项得分:

0~14　需要系统学习求职知识,请认真阅读本章内容;

15~20　需要在实战中训练求职技能;

21~28　马上开始求职行动。

生涯感悟

求职是一个"技术活",只有"用工作的方式去找工作"才能真正让自己梦想成真。很多人总在"找工作",但没有"求职":求职需要准备档案、定位渠道、提高技能等。"找工作"本身就是人生的第一份工作。

第2节　简历书写

生涯指引

小明参加了一个校内举办的简历讲座,开始前主讲老师拿出自己的手机,对着台下的同学拍了一张合影,然后用笔记本把照片投到了大屏幕上,然后问台下的同学:"各位,这张合影里面你们会先看谁?"小明和其他同学一样大声地回答:"自己。"

"为什么呢?"老师问道。

"因为只认识自己,想看自己照得怎么样。"学生回答。

"是的。"主讲老师说道,"在这么多人的合影中,你们都会找自己看,因为你们只关注自己感兴趣的。同样,HR 在看一份简历的时候,也会像你们看照片一样,去找那些自己感兴趣的点。所以今天我们简历讲座开始之前,请记住:以后你们再提交简历,千万不要只关注自己有什么,而要关注 HR 想要看什么。这才是简历最核心的要素。"

 生涯知识

一、简历是什么

简历是用于应聘的书面材料,通常是在一张 A4 纸上呈现以下信息:你是谁?怎么联系上你?你从哪里毕业?曾经学过什么专业?有过些什么工作和实习经历?有什么成绩和奖项?透过这张纸,雇主会猜一猜,你现在是怎样的人,未来会不会是他需要的员工。成功的简历就是一件营销武器,它向未来的雇主证明你能够解决他的问题或者满足他的特定需要,从而确保你能够得到面试机会。

简历是雇主对你的第一印象。好的一面是,你可以深思熟虑地提供自己希望雇主看到的信息;坏的一面是,你很难判断这张纸对雇主到底有没有起作用。对求职者来说,有两个问题必须在简历撰写前搞清楚:

(1)你打算用这份简历应聘什么工作?

(2)这份简历的内容是否能够说服对方给你面试的机会?

简历的英文单词是 resume,来源于两个词根,一个是"re",一个是"sum"。如果把两个词根结合起来,简历就是把自己的经验反复(re)地总结和提炼(sum),直到可以用一张纸打动对方为止。

二、简历的内容

简历的内容可以分为"你是谁"和"你有什么"两部分。

第一部分:你是谁?写明个人基本信息(姓名、年龄、文化、专长、教育等),准备内容参见表 6.5。

表 6.5

个人信息	准备内容	雇主感兴趣的内容
姓名	自己名字	基本没有
求职意向	了解求职岗位的必要信息和能力要求,简历后续内容都以此为标准	具体的岗位,越细越好,最反感岗位模糊或者岗位多投

续表

个人信息	准备内容	雇主感兴趣的内容
照片	根据雇主要求和岗位选择一张可以体现适合岗位的照片	主要看你的气质和岗位是否匹配,形象气质佳占优。雇主没有要求贴照片时可以不贴
联系方式	邮箱和手机号码即可	如果下面的内容满意,能快速联系你的方式。通常不怎么感兴趣

第二部分:你有什么?写明个人具备的能力和经历(最好有证明),包括你的专业、课程、实习经历、工作(兼职)经历、所获奖项、科研成果等,准备内容参见表6.6。

表 6.6

能力部分	准备内容	雇主感兴趣的内容
教育信息	你的专业是什么?	生产或研发型岗位参考你的专业和应聘岗位是否符合,营销类岗位基本不关注
	取得何种资格证书?	主要看你的职业资格情况
	学习成绩如何?	对于技术型岗位,看你的GPA;对成绩无要求的岗位,可以略过
	学习方面得过什么奖吗?	奖项是否和岗位能力相匹配,是否有含金量
	获得过什么样的证书和认证?	证书和认证是否和岗位需要的能力匹配
	毕业于哪所学校?	学校的类型会成为参考的一个标准,重点学校会加分
校内实践	销售方面的实践:你做过销售吗?做过的话,取得过什么成就?	你在销售实践中体现出来的能力,学习到的知识,取得的成就是否和岗位符合。营销型岗位看重
	行政方面和管理:你做过行政或者管理过业务部门吗?如果做过的话,取得过什么成就?	你在管理中体现出来的能力、学习到的知识、取得的成就是否和岗位符合。运营型岗位看重
	项目预算或者管理:做过项目预算或者管理吗?	你在管理中体现出来的能力、学习到的知识、取得的成就是否和岗位符合。运营型岗位看重
	活动策划或后勤管理:组织过任何活动或会议吗?	你在管理中体现出来的能力、学习到的知识、取得的成就是否和岗位符合。运营型岗位看重
	电脑水平:你会用哪些系统、软件和硬件?水平如何?开发过软件或应用程序吗?	基本的电脑操作能力和专业开发能力,参加过什么项目,获得什么成就。技术型岗位比较看重
	出版物及演讲嘉宾:在报纸、杂志、论文集上发表过文章、论文吗?在会议上担任过演讲嘉宾,或者进行过公众演讲吗?	考察你的表达能力和专业能力
其他特长	有没有什么和大多数同学不一样的经历或者特长?	主要看你的能力和才干是否有和岗位相一致的地方

三、如何准备自己的简历

(1) 准备一份自己的履历:请尽量用数量词写清你的情况,少用或不用形容词和副词;尽量简洁地用 STAR 原则说明你的情况,排版要美观大方。

(2) 根据"求职目标"确定不同类型的求职简历。常见的求职简历按照求职类别可分为:营销型、运营型和生产型。每种类型所突出的简历内容有所不同(见表 6.7)。

(3) 修改简历中的拼写和语法问题,不犯错误。

(4) 用 STAR 原则写经历(参考第 2 章能力部分)。

表 6.7

类别	典型职位	突出重点	关键词代表
营销型	销售、市场等	突出校内外实践方面的内容,包括和人打交道的实习实践经历、获得的彰显个人能力的奖项	执行力、抗压能力
运营型	管理岗位	突出校内外实践方面的内容,包括和人打交道的实习实践经历、获得的彰显管理能力的奖项	计划监督能力、管理能力
运营型	行政、人力资源等	突出校内外实践方面的内容,包括和人打交道的实习实践经历、学生干部经历中助管类型岗位	事务执行能力、细心热情等个性品质
生产型	财务、生产、研发	突出教育背景方面的内容,包括学习成绩、专业课程、专业实习和各层次课题研究经历	专业研究能力、严谨、专业

四、简历投递的注意事项

(1) 格式:尽量使用 WORD+PDF 格式,防止粘贴在邮件正文中格式混乱。

(2) 要求:用招聘方要求的方式提交简历。如果招聘方要求用附件发送,就要用附件发送,不要自作聪明地放在邮件正文,反之亦然。因为 HR 收到后会发给其他部门同事评价。如果放在正文里,就需要 HR 复制出来再做成文档。你可以想象一下,HR 一天看几十甚至几百封简历后还有没有精力给你复制粘贴简历;另外,还会让 HR 觉得你是连招聘要求都不仔细看的人。

(3) 命名:建议同学们用"学校名+姓名+应聘职位"给发送简历的邮件命名。如果是用附件发送简历,简历的文件名仍建议用"学校名+姓名+应聘职位"命名。

(4) 时间:请尽量在上午 9 点之前投递,这样 HR 上班后能第一时间发现你的邮件。如果没有收到回复的话,请在 7 天后发邮件询问会更礼貌。

 生涯感悟

简历是你个人经历和技能的反复提炼,小小的一份简历就可以看出一个人的经历、技能和态度等,所以要用心准备简历的内容,注意撰写要点并使用正确的投递方法。一份简历应能把个人特点充分、准确地展现出来,让一个不认识你的人在第一时间就能了解你的优势和特长。

思考与练习

1. 简历"找碴"

请参考如下简历,每个小组轮流分析这个简历存在的问题。用 5 分钟时间找出尽可能多的问题。

个 人 简 历

个人资料:			
姓　　名	张小平	学　院	经济学院
性　　别	女	专　业	经济学
身　　高	167cm	学　位	
籍　　贯	广东省	健康状况	良好
婚姻状况	未婚	出生年月	1984 年 04 月
手机号码	1300000003	党团关系	团员
联系电话	0234-26912345	E-mail:	Wxy0427@hotmail.com
联系地址	深圳市南山区深圳大道 19D		
毕业院校	大　学	宿舍电话	075

性格品质:
- 个人性格乐观开朗,富有耐力和韧性,以真诚待人,对工作严谨细心,有很强责任心,有较强与人沟通的能力,容易融入集体生活,富有拼劲,具有务实、合作及很强的责任感和集体荣誉感

兴趣特长:
- 音乐,电影,看书,球类运动等
- 钢琴已过上海五级,手风琴获广东省九级,并曾获深圳市比赛一等奖
- 拥有**驾照**,能独立驾驶
- 能够运用 office 软件

语言能力:
- 普通话和粤语流利,有较强的语言和文字表达能力
- 英语读写熟练、已过国家英语四级（CET4）

受教育情况:

月/年～月/年	学校名称	
9.2002～7.2006	深圳市	大学
9.1999～7.2002	深圳市	学院附属中学

资格证书:
- 国际项目管理认证（IPMP）
- 特许财务管理师（CFM 中级）

实习经历:
- 曾于 04 年 07-08 月,05 年 07-08 月以及 06 年 01-06 月份在法国达飞中国船务公司深圳分公司财务部实习,负责核销、核对发票及传真费用清单。

2. 案例讨论

七旬老太讲诚信,为还债拾荒九年

吴兰玉,女,家住乌鲁木齐市达丰社区,2008年感动中国候选人。20世纪90年代老伴和儿子相继去世,给她留下了为治病欠下的债务5.4万余元。当债主们纷纷上门准备讨要欠款时,她的境况却让他们难以张口,但吴兰玉给他们的却是坚定的回答:欠债还钱天经地义,不管有多难,都会还清欠款。

从1999年儿子去世后的9年时间里,吴兰玉用拾废品赚的钱还了近5万元的外债,谱写了一曲感人至深的诚信之歌。还完最后一笔欠款,吴兰玉唱了一整天的歌,两天后她才想起来这些年太不容易,应该犒劳一下自己,于是她拿出8块钱到厂区的小市场买了一双布鞋……

以上案例告诉我们诚信的重要性。

在撰写简历的时候,需要体现什么样的品质?

 拓展阅读

塑料蛋托的平和竖

小陈毕业后,回家养蝎子创业。蝎子喜欢躲在缝隙里生活,他就用塑料蛋托(放鸡蛋的塑料盘子)为蝎子做窝。起初,蛋托平放,一层叠一层,结果蝎子大批死亡,后来,他将蛋托改为竖放,一层挨一层,结果蝎子生长良好。一个平放,一个竖放,差别怎么就这样大呢?原来,蝎子的主要呼吸器官生长在腹部,蛋托平放,容易积水,妨碍蝎子呼吸,同时湿度过大,常产生病害。蛋托竖放,便于沥水,"窝"中湿而不渍,正合蝎子生长要求。平放或竖放,实在是一个不起眼的细节,却关系到养蝎的成败。

习总书记说,当代中国青年要在感悟时代、紧跟时代中珍惜韶华,自觉按照党和人民的要求锤炼自己、提高自己,做到志存高远、德才并重、情理兼修、勇于开拓,在火热的青春中放飞人生梦想,在拼搏的青春中成就事业华章。细节,如一滴水,千万滴水汇聚起来,就会成为江河酣畅流去;细节,像一颗明星,千万颗明星汇聚在一起,就会撑起一片璀璨的星空;细节又如一枚图钉,千万枚图钉合在一起,就会坚不可摧,牢不可破。大礼不辞小让,细节决定成败!作为大学生,在制作简历的过程中,特别要注意细节的重要性。

第3节 面试技术

生涯指引

蝴 蝶 效 应

一只蝴蝶在巴西扇动翅膀,有可能在美国的得克萨斯州引起一场龙卷风。一个微不足道的动作,或许会改变人的一生,这绝不是夸大其辞,可以作为佐证的事例很多。美国福特公司名扬天下,不仅使美国汽车产业在世界占居鳌头,而且改变了整个美国的国民经济状况,谁又能想到该奇迹的创造者福特当初进入公司的"敲门砖"竟是"捡废纸"这个简单的动作?

那时候福特刚从大学毕业,他到一家汽车公司应聘,一同应聘的几个人学历都比他高,在其他人面试时,福特感到没有希望了。当他敲门走进董事长办公室时,发现门口地上有一张纸,很自然地弯腰把纸捡了起来,看了看,原来是一张废纸,就顺手把它扔进了垃圾篓。董事长对这一切都看在眼里。福特刚说了一句话:"我是来应聘的福特。"董事长就发出了邀请:"很好,很好,福特先生,你已经被我们录用了。"这个让福特感到诧异的决定,实际上源于他那个不经意的动作。从此以后,福特开始了他的辉煌之路,直到把公司改名,让福特汽车闻名全世界。

平安保险公司的一个业务员也有与福特相似的经历。他多次拜访一家公司的总经理,而最终能够签单的原因,仅仅是他在去总经理办公室的路上,随手捡起了地上的一张废纸并扔进了垃圾桶。总经理对他说:"我(透过窗户玻璃)观察了一个上午,想看看哪个员工会把废纸捡起来,没有想到是你。"而在这次见到总经理之前,他还被"晾"了3个多小时,并且有多家同行在竞争这个大客户。

福特和业务员的收获看似偶然,实则必然。他们下意识的动作出自一种习惯,而习惯的养成来源于他们的积极态度,这正如著名心理学家、哲学家威廉·詹姆斯所说:"播下一个行动,你将收获一种习惯;播下一种习惯,你将收获一种性格;播下一种性格,你将收获一种命运。"

蝴蝶效应也存在于我们的人生历程中:一次大胆的尝试,一个灿烂的微笑,一个习惯性的动作,一种积极的态度,都可以成为生命中意想不到的起点,它能带来的远远不止于一点点喜悦和表面上的报酬。谁能捕捉到对生命有益的"蝴蝶",谁就不会被社会抛弃。不要以为创造就非得轰轰烈烈、惊天动地,把细小的工作做好同样也是一种创造。

生涯知识

一、面试是什么

面试的英文单词是 interview,在招聘领域中是一种经过组织者精心设计,在特定场景下,以面试官对求职者的面对面交谈与观察为主要手段,由表及里测评应聘者的知识、能力、经验等有关素质的活动。面试给公司和应聘者提供了双向交流的机会,能使公司和应聘者之间相互了解,从而双方都可更准确地做出是否选择对方的决定。所以,面试是用人单位择优而用,应聘者择优而选的过程。

在面试的过程中,面试官向应聘者就公司的业务状况,所能提供的职位详情进行传达,而应聘者向对方介绍自己的履历、能力、经验等各方面信息,从而让对方认识自己,进而了解自己。其目的是双方达成一致,不是择高分而用,而是提供一个机会,让双方都能找到最适合自己的合作伙伴。

具体来说,面试之前,企业一定会根据自己想招一个什么样的人来做职位分析,也就是人力资源理论中的岗位分析。这个分析来源很广泛,有部门经理对这个职位的需求,有前任工作者给公司就这个职位留下的主观印象,甚至有客户对该职位人员的客观评价等,不一而足。

所以,面试的结果没有绝对的优秀、一般、差的区别,只有适合与不适合之分。面试官在面试之前是带着期望来的,是什么样的期望呢?简而言之,适合!如果前任做得不好,那么他希望招到一个更好的;如果前任做得很好但跳槽了,他则希望招到一个更稳定的。

虽然没有绝对的好与坏,但用人单位一般对应届毕业生可承担的角色还是抱有以下期待:

(1) 工作的承担者;

(2) 有潜质的新员工;

(3) 能迅速融入团队的新成员;

(4) 组织的新鲜血液;

(5) 能提升公司品牌的新成员。

所以面试者一定要在面试的环节中,表达和展现自己的能力,以满足用人单位的期待。

二、面试准备

1. 面试前

(1) 要熟悉环境,了解对方。

要事先对用人单位的工作性质、业务范围及发展情况做初步了解,以便在面试中表明自己的期望。努力收集应聘行业的资料,了解要面试单位的大致发展情况,以便知己知彼。对要面试的场所和时间一定要了然于胸,并比约定的时间提前5~10分钟到达,切不可迟到。

(2) 要熟悉掌握自己各方面的情况。

如在学校里学过哪些课程(包括主要课程及选修课程),哪些课程是和申请的工作有关的,自己有哪些特长、兴趣、爱好,业余时间怎样消遣,等等。

(3) 要做好适度"推销"自己的准备。

因为面试时应聘者通常都处于被动的地位,有时很难向主考官充分展现出自己的能力和才华。所以,面试前做好准备,抓住时机适当地"推销"自己是最有效的办法。

(4) 注意穿着打扮要得体。

衣着要整洁得体,避免穿太亮或太花的衣服、紧身衣裤或牛仔装;女性穿着尤其要得体,化妆不宜太浓,忌衣着暴露和举止轻浮。留意把指甲修剪整洁,头发梳洗整齐,鞋子擦亮。一般建议穿着深色正装。

毛主席的穿衣之道

毛主席平时奉行"新三年,旧三年,缝缝补补又一年"的穿衣原则,而究其本质便是贯穿毛主席一生的艰苦朴素。

坐落于湖南省韶山市的毛泽东遗物馆中,陈列着毛主席生前的一件睡袍。这件白色泛黄的棉质睡袍材质样式都极为普通,夹层,香蕉领,外侧有两个口袋,长141厘米。

虽看似普通,但这件睡袍上有多达73个补丁,无疑写满了故事,它们乃是毛主席艰苦朴素作风的最好见证。这件睡袍伴随毛主席二十余年的春夏秋冬,目睹着伟人平凡却又不平凡的日常生活。

正式场合毛主席的衣服是怎样的呢?

接待外宾之时,毛主席自然也会坚持穿上毛式中山装,作为对来访者的尊重与友好。

曾在一次接见外宾的过程当中,工作人员提议毛主席穿一双黑色的皮鞋,然而却被毛主席拒绝了。毛主席给出的回应是,他们是来见我的,还是来看皮鞋的?我们中国人要按照中国人的来。

服饰是一种文化,是一种礼仪,是一个人的仪表中非常重要的组成部分。人在不同场合,代表不同利益的时候,应当按照不同的礼仪规定行事。莎士比亚曾经说,一个人的穿着打扮就是他教养、品位、地位的最真实的写照。在日常工作和交往中,尤其是在正规的场合,穿着打扮的问题越来越受到现代人的重视。

(5) 准备好简历等材料备用。

一般情况下,面试官会就你简历上的相关信息发问。因此,简历和其有关材料必须随身携带以备随时查阅。而与求职无关的东西,在面试时最好不要带。

(6) 面试官信息搜集(备选)。

这一点是很多人容易忽略的地方,在面试前没有对面试官进行了解,不知道面试官的风格,结果在面试过程一开始就很被动。这里所说的面试官信息是指面试官的风格、性情、成就、职级等,可以用来帮助我们思考可能会被问到的问题以及应对的思路。如面试官的职位等级越高,问具体事务的可能性就越小,面试者就越要从宏观大方向上准备;如果面试官是急性子,那面试者回答问题时就要干脆,使用金字塔原理来作答比较适合;面试官拥有很多专利,发表过很多论文,那么面试者就需要考虑多展示成果和实际的能力;等等。获得面试官信息的途径有很多,可以从帮你内推的朋友或者猎头那里获得。另外,如果面试官是高级岗位人才,那么在网络上就可能搜到很多关于他的信息,如相关新闻、照片、讲演词、专利、文章等,这些都是很有帮助的。

2. 面试中

曾子避席

"曾子避席"出自《孝经》,是一个非常经典的故事。曾子是孔子的弟子,有一次他在孔子身边侍坐,孔子问他:"从前的圣贤之王有至高无上的德行,精要奥妙的理论,可以使天下顺从,子民和睦,君王和臣下之间也没有抱怨,你知道它们是什么吗?"曾子听了,明白老师孔子是要指点他最深刻的道理,于是立刻从坐着的席子上站起来,走到席子外面,恭恭敬敬地回答道:"弟子不够聪慧,哪里能知道这些道理,还请老师赐教。"

在这里,"避席"是一种非常礼貌的行为,当曾子听到老师要向他传授时,他站起身来,走到席子外向老师请教,是为了表示他对老师的尊重。曾子懂礼貌的故事被后人传诵,很多人都向他学习。

面试中,礼仪是非常重要的一门学问。

（1）展现自我。

面试是求职中最为重要的环节之一,我们之前所做的一切准备工作其实都是为面试服务的。准备得再好,面试时发挥不出来那一切就没有意义了。面试最主要的目的是什么?对用人单位来说,就是了解应聘者的信息和能力是否与需求岗位匹配;对面试者来说,重要的是展示与应聘岗位相匹配的个人能力,匹配度越高,成功率越高。这一点面试者心里要有数。任何的面试问题都不是随便提出的,在问题的背后都有用人单位要考察的岗位需求能力。如何在回答问题时展示自己的能力十分关键,这个过程其实本身也是沟通、汇报能力的一种体现。

面试官在面试过程中会有重点地考察应聘者素质,在考察素质时会有针对性地提问,并将有关的考察要点融入各阶段提问中。

常见面试考察内容见表6.8。

表 6.8

提问项目	要素	观察内容	评价要点
—	礼仪风度	仪容、衣着、行为、举止、走路、坐姿、站立等仪态,语言表达	（1）穿着整齐、得体、无明显失误; （2）沉着、稳重、大方; （3）走路、敲门、坐姿符合礼节; （4）用语文雅、礼貌

续表

提问项目	要素	观察内容	评价要点
(1) 你选择本公司的原因是什么？ (2) 你选择本公司最重视什么？ (3) 你对本公司的了解有多少？ (4) 你希望公司如何安排你的工作待遇	求职动机、愿望	观察候选人的表情、眼神、口头表达等	是否以企业发展为目标兼顾个人利益； 回答完整、全面、具有说服力； 可信度如何
(1) 请谈谈你自己； (2) 谈谈你的优缺点； (3) 谈谈你的兴趣爱好； (4) 据你自我分析，最适合你的工作是什么	表现力、语言表达能力	(1) 将自己要表达的内容有条理地、准确地传给对方； (2) 引用实例、遣词准确； (3) 语气、发言合乎要求； (4) 谈话时的姿态表情合适	谈话具有连续性； 主题、语言简洁明了； 逻辑清楚； 具有说服力； 遣词准确
(1) 请介绍你的家庭。 (2) 你的朋友如何看待你。 (3) 你希望在什么样的领导手下工作？ (4) 你交朋友最注重什么	社交能力和人际关系	同上	自我认识； 交往能力
(1) 假如 A 公司与 B 公司同时录用了你，你将如何选择？ (2) 公司工作非常艰苦，你将如何对待？ (3) 你怎么连这种问题都听不懂？ (4) 你好像不太适合本公司的工作	判断力、情绪稳定性	(1) 准确判断面临的情况； (2) 处理突发事件的能力； (3) 迅速回答对方问题； (4) 面对难堪问题时的反应	(1) 理解问题准确、迅速； (2) 自我判断能力； (3) 有自己的独到见解
(1) 你从事过何种勤工俭学工作？ (2) 你参加过何种组织活动？ (3) 你对某问题有过何种研究？ (4) 谈谈你论文的写作过程	行动与协调能力、工作经验	(1) 对自己认定的事能够坚持； (2) 工作节奏紧张、有序； (3) 集体工作的适用性； (4) 组织领导能力； (5) 能够更多地从他人的角度解释问题	表现力； 考虑对方处境和理解力； 实践能力； 交往能力

续表

提问项目	要 素	观察内容	评价要点
(1) 完成不了委任的任务时你如何处理？ (2) 对学校的规章制度的看法是什么	责任心、纪律性	(1) 负责到底的精神； (2) 对工作的坚持程度； (3) 令人信服地完成工作； (4) 考虑问题全面； (5) 对本职务的要求	自信力； 纪律力； 意志力
(1) 你认为现在社会中一个人最重要的是什么性格？ (2) 你能否"受人之托忠人之事"	个人性格、品质	有无性格缺陷（过分狂妄和过分自卑）； 有无偏激的观点； 回答问题认真、诚实； 掩饰性	诚实、真诚； 人生观； 信用
(1) 你为何选择你的专业？ (2) 介绍一下你的成绩和擅长的科目。 (3) 你有何特长，具备何种资格？ (4) 谈谈你从事这项工作的优势。 (5) 你有什么重要的工作经验	专业技能、学识	(1) 对专业知识的了解程度； (2) 成绩； (3) 对所要从事的工作的认识； (4) 经历和经验	(1) 专业知识是否符合工作要求； (2) 有无特殊技能； (3) 有无工作经历
经过上述面试，请你对面试结果做初步评价，说明为什么	—	面试结束后的自我评价	(1) 综合、全面评定； (2) 尽量减少误差影响

(2) 恰当提问。

一般面试结束前，面试官都会问应聘者是否有什么问题。很多同学不知道这个时候该问什么，于是说没有问题或者问了一些无关紧要的问题，这其实就在不知不觉中失去了一次很好的展示自己和获得第一手信息的机会。要知道，面试你的人很可能就是你未来的直接领导。问恰当的问题需要技巧，好的问题是好的自我能力的体现，面试官能够从中看出一个人的思维习惯，而面试者则多了一个了解岗位信息的好机会，一定不要忽视。可以参考如下几个方面进行准备：

"这个岗位在组织架构中的位置怎样？"

"关于这个岗位的职责……（具体内容），我是否可以……（具体内容）来理解？"

"如果我有机会被录取，您期望我在这个岗位上有哪些作为？"

"您认为这个岗位的竞争力在哪里？"

"您认为这个岗位的挑战在哪里？"

"这个岗位对谁负责？"

希望大家可以抓住问问题的机会,给自己的面试环节进一步加分。

3. 面试后:感谢信

完成面试后,如果你认为你的工作都结束了,剩下的只有等待,那么你就错了。这个时候可以写面试感谢信,增大面试的成功率。

这一点很多人都想不到,但是它很重要,特别是对于那些因为太在意成败而在面试中过于紧张、发挥有点失常的毕业生,面试总结邮件是挽回败局的唯一机会。从字面上理解,面试总结邮件就是在面试结束后写一封总结邮件,对面试官在面试过程中对你所提问题的耐心回答表示感谢,同时也给出自己在面试中的收获。这也是个人能力的一次展示机会,更进一步,你还可以在邮件中表达你对面试岗位的认识和工作思路,如给出一份岗位分析报告等。也许你的面试并不是很成功,但面试不是高考,面试结束后的总结邮件可以让面试官继续更好更全面地认识你。机会是争取来的,主动性是自我展示出来的。笔者曾经听一位公司领导说过,"面试一堆人,都是在走形式,谁先给我打电话,我就招谁……"当然,这是一个比较极端的例子,但也在一定程度上反映了积极主动争取的重要性。

生涯感悟

面试就是告诉对方"我是你想要的人"的过程,面试的准备包括在面试前做好搜集信息、分析问题和了解面试官等工作;面试中做好自我展示并恰当提问;面试后要善于总结和思考。总之,面试犹如一场战役,除了当下的战斗外,准备工作的细致程度也决定了战役的成败。

思考与练习

求 职 罗 盘

求职罗盘也称为求职平衡轮,这个工具可以帮你:梳理整个求职过程的全貌;找到求职过程中的重心;用日程表的方式把想法变成计划;避免在求职过程中顾此失彼,实现求职目标。

在一张白纸上,先画一个圆,然后以圆心为原点画出 X、Y 轴,再画两条斜线,将圆分成 8 等份的扇面。这样一个空白的求职罗盘就形成了,在求职罗盘的各个扇面上依次填写最重要的 8 项内容。

(1) 求职信息——在你力所能及的范围内,你用过多少种渠道去搜索求职信息?

(2) 雇主了解——你对求职单位的了解有多少? 第一次听说? 实习过?

(3) 简历投递——你对简历的撰写和投递方式(包括网络申请)掌握程度如何?

(4) 信息整理——你有没有制作一个表格来对你所期待的职位进行整理?

(5) 面试准备——对于各种形式的面试,你是否熟悉相应的面试方式,是否熟悉面试官的风格?

(6) 面试应对——对于现场发挥和心态准备,你的状态是怎样的?

(7) 面试跟进——对于面试后续的跟进,你做了多少工作?

(8) 内部推荐——求职单位中是否有核心的人物可以推荐你?

第一步:填好求职罗盘的各个扇面

根据你对上面各项内容的理解,依次填写你在求职各个方面的得分。前面4项主要侧重于寻找求职机会,获得面试;后面4项主要侧重于增大面试成功率和获得工作机会。

请给每个方面打分(1~10分,1分最差,10分最好,结合目前的现状打分)。你可以思考以下问题:

(1) 从罗盘中你注意到了什么?(这里不是指想象的,是视觉的,直接从求职罗盘中看到的。)

(2) 哪个方面得分最高,哪个方面得分最低?

(3) 你想马上着手处理哪个方面?

(4) 有了什么改变以后,该方面的分数会变成你满意的分数(不一定是满分)?

第二步:寻找重点难点

关注罗盘中你最想改变的方面,这个方面是你在求职过程中应该注意提升的,这会让你的求职更容易成功。

下面,你需要思考以下问题:

(1) 我做些什么,这些改变才会出现?

(2) 我的行动计划是什么?

(3) 我会什么时候开始行动?

(4) 我行动计划的第一(小)步是什么?

第三步:确定行动计划

你如何知道自己做了这些行动?你可能需要一个行动计划(见表6.9)来确定自己已经行动起来。

表6.9

求职日程	周一	周二	周三	周四	周五
确定职位					
了解职位需求					
投递简历					
参加面试					
电话询问反馈					

这个计划表可以参考以下原则填写:

(1) 先安排你有把握的计划。一般来说,求职过程中,你能把握的往往是信息调查和前期准备、简历撰写等环节,这些尽量提前准备。面试环节和电话询问涉及雇主的统一安排,很难单方面确定。

(2) 留出空余时间。求职过程中,一定要留出空余时间。

(3) 留出反馈的时间。留出专门的时间,进行求职面试过程的总结反馈,这样做帮助极大。

(4) 以一个月为限。通常情况下,战线拉得越长,计划越难实现,所以尽量用一个月的时间把计划执行到位。

 拓展阅读

浙江大学一位毕业生的求职经历分享

正式进入求职季是在实习结束后的10月份。从最初的懵懂状态到之后的逐步清晰,细细回味才发现,如果自己能够早点做准备可能是另一番局面,只能暗暗地道一声:求职季,请时刻准备着!

搜集再全一点点

时刻把握求职的最新动态和信息是打开求职大门的关键一步。在信息爆炸的时代,精准把握信息变得尤为重要。根据我自己的经验,下面分享几个重要的途径。

1. 招聘网站

作为求职的应届生,最常用的莫过于"应届生求职网",里面有大量的最新招聘信息,另外值得一提的是,在这个网站中可以找到许多有关笔试、面试的比较可靠的经验。还需要关注浙江大学就业网,这里有许多针对浙江大学的学生特点发布的就业信息,尤其是宣讲会信息,在十月份的时候,我们就已经可以了解到十二月份的宣讲会安排,这样我们就可以根据自己想要去的公司列一个宣讲会清单,及时预留时间。参加宣讲会一般有两个作用:一是了解公司招聘的岗位,全面了解公司文化和培养机制,如果可以的话,还可以近距离接触公司高层和面试人员;二是可以投递简历,很多公司直接接收简历,这样会比网站投递有效很多,而且大多时候会直接接到面试或者笔试的通知。另外不得不提CC98论坛的求职版块,在这个版块里面,招聘信息、笔试和面试信息应有尽有,而且可以时刻了解有关企业宣讲会的动态,你可能会发现对于昨天或者明天来宣讲的企业,CC98论坛里面早就开始热烈讨论起来,因此可以把握最新的求职动态。最后,再次提及一些经常用到的求职网站,如大街网、前程无忧网、智联招聘网。提醒一下,一定要提前准备好简历,提前申请各网站账号,并在每一个网站中填写自己的简历,这样在看到合适的企业时方便投递。

2. 招聘客户端平台

提到与招聘相关的客户端平台,不得不重点说微信公众账号,可以重点关注两类微信公众账号:一类是专门的招聘公众账号,比如职业精鹰,这里每天都会分享实用的校招信息,也会分享求职经验等,实用且有趣;一类是公司的招聘公众号,比如欧莱雅校园播报营、博世人

才营等。可以搜索公司的关键词关注,及时关注投递公司的招聘进度,这样会保证自己不错过任何环节。

3. 学长学姐所在公司的招聘信息

需要大致了解本专业的学长学姐所在公司的岗位,这样才能在第一时间把握住招聘信息,甚至内推的机会。我曾经应聘京东的用户研究员,但当时没有了解到有优秀的学长在该公司工作,失去了内推的机会;同时此次校招团队放弃了来杭州面试,因此我无缘京东公司的面试,而且我了解到整个团队在上海没有招到合适的人,我很遗憾,如果提前了解信息,就可以直接去上海面试。

笔试再多一点点

求职期间,我经历了不下 15 场笔试,打开应届生求职网的经验贴,各种笔试经验比比皆是。我个人以为笔试大致分为三类。

第一类是对于外企或者英语要求高的企业,它们会要求 SHL 考试,对于这类题目,很多网站都有相关真题,可以提前练练。

第二类对于企业管培生项目、国有企业、事业单位等,它们会要求行测考试,这类题目涵盖许多类型,可以找到许多真题,尤其是公务员考试真题。个人建议可以尝试做国家公务员考试真题,这类真题的内容和答题思路都会比较难一些;如果想要速成的话,就要重点突破行测中薄弱的项目。总之一句话:多练,多总结。

第三类就是专业笔试题,不同的专业、应聘的岗位会有相应的考核题目。比如我一般应聘的是人力资源岗位,或者用户研究岗位,这两类岗位要求相差较大,我一般都会提前熟悉和了解相关基本专业问题。

面试再准一点点

网上已有很多有关面试经验的内容,这里不再赘述。就我自己经历的面试而言,回答问题"言之有物"和"逻辑清晰"最为重要,一定要把握面试官为什么要问你,这个岗位与你的答案的匹配点在哪里,让你的面试回答再"准"一点点。

第 4 节 职 业 决 策

生涯指引

"时代楷模":王传喜

1999 年 4 月,在兰陵县第二建筑公司任项目部经理的王传喜回村任职,担任村党支部书记和村委会主任。上世纪 90 年代,兰陵代村是全县有名的落后村,人心散、治安乱、环境差,欠债 380 多万元,甚至连村委会都瘫痪了。

然而王传喜上任后的第三天,就收到了法院的传票。由于债权人的起诉,在随后的大半年时间里,他又先后收到法院传票126张。

代村的问题怎么办?王传喜首先想到了村"两委"的班子。每天清晨六点,王传喜都会带领代村"两委"班子召开例会,学习党的政策方针,总结前一天的工作,安排当天事项。晚饭时间,全体成员再开一次主题会,汇总当天各项进度。有了坚强的基层党组织这个战斗堡垒,代村的各项工作也逐步有了起色。

针对代村的各种乱象,王传喜带领村"两委",广泛听取党员群众意见,决定从治乱入手,抓治安、抓清欠。王传喜创造性地带头开展了户户参与,夜间持牌站岗巡逻的方法来加强治安。仅仅用了一年时间,到2000年,代村就从原来的乱子村变成了临沂市的先进治保村。

债务当头,官司缠身。王传喜一边梳理债务,一边盘点集体收入,制定周密的还款计划。针对代村人地不均的问题,王传喜顶住压力,带着一班人完成了土地调整,让老百姓看到了"敢干事,干成事"的决心。

为了让代村尽快富起来,王传喜带着"两委"班子,背了100多斤煎饼,到全国各地进行学习参观。王传喜意识到,代村要发展,根本上还是得从土地里找机会。

从2002年起,王传喜开始启动全村土地流转,村民拿土地入股,村里土地全部集约化经营,并请中国农科院的专家进行规划设计,建起了高标准的现代农业示范园。在农业示范园的基础上,规划建设了国家农业公园,建设了"沂蒙老街"、代村商城,集观赏游览、体验农艺、购物为一体,走上农业与科技、旅游结合的现代农业之路。

代村富裕了,如何让代村的老百姓过上幸福满满的新生活,成了王传喜新的奋斗目标。通过数不清的党委会、村民代表大会,全村统一了意见,制定了规划。最终在王传喜的带领下,代村用10年时间完成了旧村改造,建起了65栋居民楼,170户小康楼,社区医院、幼儿园、小学、老年公寓等配套设施也一应俱全。全村青壮年100%就业,家家年底有集体分红,村民的幸福感逐步提升。

2017年代村实现生产总产值26亿元,村集体经营性收入1.1亿元,村民人均纯收入6.5万元,成为社会主义新农村建设的"领头羊"和乡村振兴的"排头兵"。

2018年,习近平总书记在参加十三届全国人大一次会议山东代表团审议时,对王传喜带领村民实现乡村振兴的事迹给予充分肯定。同年,王传喜被中宣部授予"时代楷模"的光荣称号。王传喜在农村广阔天地用忠诚和奋斗书写着新时代的精彩答卷。

在乡村振兴的大背景下,无数的有志青年回乡创业,帮助家乡脱贫增收,个人价值也在其中得到了彰显。各地涌现出一批新农人的新闻报道层出不穷……新时代赋予了我们更多职业选择的机会,那么如何把握时代机遇,做出自己的职业决策呢?

生涯知识

每天我们都在做决定,小到三餐吃什么,大到未来在哪生活,将来成为什么样的人。萨特曾经说:"我们的决定,决定了我们。"当然,他也告诉我们,不去选择也是一种选择。

生涯决策就是根据所获信息用科学的方式做出选择。职业决策是个人根据各种条件,并经过一系列活动以后,进行目标决定,并为实现目标制定优选的个人行动方案。职业决策是一个复杂的认知过程,通过此过程,决策者整合有关自我和职业环境的信息,仔细考虑各种可供选择的职业前景,做出职业行为的公开承诺。

从这个概念我们可以看出:职业决策是一个过程,而不单单是一种结果,因为学会做决策,也是一种需要锻炼的能力。

通常情况下,做好职业决策需要有以下几方面的准备:

(1) 信息层面:① 需要了解关于职业的信息;② 了解自己的内在标准和方式。

(2) 方法(思路):需要一个决策平衡单。

信息层面前面已经阐述过,接下来让我们掌握做决策的方法。

(一) 决策风格

美国职业生涯专家斯科特和布鲁斯于1995年认为决策风格是在后天的学习经验中逐渐形成的。决策风格可划分为五种类型:理智型、直觉型、依赖型、回避型和自发型。

1. 理智型

以周全的探求、对选择的逻辑性评估为特征。理智型的决策者具备深思熟虑、分析、逻辑的特性。这类决策者会评估决策的长期效用并以事实为基础做出决策。理智型的决策风格是比较受到推崇的决策方式,强调综合全面地收集信息、理智地思考和冷静地分析判断,是其他决策风格的个体需要培养的一种良好的思考习惯。但理智型的决策风格并不是理想的、完美的决策方式,即使采用系统的、逻辑的方式,也会出现因为害怕承担决策的后果而不能整合自己和重要他人观点的困扰。

2. 直觉型

以依赖直觉和感觉为特征,比较关注内心的感受。直觉型的决策风格以自我判断为导向,在信息有限时能够快速做出决策,当发现错误时能迅速改变决策。由于以个人直觉而不是以理性分析为基础,这类决策发生错误的可能性较大,因此,易造成决策不确定性,容易使人丧失对直觉型决策者的信心。

3. 依赖型

以寻求他人的指导和建议为特征。依赖型的决策者往往不能够承担自己做决策的责任,允许他人参与决策并共同分享决策成果,会受到他人的正面评价,但也可能因为简单地模仿他人的行为导致负面的反应。依赖型的决策者需要理解生活中重要的人对自己的影响程度。

4. 回避型

以试图回避做出决策为特征。回避型的决策风格是一种拖延、不果断的方式。面对决策问题会产生焦虑情绪的决策者,往往会因为害怕做出错误决策而采取这样的反应。决策者往往不能够承担做决策的责任,而倾向于不考虑未来的方向,不去做准备,不知道自己的目标,也不思考,更不寻求帮助。这样的决策者更容易受到学校等支持系统的忽略。所以,这些学生需要意识到自身的决策风格及其可能造成的危害,努力调整,增强职业生涯规划的意识和动机,这样才能从根本上得到帮助。

5. 自发型

以渴望即刻、尽快完成决策为特征。自发型的决策者往往不能够容忍决策的不确定性以及由此带来的焦虑情绪,是一种具有强烈即时性,并对快速做决策的过程有兴趣的决策风格。自发型决策者常会基于一时的冲动,在缺乏深思熟虑的情况下做出决策,此类决策者通常会给人果断或过于冲动的感觉。

(二)职业决策注意事项

1. 制定职业决策需要结合自己的性格、特长和兴趣

职业生涯能够成功发展的核心,就在于所从事的工作正是自己所擅长的。如果一个人性格内向、不善与人沟通,没有很好的交际意识,那么这个人就很难成为一名成功的管理人员。制定职业规划一定要认真分析自己的优缺点。

从事一项自己擅长的、喜欢的工作,工作时会很愉快,也容易脱颖而出。这正是成功的职业规划的核心所在。

2. 要考虑实际情况,并具有可执行性

很多人刚开始工作时一心想着出人头地,但是实际工作更多的时候是一种积累的过程——资历的积累、经验的积累、知识的积累。所以职业规划不能太过好高骛远,而要根据自己实际情况和社会情况,一步一个脚印,层层晋升。

3. 职业决策必须有可持续发展性

职业决策不是一个阶段性的目标,应该是一连串的、可以贯穿自己整个职业发展生涯的远景展望。如果职业决策过于短浅,又没有后续职业决策支撑,就会使人丧失奋斗的热情,不利于自己的长远发展。

(三)职业决策工具与方法

1. 决策平衡单

决策平衡单经常被用于解决问题和职业咨询,用以协助决策者有系统地分析每一个可能的选项,判断分别执行各选项的利弊得失,然后依据利弊得失的加权计分判定各个选项的优先顺序,以执行最优先或偏好的选项。

实施步骤如下。

(1) 列出可能的职业选项。决策者首先需在平衡单中列出有待深入考量的3～5个潜在职业选项。

(2) 判断各个职业选项的利弊得失。利用平衡单评价各个职业选项在以下四个方面的得失:自我物质方面的得失、他人物质方面的得失、自我赞许(精神方面)的得失、他人赞许(精神方面)的得失。决策者可依据重要的得失方面逐一检视各个职业选项,并以"+5"至"-5"的十一点量表(+5,+4,+3,+2,+1,0,-1,-2,-3,-4,-5)来衡量各个职业选项。

(3) 各项考虑因素的加权计分。决策者对各个方面的利弊得失可能有不同的考量。因此,在详细列出各个考虑层面之后,须进行加权计分,即不同的考虑因素可乘以不同的系数。

(4) 计算出各个职业选项的得分:决策者须逐一计算各个职业选项的"得"(正分)与"失"(负分)的加权计分与累加结果,并计算各个职业选项的总分。

(5) 确定各个职业选项的优先次序:依据各职业选项总分的高低,确定优先次序。职业选项的优先次序可作为决策者职业决策的依据。

2. 决策树法

决策树法利用了概率论的原理,并且将一种树形图作为分析工具。其基本原理是用决策点代表决策问题,用方案分枝代表可供选择的方案,用概率分枝代表方案可能出现的各种结果,经过对各种方案在各种结果条件下损益值的计算比较,为决策者提供决策依据。

如果一个决策树只在树的根部有一个决策点,则该决策问题称为单级决策;若一个决策树不仅在树的根部有决策点,而且在树的中间也有决策点,则该决策问题称为多级决策。

决策树法可为决策者在做职业决策时提供有效的帮助。

生涯实践

职业决策平衡单

当我们拥有自己感兴趣的职业方向,也对几个候选的选项有了深入了解之后,我们往往会无法选择。这时可以使用职业决策平衡单来帮助我们做决策。表 6.10 是决策平衡单的例子和使用指南。

表 6.10

关注因素	权重	读研究生	某公司销售	某公司技术
经济报酬	8	4	8	7
未来发展	7	9	8	7
能力发挥	9	8	9	8
总分				

(1) 列出选项:三个最优(越明确越好)。

(2) 列出关注因素:你在选择职业时关注的因素,一般以 8 个为主,同时按照你对这些因素的重视程度给它们打分(权重分,最重要为 10 分,最不重要为 1 分)。不需要排序,只要打分即可。可以有相同的分数,但不能出现两个以上的相同分数。

(3) 进行评分:在每个选项和关注因素的交叉格,按照这个选项对相应因素的满足情况评分(1 分最差,10 分最好)。例如,读研究生对"经济报酬"的满足度较低,可以评为 4 分。其他依次类推,将所有的交叉格子都填上分数。

注意:

① 在打分时一定要横向比较。比如,"能力发挥"这一项,先考虑读研究生在这一项的

满足度分数,然后再考虑销售工作在这一项的满足度分数。这样依次类推,对每一个关注因素都横向比较打分。

② 请打整数分。

(4) 计算:根据每个关注因素的权重,计算该评分的加权分数,即

$$加权分数＝权重×分数$$

例如,"读研究生"对"经济报酬"这一项的满足度是 4 分,而"经济报酬"这个因素的权重是 8 分,那么加权分数为:4×8＝32。计算所有的加权分。

将选项的加权分数累加起来,就是该选项的总分。

(5) 整体查看生涯决策平衡单,调整需要调整的分数,调整过后请选出最终选项。

(6) 思考以下几个问题:

① 决策平衡单反映了你的内心想法吗？为什么？

② 如果做完之后仍想选择得分低的一项,那是否有重要的价值观被遗漏了,或者没有被澄清？

③ 做好决策之后如果有遗憾,有没有方法可以弥补？

常用的考虑因素如下(供参考)。

(1) 职业核心价值观:经济报酬、成就感、智慧、能力运用、生活方式、社交关系、上司关系、同事与团队、名声地位、工作环境、安全感、自主性、利他助人、审美、多样性、冒险与挑战、体能运动、创造力。

(2) 大学生职业价值观参考:收入、健康状况、休闲时间、未来发展、升迁状况、社交范围、家人相处时间、能力提升需求、成就感、挑战、父母支持、爱人支持、其他。

生涯感悟

生涯决策需要理性的分析和感性的选择,决策之后需要执行。每个人做决策的时候,都会受个人风格和决策相关信息的影响。悬而不决也是一种决策,不过是最糟糕的决策。最好的决策也许并不是完美的决策,但是决策后自己不断行动,就会给生命带来无限可能。

思考与练习

请根据表 6.11 测试自己的决策风格。

表 6.11

序号	描述	是/否
1	我时常草率地做出判断	
2	我做事时不太喜欢自己出主意	
3	遇到难做决定的事情,我通常会把它先放一放	

续表

序号	描　述	是/否
4	做决定时,我会多方收集必需的一些个人及环境的资料	
5	我常凭第一感觉做出决定	
6	做事时,我喜欢有人在旁边,好随时商量	
7	在需要做决定的时候,我就紧张不安	
8	我会将收集到的资料加以比较分析,列出可选择的方案	
9	我经常会改变自己所做的决定	
10	发现别人的看法与我不同,我常常会不知该怎么办	
11	我做事老爱东想西想,下不了决心	
12	做决定时,我会认真权衡各项可选择方案的利弊得失,判断出此时最好的选择	
13	做决定之前,我一般不做什么准备,临时看着办	
14	我很容易受别人意见的影响	
15	我觉得做决定是一件痛苦的事	
16	做决定时,我会参考其他人的意见,再斟酌自己的情况,做出最适合自己的决定	
17	我常不经慎重思考就做决定	
18	我常常在父母、家人、老师、同事或朋友催促下才做出决定	
19	为了避免做决定的痛苦,我现在不想做决定	
20	做决定时,我会在深思熟虑之后,明确选择一项最佳的方案	
21	我喜欢凭直觉做事	
22	我喜欢让父母、家人、师长、同事或朋友为我做决定	
23	我处理事情时常会犹豫不决	
24	在已经决定了所选择的方案后,我会展开必要的行动准备,并全力以赴去执行	

测评结果说明:

1、5、9、13、17、21项的结果是"是",表示你是冲动直觉型。

2、6、10、14、18、22项的结果是"是",表示你是依赖型。

3、7、11、15、19、23项的结果是"是",表示你是回避犹豫型。

4、8、12、16、20、24项的结果是"是",表示你是理智型。

 本章参考文献

[1] 古典.你的生命有什么可能[M].长沙:湖南文艺出版社,2014.

[2] 鲍利斯.你的降落伞是什么颜色[M].李春雨,王鹏程,陈雁,译.北京:中国华侨出版

社,2014.

[3] 克朗伯,列文.永远相信,幸运的事情即将发生[M].李春雨,毛强,译.北京:中国华侨出版社,2015.

[4] 卞成林.大学生职业生涯规划与就业指导[M].南宁:广西师范大学出版社,2019.

第7章 就业政策

第1节 就业形势与宏观政策

生涯指引

从2020年各大高校发布的高校毕业生就业报告发现,大学生对于就业城市的选择在悄然发生变化。从《2020年中国大学生就业报告》中近五年的数据来看,本科毕业生选择在"新一线"城市就业的比例从2015届的22%上升到2019届的26%,而在一线城市就业的比例从2015届的26%下降至2019届的20%,涌入新一线城市就业的外省本科毕业生占比不断上升。这说明大学生们开始根据就业形势与政策的变化,调整自己的就业观念与期待。

作为一名求职的大学生,我们需要更多地了解各地的就业形势与就业政策,并将择业目光放远一些,合理评估不同地域就业对自身的影响。避免片面的就业观念对择业造成限制与影响。要充分了解当前的就业市场情况,树立科学的就业观,理性就业。

生涯知识

据教育部统计数据,2022年高校毕业生规模将达到1076万人,比上年增加167万人,规模和增量均创历史新高。2021年高校毕业生规模为909万人,同比增加35万人。2020年全国高校毕业生达874万人。而《2020年中国大学生就业报告》显示,近三年来,全国大学生的就业率均在90%以上。一面是逐年增加的大学毕业生,一面是较高的大学生就业率,大学生的就业形势到底如何呢?

一、大学生就业形势分析

1. 大学毕业生人数一路增长

我国的劳动力总量很大,就业市场的主要特点是供大于求,大学生就业市场的形势也是如此。据教育部统计,近年来高校毕业生数量逐年攀升:2010年全国高校毕业生为631万;2020年874万,2021年909万,2022年1076万,见图7.1。

2. 就业率稳步上升但就业质量不高

据《2018年中国大学生就业报告》统计,2017届大学毕业生毕业半年后的就业率为

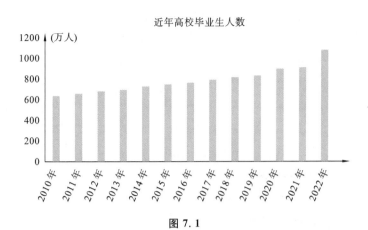

图 7.1

91.9%,其中本科院校为91.6%,高职高专院校为92.1%。从近几年的就业率来看,大学毕业生毕业半年后的就业率比较高,见图7.2。

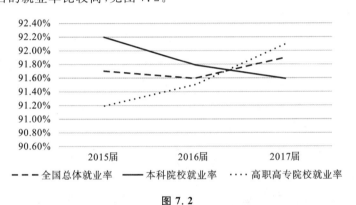

图 7.2

图表中显示的就业数量还比较乐观,然而,大学生的就业质量又如何呢?从《2018年中国大学生就业报告》中我们还了解到,2017届大学毕业生的就业满意度为67%,工作与职业的吻合度为49%,工作与专业相关度为66%,毕业半年内的离职率是33%。大学生的就业质量有待提高,这也是近年高校就业工作中越来越重视的问题。

3. 岗位供给不平衡

在大学生就业市场中,我们或许会留意到一种现象:一方面,部分大学生求职困难,另一方面,很多需要人才的地方和单位又招不到合适的人。这种现象是我国区域发展不平衡、城乡发展不平衡造成的结构性矛盾所导致的岗位供给的不平衡现象。不平衡现象有三种:① 理工与文史类专业的岗位供给与毕业生数量不平衡;② 国企、民企的岗位与应聘人数不平衡;③ 大城市与小城市的就业机会和待遇不平衡。市场需求与人才供应不匹配,市场高端的技术型人才缺乏,急需加强职业类学校的人才培养力度。实际上整个社会对于大学生的需求量仍然很大,只是出现了社会需求不平衡的现象。

4. 大学生的就业优惠政策增多

近年来,国家针对大学生就业的优惠政策不断加强,每年国家部委都会针对大学生就业出台一些新的政策规定。很多往年已有的政策要么力度进一步加大,要么得到了具体和细化,而且还有很多新的政策出台。比如,解决社会保障、档案户口、人员编制等各类实际问题的基础性政策,还有一些引导性的政策。再如,部属高校应届毕业生如果到中西部、艰苦边远地区基层单位服务3年以上,其学费就由国家补偿。除此之外,地方的就业部门也在努力为毕业生创造更多的便利条件,高校自然更是全力保证毕业生的就业工作顺利开展。

我国现有的政策有"三支一扶"和志愿服务西部计划。"三支一扶",鼓励高校毕业生到乡镇从事支教、支农、支医和扶贫工作。服务期间可以获得政府给予的各项生活和交通补贴,办理人身意外伤害保险和住院医疗保险等。志愿服务西部计划:到西部贫困县的乡镇从事为期1~3年的教育、农技、扶贫等方面的志愿服务工作,中央财政按西部地区每人每年2.5万元、中部地区每人每年1.8万元的标准,以一般性转移支付体制结算拨付省级财政部门。《广西高等学校毕业生学费和国家助学贷款补助暂行办法》规定,对自愿到广西基层党委就业,服务在3年以上(含3年)的高校毕业生,其在校期间学费或国家助学贷款由国家实行补偿,本专科学生最高不超过8000元。

5. 大学生创新创业支持力度提升,大学生自主创业比例提升

近年来,中央及地方都在积极部署大学生创新创业方面的工作。在创业方面,2018年12月国务院印发的《关于做好当前和今后一个时期促进就业工作的若干意见》,提出了加大创业担保贷款支持力度,符合条件的个人和小微企业,除了可分别申请最高不超过15万元和300万元的创业担保贷款外,各地还可因地制宜适当放宽创业担保贷款申请条件,由此产生的贴息资金由地方财政承担。从各地来看,对创业的补贴对象、补贴标准和补贴上限均有所调整。比如广东对符合条件的创业者提供最高30万元的创业担保贷款及贴息,并将一次性创业资助标准提高到1万元。这些创新创业方面的支持力度的加大,对想创业的大学毕业生也是一个很好的机会。《广西壮族自治区就业补助资金管理暂行办法》规定,参加SYB(创业)培训,取得创业培训合格证书的,给予不超过1200元的补贴。

根据《2020年中国大学生就业报告》统计,2019届本科毕业生自主创业比例为1.6%,高职毕业生自主创业比例为3.4%。随着毕业时间的延长,毕业生自主创业比例持续上升,毕业三年内上升至8.1%。

二、应对策略

面对连年增长的就业人数,以及严峻的就业形势,我们大学生应当如何应对呢?

1. 调整期待,先谋生存再谋发展

调整过高的就业期待。从基层做起,先进入职场,再慢慢朝着自己的理想职业发展,避免想着一步到位。有些毕业生没有工作经验,主观上又不愿意吃苦,不愿意从基层做起,找工作高不成低不就。对于即将毕业的大学生来说,先谋生存再谋发展、先就业再择业是一个好的策略。对于大一大二的学生来说,可以在校兼职,锻炼职业技能,这样就会在毕业的时候有实力找到心仪的工作。

2. 提前准备,未雨绸缪

在就业数量上升、就业质量有待提升的就业形势下,我们大学生应该怎样提高就业质量呢?首先,要在进入职场之前做好充分准备、未雨绸缪,及早进行职业生涯规划,加强自我的认知与职场世界的认知,找到适合自己的职业发展方向与定位。其次,要提升自己的职场竞争力,在校期间通过职业访谈、实训、实习等方式充分了解职场世界,了解未来职业的能力要求,为进入职场积累知识、技能与经验。

3. 拓宽就业视野,转变就业观念

大学生就业市场的需求不平衡的现象,使得"大学生就业难"问题不仅仅是劳动力市场中供需矛盾的问题,更是大学毕业生如何看待职业选择中各要素重要性的问题。这就需要我们拓宽就业眼界、转变就业观念,积极应对就业。

我青春的锦绣,缀满白色格桑梅朵
——记中国科学技术大学毕业生罗艳的藏域情缘

罗艳,女,汉族,云南红河人,中国科学技术大学2016届硕士毕业生,通过专项招收区外高校非西藏生源毕业生进藏到基层一线工作的项目,录用分配到西藏自治区山南市乃东区泽当镇,现任泽当镇四级主任科员。在她的带动下,2016年首次有中科大毕业生选择赴西藏基层工作。

寻梦藏地,再见乡愁

七月的清风,唤醒高高的牧场,唤醒飘动的铜铃,千千万万个晴天浓缩成一滴泪珠,坠落山谷流淌出一株人间的碧珊瑚——那就是美丽的羊卓雍措,嵌在山峦之间的一块碧玉,诉说着古老而美丽的传说……

也许是伴湖千年的斑头雁对鸣的情思,深深打动了她;也许是驻守雪域的藏獒藏起的神秘,深深吸引着她;也许是碧空中飘荡的洁白哈达、青山上流淌的格桑花溪,深深牵绊住她,那个从滇南走来的姑娘,走过科大安静的校园,穿越大半个中国,向西奔往美丽的雪域高原西藏。

她,就是罗艳,中科大2016届的一名硕士毕业生。恰逢专项招收区外高校毕业生进藏的专招组第一次迈进科大校园,她的人生就此掀开了新的际遇。

她没有选择北上广深,也没有选择继续深造,而是选择了海拔高、氧稀缺、条件差的西藏,扎根基层,就像白色的格桑梅朵,看似娇弱,却在呼号的狂风中更显劲狂,在贫瘠的土地上更显生机。

她的选择超乎所有人的意料,当被问起时,她的内心就似雪域高原上的湖泊清泠可鉴,她说:"恰似一种乡愁的召唤,我唯有西行。"

罗艳的西行已经不是第一次。本科毕业,她就加入了研究生支教团的大家庭,和队友们一起前往"风吹石头动、地上不长草、天上没只鸟"的西海固地区支教一年。一年时间太短,她结下的情缘在续,她对土地的眷恋更切。

2016年,罗艳再次西行,走向条件更加恶劣的雪域高原。脚步踏上这片热土的刹那,她满心涌动的是和藏地日光一样暖热的泪。天空纯粹的蓝、大地洗练的壮阔、山谷里藏着的碧湖、湖畔如云的羊群,还有那飘荡缠绕的洁白哈达,无一不在告诉她——是命运引她走向格桑梅朵盛开的雪域高原。

罗艳选择的是一条充满期待和希望的成长路,她当时只有一个念头:自此,我就是雪域的孩子,我希冀着,在这个不平凡的地方遇见不平凡的生命,感受不平凡的相与,在熟悉的平凡中完成自我的平凡,我已经准备好,在这片热土,挥洒最炙烈的青春、沦陷最深沉的爱恋!

织梦藏南,一匹生命的锦绣

七月的藏南,青山如带,碧水比鉴。紧锣密鼓的任前培训后,罗艳被分配到藏南,来到山南市泽当镇基层一线,开始扎根之路。

山南地处雅砻河谷,被称为藏源之源,这里流传着一个美丽的故事,栖居密林以果实果腹的小猕猴与居住岩穴食肉为生的罗刹女,联姻繁衍出雅砻儿女。

泽当,坐落两山之间,雅砻河穿城而过,藏源文化沉远奇古,雅砻人民热情朴质,正可谓是人杰地灵,对青年人来说,是大有可为之地。尤其,西藏是全国唯一省级集中连片贫困地区,解决贫困问题只争朝夕,基层工作人员必得负重致远。

古语有云,志于道、立于礼、依于仁、游于艺、成于乐,正当青年,罗艳身在泽当、扎根泽当,从零开始学起、从基础开始做起,做好守心、养性、善为的功课,完成不同角色的转变,用实际行动践行好习总书记"加强民族团结、建设美丽西藏"的重要指示精神。

做深"守心"的功课,从一名共青团员成长为共产党员。在基层工作四年来,罗艳始终保持"政治定心",做到立场坚定;始终坚守"责任之心",恪尽职守,敢于迎难而上;始终树牢"团结之心",像爱护自己的眼睛一样爱护民族团结;始终承继"奉献之心",克服思家之切、稀氧之缺、高海拔之艰,立足本职、勤勤恳恳;始终坚定"必胜信心",把困难和挫折当作"磨刀石"打磨自己的躁性、戾气。她就像格桑梅朵一样,俯下身子、放下面子,以久久为功的韧劲,把实干、苦干、巧干融入工作始终,完成共青团员到共产党员的蜕变。

做足"养性"的功课,从一名学子转变为终身学习者。这个时代瞬息万变,稍微松懈,就会跟不上时代的步伐,作为青年人,更要养成终身学习、终身成长的生活姿态。在基层工作四年来,罗艳始终不放松对"生命"这个大学问的精修。坚持精读"人生"这本书,读有字之书,收获理论武装,融于日常实践;读无字之书,积累人生智慧,涵养踏实善思、吃苦耐劳、宽厚爱人的品性。坚持读懂"事业"这本书,积极完成大学生向基层公务员的角色转变,融入泽当社会、服务泽当发展,以细水长流的点点滴滴构筑人生规划的新蓝图。坚持思考"发展"这本书,树立理想追求,把个人的发展融入泽当经济社会事业发展,做到服务和成长两手抓,完成学生向终身学习者的蜕变。

做实"善为"的功课,从一名菜鸟成长为训练有素的秘书工作者。从文件收发到文件印制、从会议组织到沟通衔接、从信息编写到材料起草,罗艳一步一个脚印,克服困难、求知好问,从不会到会、再到熟练、进而向精通精进。在这个成长历程,她始终秉持分内工作追求精益求精,用零错误、零延误、零失误为标准要求自己,不断锤炼自己的执行力、战斗力、抗压力、处变力;始终秉持融入发展力求尽心尽力,用好传播学专业素养,拓宽思路、创新机制,为泽当宣传工作注入新活力,助推所在县在全市信息工作中由追赶者变成领跑者,被自治区选为信息直报点;始终秉持深入基层做到脚踏实地,在全县的脱贫攻坚工作中,积极践行进村入户为民服务,有幸结到一名同龄的帮扶亲戚,现在她终于名正言顺成为雅砻儿女,在西藏有了一个大家庭:一个老母亲、一个姐姐、两个6岁的孩子,就像与家人久别重聚一样,她拉着老阿妈的手说"阿妈啦,从此你就是我藏地的阿妈"。

如果把生命比作一匹布帛,时间是丝线,那么,在罗艳灵思巧手的梭机下,织出的一定是一匹华美的锦绣,缀满白色格桑梅朵。

梦续雅砻,永葆赤子之心

此时,站在雪域广袤的土地,遥想18军挥师进藏的峥嵘岁月,山峦之间,仍然能听到那铿锵的誓言、回响的跫音:

那蜿蜒攀爬的山路,是他们用肉躯铺就而成;

那迎风招展的红旗,是他们用鲜血染得鲜红;

是他们用生命换来了今天的幸福生活;

是他们用忠魂铸就了永恒的墓志铭……

一帧帧画面犹历在目、一句句誓言犹言在耳、一声声号角依旧响彻地球之巅。

泪水灌注悲壮,更砥砺精神。有一群人,特别而又平凡、强大却也脆弱,他们屹立在地球之巅,传承着"老西藏精神"血脉,用行动书写着"特别能吃苦、特别能战斗、特别能忍耐、特别能团结、特别能奉献"新时代新篇章,他们就是热血洒边疆的高原军人。

正是一代代高原军人挺起的"精神脊梁",锵锵撼动着罗艳、鼓舞着罗艳,抛弃弱女子的身份,在雪域高原这个大熔炉中,一展巾帼本色,接过革命先辈的接力棒,将责任传承下去,走进西藏、扎根西藏、奉献西藏,用自己的方式续写新时代的"老西藏精神"。

这种"吃苦不怕苦、知苦不言苦"的精神,正是源自那一颗赤子之心,浸润着泥土味、酥油味的赤子之心。

在巍巍雪峰之间、滔滔雅江之畔,罗艳身影虽瘦小却坚毅,她把自己的生命同雪域高原的一山一水、一草一木紧紧相连,践行初心使命、挥洒青春热血。多少个深夜加班踩着星光孑然一身回到宿舍,多少次因为种树手心磨出血泡,她没掉过一滴泪、没言过一次苦,在"现代版富春山居图"绘就的进程,她愿化身一座石桥,任风吹千年、雨打千年、雪压千年,只愿农牧民群众能踏着这石桥走向更美好的生活。

习总书记说,青春由磨砺而出彩,人生因奋斗而升华。

选择西藏、扎根西藏、奉献西藏,罗艳将继续在雪域高原磨砺青春、奉献青春,在青春华丽的锦绣上,绽放白色格桑梅朵最美的韶光。(来源:《中国大学生就业》2021年第6期)

近年来,越来越多的大学生投身乡村振兴建设之中,在祖国和人民最需要的地方建功立业,将个人命运同国家和民族的命运紧密结合,将小我融入大我。在就业选择中我们要拓宽就业视野,转变就业观念,树立只要干得好,在哪里都可以实现自己的个人价值的就业观。

4. 关注国家的就业政策

如果你留意,你会发现原来国家和地方对大学生就业的扶持政策还真不少。政策虽然很多,但我们对很多政策的了解还是不够,这既有信息传递方面的原因,也有大学生不了解就业政策的原因。如果没有主动搜集信息的意识,只是被动地接受,可能会漏掉很多重要的信息。因此,经常关注国家和学校的就业网站,掌握最新的政策动态不是可有可无的,而是求职过程中必须要做的一件事。

那么,如何收集与了解就业形势与政策呢?

首先,积极关注学校就业主管部门的信息。学校的就业主管部门承担着就业政策咨询和对毕业生进行就业指导的工作职能。就业主管部门能及时掌握到最新的就业形势与政策,并能有针对性地对本校学生进行指导,这是毕业生及时获取就业形势与政策的最重要的途径。

其次,关注与就业相关的报纸、杂志、微博、微信等传播媒体,留意就业相关的形势与政策报道,特别要关注目标就业地区。有时,一条不起眼的消息,或许会给你带来意想不到的惊喜,比如各地出台的新的大学生创业扶持政策等。

再次,利用网络资源进行有针对性的搜索。当你想了解一些就业政策的具体信息时,也可以通过访问互联网,通过登录权威的大学生就业网站,或者利用搜索引擎去搜索相关的信息。不过在利用网络资源的时候,一定要注意考察信息来源的真实性与可靠性。

三、大学生常见的限制性信念及对策

我们发现,在未就业的大学毕业生中,有的毕业生由于家庭经济条件好,没有就业意愿,成了"啃老族";有的毕业生由于考研、出国、考公务员受挫,选择不就业,全力准备来年再考,被称为"二战";还有的毕业生由于各种原因没有把握就业机会,成了求职"毕剩客"……

在这些未就业的大学生身上,我们还是能看到有些限制性信念的束缚。比如"只有在大城市发展才能实现我自己的价值""回到小地方工作太没有面子了""只有考取公务员,进入政府部门工作才算有了工作""只有高工资的工作才能显示出自己的个人价值""工作和专业完全对口最重要",等等。这些观念无形中会成为求职择业的绊脚石,阻碍大学毕业生的发展。因此,我们需要积极转变求职择业中的限制性信念,促进积极就业。

1. 限制性信念:只有考取公务员,进入政府部门工作才算有了工作

信念调试:适合自己的才是最好的

选择政府机关、国有企业至少能"旱涝保收",其他单位的工作都不够"稳定"? 事实上,如今大学生的就业途径已经越来越多,由于政府机关与国有企业能提供的岗位非常有限,民营企业等也成为大学毕业生就业的主要渠道。行行出状元,并非只有在政府机关、事业单位就业才算真正就业,无论国有单位还是非国有单位,或是自己创业,只要能发挥个人的能力和才干,有合适的工作即是就业。越来越多年轻人在就业时有了更多元化的选择,"体制内的稳定"不再是他们首要考虑的因素。在麦可思研究院发布的《2018年中国大学生就业报

告》中，大学毕业生在民营企业就业的比例从2013届的54%上升为2017届的60%；在国有企业就业的比例从2013届的22%下降到2017届的18%；在中外合资/外资/独资企业就业的比例从2013届的11%下降到2017届的7%。

青春接力，到祖国最需要的地方去

四川、广西、新疆……在淮阴工学院一群有梦想、有力量的青年大学生，他们接过志愿奉献接力棒，背起行囊，奔赴祖国和人民最需要的地方，挥洒青春汗水，书写青春华章。

到西部，用无悔青春书写别样精彩

"在报名西部计划时，我什么都没想，就是一心想去祖国的西部，做些力所能及的事。"淮阴工学院2021届翻译专业毕业生易建梅说。集中培训后，易建梅被派往广西壮族自治区贵港市平南县大新镇人民政府退役军人服务站，负责退役军人的信息采集、收集和登记工作。在地方积极推进60岁以上老年人和12—17岁未成年人人群疫苗接种工作期间，她主动提出去卫生院做志愿者，帮助维持秩序。"因为人数较多，到了晚上七八点都还有很多人在排队等待接种疫苗。志愿者、政府工作人员和医务人员，大家一起坚持到最后，虽然累但是真的很快乐！"她说。

"我性格比较外向，凡事喜欢主动出击。为了做好服务工作，请教了带队老师和学长学姐，了解岗位的工作内容和必须具备的素质。我还做了服务地攻略，对服务地有了大体的了解。"淮阴工学院2021届西部计划志愿者、工商管理专业毕业生唐怡，目前在四川省甘孜州泸定县岚安乡人民政府办公室工作。到岗后，她积极向前辈请教学习，主动做事，熟悉环境，参与各类志愿服务工作。"接下来，我会继续认真学习，不断提升自己的素质和能力，发挥自己更大的价值。"她表示。

"青年人干青年事，让青春印在家乡的大地上。"2021届工业设计专业毕业生聂强也是今年西部计划志愿者中的一员，现服务于家乡四川，在资阳市乐至县大佛镇人民政府负责单位党建、活动策划宣传和志愿者管理服务工作。虽然到岗时间不长，但已参与负责了文明城市创建社区调研宣传、疫情防控志愿者统筹、省"万人赏月诵中秋"活动志愿服务统筹等工作。尽管志愿服务点位的布置，志愿者的招募、培训、食宿安排和核酸检测等一系列事情让他忙得是脚不沾地，但聂强觉得这样生活非常充实。"最近一周都是加班到凌晨，经常忘了吃饭，单位给我安排的'师傅'和同事就会带饭给我、关心支持我，我的干劲儿更足了。"他说。

去基层，用激情奋斗诠释使命担当

"草庙镇位于盐城市大丰区的南部，路途偏远，是我对服务单位的第一印象。"2020年苏北计划志愿服务者、现服务于江苏省盐城市大丰区草庙镇人民政府的淮阴工学院毕业生陈炫孔，怀着青春激情和对未来生活的向往，扎根基层，服务群众。一年多来，在工作上，他积极主动，细致认真，吃苦耐劳；生活中，他积极主动参与志愿活动，推进全省"梦想改造＋"关爱计划，助力中国新能源高峰论坛，参与"让地球更年'青'"主题植树活动、大丰风中足迹马拉松、保卫母亲河活动等。因表现突出,他获得2020年度大丰区优秀青年志愿者、大丰区优秀共青团员、2020年江苏省大学生志愿服务苏北计划优秀志愿者等荣誉。

2021届机械设计制造及其自动化专业毕业生朱丽萌,目前在淮安市淮阴区长江路街道办事处工作。作为淮安人,她怀着对家乡的热爱,选择报名了"苏北计划"。刚到工作岗位时,朱丽萌有些手忙脚乱,很多工作不能自己独立完成。在领导和同事的帮助下,她逐步适应了岗位工作。从风险地区回淮人员信息核实与"五包一"汇总,到街道党员信息管理与发展;从核对上半年新发展党员档案材料并通知补齐材料,到街道党员接收与转出管理,她脚踏实地努力工作着,短短两个月的时间,收获了许多成长。"爱是最大的动力,我热爱我的工作,热爱服务对象,怀揣这份热爱,我将扎根基层为家乡的建设和发展贡献自己的全部力量。"她说。

约未来,以榜样力量传承志愿精神

"我想留在这里,久一点,再久一点。"兰典是淮阴工学院2020届大学生西部计划志愿者,服务期满一年后,主动提出申请从新疆生产建设兵团第三师图木舒克市前海街道办调岗到条件更加艰苦的基层团场历练。目前,她服务于第三师图木舒克市五十四团学校。她说,在那里,虽然条件苦了点,但看到学生对知识的渴望,再苦再难也值得了。"曾经我是在学长学姐的榜样激励下,坚定了志愿服务的决心,未来,我将全力以赴做好自己的工作,做出成绩,带动学弟学妹们也投身到志愿服务西部、服务基层中去。"

这场青春接力,已持续了11年。一直以来,淮阴工学院始终坚持将志愿服务作为人才培养、服务社会的重要抓手,高度重视"西部计划""苏北计划"志愿者组织选派工作,严格落实工作要求,完善保障机制,规范招募流程,拓宽工作渠道,注重指导管理,做好跟踪培养。每年毕业季,校团委通过公开招募、自愿报名、组织考试、招募面试、集中派遣的方式招募全校优秀应届毕业生参加"西部计划"和"苏北计划",通过组建宣讲团、青年说等形式,扩大"西部计划"和"苏北计划"在广大青年中的示范性作用和影响力。

据了解,淮阴工学院从2010年起组织学生报名参加"西部计划"和"苏北计划",仅近五年,被录取学生数已达百余人。今年,学校共有13名同学被"西部计划"录取,33名同学被"苏北计划"录取。他们怀揣梦想,毅然奔赴祖国西部和苏北五市,在实践中经风雨、见世面、壮筋骨、长才干,用知识、爱心和坚持,充分展现了淮工有志青年的力量与担当。(来源:淮阴工学院 2021-12-22)

成功注定不是一条开满鲜花的平坦之路,艰苦奋斗是踏破荆棘、破除阻碍的利器。艰苦奋斗、奉献精神是一个内涵丰富、历史悠久的传统与作风,是中国共产党在长期的革命斗争与社会主义建设中形成的精神法宝。无论国家如何开放,思潮如何多元,理念如何更新,艰苦奋斗、奉献精神始终是广大人民在工作与生活中立于不败之地的保障,也标志着中国人必须代代相传的精神风貌、价值方向与行为准则。

2. 限制性信念:工作和专业完全对口最重要

信念调试:放宽视野、拓宽就业思路

大学毕业生能找到与专业完全对口的工作自然最好,但在目前教育资源与社会需求不匹配的现状下,过于苛求专业对口可能会对自身的发展有影响。大学生应该在学以致用的原则下,发挥自己的优势和专长,在更广泛的就业领域内寻找理想的职业。

适合自己的才是最好的

今年23岁的刘希金,大学时学的是信息与计算机科学。可是他认为自己所学的专业过于偏重理论,不能应用于实际,于是决定不找与专业相关的工作,而是进入了另外一个相对陌生的领域。现在在国家信息中心直属的北京某家公司的刘希金,做着与军工有关的业务工作。从去年九月份上岗到现在,刘希金觉得已经从最初的迷茫渐渐变得能适应现在的岗位并融入公司,自己的能力也慢慢发挥出来了。

回忆近一年的工作经历,刘希金深感平时所学的每一样东西都是有用的,在机会没到来时,现在的积累都是为了将来的爆发。在工作的过程中,他学习了很多公关、业务知识,只用了三个月便升到了公司新成立的业务部副经理职位。而现在,刘希金被调到了公司主导的军工部门做项目,开始了一个新的起点,这对于年纪轻轻的他来说,是一种肯定,也是一种鞭策。刘希金表示,大学毕业生不一定要找与专业相对口的工作,适合自己才是最重要的。做自己真正喜欢的工作,才有动力更好地发展。(来源:《北京日报》)

如果说,职业理想是目的地,那么专业学习就是路线的内容。我们知道不同的职业需要不同的知识、技能与经验等条件,而不同的知识与技能是专业的主要内容。从经济和效率的角度来看,我们的职业目标应当是专业所学的知识与技能。然而从专业与职业的相关性来讲,它们并不都是一一对应的关系,而是呈现出一对一、一对多、多对多等非常复杂的相关关系。有些专业方向仅对应一个职业目标,此类职业技术含量较高,也比较单一。例如数控机床专业所对应的职业是企业中数控机床的操作与维护。而有些专业对应的职业目标有多个,其职业方向比较宽泛,比如经济学专业的毕业生可以从事企业管理、经济学研究、新闻记者、高校教师、营销策划等多种职业,而对于某一职业比如新闻记者,它可以接收新闻、中文、哲学、经济学等多种专业的毕业生。因此,专业不应该成为我们选择职业的束缚,而应立足专业优势,寻找更多职业的可能,找到适合自己的。

3. 限制性信念:只有在大城市发展才能实现自己的价值

信念调试:不要光盯大城市,二三线城市风景这边独好

大城市的发展机会的确比较多,但并不意味着只有在大城市发展才能实现自己的价值。目前国家的就业政策也在向西部地区、农村地区倾斜,很多基层就业项目也设在中西部地区,尤其是农村。因此,在中西部地区、小城市、农村发展,也有更大的发展空间。

虽然从全国范围来看,一线城市依然是大学生的热门选择,但一线城市对于新生代大学生的吸引力正在下降。从2017年以来,一些新一线城市和二线城市纷纷推出针对高校毕业生的优惠政策:落户降门槛、买房有折扣、创业给补贴、发展有空间……这些积极的人才吸引政策,吸引了不少新生代大学生。

返乡创业典型事例

广西贺州农贝贝农牧科技有限公司是一家集蛋鸡、信都三黄鸡养殖、有机肥生产及销售于一体的农业企业,文灵是该公司总经理。2019年,文灵被聘为双龙村荣誉村主任,此前,基础设施差、没有产业等问题一直困扰着双龙村,怎样帮助村民摆脱贫困是文灵经常琢磨的事。"要想让贫困户真正站起来、富起来,就要从单纯'输血'变成有效'造血'。"文灵认为,要结合双龙村的资源优势,认真研究和组织实施特色产业开发。

经过多次考察,文灵决定引导双龙村贫困户走养殖发展的路子,养殖三黄鸡。为充分调动村民主动脱贫的积极性,文灵大力推行"三统"养鸡经营方式,即统一品种,由公司提供统一鸡苗给养殖户;统一技术,公司为农户提供养鸡专用饲料、疫苗以及疾病防治技术;统一销售,依托公司对产品的包装宣传,以地理标志农产品"信都三黄鸡"作为主要卖点销售,进一步助推双龙村养殖特色产业实现"从无到有、从小到大、从弱到强、从劣到优"的转变。目前,文灵已帮扶贫困户20多户。(来源:广西农业职业技术大学毕业生就业先进典型案例)

在《2018年大学生求职指南》中,大学生希望到新一线城市就业的比例达到40.18%,比希望到一线城市就业的比例(27.36%)要高,愿意在二线城市就业的比例也达到了25.94%。从这些调查数据以及就业的实际走向来看,大学生对就业地域的选择不再一味强调北上广深。一方面是国家乡村振兴战略对"三农人才"的需求以及国家"大学生村官计划""西部计划""三支一扶"等宏观政策的引导和实施,另一方面我们也看到广大毕业生在选择就业时越来越务实和理性,越来越多的毕业生不再将目标锁定在城市,他们相信自己在农村的生活一样精彩。

生涯实践

1. 就业形势大家谈

(1)活动目的:让同学们增强了解就业形势的意识,并能够主动思考当前的就业形势对自身的影响。

(2)活动方法:课前请同学们提前搜集有关就业形势的一些新闻事件或案例,在课堂上让大家分享并讨论这些新闻事件与案例给自己的启发。

2. 小组活动:你眼中的就业市场

(1)活动目的:让学生了解目前的就业形势,并思考如何更好地应对。

(2)活动方法:分组,每组同学准备一张大白纸、若干彩笔。每个小组用彩笔在白纸上描绘出一幅图画,把大家眼中的就业市场现状描绘出来。画完之后在小组内讨论这样的就业形势该怎样更好地面对,有什么行动方面的对策。小组内讨论完成后,每组派一名同学在全班进行分享。

生涯感悟

古人云:知己知彼,百战不殆。在求职就业的过程中,我们不仅要了解自身的能力与需求,更要对大学生就业市场进行充分的了解。我们需要了解就业形势、了解自己的职业能力在社会中的需求状况,找准自己在职业社会中的位置。

可以通过以下思考帮助自己更好地把握社会需求,顺利找到工作:今年的就业政策是怎样的?今年的大学生就业有哪些特点?我的能力对应的岗位社会需求是怎样的?我对自己希望生活的城市排序是怎样的?我在我希望生活的城市找到工作的可能性是怎样的?除了以上这些城市,我还有哪些备选方案?通过这些有方向的思考,将求职择业的眼光放得更加宽阔,从而可以在更大的视野范围内把握社会需求与自己的能力匹配状况。

思考与练习

就业观点辩论赛

以下的就业观点(见表 7.1),孰是孰非?来吧,我们来辩一辩。

表 7.1

序号	正 方	反 方
1	在大城市发展更有前景	在小城市发展更有前景
2	工作与专业对口更好	工作与专业并非对口更好
3	在一线城市发展更好	二三线城市风景独好
4	先就业再择业	先择业再就业
5	(可自拟)	(可自拟)

第 2 节 就业去向及相关政策

生涯指引

毕业生小王参加了某市的毕业生供需见面会,看中了本地的一家国有企业,工作环境、待遇、发展前景等都很有吸引力,经过笔试和面试,小王与该单位正式签订了就业协议书。

然而就在毕业前的两个月,小王却面带愁容回到学校,找就业指导中心的老师咨询如何解除就业协议书。老师很奇怪:"小王,你签的单位在班上算很好呢,怎么现在还没有到报到就要解除协议了?发生了什么不愉快的事情吗?"小王说:"其实我和单位之间彼此都很满意,只是刚接到了单位人事部的电话,说由于在招聘时没留意到市人社局关于当年接收应届毕业生的相关规定,我的条件并不符合相关规定,所以用人单位没法为我办理人事关系接收手续。"原来,小王在寒假期间与单位签订就业协议时,都未注意到市人社局出台了最新的接收高校毕业生的政策,该政策规定,外地生源应届毕业生,需要本科学历、学位证齐全才能接收。而小王是外地生源,又是大专学历,所以该市的人社局无法为小王办理人事关系接收审批手续。小王只好与原单位解除就业协议,重新找工作。

又过了一段时间,小王向学校就业指导中心提交了新的就业协议书,这家公司所在的城市可以接收大专生外地生源。回想起这段波折的经历,小王感慨地说:"磨刀不误砍柴工,大学生在找工作之前一定要了解清楚各种就业政策,以免走弯路。"

这是一个因毕业生与用人单位都不熟悉就业政策而导致签约失败的案例,一方面是用人单位人事部的失误,在招聘毕业生前没有详细了解当地接收毕业生的政策;另一方面毕业生在求职的过程中也不了解就业政策而盲目求职。毕业生在求职前很有必要对就业政策,尤其是目标城市的就业政策进行了解,以免在办理就业手续的过程中给自己带来不必要的麻烦。

 生涯知识

俗话说:条条道路通罗马。大学生通往职场世界的路径,也并不仅仅只有就业一条道路。如今,大学生毕业后的选择呈现出多元化的趋势,除了直接就业,还有升学深造、义务服兵役、自主创业、基层就业等,下面我们结合案例来了解每条路径中的政策与注意事项。

一、就业

直接就业是目前多数大学生毕业后的选择,即通过参加各种双选会、招聘会,签订就业协议后就业。就业是一项政策性很强的事务,我们需要了解办理就业手续的相关规定,以及在此过程中的一些注意事项。同时,就业手续中的许多环节有很强的法律规范性、政策规范性及严格的时间限制性,我们需要清晰地了解相关规定,以免造成不必要的麻烦而影响就业。下面我们来了解在办理就业手续过程中非常重要的三类文件:就业协议书、报到证和档案。

(一)就业协议书

1. 什么是就业协议书

大学生在毕业离校之前与用人单位初步达成意愿后,就开始进入就业的实质性操作阶段——签订就业协议。就业协议书是明确毕业生、用人单位和学校三者之间的权利和义务的书面文件。协议条款就三方在毕业生就业工作中的权利和义务进行了明确无误的表述,一旦签订,对三方都有约束力。

2. 签订就业协议书的注意事项

(1) 查明主体。

大学生在签约前一定要先审查用人单位的主体资格,看是否具备进人的自主权力。如果用人单位本身不具备进人的权力,则必须经其具有进人权力的上级部门批准同意。大学生还应注意核实单位实际情况与招聘广告内容是否相符。

(2) 慎重签约。

有些大学生在就业洽谈会上,由于时间仓促等原因,未对用人单位的历史背景、经营状况、企业发展、服务期限、是否允许深造等情况进行全面了解,便贸然签下协议。事后却发现不如意的地方,追悔莫及。因此,一定要仔细斟酌后再签约,切忌草率行事。

(3) 把握时机。

要避免在签约时左顾右盼,企图一脚踏两只船或多只船,导致错失最佳的签约时机。在签约时,毕业生既要考虑自己的利益,也要顾及用人单位的利益,不能过于苛刻,避免给将来进一步的合作造成影响。

(4) 弄清程序。

签订就业协议书需要遵循一定的程序,按章办事。毕业生应注意完整地履行相关的手续。

(5) 明确合法。

大学生一定要认真审查就业协议书的内容,看看是否符合国家相关的法律和政策,仔细推敲双方的权利、义务是否合理,弄清楚除协议本身外是否还有补充协议等。

3. 就业协议书的签订程序

签订就业协议书的程序如图 7.3 所示。

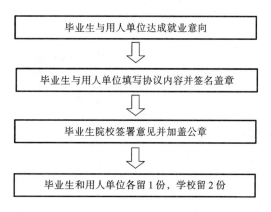

图 7.3

4. 就业协议与劳动合同的区别

我们通过下面的案例来了解就业协议与劳动合同的区别。

就业协议与劳动合同之间的关系是什么?

2014年4月,即将毕业的小陈与某单位签订了就业协议书,约定初次合同期限为2年,如果任何一方违约,需向对方支付违约金1万元。8月,小陈履约到该单位报到后,双方签订了3年的劳动合同,劳动合同中未约定违约金事宜。工作了2个月后,小陈发现自己不太适合这份工作,提出辞职,并提交书面辞呈告知单位,而该单位以未缴纳违约金为由不同意解除劳动合同。

解读:

就业协议书与劳动合同是两类不同的法律文本。就业协议书是明确毕业生、用人单位和学校在毕业生就业工作中权利和义务的书面文件。劳动合同是劳动者与用人单位双方建立劳动关系的一种协议。前者发生在学生毕业之前,由学生、学校、用人单位三方签订,以确定就业意向和相关权益。当毕业生离校后,学校将脱离三方关系,毕业生与用人单位应确定劳动关系,签订劳动合同,就业协议则同时终止。

本案例中,小陈在履行就业协议后与该单位签订了3年的劳动合同,原先签订的就业协议书效力终止,新签订的劳动合同开始产生法律效力。2个月后小陈发现自己不适合这份工作并书面告知单位,并无不妥之处。根据《中华人民共和国劳动合同法》规定,除了劳动者违反服务期约定或者竞业限制条款外,用人单位不得与劳动者约定由劳动者承担违约金。该单位以未缴纳违约金为由不同意解除劳动合同的做法,违反了法律的禁止性规定。就业协议与劳动合同的区别见表7.2。

表7.2

项目	就业协议	劳动合同
主体	适用于应届毕业生与用人单位、学校三方之间,学校是就业协议的鉴证方	适用于劳动者与用人单位之间,与学校无关
内容	毕业生表示愿意到用人单位就业,用人单位表示愿意接收毕业生,学校同意推荐毕业生列入就业方案,未明确规定毕业生到用人单位报到后的权利义务	明确劳动者和用人单位双方的权利与义务,涉及劳动时间、劳动报酬、工作内容、劳动保护、劳动纪律等方方面面
时间	在毕业生毕业之前签订	在毕业生到用人单位报到后才签订
适用法律	尚未有专门的法律对毕业生就业协议加以调整,若发生争议,主要依据现有的毕业生就业政策和法律对合同的一般规定来加以解决	有专门的法律《中华人民共和国劳动合同法》对劳动合同作出规定,若发生争议,应按该法来处理

(二) 报到证

1. 什么是报到证

报到证的全称为全国普通高等学校本专科毕业生(毕业研究生)就业报到证,由教育部授权地方主管毕业生就业调配部门审核签发。报到证是毕业生就业派遣的书面证据,是毕业生人事关系正式从学校转移到就业单位的证明。就业的毕业生在毕业后,需要持报到证到就业单位报到。用人单位凭报到证办理有关接收和接转档案、户口迁移等手续。

2. 报到证的作用

(1) 报到证是到接收单位报到的凭证,毕业生就业后的工龄由报到之日开始计算;
(2) 证明持证的毕业生是纳入国家统一招生计划的学生;
(3) 接收单位凭报到证予以办理毕业生的接收手续和户口关系;
(4) 报到证是毕业生在工作单位转正和干部身份的证明。

(三) 档案

1. 什么是档案

人事档案是中国人事管理制度的一项重要特色,它是个人身份、学历、资历等方面的证据,与个人工资待遇、社会劳动保障、组织关系紧密挂钩,具有法律效用,是记载人生轨迹的重要文件。高校学生档案则是国家人事档案的组成部分,是记录和反映本人经历、德才能绩、学习和工作表现,以学生个人为单位集中保存起来以备查考的文字、表格及其他各种形式的历史记录,是大学生就业及其今后各单位选拔、任用、考核的主要依据。

2. 档案的作用

在政府机关和事业单位,人事档案相当重要。公务员或进入事业、企业单位工作,职业生涯中定级、调资、任免、晋升、奖惩等方面的呈报、审批材料都要记入本人档案,作为评价依据。另外,工龄、待遇、社保受保时间等也是以个人档案的记录为依据的。如退休时需要依据档案认定个人出生时间,从而确定退休时间,需要确定个人参加工作时间,从而确定开始缴费或视同缴费的时间,以计算养老金金额等。除了养老金外,其他社会保险,如领取失业金等,也与个人档案相关。

3. 档案的保管

按国家政策规定,组织、人事部门所属的各级人才交流机构具有资格保存大中专毕业生就业后的人事档案,各种私营民营企业、乡镇企业、中外合资企业、独资企业都无权管理员工的人事档案,一般由委托的各级人才交流机构托管。毕业生也可以以个人名义委托人才交流机构托管人事关系。

高校毕业生到具有档案管理权限的机关、事业单位、国有企业就业的,由单位直接接收、管理档案。到无档案管理权限的单位(私营企业、外资企业等)就业的,可由各地公共就业和人才服务机构负责提供档案管理等人事代理服务。

档案真的没用吗?

应届毕业生小李由于种种原因在临近毕业时还没找到合适的工作,正发愁时,又收到通知说学校开始要求毕业生登记并确认自己档案的接收地址。小李听说还没有落实工作单位的毕业生可以选择把档案留在学校,还听说如果把档案留在学校还要同学校签订一个协议。也有同学跟小李说,现在时代不同了,很多外企和民营企业都接收不了毕业生的档案,档案已经没什么用处了,根本不用在意档案。小李很困惑,不知道档案对自己到底有什么作用,以自己现在的情况到底该如何处置档案。

解读:

实际上档案是不是真的对毕业生没有用了呢?答案是否定的。档案作为记录个人经历、政治面貌、品德作风等内容的文件材料,发挥着凭证、证据和参考的作用。毕业生进入职场后将要面对的转正定级、职称申报、办理养老保险,以及开具出国、考研等有关证明,都需要用到档案,遗失档案可能会给自己未来的工作与生活带来麻烦。

小李毕业后未找到合适的单位,可以申请暂缓就业,由学校或当地就业部门免费保管档案 2 年,在此期间小李可以继续找工作。如果不想办理暂缓就业手续,也可以把档案迁回生源地的人社厅下属的专门管理毕业生档案的部门,具体办法可咨询各地人社部门。

一般就业程序见图 7.4,供参考。

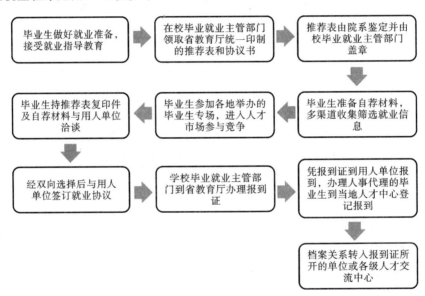

图 7.4

二、升学深造

有些大学生为了提高自身的就业竞争力,把提高学历作为毕业后的首要选择。

(一)本科考硕士研究生

高校与科研机构招收硕士学位研究生,是为了培养掌握本学科坚实的基础理论和系统的专业知识,具有创新精神和从事科学研究、教学、管理或独立担负专门技术工作能力的高级专门人才。应届本科毕业生攻读硕士学位研究生,一方面可以在专业知识与能力方面得到进一步提升,另一方面可以在学历方面为将来的就业增加竞争优势。

那么,如何选择考研的学校与专业呢?可以从三个方面进行考虑:

(1) 必要性——所选择的学校是否有利于将来的发展;

(2) 可能性——通过努力能否实现自己预期的目标;

(3) 适合性——所选择的学校和专业是否符合自己的兴趣爱好。

(二) 专科考本科

专升本考试是大学专科层次学生进入本科层次阶段学习的选拔考试的简称,是中国教育体制大专层次学生升入本科院校的考试制度。大专学历层次的学生毕业后,有几种途径可以进入国家承认的本科学历学习:参加全日制普通高等学校本科插班生考试(简称"专插本");参加高等教育自学考试专升本;参加成人高考专升本;参加远程教育专升本。专升本考试类型对比见表 7.3。

表 7.3

考试类型	录取难度	毕业难度	文凭含金量
专插本	难度最大	只要考上,获取毕业证和学士学位证较易	享受与该本科院校学生一样的待遇,毕业证和普通本科生略有差异,即专科起点修完两年制本科和高中起点修完四年制本科的差异,证书的含金量最高
自考专升本	全国统一考试,难度较大	主要依靠自学	全国统考,国家承认,在工资、人事待遇、职称评定等方面与普通本科具有同等效力
成考专升本	全国统一入学考试,考试相对容易,录取率较高	录取后学习较容易,一般都可获取毕业证	国家承认学历,在同等情况下,社会认可度低于普通本科和自考本科
远程教育专升本	具有国民教育专科学历即可入学,较为简单	必须通过教育部规定的英语和计算机基础统考才能毕业,但取得学位较为容易	国家承认学历,在同等情况下,社会认可度低于普通本科和自考本科

三、创业

近年来,国家和政府对创业高度重视,相继出台了一系列鼓励创业的政策,把"以创业带动就业"看作是"实施扩大就业发展战略"的重要内容,作为新时期实施积极就业政策的重要任务。教育部、人力资源和社会保障部及地方政府陆续出台了相关政策,鼓励和支持大学生自主创业。

按照《国务院关于进一步做好普通高等学校毕业生就业工作的通知》(国发〔2011〕16号)、《国务院办公厅转发人力资源社会保障部等部门关于促进以创业带动就业工作指导意见的通知》(国办发〔2008〕111号)等文件规定,高校毕业生自主创业优惠政策主要包括:

1. 税收优惠

持《就业失业登记证》(注明"自主创业税收政策"或附着《高校毕业生自主创业证》)的高校毕业生在毕业年度内(指毕业所在自然年,即1月1日至12月31日)从事个体经营的,3年内按每户每年8000元为限额依次扣减其当年实际应缴纳的营业税、城市维护建设税、教育费附加和个人所得税。对高校毕业生创办的小型微利企业,按国家规定享受相关税收支持政策。

2. 小额担保贷款和贴息支持

对符合条件的高校毕业生自主创业的,可在创业地按规定申请小额担保贷款;从事微利项目的,可享受不超过10万元贷款额度的财政贴息扶持。对合伙经营和组织起来就业的,可根据实际需要适当提高贷款额度。

3. 免收有关行政事业性收费

毕业2年以内的普通高校毕业生从事个体经营(除国家限制的行业外)的,自其在工商部门首次注册登记之日起3年内,免收管理类、登记类和证照类等有关行政事业性收费。

4. 享受培训补贴

对高校毕业生在毕业年度内参加创业培训的,根据其获得创业培训合格证书或就业、创业情况,按规定给予培训补贴。

5. 免费创业服务

有创业意愿的高校毕业生,可免费获得公共就业和人才服务机构提供的创业指导服务,包括政策咨询、信息服务、项目开发、风险评估、开业指导、融资服务、跟踪扶持等"一条龙"创业服务。各地在充分发挥各类创业孵化基地作用的基础上,因地制宜建设一批大学生创业孵化基地,并给予相关政策扶持。对基地内大学生创业企业要提供培训和指导服务,落实扶持政策,努力提高创业成功率,延长企业存活期。

6. 取消高校毕业生落户限制

取消高校毕业生落户限制,允许高校毕业生在创业地办理落户手续(直辖市按有关规定执行)。

陆超平:让农户"穿着西装养鱼"

陆超平是南京农业大学2014级经管院农经专业的在读博士,同时也是一名创业者。2014年,怀揣农业科技创业梦想的他辞去公务员工作,开始智能渔业的创业。他创办了南京渔管家物联网科技有限公司,通过云端技术和物联网,让农户实现"穿着西装养鱼",使水产渔业变得"轻松优雅"。近年来,他入选"南京市高层次创业人才引进计划",获得"创青春"全国大学生创业大赛金奖、"第十一届全国农村青年致富带头人"等荣誉。

陆超平在读书期间,就对地理信息专业非常感兴趣,他认为这个专业具有很好的前景,读研时他毅然调整专业,选择地理信息方向。经过系统的学习,他对遥感、水质检测、卫星图片和模型计算藻类悬浮物等技术有了充分的了解,毕业后顺利考取专业相关公务员工作。

通过工作业务的接触,他发现从2010年起,我国渔业总产值连续3年保持迅猛势头,而现代渔业、智能渔业的发展,大有可为。"利用物联网、云计算技术,将养殖的所有环节都集成到一套系统软硬件中,做到24小时在线自动管理鱼塘,养殖户只需要穿着西装拿起手机就能一目了然",一个让农户"穿着西装养鱼"的创意从头脑中闪现,他想这正是发挥自己专业的大好机会。

从工作状态进入创业状态,需要经历巨大的角色转换,创业需要把握整体,管理、技术、市场、营销、人事、财务全部都要亲自过问,这让陆超平感到巨大的压力,许多事情从没有接触过,只能自己摸索。于是,他选择到南京农业大学进修农林经济管理博士学位,将实践回归到理论。

抓市场痛点,创业装上了助力器

创业头两年,陆超平主要承接政府类项目,在农业物联网的背景下负责大型渔场的一系列智能检测——水质检测、视频摄像头监控、智能管理系统,但公司的产品和服务推广得慢。认真分析后,他发现,完整的一套设备价格高昂,除非政府补贴,普通农户不会自主购买自己的设备。所以,如果继续采取这样的策略,根本无法实现帮助农户减负的愿望,企业也无法实现突破。

2016年,陆超平开始思考转变发展方向。在入驻南京农业大学大学生创客空间后,他接触到了很多创业导师,包括学校专业教师、校友企业家、职业经理人等,进一步开阔了自己的思维。他意识到,原有的智能传感器,虽然能使检测结果准确度较高,但是由于检测指标多,随之而来的弊端就是成本太高,于是他筛选了水质检测中最为关键的几项指标,将一整套系统产品化,简单化,让农民都可以负担得起,抓住了市场痛点,智能渔管家像装了助力器,迅速发展。正是本次转型,公司的产品科技达到了国内领先水平。经过不断研发,公司已拥有国家发明专利2项、实用新型专利8项、软件著作权7项、注册商标7项,服务水产养殖面积达3000余亩,并获得南京市高层次人才引进项目的荣誉。

心有农业情怀,项目持续升级

陆超平常说,创业的人都是有情怀的,在农业行业创业更需要情怀。提到自己创业的机缘,他表示,很多家庭成员都从事水产渔业方面的工作,所以他从小耳濡目染,十分了解这个行业,心中一直有着这份农业的情怀。刚开始创业的时候他还没有意识到这点,但回首过去,正是这份情怀一直引导着自己,每一步都扎实稳健,指向如今的成功。

心怀农业情怀,他认识了很多志同道合的南京农业大学校友,也热心于搭建校友平台,在帮助校友做好对接工作的同时,自己也接触到了各个方向的创业资源。2019年,公司业务范围扩大到渔业基地规划、尾水循环设计、智慧渔业系统、专家平台搭建等全产业链,产品市场从江苏拓展到了上海、湖北和海南等地区,营业额达900多万元,并带动贫困农户100余户。2019年年底,他获评"第十一届全国农村青年致富带头人"。

现在陆超平的渔管家项目已经从南京农业大学大学生创客空间毕业,进入社会孵化器——南京经济技术开发区进一步加速发展,他依然对创业怀抱着热情,积极配合学校组织的访谈和报道、参加学校的"三创学堂"活动,为学弟学妹传递创业经验,以饱满的热情感染后继者。(来源:《中国大学生就业》2021年第21期)

陆超平的农业情怀让大家看到了农业的未来与美好,这些跟他的自我认知和对职场世界的认知是紧密相关的,并且他在不断发展的认知中找到了适合自己的职业发展方向与定位,不断学习提升了自己的创业竞争力。

创业者黄光辉与他的坚果一起成长

黄光辉,2014年9月就读广西农业职业技术学院生物技术系植保专业,现任北流市富乐农农业有限公司、北流市辉林坚果种植有限公司董事长。在校期间,黄光辉品学兼优,他作为一名贫困大学生,积极进取,乐于助人,担任班上的副班长和植保协会的副会长,多次获得学校的奖学金,并在课外时间参与勤工俭学。大三时,在班主任的指导下,他成立了南宁市都市农人科技有限公司,并入驻学院大学生创客园。创业期间,黄光辉遇到过不少的困难。在种植第二年,夏威夷坚果树发生了炭疽病,损失严重,公司几乎到了资金链断裂的状态。公司在最困难的状况下得到学院创业基金的扶持、专业老师亲临指导及优秀校友创业经验启发,调整了种植方案与病虫害防治策略。经过两年多的努力探索,公司基本掌握了一套防治夏威夷坚果病害的技术,探索出了夏威夷坚果高效种植技术与高效育苗技术,并形成了一套公司内部执行的完善的种植流程。

创业典型黄光辉的事迹告诉我们,作为一名创业者,不畏艰难,一步一个脚印,克服重重困难,终将见到胜利的曙光。(来源:广西农业职业技术大学毕业生就业先进典型案例)

四、服兵役

国家鼓励大学生应征入伍服义务兵役,高校征兵对象是国家有关规定批准设立、实施高等学历教育的全日制公办普通高等学校、民办普通高等学校和独立学院,按照国家招生规定录取的全日制普通本科、专科(含高职)、研究生、第二学士学位的应(往)届毕业生、在校生和已被普通高校录取但未报到入学的学生。

高校毕业生应征入伍服义务兵役,除享有优先报名应征、优先体检政审、优先审批定兵外,还享受优先选拔使用、考学升学优惠、补偿学费或代偿国家助学贷款、就业安置帮扶等优惠政策。

国家对大学生应征入伍服义务兵役,还给予学费补偿和助学贷款代偿。国家对应征入伍服义务兵役的高校学生,在入伍时对其在校期间缴纳的学费实行一次性补偿或获得的国家助学贷款(国家助学贷款包括校园地国家助学贷款和生源地信用助学贷款,下同)实行代偿;应征入伍服义务兵役前正在高等学校就读的学生(含按国家招生规定录取的高等学校新生),服役期间按国家有关规定保留学籍或入学资格、退役后自愿复学或入学的,国家实行学费减免。

安徽医科大学杜娇锦：奋斗的迷彩色青春

杜娇锦，女，汉族，中国共产党党员，1993年9月30日出生，安徽宿州人，安徽医科大学马克思主义学院法学（医事法学）专业学生，在校期间曾担任副班长、校仪仗队队长、校团委学生兼职副书记等职，多次获得奖学金和"三好学生"荣誉称号，就读期间休学入伍服役于中国人民解放军96038部队，现已推免至南京师范大学法律史专业。

携笔从戎，迷彩军营，鸳鸯袖里握兵符

《宪法》中，第五十五条规定，保卫祖国、抵抗侵略是中华人民共和国每一个公民的神圣职责。依照法律服兵役和参加民兵组织是中华人民共和国公民的光荣义务。当看到这一条款时，她的心中萌生了服兵役、履行公民义务的想法。随即，杜娇锦在一系列的网上报名、考核、体检、政审中顺利通过，带着"若以小利计，何必披征衣"的豪迈踏上了西行的列车，成为了光荣的共和国卫士——中国人民解放军军人。

初入军营，训练教育的循环往复消磨了她最初的意气风发，对环境的不适应也纷至沓来，练战术动作磨得手肘膝盖都是伤，肌肉拉伤到路都没法走，很多战友夜晚捂在被子里偷偷哭，第二天一早起来又投入新的训练，不断地摔打磨砺，她和战友们都晒黑了，却也长结实了。就像一位排长曾对她说的——"累了要坚持，伤了要忍受，痛了去挺住，这就是进步。"授衔那天，班长给她戴上胸标臂章时，她的心中只浮现出一句话："感觉肩膀上有重量了。"这正是责任的重量。

新兵连——这个从地方青年到合格军人的转变过程，经历过痛苦挣扎，经历过彷徨犹豫。加训饿得前胸贴后背时，战友偷偷塞的鸡蛋或馒头；"凶神恶煞"的班长半夜起来偷偷披的被角；想家时躲在学习室偷偷哭时，战友陪着一起掉的眼泪。那些紧张忙碌里的温情时光留给她杜娇锦的是刻骨铭心。

在部队组织拉练前，首长每每都会三令五申地强调群众纪律——"出了营门，你代表的不仅仅是你自己，更是代表这身军装，谨言慎行，严禁扰民！"上海解放时27军露宿街头也不肯进民宅，这一光荣传统一直继承至今。只有把人民放在心上，人民才会把你记在心上。拉练途中，乡亲们竖起的大拇指、灌满水壶的热水和那一声"妹妹儿，很厉害啊！"让她觉得在那一刻，自己是作为守护者而存在的，选择成为人民军队的一员，这是她这辈子做的最正确的选择。

两年的摔打磨砺，两年的兢兢业业，两年的欢乐苦痛，由于服役期间听从指挥、刻苦训练，发挥自身特长为营队建设贡献自己的力量，杜娇锦两度获得优秀义务兵称号，得到了各级首长的充分肯定。（来源：《中国大学生就业》2021年第8期）

选择从军入伍，就是选择了责任，选择了付出，这条路注定荆棘丛生，崎岖不平。可是，风雨之后终现彩虹，他们带着部队的烙印，每一步都是果敢，每一言都是从容，每一个眼神都是坚毅，每一个身影都是绝不屈服。他们心系家国，坚决到国家最需要的地方去，将命运融入国家发展、时代进步的大潮洪流之中，在实践理想中实现自身价值。

 生涯实践

1. 就业流程检查表

选择直接就业的同学,请对照表 7.4 检查你的就业流程是否都办理好了。

表 7.4

序号	就业相关手续	是否已经办理
1	领取推荐表和协议书	
2	准备自荐材料参加招聘会	
3	持就业推荐表复印件及自荐材料与用人单位洽谈	
4	与意向单位签订就业协议书	
5	毕业时领取报到证	
6	凭报到证到用人单位报到	
7	办理档案转接手续	

2. 就业政策知多少——就业政策知识小竞赛

(1) 活动目的:提高大学生对政策的重视程度,指导学生掌握收集就业政策的方法,要求学生熟悉就业政策的体系架构及具体内容。

(2) 活动方法:将学生分成几个小组,提前了解就业政策并做相关准备,在下一堂课以小组为单位,老师提问学生抢答的方式进行。答对计分,答错扣分,总分最高的小组为获胜方。

3. 模拟签约

(1) 活动目的:掌握签约的流程和应当注意的事项。

(2) 活动方法:课堂现场模拟签约过程,帮助同学们分析在签约过程中的注意事项。

 生涯感悟

大学毕业生的就业政策是国家为关注与解决就业问题而制定的。不同学校的毕业生和不同层次、不同类别的毕业生在就业政策和有关规定方面有所差异,不同地区接收毕业生的政策也不尽相同,每年的就业政策可能也会随着形势的发展进行调整,这在每年的毕业生就业政策中都有所体现。就业工作也是时间性特别强的事项,任何就业手续的办理都有时间限制。因此,作为即将走向职场的大学生,了解和掌握就业政策、把握毕业手续办理的时间规定非常重要。这是顺利就业的前提条件,正所谓"磨刀不误砍柴工"。

 思考与练习

考研决策表

我是否应该考研?请思考表 7.5 中的相关因素。参考指南:分数越高,说明你考研成功

的把握性越大;分数越低,则相反。

表 7.5

考虑因素	考虑指标	评分标准 (是,计 1 分;否,计 0 分)	备注
经济因素	你的家庭经济情况能支持你继续读研吗?		一票否决
报考条件	你能拿到本科毕业证吗?		一票否决
专业兴趣	你对报考专业了解吗?		
就业前景	你了解报考专业的就业趋势吗?		
课程基础	你对报考的专业有足够的积累吗?		
报考难度	你选报的学校或专业难度大吗?		
学习成绩	你在大学的学习成绩好吗?		

创业能力测评

测评说明:

1. 当你想要拥有一个自己的公司的时候,有必要先进行这个测评,它可以帮助你判断你自己是否适合创业,你具有多少创业者潜力。当然,这个测评结果仅供参考,因为决定一个人创业能否成功受到很多因素的影响。

2. 请根据你的第一印象来回答以下问题,不要做过多的考虑。

(1) 是否曾经为了某个理想而设下两年以上的长期计划,并且按计划进行直到完成?

(2) 在学校和家庭生活中,你是否在没有师长和亲友的督促下,就自动完成分派的任务?

(3) 你是否喜欢独自完成工作,并做得很好?

(4) 当你与朋友在一起时,你的朋友是否常寻求你的指导和建议?你是否曾被推举为领导者?

(5) 在你以往的经历里,有没有赚钱的经验?你喜欢储蓄吗?

(6) 你是否能够专注地做自己感兴趣的事连续 10 小时以上?

(7) 你是否习惯保存重要资料,并且井井有条地整理,以备需要时可以随意提取查阅?

(8) 在平时生活中,你是否热衷于社会服务工作?你关心别人的需要吗?

(9) 是否喜欢音乐、体育以及其他各种活动?

(10) 在此之前,你是否带动其他人员完成过一项由你领导的大型活动或任务?

(11) 喜欢在竞争中生存吗?

(12) 当你在别人管理下工作时,发现其管理方法不当,你是否会想出适当的管理方式并建议改进?

(13) 当你需要别人的帮助时,是否能充满自信地提出要求,并且能说服别人来帮助你?

(14) 在你筹款或者义卖时,是不是充满自信而不害羞?

(15) 当你要完成一项重要工作时,是否总是给自己留出足够的时间仔细完成,而绝不让时间虚度,在匆忙中草率完成?

(16) 参加重要聚会时,你是否会准时赴约?

(17) 是否有能力安排一个恰当的环境,使你在工作中能不受干扰,有效地专心工作?

(18) 你交往的朋友中,是否有许多有成就、有智慧、有眼光、有远见、老成稳重型的人?

(19) 你在学习或团体中,被认为是受欢迎的人吗?

(20) 你自认是理财高手吗?

(21) 你是否可以为了赚钱而牺牲自己的娱乐?

(22) 是否总是独自挑起责任的担子,彻底了解工作目标并认真地执行工作?

(23) 在工作中,是否有足够的信心和耐力?

(24) 能否在很短的时间内结交许多新朋友?

3. 评分标准:答"是"得 1 分;答"否"不得分。统计所得分数。

4. 测评结果分析:

0~5 分:目前不适合创业,应当训练自己为别人工作,并学习技术和专业。

6~10 分:需要在别人的指导下去创业,才会有成功的机会。

11~15 分:适合自己创业,但必须在所有答案为"否"的项目中,分析出自己的问题并加以纠正改进。

16~20 分:非常适合创业,你的能力足以使你从小事业开始,并从妥善处理中获得经验,成为成功的创业者。

21~24 分:有无限潜能,只要把握时机和运气,可能将是未来的商业巨子。

第 3 节　就业权益保护

生涯指引

求职押金该交吗?

小陈即将大学毕业,通过报纸广告到一家房地产公司应聘市场部的助理。面试、笔试各个环节进行得都非常顺利,最后,公司人事部通知小陈被录用了。试用期的主要工作是联系相关写字楼的承租客户,同时,人事部还告知小陈必须交纳 3000 元的押金。交押金的目的是保证公司利益不受损失,试用期结束后公司将退还押金。初试锋芒的成功让小陈兴奋不已,并未多想就交纳了押金,开始着手完成试用期的工作任务。接下来一个月的时间,按照公司指定的几座写字楼联络计划,小陈每天从学校到写字楼往返奔波。然而一个月下来,小陈竟然没能联系到一家客户。他只好如实向公司有关负责人说明了情况。经过一番交涉,公司有关负责人遗憾地表示,由于小陈未能完成任何公司交办的任务,不能被正式录用,并且,在一个月期间小陈因涉及公司业务发生的部分费用支出要从当初交纳的押金中扣除。没能完成公司交办的业务,固然让小陈感到歉疚,但当初交纳的押金因各种原因被部分扣除,也让小陈感觉难以接受。

初涉职场的大学生对社会的复杂性往往缺乏必要的认识和了解,一些用人单位甚至不法之徒也正是利用了大学生这种急于找到工作但又缺乏必要社会经验和知识的弱点,侵害大学生的就业权益。在《中华人民共和国劳动合同法》中有明确规定,签订劳动合同时劳动者不需要缴纳押金、风险金等费用。该房地产公司向小陈收取押金的行为是违法的。

生涯知识

大学生在就业前,应了解和学习与劳动就业密切相关的法律文件,明确与用人单位的关系,了解相互之间法律规定的权利和义务,增强自我保护意识。应当积极维护自身权益,一旦确立劳动关系就与用人单位签订劳动合同,该属于自己的权利就要争取,该属于对方的义务就应该要求对方履行,并在合同中明确。另外,在意识观念上不要将自己放在弱势地位,害怕用人单位不聘用或害怕麻烦,而在自身权益上妥协。如果确实碰到劳动争议,可以向劳动仲裁机构要求仲裁。

一、求职过程中的权益保护

1. 从招聘渠道上防患未然

大学生在求职就业的过程中要保障自身的权益,首先要从招聘渠道上防患于未然。在多种招聘信息来源渠道中,由高校就业指导部门正式发布的需求信息以及各地方教委、人保厅(局)教育系统主办的面向大学毕业生的招聘会上所获得的需求信息,可信度相对较高。多数招聘单位都与高校或教育管理部门、人事部门建立了长期供需合作关系,招聘过程及选聘待遇都比较规范。而由一些人才中介服务机构承办,面向社会公开招聘的人才交流大会,其招聘对象多为具有一定工作经验的社会人员,对大学毕业生而言针对性不强。

对于报纸及部分人才网站上发布的招聘信息,大学毕业生应慎重处理。一般来讲,地方综合性报刊所刊登的招聘消息大多面向社会人员,不适用于没有太多工作经验、社会经验的大学毕业生。同时,一些刊物片面追求经济效益,并未认真核实招聘广告内容本身的真实性、可靠性,对招聘单位自身的资质情况并不清楚。越是把聘用后待遇吹嘘得天花乱坠的招聘信息,越是对应聘者没有任何条件限制的招聘广告越要审慎对待。

同样,对于校内公共海报栏里随意张贴的各种告示、街边小广告以及公众BBS上随意发布的帖子,大学毕业生们也应持慎重的态度。各类人才网站上发布的需求信息也不宜盲从。一方面,一些投机心强的人才网站为吸引所谓"读者眼球",将网站"人才库"和"单位信息库"盲目做大,其中各类信息的时效性往往偏差较大;另一方面,一些招聘单位出于各种各样的目的和动机,往往发布虚假招聘信息,甚至充当"黑中介""黑猎头"。

因此,大学毕业生们在找工作的过程中,始终要提高警惕,注意维护自己的合法权益。

一方面,大学毕业生应多选择规范的信息来源渠道求职,另一方面,应仔细认真地分析每一条招聘信息,思考招聘条件字里行间的含义。有必要的话,既可以登录该招聘单位的网站或致电该单位人事部门查实有关消息,又可以向当地工商、人事部门核实该单位资质情况。在面试的过程中,也应弄清楚招聘单位的合法性及工作的具体内容,看招聘单位是否有工商、税务营业执照,是否有固定的办公、经营场所等。

案例:

某毕业班大三下学期一开学便安排在校外实习两个月,正当班上其他同学整装待发之时,小陈却不露声色地忙开了:他先找了班主任,拜托班主任如有合适单位,请帮忙介绍,并留下两份自荐资料。而后他又找到学校负责就业介绍工作的老师,请他们有重要信息及时告知自己。同时,他在学校和校外的就业网站注册个人信息,实时关注招聘信息动态,投递符合自己的岗位。

做完以上联系工作,小陈安心地前往校外实习去了。这样,小陈尽管人在校外实习,却总比班上其他同学信息更灵通,不断接到用人单位的面试通知,选择的机会颇多。实习刚结束,小陈的工作单位也顺利敲定。

解读:

小陈在寻找招聘信息渠道上做得很好,使得就业信息本源渠道正规且畅达无阻,赢得了时间和机遇。因此,作为毕业生应主动与学校各方面保持联系,多利用各方面的资源,为就业多找一个门路和机遇。

2. 警惕不符合实际的招聘信息

本想去当法律顾问,头半年却只管接电话;想改行当老师,结果招聘方却告诉她工作不是教书,而是负责寻找生源。法律专业的大学毕业生高兴近来有点愁,在网上寻找了几份工作,结果发现工作内容跟职业名称不符,甚至有的干脆不搭边。这样的遭遇在求职者中已经很常见,而一些职业信息也出现"挂羊头卖狗肉"的现象,让求职者摸不着头脑。

案例:

小王联系了一家招聘法律顾问的单位,结果对方表示头半年到单位工作主要是接听电话,半年后才能进行法律相关咨询解答,而今后从事的主要工作内容也还是以热线服务为主。碰了几次壁的小王觉得现在找专业对口的工作太费劲了,认为不如改行试试。人才网上的一则远程教育学校招聘教师的信息引起了她的兴趣,打去电话咨询,一位女士告诉她,有无教育经验无所谓,但最好有从事过销售的经验。小王仔细询问对方都要教什么课程时,对方却表示授课的教师目前他们不缺,这次招聘的教师主要从事销售工作,就是替学校宣传,寻找学员,而赚的工资也以拉到的学员人数给予一定提成。

解读:

大学毕业生在求职的过程中,不仅要看用人单位招聘岗位的职业名称,还务必要了解清楚用人单位对该岗位的职责要求与工作内容,看工作内容是否与招聘职位相符。如果怕麻烦没有细问,继续等到录用才最终发现不合适的话,那将更浪费时间和精力。

二、实习期、试用期的就业权益保护

实习期是针对在校大学生而言的,是指学生在校期间到用人单位的具体岗位上参与实践工作的过程,目的是使学生更好地学习理解专业知识,做到理论联系实际。近些年来,为了提前网罗人才,越来越多的岗位纷纷开展实习生计划。但是,由于未毕业的大学生不具备劳动主体资格,因此在实习期间,实习生不能与用人单位形成劳动关系,也不受《劳动法》的调整。

试用期是指用人单位和劳动者在建立劳动关系后,为相互了解而约定的最多不得超过半年的考察期。试用期是伴随劳动合同而出现的一个概念,先有劳动合同,后有试用期。当然,劳动合同中既可以约定试用期,也可以不约定试用期。

1. 实习期、试用期的工资

作为就业供需市场的一项惯例,"实习期""试用期"也是大多数招聘单位借以考察应聘者综合素质、能力的一种重要手段。虽然我国《劳动法》明确规定了聘用双方劳动合同可以约定试用期,但法律关于试用期、实习期的工资待遇问题却并没有明确表述。很多招聘单位都认为"试用期的工资完全可以由企业自主确定"。但这并不等于招聘单位可以不受任何限制地、任意地制定试用期员工的工资水平,因为用人单位必须保障劳动者的最低工资。所谓最低工资是劳动者在法定工作时间内提供正常劳动的前提下,用人单位在最低限度内理应支付的,足以维持职工及其供养人口基本生活需要的工资。《劳动法》第48条规定:"国家实行最低工资保障制度。最低工资的具体标准由省、自治区、直辖市人民政府规定,报国务院备案。用人单位支付劳动者的工资不得低于当地最低工资标准。"可见,用人单位自主确定劳动者试用期工资标准只能是在不违背劳动法律、法规的前提下自主确定。具体说就是,用人单位有权在当地最低工资标准以上,自主确定劳动者试用期内的工资标准。

另外,有些地方也出台了关于学生勤工助学的规定,比如北京市教育委员会、共青团北京市委员会、北京市劳动和社会保障局2000年联合颁发的《关于北京地区普通高等学校学生勤工助学活动规定》中指出:学生在勤工俭学期间,劳动报酬不得低于北京市最低工资标准。此外,对于学生打工时因工负伤的情况也应由用工单位比照职工工伤保险的标准给予补偿,学生应享受工伤待遇。

2. 实习期发生意外伤害

大学生在实习期间,万一发生意外伤害,该由谁来负责?

案例:

在宁波读大学的高某很不幸,与公司几位同事在职工浴室洗澡,突然遇到水管爆裂,导致全身多处深度烫伤。经鉴定,高某的伤势已构成十级伤残。随后,高某向当地法院提起诉讼,请求公司赔偿人身损害造成的各项损失。

法院对该事作出一审判决。法院认为,高某实习单位的职工浴室是向员工提供的服务设施,且该单位有管理权。但因浴室的硬件没有达到保障安全的要求,造成了对实习生的伤害,单位有承担对其人身损害赔偿的责任。该受伤大学生获得实习单位赔偿,计56383.66元。

解读:

大学生在实习期间受到意外伤害的处理,根据学校是否与实习单位签订合同而有所不同。学校与实习单位签订了合同的,以合同为准分别承担责任;若学校与实习单位未签订合同,则应由学校负责。但无论哪种情况,大学生在实习期间受伤,学校和实习单位总有一方需要负责。

三、正式就业后的就业权益保护

1. 签订劳动合同

毕业后在实习单位继续工作的大学生,不应再称之为"实习生"了。因为拿到了毕业证书,则意味着大学生可以作为独立的劳动者,与用人单位建立劳动关系了。

案例:

大四下半学期开始实习的张某,毕业后留在某单位继续实习。但一段时间后,张某一纸诉状将实习单位告上了法庭。张某认为自己已经毕业,因此和实习单位形成了事实劳动关系,而该单位又没有跟她签订劳动合同,从而提出赔偿双倍工资的要求。

解读:

张某已经大学毕业,不再是实习生了。此时,用人单位应当及时与张某签订劳动合同。如果大学生拿到毕业证书超过一个月,而单位不与其签订劳动合同,则其有权提出起诉,索要双倍工资。作为大学生,也需要有自我保护的意识,毕业后及时向用人单位提出签约要求。如果到一个月后才意识到问题,再对单位提出起诉,对双方都无益处。

2. 关于因用人单位过失而辞职

《中华人民共和国劳动合同法》中规定,用人单位有下列情形之一的,劳动者可以解除劳动合同:①未按照劳动合同约定提供劳动保护或者劳动条件的;②未及时足额支付劳动报酬的;③未依法为劳动者缴纳社会保险费的;④用人单位的规章制度违反法律、法规的规定,损害劳动者权益的;⑤因本法第二十六条第一款规定的情形致使劳动合同无效的;⑥法律、行政法规规定劳动者可以解除劳动合同的其他情形。

案例:

某高校学生小李毕业后进入一家房地产公司工作,合同约定合同期为2年,小李提前解约需要支付10000元违约金。小李入职工作3个月后,公司却迟迟不支付小李的工资。小李与公司多次协商后未果,便向公司提交了辞职书。结果公司HR经理告诉他辞职可以,但因合同期未满,提前解约需要支付10000元违约金。小李很气愤,只好向当地的仲裁委员会提交了仲裁申请。当地的仲裁委员会要求公司支付小李工作期间的工资,并不得收取违约金。

解读：

在这个案例中，小李被拖欠工资而提出辞职，是用人单位有过错在先，按劳动合同法规定是可以解除劳动合同的。《中华人民共和国劳动合同法实施条例》规定："用人单位与劳动者约定了服务期，劳动者依照劳动合同法相关规定解除劳动合同的，不属于违反服务期的约定，用人单位不得要求劳动者支付违约金。"因此，小李可以辞职并取得自己应得的工资报酬，并且不必向该公司支付违约金。

生涯实践

1. 就业法律法规判断

通过这一节的学习，你了解了多少与就业相关的法律法规呢？试试做下面的判断题，看看你对就业法律法规的掌握程度。

（1）用人单位招用劳动者，不得扣押劳动者的居民身份证和其他证件，不得要求劳动者提供担保或者以其他名义向劳动者收取财物。（　　）

（2）劳动者因被拖欠工资而提出辞职，仍需向用人单位支付违约金。（　　）

（3）用人单位与劳动者建立劳动关系，可以只做口头约定，不一定要签订书面劳动合同。（　　）

（4）就业协议书与劳动合同的作用是一样的，所以与用人单位签订了就业协议就可以了，毕业后也不用再签订劳动合同。（　　）

参考答案：(1)√；(2)×；(3)×；(4)×。

2. 就业法律法规知多少

以组为单位，同学轮流把所知道的就业方面的法律法规的具体条款说出来，说过的不得重复，看看哪个小组说出的正确条款最多。

例如：《中华人民共和国劳动合同法》中规定：建立劳动关系，应当订立书面劳动合同。

3. 就业权益保护情景剧

以组为单位，每组同学演一场戏，通过一个与职场中就业权益保护相关的戏剧表演，让大家理解关于就业权益保护相关内容的知识点。

生涯感悟

严峻的就业形势，造成了更紧张的就业竞争环境，使用人单位有了更大的挑选人才的空间，同时也为一些用人单位利用富余的人才资源侵害求职就业者的合法权益提供了机会。初入社会的大学生没有职场经验，有些毕业生的法律意识淡薄，不清楚自身拥有的权益及不知道该如何保护自己，自身的权益极易受到损害。因此，对每一个即将走入社会的大学生来讲，都应有一个基本的维权意识。要保障自己的权益，就应该有良好的法律意识，有较强的维权意识。也只有法律意识觉醒，权益方能得到保障。

对大学毕业生而言,要维护好自身的就业权益,需要做到以下几点:一是了解和学习与就业相关的法律法规,只有掌握了法律的武器,才能提高维权的意识;二是在求职就业的过程中,注重对就业信息的过滤及筛选,保证就业信息来源及内容的真实有效,避免上当受骗;三是在求职的过程中,当接触到不太确定的信息或者碰到劳动纠纷时,要学会向学校或劳动部门获取援助。

思考与练习

案例一:应届毕业生小李在毕业后通过招聘会找到一家建筑公司,并且通过了公司的面试,小李向公司提出要签订劳动合同时,公司表示签订书面合同比较麻烦,不与小李签订任何书面合同,仅作口头协议。小李觉得公司开出的薪水还不错,便同意了。

问题:你觉得小李的行为可取吗?他应该采取什么行动?如果是你,你会选择这份工作吗?

案例二:毕业生小陈在一次现场招聘会上看中了一家单位,尤其是招聘广告上写着"单位每月提供住房补贴800元",小陈对这一福利待遇非常满意。经过笔试和面试后,小陈如愿地进了该公司,并与公司签订了劳动合同。但第一个月工资发下来后,小陈却发现工资单上并没有800元的住房补贴。小陈马上向公司的人事部咨询,得到的答复却是:招聘时单位所列出来的补贴早就已经取消了。人事部的负责人还拿出了当时双方签订的劳动合同给小陈看,合同上也没有约定住房补贴的福利待遇,小陈哑口无言。

问题:你觉得小陈的失误在哪里?如果是你,在签订劳动合同时,你会注意考虑哪些因素?

拓展阅读

实习,法律问题不容忽视

实习兼职的法律性质是什么?

实习(兼职)一般在实际运用中被认定为劳务关系,是民事法律关系,而非劳动关系。所以,适用《民法总则》《合同法》等民事法律进行调整,不适用《劳动法》《劳动合同法》等劳动法律。当然,若是有明确的证据证明实习兼职人员与单位约定为劳动关系(如签订《劳动合同》等),可按劳动关系进行处理。

实习兼职是否需要签书面合同?

对于是否要签订实习兼职书面合同,法律并没有明确规定。从民法的角度看,只要双方达成一致约定,口头协议也是具有法律效力的。但从证据角度看,为了更好地维护实习兼职人员和用人单位的合法权益,还是订立书面实习(兼职)合同较好。若工作范围、地点、报酬等事项有变更,也要签一个双方同意变更的合同,白纸黑字,比较有实际效用。

若用人单位不愿意签订书面协议,实习兼职人员可以考虑通过录音录像、保留工作记录和聊天记录等方式,留下相关证据。

实习兼职合同的主要内容有哪些?

一般而言,实习兼职合同中的主要内容包括如下几个方面:用人单位的名称、住所和法定代表人或者主要负责人;实习兼职人员的姓名、住址和居民身份证或者其他有效证件号码;实习合同期限;工作内容和工作地点;工作时间和休息休假;实习兼职报酬;工作保护、条件和职业危害防护法律、法规规定应当纳入合同的其他事项;实习(兼职)合同除前款规定的条款外,用人单位与实习兼职人员可以约定培训、保守秘密、违约金、保险和福利待遇等其他事项。

实习兼职合同能否约定违约金?

因实习兼职合同一般属于民事合同,违约金属于双方自由约定的内容,目前我国法律对于违约金数额无上限或下限的规定。所以求职者签合同前需仔细考虑,是否能接受相关条件。

若日后有违约行为,违约方认为事前约定的违约金数额过高,可与守约方进行协商,协商不成,可请求人民法院进行调整。

需要警惕"霸王条款"吗?

合同双方在民事法律中是平等的主体,双方的权利义务也应该是对等的。某些用人单位可能会在合同条款中设置一些"霸王条款"(如给单位设置较多可主动辞退实习兼职人员的条款,而对实习兼职人员辞职限制严格等),为了更好地维护自身合法权益,求职人员在签约前应警惕并仔细考虑。

实习合同规定"学生实习期间人身财产损失自负,单位不担责"是否有法律效用?

实习兼职一般为劳务关系,可参考《中华人民共和国侵权责任法》第三十五条:"个人之间形成劳务关系,提供劳务一方因劳务造成他人损害的,由接受劳务一方承担侵权责任。提供劳务一方因劳务自己受到损害的,根据双方各自的过错承担相应的责任。"该条明确规定了提供劳务方和接受劳务方的相关责任,所以不能通过约定来排除接受劳务方的责任。

若求职者签实习协议前,看到此类排除单位责任的条款,请认真考虑该单位对实习兼职人员的态度和责任心,慎重考虑是否要进入该单位。

实习兼职合同可以留空格或约定模糊吗?

实习兼职合同的各条款应约定明确,不得有模糊的地方。如约定违约金,请务必写清楚数额,而非模糊的"经济损失"。没有约定的事项,请在格式条款空格处写"无"或将空格画掉。建议写清楚岗位的名称和工作地点。在现实中,有的单位可能会约定"甲方可以根据需要,调配乙方从事不同的实习岗位",这种条款请务必注意,因为这样给了单位很大的调动权。比如学生原本是被招聘为教师实习岗位,并签了实习合同,结果单位后来依据合同,安排实习兼职人员去做行政等其他非应聘本意的岗位,这样可能对学生通过实习提高专业技能不利,也违背了学生应聘实习的初衷。

实习兼职工资为何要扣税？

实习兼职一般属于劳务关系，相关收入属于"劳务报酬所得"，应按照《中华人民共和国个人所得税法》规定，缴纳个人所得税。（来源：《中国大学生就业》2019年第3期）

签订劳动合同的九大必备条款

根据《中华人民共和国劳动合同法》规定，劳动合同可以分为必备条款和备选条款两部分。必备条款就是合同中必须具备的条款，如果缺少其中之一，这个合同都将被视为无效合同。劳动合同的必备条款有：

第一，用人单位的名称、住所和法定代表人或者主要负责人。

第二，劳动者的姓名、住址和居民身份证或者其他有效身份证件号码。

第三，劳动合同的期限。合同期限主要分为固定期限、无固定期限以及完成一定工作的期限，这在劳动合同中必须明确。如果没有明确期限应该视为无固定期限，不论签一年、两年或三年，都必须有起止日期。

第四，工作内容和工作地点。工作内容应该体现在劳动合同中，比如什么岗位，具体负责的工作内容。工作地点也很重要，劳动合同中必须规定劳动地点，否则很容易产生纠纷。比如，劳动合同中约定了工作地点在北京，有一天单位要把你调到深圳，劳动者可以不接受，因为合同中已经约定好工作地点，用人单位变更了工作地点属于用人单位违约。

第五，工作时间和休息休假。一般来说，正常的工作时间是每天8小时，每周不超过40小时。但是有些单位特殊一些，不一定是按规律的8小时和周一到周五上班，这些都应在劳动合同中约定。

第六，劳动报酬。这对于每个劳动者都是非常重要的也是比较关心的，劳动报酬应该明确地写在劳动合同中。值得注意的是，有些用人单位在劳动合同上写的劳动报酬是：不低于当地的最低工资，这对于劳动者是很不公平的，有可能会给劳动者带来潜在的麻烦。

第七，社会保险。国家规定用人单位必须为员工缴纳社会保险，也就是我们通常说的"五险一金"，其中包括养老保险、失业保险、医疗保险、工伤保险、生育保险和住房公积金。住房公积金也是一个强制缴纳的项目，如果不缴纳用人单位属违法。现在有些用人单位会在社会保险上做文章，签订合同时这也是一个注意事项。

第八，劳动保护、劳动条件和职业危害防护。劳动保护对于普通工作来讲并不显得很重要，但是对于特殊行业，比如涉及有毒有害、高温高压等的行业，像机械类的、海上作业、航空等比较危险的职业，这一点尤为重要。

第九，法律、法规规定应当纳入劳动合同的其他事项。

第 8 章　做幸福的自己

第 1 节　做个幸福的自己

 **生涯指引**

习近平：世界上最大的幸福莫过于为人民幸福而奋斗

百年奋斗历史告诉我们，团结就是力量，奋斗开创未来；能团结奋斗的民族才有前途，能团结奋斗的政党才能立于不败之地。

百年奋斗历史还告诉我们，围绕明确奋斗目标形成的团结才是最牢固的团结，依靠紧密团结进行的奋斗才是最有力的奋斗。

只要 14 亿多中国人民始终手拉着手一起向未来，只要 9500 多万中国共产党人始终与人民心连着心一起向未来，我们就一定能在新的赶考之路上继续创造令人刮目相看的奇迹。

世界上最大的幸福莫过于为人民幸福而奋斗。

（来源：习近平在二〇二二年春节团拜会上的讲话）

这是共产党人的幸福观，蕴含着我们党的性质宗旨、初心使命，彰显了我们党一脉相承的人民立场、一如既往的赤子情怀、一以贯之的价值追求。

 生涯知识

幸福是什么，1 万个人心中有 1 万种答案。首先，本节将介绍积极心理学对"幸福是什么"的看法。这并不是唯一的标准答案，但却是现在研究最充分的结果。其次，本节将介绍提高幸福感的 12 个行动，你一定可以从中找到适合自己的方法。不用多，只要能坚持其中的一个，就可以让你提高自己的幸福感，获得幸福的大学生活。

一、幸福是什么？

积极心理学家马丁·塞利格曼（Martin E. P. Seligman）研究发现，人的幸福包含五个元素，分别是：积极情绪、投入、人际关系、意义感和成就。

幸福的第一个元素是积极情绪。积极情绪也就是我们平时说的开心、高兴、快乐等积极的情绪体验。这个很容易理解，平时经常开心的人就会感到幸福，而经常生气、焦虑的人则不会那么幸福。

幸福的第二个元素是投入。全情投入地做一件事情也会让人感到幸福。相信你一定体会过在做一件事情的时候,似乎忘记了时间,当你从中回过神来,才发现已经过去好几个小时了。你一定会觉得那种感觉非常好,这就是投入带来的幸福感。

幸福的第三个元素是人际关系。良好的人际关系是幸福的重要来源。你是否记得上一次开怀大笑是什么时候?可能是与同学吃饭时一起讨论某个笑话的时候。你上一次充满自豪感是什么时候?也许是跟队友一起拿下了辩论赛的冠军的时候。你上一次感觉到深刻的意义和成就感是什么时候?会不会是参加了某个公益活动,帮助了贫困山区的孩子的时候。如果仔细回忆你会发现,生活中大多数的闪光点都与他人有关。

幸福的第四个元素是意义感。意义感的意思是你认为某件事情有超越它本身的价值。比如你可能在熬夜做班委的工作,但你想到这个工作不仅对你,而且对整个班级都有好处,你就会感到这个辛苦是有意义的。意义感与积极情绪不同,有意义感的事情很有可能短期内并不是令人愉悦的,甚至是非常辛苦的,但是当你认为这件事情十分有意义时,就会觉得这些辛苦都是值得的。

幸福的第五个元素是成就。成就并不是非得多么伟大,只要达到自己最初设定的目标,就算是取得了相应的成就。成就会让人感到幸福,这是毋庸置疑的。你在大学毕业时,希望获得哪些成就呢?把它们记下来,一一去实现,你就会觉得生活变得很幸福。

二、测试你的幸福指数

以下是一个有关幸福的量表(见表 8.1),可以测量你最近的幸福指数,你可以把它记录下来。接着你按照后文讲到的幸福行动去做,经过一段时间以后,你再次测量自己的幸福指数,看看自己的幸福感是否升高了。

表 8.1

幸福量表

说明:请阅读以下的问题,圈出最能代表你当前幸福感的数字。

---

(1) 通常情况下我觉得自己:

      1   2   3   4   5   6   7

非常不幸福　　　　　　　　　　非常幸福

(2) 和大多数同龄人相比,我觉得自己:

      1   2   3   4   5   6   7

不如他们幸福　　　　　　　　　比他们幸福

(3) 有些人总是特别幸福,懂得享受生活,不管发生什么事情,他们都能从中获得最大的幸福。你是这样的人吗?

      1   2   3   4   5   6   7

根本不是　　　　　　　　　　　一直都是

续表

幸福量表
说明:请阅读以下的问题,圈出最能代表你当前幸福感的数字。
(4) 有些人总是感觉自己很不幸福,虽然他们并不消极,但是他们似乎也从来没有感受过真正的幸福。你也是如此吗? 　　　1　　　2　　　3　　　4　　　5　　　6　　　7 　　总是这样　　　　　　　　　　　　　　　根本不会
计分方法: 第一步:总分等于题(1):_____+题(2):_____+题(3):_____+题(4):_____=_____ 第二步:幸福得分＝总分_____/4＝_____ 首次测量日期:_____ 幸福得分(第二次测量):_____；日期:_____ 幸福得分(第三次测量):_____；日期:_____

(选编自《幸福有方法》)

三、10个幸福行动

也许你听过许多种提升幸福感的方法,比如"心怀感恩""活在当下""多做好事"等,其实已经有无数实验验证过这些方法的有效性,只不过其中的一些可能并不适合你。比如,你可能是个内敛的人,认为"表达感谢"会让你觉得不自在,但另一些人可能会觉得这个方法很有效。因此你需要选择一些适合自己的、符合自己内心想法的幸福行动。表8.2所示为个性化幸福方案测试,该测试可以帮助你找到适合的幸福行动。

表8.2

个性化幸福方案
测试方法:表中列出的10项幸福行动,假设你在一段时期内每周都要做这些,你会是出于什么动机?此处提供了5个原因,分别是天性、喜欢、重要、愧疚和被迫。请根据自己的情况,分别为每项打分(1～7)。
人们做事都有原因,请使用七分制(1～7),为自己可能坚持一个行动的原因进行评估。分数所表示的意思如下: 　　1　　　2　　　3　　　4　　　5　　　6　　　7 　根本不是　　　　　　　　部分是　　　　　　　　　完全就是
天性:我会继续这项活动,因为这样做是内心自然的感觉,所以能够坚持。 喜欢:我会继续这项活动,因为我发现这个活动很有趣,并且充满了挑战。 重要:我会继续这项活动,因为我认为这是一件有价值的事情,即使内心并不喜欢也能坚持。 愧疚:我会继续这项活动,因为不这么做心中会有不安和焦虑,所以我会强迫自己坚持。 被迫:我会继续这项活动,因为其他人要求我这样做,或者自身情况要求我必须这样做。

续表

题目：

1. 表达感恩之情：为自己拥有的一切表示感恩（向亲密的人表达这种感激之情或者心存感激，也可以把这种感受写入日记）或者向以前从未好好感激过的人表达感恩之情。

   因为天性_____　　因为喜欢_____　　因为重要_____　　因为愧疚_____　　因为被迫_____

2. 培养乐观心态：将想象中最美好的未来记录下来，并且不论何事都尝试去看好的一面。

   因为天性_____　　因为喜欢_____　　因为重要_____　　因为愧疚_____　　因为被迫_____

3. 避免思虑过度：采取行动（如分散精力法）减少为愁事费心费神，不与他人攀比。

   因为天性_____　　因为喜欢_____　　因为重要_____　　因为愧疚_____　　因为被迫_____

4. 乐善好施：不论是对朋友还是对路人，不论是直接帮忙还是暗自相助，不论是临时巧遇还是早有计划，做好事，多多益善。

   因为天性_____　　因为喜欢_____　　因为重要_____　　因为愧疚_____　　因为被迫_____

5. 维护人际关系：选择一段需要加深的感情作为培养的对象，投入时间与精力去治愈伤痛、培养感情、巩固感情、享受感情。

   因为天性_____　　因为喜欢_____　　因为重要_____　　因为愧疚_____　　因为被迫_____

6. 增强心流体验：无论是在家还是在单位，让自己忘我地忙起来，做些有挑战性和有吸引力的事情。

   因为天性_____　　因为喜欢_____　　因为重要_____　　因为愧疚_____　　因为被迫_____

7. 享受生活：停下脚步，静心体会生活的乐趣和美好，用心灵、用画笔、用文字、用交流回味生活中的动人时刻。

   因为天性_____　　因为喜欢_____　　因为重要_____　　因为愧疚_____　　因为被迫_____

8. 找到人生目标：选择一项、两项或三项重要目标，一心一意为之奋斗。

   因为天性_____　　因为喜欢_____　　因为重要_____　　因为愧疚_____　　因为被迫_____

9. 寻找精神寄托：参加教堂、寺庙、清真寺的活动，或阅读、钻研心灵主题的书籍。

   因为天性_____　　因为喜欢_____　　因为重要_____　　因为愧疚_____　　因为被迫_____

10. 强健身体：进行体育锻炼，经常冥想、微笑和大笑。

    因为天性_____　　因为喜欢_____　　因为重要_____　　因为愧疚_____　　因为被迫_____

计分方法及如何确定最适合自己的幸福行动方案：

第1步：计算出10项行动中每一项行动的得分，计算方法如下：

总分＝（天性＋喜欢＋重要）/3－（愧疚＋被迫）/2

第2步：请记录总分最高的4项行动：

(1) _____；(2) _____

(3) _____；(4) _____

这4项活动就是你实施幸福方案的开端。有的人其测试结果可能与想象的一样，而有的人其结果可能会让本人大吃一惊，惊的是原来自己并不太了解自己，那么这次测试恰好可以帮助他们更全面地认识自己。测试完成之后,你就可以根据自己的精力和动力开始行动了。最初,你可以从其中的一项开始尝试,两项、三项也可以。随着你的不断进步,你可以尝试其他的幸福行动,甚至可以尝试那些适合度得分较低的行动。

现在,你已经找到了自己得分最高的 4 项幸福行动,你可以优先尝试这 4 项幸福行动。不过有些时候,可能因为这些活动的得分很高,你早已经自发地在做了,于是效果会不太明显。这时你可以尝试一些得分较低的行动,甚至是得分最低的行动。这些行动起初做起来可能并不是很习惯,但它们往往是你平时很少做的,尝试一下也许会得到意想不到的效果。

1. 表达感恩之情

表达感恩可以让人们更加积极地体验生活、提升自信心、减少压力以及增强社会联系等,是一种非常有效的幸福行动方法。这里说的"感恩"并不仅仅是说声"谢谢"。感恩是"一种对生活油然而生的惊喜、感谢和欣赏"。表达感恩可以是在教师节给指导你学习或生活的老师一个问候,可以是珍惜与同学在一起相处的时光,也可以是欣赏操场上的一道夕阳。表达感恩就是关注当下,感谢今天的生活,感谢你拥有的一切。下边是几种表达感恩的方法,你可以从中选择一种或几种,然后开始实施。

(1) 感恩日记。每周花一些时间回忆这段时间中你认为值得感恩的事,将其中的 3~5 件写下来。这些事可以是有成就的事,也可以是日常的小事:如课堂上得到了老师的鼓励、球场上赢得了比赛、成功组织了社团活动,或者是看到路边的一朵野花开了,等等。你可以关注发生的事情,也不要忘了与你生命相关的人。你也可以根据自己的习惯调整频率,比如每天或者每月写。你可以把它们写在自己的日记本上,也可以发布在网络社交平台上与朋友分享。

(2) 直接表达。你如果觉得自己喜欢直接表达,也可以直接打电话、写信或者当面向你希望感恩的人表达感恩之情。在表达感恩时,你可以讲讲对方为你做了什么,给你的生活带来了怎样的影响,而不仅仅是说一声"谢谢",这样的感恩会让自己和对方都更幸福。有些时候,当写完感谢信的时候你并不想寄出去。这也没关系,研究表明仅仅是写信也可以提高幸福感,所以现在就开始写吧!

黄文秀的感恩行动

黄文秀,女,壮族,1989 年 4 月 18 日出生,广西壮族自治区田阳县巴别乡德爱村多柳屯人,2016 届广西定向选调生、北京师范大学法学研究生。生前系广西壮族自治区百色市委宣传部副科长、派驻乐业县新化镇百坭村第一书记。硕士研究生毕业后,她毅然回到家乡,投入脱贫攻坚第一线。2019 年,因遭遇暴雨和山洪,黄文秀的生命永远定格在了 30 岁。在扶贫一年多的时间里,黄文秀时刻想着村子,她生前的电脑桌面,是一张洪水淹没玉米地的照片。她在驻村日记里记录下村庄每一条路、每一户人家的情况,她写道"只有扎根泥土,才能懂得人民"。但对于自己家庭遇到的困难,她只字不提。一个人默默地扛着家里所有的压力,扛着脱贫攻坚的工作,负重前行。

2018年,黄文秀找来技术员改造全村2000亩接近荒废的砂糖橘果树,引入专业企业,修建规范化的砂糖橘产业园,群众以土地入股,企业承担砂糖橘的技术和管理,全村砂糖橘生产量由原先的6万多斤增产到50多万斤,她四处奔走,招来了四川、贵州、云南、海南等多地的果商,销售市场总算打开了。2018年,黄文秀领着全村根据易地扶贫搬迁脱贫18户56人,教育脱贫28户152人,发展生产脱贫42户209人,总共88户417人,贫困发生率从22.88%降至2.71%;乡村级集体经济收益达6.38万元,实现翻倍增收。她坚持精准脱贫与扶志相结合,重视乡风建设。2019年6月16日晚,百坭村村里的灌溉水渠被连日来的暴雨冲断,为了尽早掌握灾情,黄文秀独自一人开车回村子,临走时她还仔细地嘱咐父亲"记得服药"。

黄文秀从百色回到乐业中途遭遇山洪,6月17日凌晨1点后,黄文秀失联。6月18日下午,救援人员在中下游河堤发现黄文秀遗体,确定因公殉职。

来自广西百色一个贫困家庭的女孩黄文秀,从石头村里一路考入北京师范大学。在研究生毕业后本可以选择留在大城市,过着安逸舒心的生活,然而她却毅然回到家乡,走上了选调生之路,成为百色市宣传部的一名干部,而后她成了乐业县驻村第一书记。她将自己扎根在乐业县,通过一次次的实地走访,她带领当地百姓发展种植业,使大家都走上了脱贫致富之路。那天暴雨,她本可以选择第二天再回去,可是她心里牵挂着村里,坚持连夜返回村里,狂风骤雨浇不灭她为家乡奉献青春的初心。

黄文秀短暂的一生,告诉了我们什么是幸福。幸福不是努力求学获得高等教育后的沾沾自喜,幸福不是坐享大城市里便捷时尚的工作生活环境,幸福不是简单重复地坐在办公室里做白领精英……黄文秀从来不曾把自己的努力拔到太高的位置,她只是脚踏实地干实事,她心里始终装着百姓、装着脱贫、装着事业!她明白,她个人的幸福是党和国家给予的,她要扎根基层,她要反哺家乡,她要感恩社会,她要去让更多的人过得更幸福!在入党申请书中,黄文秀曾写道:"只有把个人的追求融入党的理想之中,理想才会更远大。一个人要活得有意义,生存得有价值,就不能光为自己而活,要用自己的力量为国家、为民族、为社会作出贡献。"这才是黄文秀眼中的幸福观。青春无悔,誓言无声,为了初心和使命,黄文秀付出了年轻的生命,她把个人的幸福融入国家、人民的幸福当中去!

黄文秀爱岗敬业、迎难而上、恪尽职守,作为一名共产党员,她时时把帮助贫困户脱贫放在眼里,放在心上。贫困户的孩子如何上学?贫困户的橘林能否结果?贫困户的劳动力靠什么挣钱?黄文秀时而与农林专家一起考察百坭村橘林,为制定产业脱贫政策问道求解,时而与被帮扶者一起研究土壤质地,深思熟虑地为对方思考出一条因"地"制宜的脱贫之道,甚至连工作之余,也形影不离地和村民在一起,与贫困家庭同食一锅饭,并苦口婆心地劝解对方转变思想,接受帮扶。

黄文秀的精神深深打动并震撼着我们每一个人的心。人生自古谁无死,碧血丹心照汗青。她在自己平凡的岗位上做出了不平凡的事,用美好青春诠释了共产党人的初心使命,谱写了新时代的青春之歌。黄文秀同志自始至终怀着对党和人民的无尽热爱,主动将个人理想追求融进党的伟大事业中,立场坚定,不忘初衷,知行合一,用生命坚持了一个共产党人对信仰的无比忠诚。

"文"在心"秀"于行。她牢记"吃水不忘挖井人"的教诲,毕业后放弃了轻松的生活,选择回到家乡为脱贫攻坚事业贡献自己的力量。这是当代部分青年缺少的勇气与信念,大多数人在人生十字路口时会选择走向更简单、清晰的那条路,但是以黄文秀为典型的英雄青年则放弃安逸,选择了充满杂草与荆棘的一条路。这样的信念、这样的初心是我们每一位大学生都应该学习的,这是对感恩的解读,同时这也是对人生幸福的最深层次的解读与践行。我们要坚决摒弃精致的利己主义思想,要有舍己为人的精神,要有迎难而上的勇气,要有坚定捍卫党与人民群众利益的信念。

2019年7月1日,中宣部向全社会发布黄文秀的先进事迹,追授她为"时代楷模";7月17日,中华全国总工会授予黄文秀同志全国五一劳动奖章;9月,获评第七届全国道德模范"全国敬业奉献模范";9月25日,被授予"最美奋斗者"荣誉称号;10月,被追授"全国优秀共产党员"称号。(来源:学习强国)

习近平总书记说,一代人有一代人的长征,一代人有一代人的担当。"中国梦"最能唤醒理想,"我奋斗我幸福"最能打动人心。"中国梦"是远大的目标,"奋斗"是最具体的方法。"奋斗幸福观"告诉每个人:你在参与创造伟大时代的同时,也在创造自己的美好人生。把党和人民群众通过奋斗紧紧连在一起,把民族复兴和个人的梦想通过奋斗紧紧连在一起,这是新时代最有温度、最有力度的动员。

2. 培养乐观心态

与培养感恩之心一样,培养乐观心态也是要去努力发现生活中积极的一面。但不同的是,乐观心态不仅要积极地看待现在和过去,更重要的是对未来充满信心。培养乐观的心态可以激励我们更积极地采取行动去实现目标,也有助于在目标进展不顺利时应对困难,让我们生活得更幸福。培养乐观心态有很多方法,比如看到事情光明的一面、关注生活中的美好、对自己的前途和世界的未来充满信心,等等。下边介绍一种有效地培养乐观心态的方法。

"完美的自我":找一个安静的地方,花20分钟左右的时间认真思考一下,从现在开始,1年后、5年后、10年后,你所有的梦想都变成了现实,你成了期待中最完美的自己,那时你的生活将是什么样子了?把你所想的东西写下来。每隔一段时间(比如1周或1个月)重复一次。坚持3~6个月,你会发现自己的心态变得乐观了,还会觉得这些目标并非不可实现,而是通过努力可以达到的。于是,你会为了实现这些目标而更加努力、更加有信心,也会变得更加幸福。

在培养乐观心态时,有两点需要注意。其一,在做"完美的自我"练习时,一定要动手写下来。写作的过程有助于整理和分析自己的思想,有助于了解自己的性格、优势、情绪状态以及内心深处的梦想,等等。这是单纯的想象无法达到的。其二,有些同学可能会觉得"凡事要往好处想"这种话听起来太幼稚了,有点自欺欺人。但乐观心态并不意味着要否定或者避开一切消极的事情,而是一种"弹性的乐观"——当事情发展不顺利时,保持乐观,振奋精神;当形势明朗时,也不盲目乐观。真正的乐观主义者知道要获得成功就必须付出努力。

3. 避免思虑过度

你可能遇到过这样的情况:遇到不开心的事情之后会反复思考,"我为什么这么不幸""如果我这么做的话,同学会怎么看我呢""她们说的话到底有什么深意""如果能回到当时那个情况,我一定会重新选择,这样就不会……""为什么别人比我过得好",等等。很多人认为分析自己的想法和感受,可以从根本上找到解决问题的方法,能够真正"觉悟"。但大量的心理学研究证明,这样的方法效果并不好。因为思虑过度并不能真正解决问题,反而会分散精力,会增加悲观、无助、自我否定的情绪,甚至危害身体健康。

生活中难免会遇到挫折和不顺心的事。当遇到这些困难时,你可以通过以下方法来减少过度思虑。

(1)着眼于大局。当你遇到挫折或者不愉快,或者与他人攀比时,你可以问自己一个问题:1年后,这件事情还那么重要吗?比如,某天因为你的舍友没有打扫卫生或者打电话声音太大影响到你学习,你感到非常生气和郁闷,甚至想跟他大吵一架。这时你可以提醒自己:1年后自己还会记得这些事吗?10年后呢?这样站在更广、更高的维度上去看待眼前的挫折和困难,你就会感到平静许多了。

(2)采取行动,解决问题。另一个避免陷入过度思虑的方法是行动起来。如果仅仅是思考,让我们难过的事情是永远不会被解决的,最好的方法是用行动来解决问题。行动时,不要想一次性解决所有问题,要先尝试很小的一步,这一小步必须小到立刻就可以开始。哪怕是开始列一个行动计划,或者给朋友打个电话寻求建议和帮助。比如,英语考试失利了,不要花太多时间责怪自己或者跟别人比较,而应该做一些立刻就可以做的事情,如背20个单词,大声朗读一篇课文,也可以去操场跑步散散心。总之,要让自己行动起来,而不是反复思考"为什么自己考得这么不好""为什么别人都比自己好",后悔"当初没有好好学",等等。

4. 乐善好施

"送人玫瑰,手有余香"。心理学研究证明,做善事会让人感觉到幸福。如果问其中的原因,最重要的一点是做善事的时候,人们会认为自己是一个乐于助人、富有同情心的人。这种自我定位会让自己感觉有价值、有能力,从而变得乐观、自信。比如,你在学校的勤工俭学组织中帮助一些学习不好的同学辅导功课,既可以巩固自己的知识,又可以帮到别人,会让自己感觉非常有价值。同时,助人为乐还会减轻愧疚感和压力,减少因为环境造成的不安情绪。

做善事也就是同学们常说的"攒人品"。那么,如何做才能获得最佳的"攒人品"效果呢?首先,"勿以善小而不为"。最重要的一点是,做善事不用多么伟大,而要从触手可及的小事做起,比如帮助舍友打水,给贫困山区的孩子捐钱或者衣服。其次,适度行善。研究表明,做好事太少不足以增加幸福感,做好事太多又会成为生活的负担。比较适合的做法是,每周选一天做1件比较大的好事或者做3~5件比较小的好事。过度分散地做比较小的好事容易被我们忽略,因而不能达到效果。最后,要变换做善事的种类。重复做同样一件好事,会减少它能带来的幸福感。因此,你需要变换着做各种各样不同的好事。比如,你可以尝试将你能想到的、可以做的善事分别写成纸条,放在一个小盒子里边,每次随机抽取其中的一个或者几个来做。你也可以给这个盒子起个有趣的名字,比如"人品储蓄罐"。这样不仅会增加行善带来的幸福感,还会给生活增添许多趣味。

表 8.3 中列出了一些可以"攒人品"的善事,供同学们参考。

表 8.3

善事参考清单
1. 把宿舍做个大扫除,改善舍友的生活环境; 2. 给朋友送一个他/她一直想要的礼物; 3. 将自己不用的衣物捐给需要的人; 4. 去福利机构或公益组织做志愿者; 5. 为福利机构或公益组织捐钱; 6. 其他一切你能想到的……

张桂梅:崖畔的桂,雪中的梅

张桂梅,中共党员,1957 年 6 月生于黑龙江省牡丹江市,原籍辽宁省岫岩满族自治县,1975 年 12 月参加工作,1998 年 4 月加入中国共产党,丽江华坪女子高级中学书记、校长,华坪县儿童福利院院长(义务兼任),丽江华坪桂梅助学会会长。

1996 年 8 月,一场家庭变故让张桂梅从大理来到丽江山区,原本只想忘却爱人过世的悲伤,她却看到了山区贫困孩子一张张渴望知识的纯真面庞。爱的本能让这位女教师在山区扎下了根。为了改善孩子们的生活、学习状况,她节衣缩食,每天的生活费不超过 3 元,省下的每一分钱都用在学生身上。张桂梅先后捐出了 40 多万元,她的学生没有任何一个因贫穷而辍学。2006 年,云南省政府奖励的 30 万元,她全部捐献给了一座山区小学用来改建校舍。1997 年 12 月,由于过度劳累,病情复发,领导、同事、学生多次劝她住院治疗,她不肯。她说:"我的事业是教书,我的希望是学生,不把他们送出学校我是不会先走的。"这段时间,她的工作量达到了极限,每天工作 10 多个小时,更不存在星期六、星期天,全年休息的时间只有过春节的 3 天。直到 1998 年 3 月,她的病情已恶化得特别厉害,冲着领导、同事的真情,她才进了华坪县中医院,但仍然一边治疗一边坚持工作。每天都是一拔下针头就走向讲台,从没有在医院安稳地躺过一天,治疗了不到一个月,医生告诉她医院无法控制她的病情,需要转院治疗。为了节约国家的医疗费,她毅然决定出院。为了即将毕业的学生,她拒绝再到任何医院治疗,仍然坚守在岗位上,她决心为华坪教育竭尽全力。她一方面在同事中介绍外地的先进经验,一方面带头真抓实干,可慰的是,通过艰辛的努力,她取得了一连串骄人的成绩。

1997 年中考,她接手仅 1 年的政治获全县二等奖,其中一个班名列全县第 2 名;10 月,她被学校评为教学质量一等奖;12 月,全县初三语文竞赛,她的一名学生获一等奖。1997 年秋季学期,在各级各类竞赛中,学生获奖率居全县第一。1998年1月,全县统测,她教的语文从接手时的第13名跃为第5名,政治从接手时的第30名跃为第1名;3月,辅导2名学生参加全省初三语文竞赛,分别获一、二等奖,被县妇联授予巾帼建功标兵;5月,被县教育工会授予师德标兵;中考,所教语文综合成绩全县排第4名,政治全县排第2名;9月,教师节,获县教育成果重奖,被地委、行署命名为优秀教师,仅1997至1998学年,全校教师就累计义务补课5000多节。

2001年起,她义务担任丽江华坪县"儿童之家"的院长,成了54名孤儿的母亲。她全身心投入教学,将病痛置之度外;她把学生送进中考考场后才去医院——医生从她腹腔切出一个超过2千克的肿瘤。2007年,张桂梅成为党的十七大代表,她向公众讲述了自己的梦想,引起了社会广泛关注。张桂梅经常进行家访,希望从家庭方面找到那些女孩退学的原因。来到一户户村民家中,张桂梅才明白在山区里读书有多么困难,家中贫困根本就无法供多个孩子上学,而在山区人们的思想中男孩子读书要比女孩子有用,知道了问题的症结张桂梅每天都在思考应该怎样解决。

2008年,华坪女子高级中学成立,这是中国唯一一所免费女高,专门供贫困家庭的女孩读书。学校建校12年以来,已有1645名大山里的女孩从这里走进大学完成学业,在各行各业做贡献。华坪女高佳绩频出之时,张桂梅的身体却每况愈下,患上了10余种疾病。做完切除肿瘤的手术后,医生要求她至少休养半年,可是手术后的第24天,她就回到学校上班了,由于手术失血过多,伤口没有完全愈合,巨大的疼痛折磨着她,可她仍然坚持在讲台。

张桂梅同志把全部身心投入到边疆民族地区教育事业和儿童福利事业,创办了全国第一所全免费女子高中,是华坪儿童之家130多个孤儿的"妈妈"。她坚持用红色文化引领教育,培养学生不畏艰辛、吃苦耐劳的品格,引导学生铭记党恩、回报社会。她坚持每周开展1次理论学习、重温1次入党誓词的组织生活,发挥党员在学校各项工作中的先锋模范作用。她常年坚持家访,行程11万多公里,覆盖学生1300多名,为学校留住了学生,为学生留住了用知识改变命运的机会。她吃穿用非常简朴,对自己近乎"抠门",却把工资、奖金捐出来,用在教学和学生身上。她以坚韧执着的拼搏和无私奉献的大爱,诠释了共产党员的初心使命,并且就算困难重重、疾病缠身,她始终面带微笑面对学生,始终愿意在孩子的身边给他们带去温暖,她说给予是一切幸福的源泉!

《感动中国》颁奖词这样评价张桂梅:烂漫的山花中,我们发现你。自然击你以风雪,你报之以歌唱。命运置你于危崖,你馈人间以芬芳。不惧碾作尘,无意苦争春,以怒放的生命,向世界表达倔强。你是崖畔的桂,雪中的梅。(来源:《感动中国》2020年度人物)

5. 维护人际关系

人是生活在社会中的,每个人都需要社会关系。幸福的人往往拥有更多的朋友和更好的亲密关系,同时社交圈也会更广。人际关系的好坏和幸福是相辅相成的。改善并培养与他人之间的关系将使你更幸福,而幸福的提升也会让你变得更加有魅力,从而建立更高质量的人际关系。一个人的人际关系可以从比较亲近的关系到泛泛之交。以下介绍的提高人际关系的方法,主要适用于相对亲近的关系,但在其他关系的处理方面也是相通的。

(1) 投入时间。维护人际关系最重要的一点就是经常接触、定期联系。比如,定期约朋友吃饭、去图书馆自习、到操场跑步、外出郊游,等等。经常花时间在一起自然会变得关系比较好。不过也要适可而止,因为有些时候朋友需要独处,要给对方一些自由的空间。

(2) 深入交流。有一个俗语叫作"酒肉朋友",意思就是经常在一起喝酒吃肉,但是没有深入交流的朋友。如果仅仅是一起玩、一起吃喝,人际关系很可能就只会停留在"酒肉朋友"的范围内。一次真正深入的沟通至少需要90分钟,最适合的人数是2~4人。如果希望有更深层的人际关系,就需要多花时间沟通交流思想,并且在沟通中分享自己的情感、倾听对方的心事。

(3) 为对方的成功和进步感到高兴。试想一下,当你考试获得了高分、校园歌手大赛获奖、成功竞选学生会干部的时候,你期待朋友的反应是怎样的呢?你一定期待朋友会为你的成功感到激动吧!因此,你也应该及时庆祝朋友的成功,赞赏他们的进步,这样会增进你们的关系。比如,当你听到朋友或者恋人的好消息,大到获奖、毕业、小到过生日、通过考试等,都可以对对方表示庆祝:送个小礼物,一起吃顿饭,或者是一起去唱歌。

6. 增加心流体验

你是否有过这样的体验:在你做某件事的时候全身心地投入其中,完全忘记了周围的事情,也忘记了时间?比如,男生可能是玩游戏,女生可能是追剧。在做这些事情的时候,一下午的时间很快就过去了,甚至连晚饭的时间都会错过。当从游戏或者剧中回过神来,你才发现自己还没吃饭。这种状态在心理学上叫作"心流"。处于心流状态的人会感到自己的精力高度集中,自制力更强,做事更有效率,能力也会得到充分的发挥,会体验到幸福和快乐。你可能会想心流跟幸福有什么关系呢?你每次玩完游戏或者追剧结束以后都十分懊悔、内疚和自责,觉得自己今天下午又浪费了很多时间,什么都没有做。其实,你可以利用这种心流的状态投入到更有建设性的事情上,提高自己的幸福感。比如,利用心流的状态学习英语、写论文、学习一样乐器或者是健身。

很多同学在大学期间都想利用业余时间学习一种乐器,但是一年、两年过去了,还是只会简单的"DoReMi",完全没法弹出自己心中的歌曲。下面就以学习乐器为例,介绍进入心流的方法。

首先,你需要有一个明确的目标。没有较为长期的明确目标,而只是说随便学学,在遇到困难时就会止步不前。在学习乐器前,要给自己设定一个最低目标,比如练会自己喜欢的一首歌,还要有一个较高的目标,比如3~5首喜欢的歌,等等。有了这个目标,在遇到困难的时候就不会很轻易地中断。

其次,也是获得心流最关键的一点,就是在你的技能和挑战中建立平衡——如果技能太高,挑战太低会感到厌烦;而挑战太大,技能跟不上则会感到焦虑。在技能和挑战平衡的位置上,有一个空间,叫作心流通道(见图8.1)。这也是为什么玩游戏时容易产生心流,因为游戏会根据你的等级设定不同的难度,这个难度让你觉得有挑战,但又不会因为太难而放弃,使你一直保持在心流通道中。假设你在学习一种乐器,一定不要一开始就弹自己最喜欢的那首曲子,那样会因为难度太高、无法做到而感到焦虑甚至放弃努力。开始的时候,应该

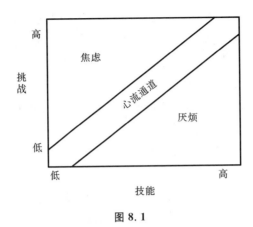

图 8.1

先练习一些基本的音阶与和弦;等技能提高后,再练习一些简单的旋律;等能力达到了一定水平,再去练习更复杂的歌曲。当然,如果你学得很快,也应该及时给自己设定更高的目标,不然会感到很无聊。

最后,你需要及时地给自己反馈。在你进入到心流状态后,你可能会忘记时间,当然也无暇给自己及时的反馈。在进入心流通道之前,给自己及时的反馈。通过反馈,你可以看到自己的良好表现,增加自信和渴望,更容易进入心流通道中。此外,当你不在心流状态中时,你需要通过反馈,调整回到心流的轨道中。你可以不断地听自己弹奏的乐曲,仔细体验每一遍弹奏时的进步,不断地给自己肯定,让自己体验到进步的快乐,这样可以更快地进入心流状态,让你沉浸在音乐的快乐中。

7. 享受生活

是否有老师或家长告诉过你,只要高中辛苦三年,考上大学以后生活就幸福了。可是考上大学以后,你发现要处理的事情比高中还多:高中可以只用心学习,其他什么都不用考虑;而大学要考虑的事情一下子多起来了,生活并不像老师说的那样轻松愉快。于是,你又在盼望大学毕业工作以后的生活会好起来。你应该也听过很多人说:"等……以后,再做……",比如"等考完试,再锻炼身体",结果是什么都没做。很多时候,我们都在期待明天会更好,但是却没有享受当下的生活。接下来将介绍一些享受当下生活的方法。

(1) 正念。正念是不加判断地把所有的注意力集中在当下所做的事情,不受外界影响的一种状态。正念的方法最早来自佛教,经过现代心理学的研究,发现其不仅是一种修行的方法,同时也是让人生活得更幸福的方法。最简单的正念方法是找一个安静舒适的地方坐下来,闭上眼睛,放松地呼吸,然后把注意力都集中在自己的呼吸上。初学的人在这个时候头脑中会不自觉地出现各种各样的想法,这时要注意不要评判这些想法的好坏,不要去想"啊,我不应该这么想"。你要做的只是把注意力重新关注到自己的呼吸上来,让这些想法自然地发生和消失。经过练习,你会逐渐掌握正念的方法,在生活的方方面面都可以应用自如。

(2) 幸福相册。享受生活也不仅仅是看着眼前的事,有时回忆过去和憧憬未来也会让人感到幸福。幸福相册的方法很简单,把你在过去生活中觉得幸福的瞬间用照片记录下来,放在一个相册里。这些美好的瞬间也可能是朋友的一封信、一篇报道等,无论是什么,只要是能让你感到幸福的东西,你都可以把它收集在相册里。当你觉得生活不开心的时候,就可以打开幸福相册看一下,这会增加你的幸福感。除了过去生活中的幸福瞬间,你也可以把能代表你对未来的憧憬的图片或文字(图片最好)放在幸福相册里:比如你可能希望身材变好,就可以收集一些身材好的人的照片放在相册里;又比如你可以把自己的偶像放在相册里。你有没有这样的经历:中学时在墙上贴着自己偶像的海报,每当失落时看看偶像的海报就会感到有信心了呢?这其实就是幸福相册的一种形式。研究证明,这种方法有助于增加对未来的信心和生活的幸福感。

8. 找到人生目标

大多数同学应该都体会过那种为实现目标而努力奋斗的快感,比如努力学习英语,和同学一起熬夜做项目,或者是组织社团年终的大型活动等。那些过程可能很辛苦,但是回头看的时候,会觉得当时无比快乐。这就是目标的力量。找到人生目标,并努力实现它,会增强幸福感。不过,并不是所有的目标都会让人幸福。有些时候,你可能会把别人的目标当成自己的,或者会把目标设定得太大、太多,然后就会因为没有完成而感到沮丧。以下将介绍设定目标的5个原则,符合这5个原则的目标会让你更幸福。

(1) 内在目标。内在目标是与外在目标相对的。内在目标是反映自己内在的需求和价值的目标,外在目标则是反映他人对你的认可和期望。内在目标会满足我们掌控自我生活的基本心理需求,而外在目标更容易让人体验到不由自主的感觉,因而完成内在目标会更加幸福。

(2) 趋近目标。趋近目标是与回避目标相对的。趋近目标是为了趋向于好的结果,比如养成健康的饮食习惯;而回避目标则是为了回避不良后果,比如防止长胖。同一个目标可能既是趋近目标也是回避目标。但是,趋近目标可以比较容易找到实现的方法,比如保证一日三餐定时定量就可以养成健康的饮食习惯;回避目标则不太有明确的方法。研究表明,回避目标容易让人产生负面情绪,也可能会产生对失败的恐惧。因此设定目标时应当尽量设定趋近目标。

(3) 一致性目标。在同一时间内,我们往往会设置多个不同的目标,比如考试成绩好、社团活动丰富和有时间谈恋爱,等等。如果多个目标之间是相互冲突的,则会使我们产生压力,丧失信心,甚至所有的目标都不能达到。遇到这种情况的时候,应该及时放弃其中的一些目标,避免冲突。这样虽然看起来很可惜,但是至少比所有的目标都不能实现要好。另一种方法就是找到一些能调和这些目标的活动,比如,你可以在学生会组织复习小组,这样既锻炼了组织管理能力,完成了学生会的任务,又提高了学习成绩,一石二鸟。

(4) 行动目标。行动目标是与物质目标相对的。行动目标是指目标本身是一些活动,如学习艺术、参加支教活动或者创业项目等。物质目标是指设定的目标是为了改善生活的物质环境,比如买衣服、文具或者化妆品。研究表明,改善环境的目标在实现后可以短时间内增加幸福感,但同时也会带来更大的欲望,减少目标实现带来的幸福感。而行动目标则不同,它能够不断地为人们注入积极的情绪和经历,是获得持久幸福感的一个源泉。

(5)合理目标。每个人在一生中的不同阶段都会有不同的目标。在大一到大四的短短四年,我们的目标也会不一样。大一可能会很重视学习,而到了大二可能会更加重视社团活动,接着可能会把心思更多地放在社交或者找工作上。每个时间段都有各自适合的目标。如果过了一个特定的时间点,我们的目标还没有达成,应该灵活地及时调整目标。过分执着于不合理的目标,可能会增加不幸福的感觉。

下边是一个小练习,帮助你找到那些能增加幸福感的目标,调整那些不合适的目标。首先,在表8.4中写下你最重要的8个目标。

表 8.4

重要的目标

说明:请认真思考当前或最近对你来说最重要的目标。这里的"目标"可大可小,也不用考虑现不现实,请按照你心中真实的想法,列出8个重要的目标

_____
_____
_____
_____
_____
_____
_____
_____

日期:_____

接着,请认真分析表8.4中写下的目标,看看这些目标属于什么样的目标,是否符合设定目标的5个原则,填写表8.5。

表 8.5

认真分析你写下的目标,看看哪些属于左栏的描述,哪些属于右栏的描述,并将目标的序号填在相应的横线上

内在目标:_____	外在目标:_____
趋近目标:_____	回避目标:_____
一致性目标:_____	冲突性目标:_____
行动目标:_____	物质目标:_____
合理目标:_____	不合理目标:_____

杨善洲:绿了荒山,白了头发,不负人民

杨善洲(1927—2010),男,汉族,云南省保山市施甸县人,1927年1月生,1951年5月参加工作,1952年11月加入中国共产党。杨善洲同志是中共云南省委第二、第三、第四届省委委员,云南省第五、第六届人大代表,第六届人大常委会委员,1988年6月离休。杨善洲同志1951年参加革命工作,历任区、县主要领导,担任地委领导近20年,工作30多年来,始

终保持艰苦朴素的本色，廉洁奉公、全心为民，勤奋工作，为保山经济社会发展作出了突出贡献。1988年6月，杨善洲同志退休以后，主动放弃进省城昆明安享晚年的机会，却给自己定了一个目标：回到家乡植树造林！扎根施甸县大亮山兴办林场，一干便是20个春秋！带领大家植树造林7万多亩，林场林木覆盖率达87%以上，把昔日的荒山秃岭变成了生机勃勃的绿色天地，使当地恶劣的自然环境得到明显改善；修建18公里的林区公路，架设了4公里多的输电线路，使深居大亮山附近的村寨农户，通电通路。

1991年6月被云南省委省政府授予"优秀共产党员"称号；1999年8月被全国绿化委员会授予"全国十大绿化标兵"提名奖；2000年12月被全国环保总局评为"全国环境保护杰出贡献者"；2002年被评为全省老干部"老有所为"先进个人；2004年10月再次被评为全国老干部"老有所为"先进个人。2010年5月5日，杨善洲同志把保山市委、市政府为他颁发的20万元特别贡献奖中的10万元捐赠给保山第一中学，另外10万元捐赠给大亮山林场。

人们真正体会到杨善洲造林之举的功德无量是在一场百年一遇的旱灾中。2010年春天，已持续半年的干旱让云南很多地方群众的饮水变得异常困难，施甸县大亮山附近群众家里的水管却依然有清甜的泉水流出，他们的水源地正是大亮山林场。近些年，随着大亮山植被状况明显改善，山林的水源涵养功效得以很好发挥，附近村委会架起水管，将泉水从林场引到村里，通到各家各户，村民再也不用为吃水犯愁。受旷日持久的干旱影响，水管里的流水较之以往细了很多，但足以让附近的村民心满意足，也让他们对杨善洲的功劳更加念念不忘："多亏了老书记啊，要不是他，不知道现在会是什么样子。"

1988年6月，61岁的杨善洲从保山地委书记的岗位上退休，婉拒了时任省委书记普朝柱劝其搬至昆明安度晚年的邀请，执意选择回到家乡施甸县种树。20多年过去了，曾经山秃水枯的大亮山完全变了模样：森林郁郁葱葱，溪流四季不断；林下山珍遍地，枝头莺鸣燕歌……一位地委书记，为何退休后选择到异常艰苦的地方去种树？植树造林20余年，他都遇到了哪些困难和挑战？究竟是什么力量支撑着他让夕阳人生散发出炫目的光彩？

上世纪六七十年代，由于社会经济发展滞后，当地农民缺衣少粮，就开始大规模地毁林开荒，原本翠绿的大亮山生态遭到极大破坏，山光水枯，荒凉空旷，山石裸露，山间溪流逐年减少乃至枯竭。当地农民饮水大多要到几公里外的地方人挑马驮，周边十几个村也陷入"一人种三亩，三亩吃不饱"的贫困境地。为了增加粮食产量，村民只有进一步开荒扩大耕种面积，这导致了生态环境急剧恶化。杨善洲退休后毅然选择了大亮山，就是为了改变家乡的生态环境，造福家乡人民。他说："我是在兑现许给家乡老百姓的承诺，在党政机关工作多年，因为工作关系没有时间回去照顾家乡父老，家乡人找过我多次，叫我帮他们办点事我都没有答应，但我答应退休以后帮乡亲们办一两件有益的事，许下的承诺就要兑现。至于具体做什么，经过考察我认为还是为后代人造林绿化荒山比较实在，这既对全县有利，也对当地群众生产、生活有利。"

家乡的人听说他要回来种树就劝他："你到别处去种吧，这地方连野樱桃和锯木树都不长。"然而，杨善洲创办林场的设想和决心没有被动摇，他请地、县林业部门的领导和科技人员到大亮山上做多次调查研究。他们带着帐篷,风餐露宿,徒步24天,对姚关、旧城、酒房等地进行了调查,经过调研,更坚定了杨善洲改变大亮山面貌、"种树扶贫"的决心,并将场址选在施甸县的旧城、酒房、姚关3个乡结合部的大亮山。

1999年11月,手提砍刀给树修枝时,杨善洲不幸踩着青苔滑倒,左腿粉碎性骨折,但半年后他又挂着拐杖执意爬上了大亮山。开始办林场那几年困难很大,但是杨善洲艰苦奋斗,尽量少花钱多办事。没有钱盖房子就花7000多元钱盖油毛毡房40多格,一住就是8年,有三个职工住了九年半才出去。没有钱购买农具,就地取材自己动手,办公桌、板凳、床铺都是自己动手做的,晚上照明没有电,每人买一盏马灯。

随着改革开放的深入,杨善洲同志意识到大亮山林场要发展壮大,必须顺应市场经济的大潮,改变传统单一的经营方式,进行多种经营,这又是他定下的另一个新目标!建场之初,杨善洲主要以种植华山松为主,在党的十四大后,他感到仅仅种植华山松不能最快地产生效益,林场要以林养林,要提高经济效益。于是,他们从广东、福建等地引种龙眼树苗,开辟了龙眼水果基地。施甸县的立体气候十分突出,高海拔地区常年云遮雾罩,是种植茶叶的好地方。酒房乡供销社茶厂生产的袋装黑山银峰茶,1994年曾荣获省农业厅优质产品称号,供不应求。他们从中得到启示,也建立了茶叶生产基地,还专门投资建了一个粗茶叶加工厂;此外,杨善洲号召林场职工开拓新的生产经营领域,在他和林场职工的努力下,大亮山林场没用几年时间就红火起来了,家业扩大、经济效益也逐步显现出来。为了搞好多种经营,他们办起了茶叶基地,又建起茶叶精制厂,茶树也长得有半人高了,但正在这时,发生了一场鼠患,一只只肥大的老鼠几夜之间就把三分之二的茶树啃死了,人们辛勤多年的茶园毁于一夜。面对这挫折,有的人畏缩了,但杨善洲却没有被困难压垮。他鼓励大家,茶园毁了可以重新种植,人的精神垮了,事业就真正完了。他要职工振奋精神,重新与大自然搏斗。初建林场的3年,他们好不容易种活了将近3万亩华山松,有近400亩松树被一种叫紫荆泽兰的毒草侵扰死了,杨善洲又鼓励职工不要泄气,振奋精神重新再干。在他的鼓舞下,林场职工始终没有在困难面前低头。

杨善洲虽然是大亮山林场的义务承包人,但他并没有从林场拿钱。最初的几年里,林场只给他补贴70元伙食费,后来调到了100元。不仅不要钱,杨善洲还经常给林场贴钱。林场在山下办了一个水果基地,招了一些临时工,碰上林场经济困难的时候,杨善洲就把自己的退休金拿出来用于发工资。大亮山的生态修复,使一些濒临灭绝的动植物得到保存。林场珍稀动物有黑熊、豹子、猕猴、凤头鸟、野鸡等,植物有桫椤、银杉、楠木、白杏、雪松等,山石裸露的现象消失,风调雨顺,周边居民修枝打杈就能解决烧柴问题,通过合理采收干巴菌等山珍实现增收。2009年9月至2010年5月,保山遭遇了百年不遇的特大干旱,但由于大亮山的植被非常好,涵养的水源多,水量充裕,周边群众的生产生活用水在干旱期间仍然充足。2009年4月,杨善洲将活立木蓄积量价值超过3亿元的大亮山林场经营管理权无偿移交给国家。

绿了荒山,白了头发,他志在造福百姓;老骥伏枥,意气风发,他心向未来。清廉,自上任时起;奉献,直到最后一天。60年里的一切作为,就是为了不辜负人民的期望。这是对杨善洲同志的真实写照。(来源:学习强国)

9. 寻找精神寄托

研究表明,有宗教信仰的人比没有宗教信仰的人更幸福。大多数中国人都没有宗教信仰,这样的研究结果并不是要劝说同学们从今天开始去信仰宗教,而是可以借鉴宗教的某些方法寻找心灵的寄托。比如,我国近代著名的教育学家蔡元培先生就曾提出过"以美育代宗教"的想法,意思是培养学生的审美情趣,寻找精神寄托,可以一定程度上起到替代宗教的作用。在现实生活中,我们可以寻找一些属于自己的精神寄托,可以在文学、艺术甚至是科学上寻找心灵的寄托。你可以将自己当前的工作看成是一项使命,发现其中的价值和意义,这也会给自己增加幸福感。

冬奥会开幕式彰显文化自信,弘扬中华优秀传统文化

2022年2月4日晚,第二十四届冬季奥林匹克运动会开幕式在北京国家体育场举行,恰逢虎年春节之际,又是立春之日,"立春始,万物生",从二十四节气顺序倒计时到烟花秀,再到雪花火炬台,每一个环节都让人眼前一亮,393根杆乱中有序,似萌芽初冒,破土而出,春风杨柳千万条一副春意盎然的景象,带来一场视觉盛宴。追求在满天出现一种北国风光的氛围,歌颂希望、歌颂春天来了,要万物重生了! 同时,以汉字"冬"为灵感来源的冬奥会会徽、"一起向未来"呈现出的书法字体一直闪耀在"鸟巢",尽显中国文化的魅力,令人心潮澎湃。

如果说2008年的北京奥运会中国用4个小时惊艳了世界,那么2022年的冬奥会则是让世界真正了解中国,并且走近中国。受疫情的影响,中国的目标是办一场简约、安全、精彩的奥运会,张艺谋团队也只能在有限的条件下备战着开幕式。虽然条件更艰难,但不断追求完美的他们依旧交出了令人惊艳的答卷,开幕式最关键的当属"奥运五环"的亮相,展示奥运五环是开幕式的规定环节,历届奥运开幕式的导演,都会为此煞费苦心。而这次,张艺谋采用了"黄河之水天上来"的构想,让黄河水铺满整个大地,然后水凝结成冰,随后,在鸟巢的舞台中央,一块洁净的冰立方拔地而起。在纪录片中,张艺谋团队原本的设计方案是,通过24道激光雕刻出五环的样子,张艺谋导演的要求是"要浪漫,要抒情,还要奇幻"。而真正的开幕式现场,则是让冰球运动员挥动球棒,用冰球撞向冰立方,最终五环破冰而出。"冰雪五环"是2022年冬奥会的创意重点,为了确保五环能抵御极端天气不受损害,并保证环形的透亮,工程师选取了强度和耐低温能力更高的专业航天强化电源,材质上选用了仅仅只有两毫米的PC板,这样能保证透光度达到70%。由于五环要长时间悬挂,所以整体重量必须尽量轻。技术员细致到给每一个螺丝钉都减重,终于将整体重量从3.5吨减到3吨。一切的宏大始于原点,大道至简。开幕式是奥运会成功的一半,而张艺谋对这场开幕式的要求就两个字"简约",同时他也强调要在简约中体现出"空灵""璀璨""好看","不用人海战术,反而要设计得更加精简,要让人觉得简约而精彩。"毕竟是两届奥运会开幕式的导演,时隔十几年,很多人也关心此次张艺谋要如何突破2008年奥运会的精彩。"这就是给世界讲中国人的故事,讲中国人的寓意,讲中国人的文化,讲中国人的理念。"让广场舞参与到冬奥会热场演出

是一个大胆的创意,也得到了主创团队的一致支持,张艺谋希望通过这一方式,让更多人了解并热爱奥林匹克的舞台。

从冬奥会、冬残奥会的会徽到奖牌、火炬的设计,从奥运场馆公共艺术到景观的设计,都贯穿了中国元素、北京和张家口地域文化元素,但在形式语言的运用上又充满现代感,体现出从丰厚文化传统中激发出青春活力的艺术创意,在传统文化的现代性转换和创新性发展上开辟了新境。

文化是一个国家、一个民族的灵魂。文化自信,是更基础、更广泛、更深厚的自信。北京作为全球首个"双奥之城",又是在疫情中举办这届冬奥会,让人感慨万千,这正是顽强的奥林匹克精神的完美体现。疫情面前,中国人以澎湃的热情笑迎世界宾客,2022年北京冬奥会如期举办,这是一种精神,也是一种欣慰,是每一个中国人的幸福与自豪!

10. 强健身体

心理学研究发现,运动可以治疗抑郁,甚至效果比单纯服用药物还要长久。从生理角度讲,运动可以改善身体素质、增强心肺功能,让身体更健康、长寿,这本身就是一种幸福。另外,运动还可以提高体内血清素的分泌水平,这种激素可以防止抑郁。从心理角度讲,运动会让人感到自己很有力量,对自己的生活更有掌控感,并且运动也可以增加社会交际,因此会让人更幸福。

运动有如此多的好处,是不是恨不得现在立刻就下楼去操场跑步呢?先别急,运动需要找到适合的方法,不然不仅很难坚持,还有可能带来不良影响。最重要的是,运动不能一次过量,而应该少量多次。比如,你今天心血来潮在操场跑了1万米,但是第二天感到大腿酸痛,接下来的一个月都没有继续跑步,这样的运动是没有效果的。科学合理的方法是,先从一项小的运动开始,每天坚持做10分钟,或者每周做2~3次。这个运动可以是1000米慢跑,也可以是30个俯卧撑,或者其他任何你愿意做的运动。这样做可以让你先培养出保持运动的习惯。当3~4周后习惯比较稳固,身体素质也有所提升时,再增加运动量。这样坚持3个月左右,你的身体就会习惯运动带来的快乐,变得不运动都会觉得难受了。此外,因为运动会消耗很多能量,所以运动时应注意摄入足够的营养,如蛋白质、维生素、糖分等。最后,应注意劳逸结合。如果你的工作和学习强度本身就很大,再加上运动所消耗的精力,需要保证充足的睡眠来恢复身体,不然运动量过大导致身体过度疲劳,反而会得不偿失。

 生涯实践

幸福涉及生活的方方面面。幸福的方法也有很多种,下边将介绍一种工具,让你在生活的各个方面中找到幸福的平衡点!

本书前文已提到过的"生命之花",也叫作生涯平衡轮,是一种让我们看到生活的各个方面,保持各个方面的平衡,并追求幸福的工具。当我们使用它的时候会把它画得像花一样五彩缤纷、十分美丽。寓意是希望生命可以像花儿一样绚丽多彩。以下将介绍用生命之花做月计划的方法。

实施步骤

(1) 在一张白纸上画一个圆,将其分成 8 等份的扇形,如图 8.2 所示。我们把这个图案称为生命之花,把每个扇形称为一个花瓣。

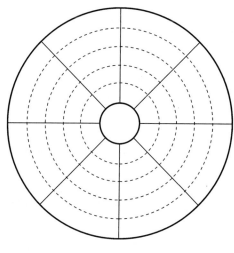

图 8.2

(2) 在每个花瓣上写下一项你认为生命中最重要的某一方面的事情,比如:学业、运动、兴趣爱好、同学关系、家庭恋爱、社团活动、娱乐休闲、实习实践、经济财务,等等。

(3) 在每个花瓣所代表的领域内,写出 3 件你这个月计划要做的可以使自己幸福的事。切记:一开始的时候,每个花瓣上千万不要多于 3 件事,否则会做不完。

(4) 给每个花瓣上点颜色,或者给每个计划画一些图案,让生命之花更生动。参照图 8.3 中所示的样子,这样的图像可以让目标更生动,也更容易实现。怎么样,看上去是不是特别有

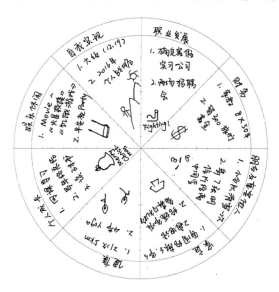

图 8.3

成就感,非常有实现这些愿望的冲动!

(5) 将计划列在自己的日程表上,如图 8.4 所示。

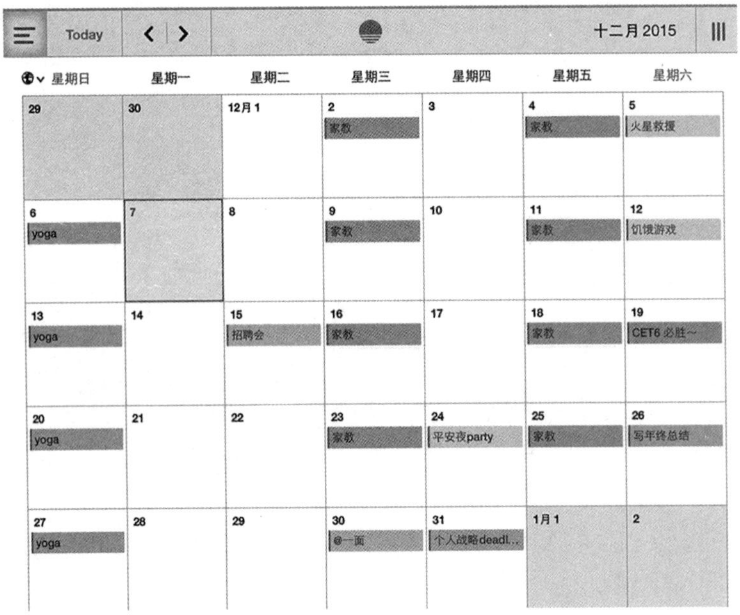

图 8.4

这样做的好处是让你能从生涯全局审视自己的计划,看看不同计划之间是否会冲突,或者是否有促进作用;并且可以避免在某个"花瓣"上投入过多的精力,比如在学习上投入过多,而忽视了课余生活,导致幸福感降低。也许现在并不是月初,不过你一样可以现在就开始用"生命之花"做下个月的月度计划了!

生涯感悟

每个人对幸福的理解不尽相同,每个人追求幸福的方法也千差万别。获得幸福的方法并不是等着自己心中那个完美的幸福出现,也不是等找到完美的方法再去行动,而是勇于大胆尝试和探索。只有不断尝试,才能找到属于自己的幸福。

思考与练习

你的心中是否已经有了让自己变得更幸福的行动计划?

请写下你的行动计划,并实现它。完成你的幸福行动之后,请写下你的《幸福行动报告》,内容包括介绍你做了什么、它如何使你更幸福、你自己的反思、希望分享给他人的想法等。

第 2 节　做个人生的多面手

生涯指引

多才多艺的萧劲光

萧劲光大将在 60 年戎马生涯中，担任海军司令 30 年。以枪炮轰鸣、军号、汽笛为音符的军事乐章，是他人生的主旋律，但这绝不是他生活的全部，现实生活中的萧劲光，慈祥、宽厚且多才多艺。

精通音律的萧劲光

大革命时期，萧劲光曾与刘少奇等同台演过话剧。长征途中，他在行军间隙用委婉的洞箫为官兵们消除疲劳，鼓舞士气。1951 年，中苏两国在大连举行关于收回旅顺口的谈判。联欢会上，萧劲光一曲《喀秋莎》技惊四座，令苏联代表团欢呼雀跃。乐器，除洞箫外，萧劲光还会拉二胡、弹月琴，到海军后又向著名作曲家吕远学会了演奏曼陀林。

萧劲光自己懂乐器，更支持子女学乐器。萧家子女多，山南海北，各有自己的事业，相聚的机会并不多。1971 年的中秋节，兄弟姐妹七人在北京相会了，加上儿媳、女婿等，大人就有十几个。晚上，风清气爽，月光明媚，全家在萧劲光居住的院子里赏月。突然，小女儿楠楠提议："今天月亮又大又圆，我们全家多年来难得这么齐全，开个晚会吧？""好哇！"不等萧劲光点头，大家便各自回房间拿出了乐器。

不用主持，晚会开始了。首先是合奏。有的拉二胡，有的弹三弦。先是一曲《我爱北京天安门》，接着是《人民海军向前进》，一曲又一曲。然后，每人唱一首歌。萧劲光坐在一旁，慈祥、和蔼地望着他们，听儿女们忘情地吹、拉、弹、唱……最后是萧劲光的压轴戏——洞箫《春江花月夜》，深沉低回、婉转悠扬。

喜好绘画的萧劲光

萧劲光爱好绘画。早年在长沙读中学时，他曾与同窗好友任弼时尝试过利用为人画像谋生。由于很快有了去苏联学习的机会，这种尝试没有继续下去。

战争年代，萧劲光把对绘画的喜好运用到军队教育中，把所属部队的报纸、墙报、板报办得生动活泼。他曾亲自指导部队美术工作者画宣传画，用大炮发射到敌人的阵地上，瓦解敌军的士气。

调任海军司令员后，他更重视部队的文化工作。机关一组建，萧劲光就点名从十二兵团把青年画家江平调入海军，并由他主持组建了海军美术创作组。很快，江平等人就创作出了一大批好作品。1952 年 4 月，萧劲光率团访苏时，把江平创作的油画《毛主席来到军舰上》作为礼品赠送给苏联海军司令员。

20 世纪 50 年代末，海军"搭架子、铺摊子"的创建工作基本结束，萧劲光开始有了节假日。此后一段时间,他与全国各地著名画家李可染、高冠华、李苦禅、周怀民、唐云、谢稚柳,部队的画家黄胄等,都有交往。有时多位画家相约到萧家,萧劲光热情招待。大家一起论作品、谈见闻,俨然一个高水平的艺术沙龙。

一个星期天,萧劲光在琉璃厂荣宝斋看画时发现了多幅年代久远的名画,其中最著名的是四幅明朝的画:明代画坛四大家之首的沈周的《松荫对话图》,明代院体花鸟画中变格的代表画家林良的《雪景雄鸡图》,万历年间以笔力峭拔、墨色湿润为特色的山水画高手张宏的《泰山松色图》,明末皇室宗亲朱翰之画的《远浦风帆图》。萧劲光清楚,经过几百年历史变迁,尤其是近100多年来帝国主义列强的疯狂掠夺,连年战火,这样的东西已不多了。他问了一下价格,每张只几十元,但萧劲光一下拿不出来。

回到家中,萧劲光心里一直放不下这几幅画:会被谁买走吗?不懂行的人买走毁坏了怎么办?近日常有外国人到那里去,会不会被外国人弄走?……第二天,他凑够了钱,和秘书一起把四幅画买了回来。当天晚上,他就打电话把这件事告诉了黄胄等几位军队画家。几天后,他们一起来到萧劲光的住处。大家品评、欣赏再三,一致认为这四幅画都是极难得的上品、珍品,非常佩服萧劲光的眼力。

1964年夏,几位画家到萧劲光家中赏画。谈话中讲到,为了迎接新中国成立15周年,故宫博物院搜集、整理了一批书画、艺术品,拟于国庆节前展出。说者无心,听者有意。几位画家走后,萧劲光在子女们面前提出,要把几幅名画捐给故宫博物院,作为全家献给新中国成立15周年的礼物。

明白了爸爸的意思,大家惊讶了。女儿萧凯是中央工艺美院的高材生,她知道这些画的价值,便问道:"爸,你不是很喜欢这几幅画吗?这可是国宝。"

"是很喜欢哪。喜欢才捐出去让大家都看啊!——国宝自然应归国家。"

就这样,四幅名画捐给了故宫博物院。几十年过去了,这几幅画依然在接受来自全国各地群众及五大洲宾朋的观赏。

文采飞扬的萧劲光

萧劲光上过私塾,有很扎实的文字功底。戎马倥偬的战争年代,并没有太多的诗作问世。

1949年秋,萧劲光回到了阔别近30年的家乡长沙市郊区岳麓山乡天马村赵洲港。在离村庄还有一里多路时,萧劲光就提前下了吉普车,一边和乡亲们热情地打招呼,一边向村里走去。来到村头一棵大树下的土地庙前,见庙门上仍保留着一副老对联"土生万物,地降吉祥",遂幽默地对大家说:"这副老对联,小时候我们看不懂,现在才明白,土地爷净说半截话。万物不会自己生,吉祥也不会平白无故降。人民得解放,过上幸福生活,都靠共产党的领导,靠自己劳动。所以说,这副对联应改为:'土生万物靠劳动,地降吉祥在人为'。"乡亲们开心地笑着,称赞改得好。

萧劲光再次回乡已是1970年年底了。初至家门,萧劲光发现门牌上写着"红旗港",遂说:"这里原叫'赵洲港',远近都知道,其实不一定要改。如果改,我认为还是将姓赵的'赵'字改成照耀的'照'字为好。毛主席的光辉照九州嘛!"一字之变,既保留了原名,又增加了新意。萧劲光的话刚讲完,在场的乡亲们就热烈鼓起掌来,齐声说:"改得好,改得好。"从此以后,"照洲港"门牌便钉在了乡亲们的门楣上。(来源:《新湘评论》2012年第19期)

萧劲光60年戎马生涯,"前30年征战南北求解放,后30年海军一隅搞建设",他多才多艺,他的卓越功绩和大将风范名留青史,受人敬仰、让人缅怀。

 生涯知识

赫曼·赫赛说:"生命究竟有没有意义,并非我的责任。但是怎样安排此生,却是我的责任。"作为当代的大学生,你该如何辨别自己的角色?哪些生涯角色是目前的你需要担当的呢?在如今的跨界时代,如何做个人生的多面手呢?

一、"生涯彩虹图"一览"人生"小

先来看看人的一生中需要担当的角色。孩童、少年、青年、中年、老年是人生的生理或阶段角色;夫妻、父母、子女、兄弟、姐妹是家庭角色;领导、下属、同事等是单位角色;亲戚、朋友、师生、同学等是社会角色。图8.5所示的"生涯彩虹图"可以帮助你更好地理解这些角色。

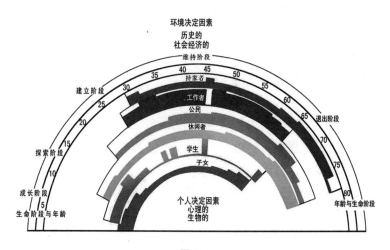

图 8.5

看到这幅"生涯彩虹图",你有没有一览"人生"小的感觉?一生在每个年龄段所肩负的角色都清晰地标注在这样一道"彩虹"上。这个理论由著名生涯学者舒伯命名,形象地展现了生涯发展的时空关系,更好地诠释了生涯的定义。

1. 横贯一生的彩虹——生活的广度

横向层面代表的是横跨一生的生活广度。彩虹的外层显示人生主要发展阶段和大致估算的年龄。

(1)成长阶段:出生至14岁。这个阶段孩童开始发展自我概念,开始以各种不同的方式来表达自己的需要,且通过对现实世界不断地尝试,修饰自己的角色。

(2) 探索阶段:15岁至24岁。该阶段的青少年通过学校的专业学习、社团活动、社会实践等机会,对自我能力及角色、职业做了一番探索,因此选择职业时有较大弹性。大学生正处在这个阶段,对于未来的职业需要结合本书更好地做个探索。

(3) 建立阶段:25岁至44岁。该阶段较能确定在整个职业生涯中属于自己的位置,并在30岁至40岁开始考虑如何保住这个位置,并固定下来。

(4) 维持阶段:45岁至65岁。该阶段作为个体仍希望继续维持属于他的工作位置,同时会面对新的人员挑战。

(5) 退出阶段:65岁以上。由于生理及心理机能日渐衰退,作为个体不得不面对现实,从积极参与到隐退。该阶段需要注重发展新的角色,寻求不同的生活方式以替代和满足个人需求。

当然,以上对年龄阶段的划分并不是绝对的。由于不同国家、地域和文化、教育等因素,个体在某一年龄段的生涯成熟度是不一样的,因此,不同阶段对应的年龄也会有所不同。

2. 纵贯上下的彩虹图——生活空间

在生涯彩虹图中,纵向层面代表的是纵贯上下的生活空间,由一组职位和角色所组成。舒伯认为,人在一生中需要扮演6种主要角色:依序为子女、学生、休闲者、公民、工作者、持家者;也可以细化为9种角色:依序为儿童、学生、休闲者、公民、工作者、配偶、家长、父母和退休者。

3. 生涯彩虹图的意义

生涯彩虹图揭示了有关生涯的三个重要信息。

首先,在不同的生涯阶段,人有不同的生活重点。如童年的时候,子女和学生是最重要的生涯角色,而到了中年,工作者则成为最重要的角色。人的时间和精力是有限的,在同一时刻不可能把所有的角色都做到100分。所以,每个阶段都应该找到当下的生活重心,这样才能顺利地度过每个阶段。

其次,不同生涯阶段角色任务完成的好坏程度影响着一个人的幸福程度。例如,现在很多大龄未婚青年就是因为在30岁以后承担了过多工作者的角色,而没有完成持家者角色的任务,因此会感到压力很大,影响生活质量。可见,提前为下一个阶段做好准备是提高生活幸福感的重要方法。

最后,应该及时与过去的阶段告别,开始新阶段的任务。比如,即使在童年时期没有充分的玩耍,成年以后还是应该更多地承担工作者的角色,而不能继续像小孩一样只顾着娱乐,否则就可能导致"一步跟不上,步步跟不上"的情况。有些事"错过了就是一辈子",一旦错过了,就应该积极向前看,及时开始新的生活。

李宁的成功转型

李宁,男,壮族,生于1963年3月10日,奥运冠军,著名体操运动员,广西壮族自治区来宾市兴宾区南泗乡人,祖籍广东省佛山市顺德区,曾祖父辈迁至广西谋生。李宁毕业于北京大学法学院,获得法学学士学位及北京大学光华管理学院 EMBA 学位。他创造了世界体操史上的神话,先后摘取 14 项世界冠军,赢得 100 多枚金牌。6 岁开始练习体操,1971 年进入广西壮族自治区体操队,1980 年因成绩优秀而被选入国家体操队。1982 年第 6 届世界杯体操赛上,在男子全部 7 个个人项目中,获全能、自由体操、单杠、跳马、鞍马和吊环 6 项冠军,余下的双杠项目也获得了第 3 名,成为世界体操史上至今唯一取得如此令人惊叹好成绩的运动员。由于只有获得全部 7 项个人金牌或包括全能在内的 6 项个人金牌再加个人单项的银牌等两种情况才能打破这个记录,故李宁当年这个成绩不但空前,几乎也是绝后了,他也因此被誉为"体操王子"。

1988 年退役后,李宁以其姓名命名创立了"李宁"运动品牌。运动品牌涉足广泛,从生产运动服装、运动鞋到生产篮球、足球等,并以赞助 1990 年亚运会中国代表团为机遇,开始了李宁公司的经营业务,从而开创了中国体育用品品牌经营的先河。1992 年,李宁公司为中国奥运代表团提供领奖装备,成为第一个赞助奥运会的中国体育用品企业;1993 年,李宁公司率先在全国建立特许专卖营销体系;1995 年,李宁公司成为中国体育用品行业的领跑者。

2008 年 12 月 30 日,在世界权威的品牌价值研究机构——世界品牌价值实验室举办的"2008 世界品牌价值实验室年度大奖"评选活动中,"李宁"凭借良好的品牌印象和品牌活力,荣登"中国最具竞争力品牌榜单",赢得广大消费者普遍赞誉。李宁品牌在世界品牌价值实验室编制的 2010 年度"中国品牌 500 强"排行榜中排名第 50 位,品牌价值达 142.52 亿元。

李宁公司重视产品研发,不断创造纪录、刷新纪录。1998 年,建立了本土公司第一家服装与鞋的产品设计开发中心,率先成为自主开发的中国体育用品公司;2004 年,李宁公司与香港中文大学人体运动科学系合作,对李宁公司生产的运动鞋的力学特性进行运动生物力学测试,建立专业运动员的脚型数据库,对专业运动特征进行数据搜集和分析,从而进一步提高产品的专业性和舒适度。

李宁公司的品牌观是人有无限潜能。运动让人更加自信,敢于表现,不断发掘潜能、超越自我。

从奥运冠军到企业经营管理,李宁是成功转型了!职业生涯不可能一蹴而就,有时候也需要跨界重生,学会定位自我,重新找到人生的新航向,一起向未来!

二、"生涯四度"帮你探索人生多面

通过"生涯彩虹图",相信你厘清了人生所要经历的 5 个阶段,以及所要扮演的 9 种角色。但生涯还有 4 个维度,你是想要单一维度发展,还是几个维度平衡?在人生的多重角色里,你既可以重点选择有高度和深度的人生,也可以选择有宽度和温度的人生。生涯的 4 个维度参见图 8.6。

正如你从"生涯四度"图中看到的那样,你的人生有高度、深度、宽度、温度 4 个维度。以下举例说明这 4 个维度。

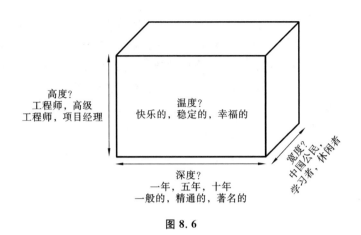

图 8.6

（1）高度。你可以选择做企业家，争取做到像马云、俞敏洪、刘强东那样，可以带领企业赴美上市，成为顶级企业家、亿万富豪。你也可以选择从政，沿着升迁路径，从基层公务员开始一直做到省部级领导、国家领导人。当然，"高处不胜寒"，能一路打拼到如此高度，中间需付出极大的努力。

（2）深度。如果你是"学霸"，你可以好好完成大学学业，申请到国内外著名大学深造直到博士，然后到科研院所或高校任教，成为一名专家；如果你是"学渣"，可以好好锤炼自己的动手实践技能，同样可以成为某一应用领域的高手行家。

（3）宽度。你也可以同时做好几个角色。在人生维度中，你可以均衡精力，在更多领域施展才华，成为人生的多面手。比如像韩寒那样，既可以作为一名畅销书作家，又是一名专业赛车手，还能是一名电影导演（在 2014 年拍出了高票房电影《后会无期》），同时兼顾家庭生活。

（4）温度。你也可以选择遵循内心，做你自己喜欢的事情，让你真正感到快乐的事情。你可以关注个人成长，做个"安静的美男子"，或者投身家庭，做个"贤惠的女汉子"；你也可以另辟蹊径，做个徐霞客式的行者，周游世界、怡然自得。

或许你看完每个维度的例子后，发现这些都是你想要的，既想达到马云的高度，又想有院士的深度，还想要韩寒的宽度，再加上"猪八戒"的温度。其实，每个维度的功课都够你做一辈子的，每一个维度也都能让你获得不同的幸福、价值与快乐。我们要学会适时地"舍鱼而取熊掌者也"。

袁隆平：水稻之父

袁隆平，男，汉族，无党派人士，1930 年 9 月 7 日生于北京，籍贯江西省德安县，中国杂交水稻育种专家，中国工程院院士，中国研究与发展杂交水稻的开创者，他致力于杂交水稻技术的研究、应用与推广，发明"三系法"籼型杂交水稻，成功研究出"两系法"杂交水稻，创建了超级杂交稻技术体系。他是我国杂交水稻研究创始人，被誉为"杂交水稻之父""当代神农""米神"等，2018 年 9 月 8 日，他获得"未来科学大奖"生命科学奖，2018 年 12 月 18 日，党中央、国务院授予袁隆平改革先锋称号,颁授改革先锋奖章,获评杂交水稻研究的开创者。2019年9月17日,国家主席习近平签署主席令,授予袁隆平"共和国勋章"。

袁隆平与小提琴的不解之缘:音乐是陪伴一生的温暖!母亲从小让他学琴,就是为了当他面临困苦的时候,可以有音乐为伴。袁隆平特别喜欢小提琴,他认为小提琴的声音是"最能触及灵魂深处的声音"。小提琴是公认的最难学的乐器之一,从年轻的时候开始,在科研之余,他总会依循自己的爱好,抽出时间来练习。50多年前,袁隆平从重庆的大学毕业,要分配到偏远的山村,母亲心疼地说,孩子,到了那里,你是要吃苦的啊!袁隆平回答,我年轻,我还有一把小提琴。有一把小提琴带着,并不能缓解母亲的担忧。但是,母亲知道,有了这把琴,在艰难、孤独的时候,小提琴的乐声会抚慰儿子的焦灼、思念,会带给儿子生活的信心和色彩。

而当时他的那把小提琴,是他用人生中第一笔工资买的,27元,当时他第一个月的工资一共是42元,由此可见他对音乐的热爱!因为工作性质,几十年里袁隆平的工作地点几乎都是田间地头,而且时常满身泥土,在制种育种阶段,工作不分白天黑夜,拉琴便成了奢侈享受。虽然袁老曾在单位的新年团拜会上,娴熟地用小提琴演奏过《小夜曲》,也曾在一个全国性的大会上公开演奏过李四光的作品《行路难》,但是,当面对采访的记者时,他非常谦虚,甚至认为自己"只是一个南郭先生,滥竽充数"。

2019年,在长沙举办的中非农业合作发展研讨会上,袁隆平献上的是一段英文致辞,在致辞中,他表示自己正致力于研究超级杂交水稻,非常愿意帮助其他发展中国家,解决粮食短缺的问题。也就是这段并不流利的英文致辞,上传到网络后迅速被广泛传播,赢得网友的纷纷点赞。记者赞扬说:"您用英文来致辞的那一段,很多人都竖大拇指。"袁隆平谦虚地回答:"我的英文就是破碎的英语,英文讲的就是破碎的英语。"记者说:"袁老,其实中文也是可以的,在这样的研讨会上的致辞。"袁隆平笑笑说:"有外宾,如果没有外宾就用中文,很多的外国人,做报告用英文好一点,免得他们去翻译。"看到这段视频,很多人都忍不住红了眼眶。袁隆平的两个梦想:"杂交水稻覆盖全球"和"禾下乘凉梦"。"全球有1亿6千万公顷稻田,如果一半有8千万公顷,按现在的情况每公顷增产2吨,可以增产1亿6千万吨稻谷,可以多养活5亿人口。这是我的梦想!"他曾梦见试验田里的超级杂交水稻长得比高粱还高,穗子有扫帚那么大,谷粒有花生米那么大,他和助手坐在瀑布般的稻穗下乘凉。

当很多人提及科学家与艺术的关系时,国外的要说爱因斯坦,国内的要说袁隆平。袁老总会表现出不安,他说:"只能说我爱好艺术,不能说我拉琴的技术如何高。"在袁隆平家里可以看到,他柜子里藏着不少碟片,都是柴可夫斯基、舒伯特等大师的作品。闲时,他会打开音响,感受艺术的魅力。音乐、小提琴就这样伴随着这位伟大的"杂交水稻之父"、伟大的科学家,走过了几十年的光阴。在艰难困苦时给予他心灵的陪伴和慰藉,在攀登人生巅峰时增添信心和动力,在年轻时因为音乐而更加丰富,在年迈时因为音乐而更加完满。相信,会有更多的人能理解、会尝试这样的方式,在我们的一生中与艺术为伴。

袁隆平也自己称赞过自己,他不是一个只喜欢读书的书呆子,更多的时候,他希望培养自己的业余爱好以此调节自己枯燥的课堂生活,他还会英文歌、俄文歌,游泳同样是一把好手,他不仅是一位十足的文艺青年,还是众人眼中的运动健将,在学校期间还一举拿下 100 米、400 米两个自由式跑步冠军,在大学四年的时间里,恰逢全国号召招募朝鲜战争志愿军的时候,那一年,22 岁的袁隆平以优异的成绩从 800 多名竞争者中脱颖而出,成为西南农业大学飞行测试合格的八人之一。袁隆平兴趣广泛,其实没有什么特别坚定的目标,他更像是一名全能型的选手,在他毕业的那一刻,身边的同学还忍不住取笑袁隆平自由散漫。

袁隆平先生一定是幸福的,他的一生从事着他深爱的杂交水稻事业,在广袤无垠的田野里研究水稻的技术、产量与推广。袁隆平多次讲过,对于杂交水稻的梦想,源于他对饥饿的记忆,他所研制培育的杂交水稻,其高产性能极大地缓解了我国早期粮食短缺的局面,让我国百姓吃上了一口饱饭。全球第一大人口的中国,把饭碗掌握在自己手中,袁隆平及其团队的贡献是不可磨灭的。袁老也得到了他应该得到的所有荣誉。此外,从上世纪 80 年代至今,袁隆平和他的团队通过开办杂交水稻技术培训国际班,已经为 80 多个发展中国家培训了 14000 多名杂交水稻的技术人才。目前,全球有 40 多个国家和地区实现了杂交水稻的大面积种植,每年种植面积达到了 700 万公顷,普遍比当地水稻增产 20% 以上。引来更多点赞的,是在袁隆平领衔的科研团队努力下,杂交水稻已经种到了马达加斯加、尼日利亚等非洲国家,并在当地不断创造出高产纪录,原来每公顷 3 吨的产量,目前已经刷新到了 10.8 吨,提升至原来的 3 倍多。袁老有自己专一的工作与事业,同时有着自己的兴趣爱好,在艺术中释放压力,找寻力量,收获快乐!

袁老 2004 年登上中央电视台《感动中国》的荣誉领奖台,当年组委会给袁隆平的颁奖词曾写道:"他是一位真正的耕耘者。当他还是一个乡村教师的时候,已经具有颠覆世界权威的胆识;当他名满天下的时候,却仍然只是专注于田畴,淡泊名利,一介农夫,播撒智慧,收获富足。他毕生的梦想,就是让所有的人远离饥饿。喜看稻菽千重浪,最是风流袁隆平。"

袁隆平说:人就像一粒种子;要做一粒好种子,身体、精神、情感都要健康;种子健康了,我们每个人的事业才能根深叶茂,枝粗果硕。(来源:学习强国)

三、修炼人生多面手的三个法则

无论是"生涯彩虹图"或是"生涯四度",都让你看到人生有更多可能。既然想做个人生多面手,在如今的移动互联时代,你要学会做到以下三点。

1. 立足主业,善于整合

要想成为人生的多面手,你需要先立足本业,修炼成这方面的高手;然后要善于整合资源,跨界经营人生。例如,火爆的自媒体微信公众号"罗辑思维"运营人罗振宇,坚持每天推送其本人录制的 60 秒语音,分享生活感悟,同时推送一篇其本人推荐的知性文章。其"粉丝"量呈高速增长之势,知识社群氛围初步形成,名利双收。当罗振宇火了以后,不少人也开始模仿他运营微信公众号,但目前都没有超越他。究其原因,其中一个不可忽略的因素是,他本来就是成功的电视媒体人。罗振宇本人是华中科技大学新闻系科班出身,一直读到中国传媒大学博士。历任中央电视台《经济与法》《对话》等节目制片人。可见,他的"任性"跨界是建立在他已经成功的主业基础上的,当新媒体机会到来,他就能"嗅到"商机,抢占先机。

2. 既要安定，也要不确定

相信你已经知道了"生涯彩虹图"中一定时期内你所扮演的角色。例如，当下你是学生角色，你的主要任务就是要学好专业，创造机会实践，修炼提升技能。如果想继续深造，那就要准备考研或者保研；要是打算出国，你还要积极参加相关的外语考试，撰写申请文书等。在整个学生生涯这个安定的时期，同时会存在着众多不确定性。

有这样一个真实的例子：中国科学院一位读研究生的女生，本来拿到了澳大利亚一所大学的全奖攻读博士，但是在出国前遇到了心爱的男友，而她的男友硕士毕业准备到美国波士顿大学读博士。一番权衡后，她放弃了既定的博士角色，转而成了一位赴美陪读的家属角色。在美国住了一段时间后，她利用自己所学生物专业，在一家花店谋得一份职业，同样做得很出色。后来，她不断寻觅更匹配的职业，最后在美国哈佛大学附属儿童医院谋得一份科研助理职位。在工作数年后，她成功申请到哈佛大学医学院攻读博士的机会。如果你以哈佛大学博士生身份认识她，你会以为她曾经该有一番多么周密的奋斗计划，事实恰恰相反，她正是打破了当时既定的角色，选择了不确定的人生，并且踏实做好每份工作，才有了更高的深造平台。

3. 积极努力，功不唐捐

"功不唐捐"一词出自《法华经》，意思是你付出的努力和功德，从来不会白白付出，终有一天会回到你身上来。要想成为人生的高手或者多面手，既要平衡特定时期的多种角色，更要积极努力，抱着功不唐捐的心态踏实践行，成功从来都不是轻易得来的。

"翊"鸣惊人！闪亮的青春就是用来奋斗的

"翊"鸣惊人，中国骄"奥"！

在2022年2月7日举行的单板滑雪男子坡面障碍技巧决赛中，中国小将苏翊鸣斩获银牌，为中国队创造了该项目的历史最好成绩。虽是银牌，但分量重，含"金"量高。这是因为，苏翊鸣决赛中的全程动作一气呵成，顺畅自如，犹如雄鹰翻转腾挪；还因为，苏翊鸣是所有选手中唯一完成1800度五周转体的运动员，惊艳了现场，征服了观众。更因为，这枚银牌是我国单板滑雪历史上首枚男子项目奖牌，也是中国体育代表团在本届冬奥会上的首枚雪上项目奖牌。苏翊鸣以足够优秀的表现书写了历史，也创造了历史。再过几天，苏翊鸣就迎来他的18岁生日，一定程度上说，这枚银牌是他送给自己的生日礼物，堪称最有深意的"成人礼"。"羡子年少正得路，有如扶桑初日升。"在进入决赛的12名运动员中，苏翊鸣年龄最小，首次参加冬奥会就出手不凡，让人感受到青春的力量，奋斗的意义。在本届冬奥会，苏翊鸣还荣获单板滑雪男子大跳台项目金牌。成绩可喜可贺，精神令人振奋！初生牛犊不怕虎，自古英雄出少年！

从苏翊鸣身上，可深切感受到他的青春活力，更能清晰看到他自觉把个人的理想追求融入国家事业之中。如果不是中国成功申办冬奥会，苏翊鸣可能成为一名职业演员——10岁那年，他参演徐克导演的电影《智取威虎山》，因饰演"小栓子"一角而为人熟知。2015年，北京申办 2022 年冬奥会成功,苏翊鸣颇受触动,他决心成为代表中国出征冬奥会的职业滑雪运动员。从片场转战雪场,苏翊鸣的这一选择,网友说,小栓子从"CCTV6"走向了"CCTV5"。苏翊鸣曾在微博上写道:"决定我们一生的,不是我们的能力,而是我们的选择。"年少时的选择,使他与国家贴得更紧。昔日的那个少年,成为为国争光的健将。

人们看到的是苏翊鸣一鸣惊人,而在这背后,是日复一日的训练,是不知倦怠的付出,是超越自我的坚毅。"青年一代有理想、有担当,国家就有前途,民族就有希望,实现中华民族伟大复兴就有源源不断的强大力量。"苏翊鸣身上有一种强烈的使命感、责任感和荣誉感。怀揣梦想,勇敢追梦,一路走来,有荣耀,也有艰辛,有成功的喜悦,也有遇挫的痛苦。但是,他都扛了下来,只因心中有梦,只因这个梦想与国家紧紧相连。面对"跟着我啊,别跑丢了"的提醒,小栓子闪亮回答"怕你们撑不上",然后一骑绝尘,《智取威虎山》的这个片段恰是一句写照。(来源:央视新闻客户端)

习近平总书记曾深情寄语青年:"青年朋友们,人的一生只有一次青春,现在,青春是用来奋斗的,将来,青春是用来回忆的。"习近平还在 2022 年 2 月给苏翊鸣回信,勉励中国冰雪健儿心系祖国,志存高远,脚踏实地,在奋斗中创造精彩人生,为祖国和人民贡献青春和力量。

 生涯实践

1. 明确自己的生活角色

在你目前所扮演的角色中,哪个是你扮演的最称职的角色?你希望哪一个角色有机会能"卸下来",好让自己喘口气?

请你仔细想想目前所扮演的角色中有哪三项是最重要的,分别写在横线上。

(1) _____。
(2) _____。
(3) _____。

现在,如果因为某项人力不可抗拒的因素,你必须"丢掉"一个角色,你会优先选择丢掉哪一个呢?剩下来的两个角色也许都是最重要的,但是如果再度因为某项人力不可抗拒的因素,你必须"丢掉"一个角色,你会选择丢掉哪一个呢?

接下来,请你和同伴分享并讨论以下几个问题:

(1) 你所扮演的重要角色是什么?
(2) 你如何决定丢掉哪两个角色?
(3) 丢掉这些角色之后,你的心情如何?
(4) 哪一个角色是你丢不掉的?为什么?
(5) 你扮演得最称职的是什么角色?

2. 生涯游戏:我的完美人生模型

假设生涯的每个维度,你认为自己能达到的完美程度是 10 分,而你现在总共有 32 分

（平均每个维度 8 分），你会如何把这 32 分分配给你的"生涯四度"？

高度	深度	宽度	温度

请注意：

（1）总分可以少于或等于 32 分，但不能超过 32 分；

（2）分数越高，意味着你在这方面越完美，同时越有竞争力；

（3）可以有相同的分数，可以有 0.5 分；

（4）一个维度最高可以分到 10 分。

 生涯感悟

修炼人生多面手的三个法则：

（1）立足主业，善于整合。要想成为人生的多面手，需要先立足本业，修炼成这方面的高手，然后要善于整合资源，跨界经营人生。

（2）既要安定，也要不确定。

（3）积极努力，功不唐捐。

 本章参考文献

[1] 柳博米尔斯基. 幸福有方法[M]. 周芳芳，译. 北京：中信出版社，2014.

[2] 古典. 你的生命有什么可能[M]. 长沙：湖南文艺出版社，2014.

[3] 古典. 拆掉思维里的墙：原来我还可以这样活[M]. 长春：北方妇女儿童出版社，2010.

[4] 黄天中，吴先红. 生涯规划——体验式学习：中学版[M]. 北京：北京师范大学出版社，2010.

[5] 克房伯，列文. 幸运绝非偶然[M]. 武汉：长江文艺出版社，2006.

[6] 吴芝仪. 我的生涯手册[M]. 北京：经济日报出版社，2008.

[7] 金树人. 生涯咨询与辅导[M]. 北京：高等教育出版社，2013.